Sebastian Baumann

Projektfinanzierung in Supply Chain Netzwerken

GABLER EDITION WISSENSCHAFT

Sebastian Baumann

Projektfinanzierung in Supply Chain Netzwerken

Eine neo-institutionenökonomische Analyse am Beispiel der Automobilindustrie

Mit einem Geleitwort von Prof. Dr. Henry Schäfer

GABLER EDITION WISSENSCHAFT

Bibliografische Information Der Deutschen Nationalbibliothek
Die Deutsche Nationalbibliothek verzeichnet diese Publikation in der Deutschen Nationalbibliografie; detaillierte bibliografische Daten sind im Internet über <http://dnb.d-nb.de> abrufbar.

Dissertation Universität Stuttgart, 2008

D 93

Gedruckt mit freundlicher Unterstützung der Stiftung Landesbank Baden-Württemberg.

1. Auflage 2008

Lektorat: Frauke Schindler / Nicole Schweitzer

Der Gabler Verlag ist ein Unternehmen von Springer Science+Business Media.
www.gabler.de

Umschlaggestaltung: Regine Zimmer, Dipl.-Designerin, Frankfurt/Main
Gedruckt auf säurefreiem und chlorfrei gebleichtem Papier
Printed in Germany

ISBN 978-3-8349-1023-3

Geleitwort

Im Zuge der Konzentration auf Kernkompetenzen und den damit korrespondierenden Outsourcing Bestrebungen werden Teile von Wertschöpfungsprozessen und der damit verbundene Finanzierungsbedarf auf in der Wertschöpfungskette vorgelagerte Unternehmen oder in separate Projektgesellschaften übertragen. Gerade im Kontext der Automobilindustrie, in der der Original Equipment Manufacturer (OEM) eine hervorgehobene Stellung einnimmt, werden zunehmend Wertschöpfungsprozesse und die damit verknüpften Risiken und Finanzierungsbedarfe auf vorgelagerte Stufen übertragen. Die sich verändernden Wertschöpfungsstrukturen (Stichwort: Unternehmensnetzwerke) wurden bisher primär ohne die Verbindung zu Finanzierungsfragen wissenschaftlich diskutiert.

Die sich in der Automobilindustrie zunehmend etablierenden netzwerkartigen partnerschaftliche Austauschbeziehungen zwischen OEM und Systemlieferanten führen zu einer Fragmentierung der Wertschöpfungskette was u.a. zu einer Erhöhung von Verhaltensunsicherheiten führt. Zudem werden Risikointerdependenzen zwischen Risikoursache, Risikoeintritt und Risikowirkung innerhalb des stark fragmentierten Wertschöpfungsprozesses aus Einzelunternehmensperspektive relevant, da nicht beeinflussbare Risiken aus vor- oder nachgelagerten Wertschöpfungsstufen in den partnerschaftlichen Austauschbeziehungen das Risikopotential erhöhen. Es ist insbesondere die Organisationsform des Netzwerks in der Supply Chain, mit der "Logistik" in einer Schlüsselstellung, die das Untersuchungsobjekt der Dissertation von Sebastian Baumann konstituiert. Im Rahmen der Supply Chain Netzwerke wird die Bedeutung der Logistik durch die hohe wechselseitige Abhängigkeit noch verstärkt. Es existieren einzelunternehmensbezogene Risiken, welche zu einem Zusammenbruch der Supply Chain führen können. Die Veränderungen der Wertschöpfungsstruktur spiegeln sich in der Unternehmensfinanzierung wieder, da aus Einzelunternehmensperspektive sich wertschöpfungsbezogene Risikostrukturen ergeben, die eine traditionelle unternehmensbezogene Finanzierung vor neue Herausforderungen stellen.

Im Zentrum der Arbeit steht die Zusammenführung von Finanzierungs- und Wertschöpfungsprozessen in der Supply Chain der Automobilindustrie. Dreh- und Angelpunkt dieser Aufhebung der Dichotomie von leistungs- und finanzwirtschaftlicher Ebene bildet das Umlaufvermögen. Es verkörpert dabei weniger eine bilanzielle Größe, stattdessen wird die wirtschaftliche Rolle im Risikomanagement betont. Im Zentrum der Analysen steht (ganz im Denken der modernen Finanzierungs- und

Kapitalmarkttheorie) weniger die Finanzierungs-, denn die Vermögenseigenschaft von Umlaufvermögen sowie die damit einhergehende Interaktion mit Risiken des leistungswirtschaftlichen Bereichs im Supply Chain Netzwerk. Nukleus der Analysen stellen die Verhaltensrisiken im Netzwerk dar, deren Betonung Vorrang hat vor den (ebenfalls aufgeführten) exogenen Risiken. Die Verhaltensrisiken vermögen mittels der gemeinsamen neo-institutionenökonomischen Wurzeln die Verbindung zwischen Finanz- und Leistungswirtschaft im Netzwerk abzubilden.

An diesen veränderten Wertschöpfungs- und korrespondierenden Risikostrukturen setzen projektbezogene Finanzierungstechniken an. Mit der Gründung einer rechtlich selbständigen Projektgesellschaft wird die ursprüngliche Finanzierungsfragestellung um organisationale Elemente erweitert. Der Einsatz von Projektfinanzierungen in den beschriebenen Supply Chain Netzwerken bedeutet eine Verschiebung hin zu mehr Hierarchie auf dem Markt-Netzwerk-Hierarchie-Kontinuum und löst somit das skizzierte Spannungsfeld zwischen technologischem Wertschöpfungsprozess und externen Einflüssen teilweise auf und institutionalisiert dadurch unter Risikoaspekten eine finanzierbare wirtschaftliche Einheit. In der Etablierung von Projektfinanzierungsstrukturen übernimmt vor allem der Fremdkapitalgeber die zentrale Rolle im Design von Kooperationsinstitutionen. Diesem wird in der frühen Projektphase die Rolle des „Netzwerk-Designer“ und im späteren Verlauf die des „Netzwerk-Supervisor“ zugewiesen. Der Fremdkapitalgeber besitzt durch Kombinationen aus leistungs- und finanzwirtschaftlichen Vertragsstrukturen Handlungs- und Sanktionsinstrumente, die in der Wirkungsweise aus den neo-institutionenökonomischen Grundlagenarbeiten zur Corporate Finance adaptiert werden. Die am Ende entstehende Road Map der Strukturelemente auf der Finanzierungsebene der Projektgesellschaft offenbart in vielfältiger Hinsicht hohe innovatorische Leistungen. Diese reflektiert Kontraktdesigns, die aus Fremd- und Eigenkapitalgebersicht zur Lösung von Verhaltensrisiken im modellierten Netzwerk-Typ beitragen können.

Für die Praxis vermag diese Dissertation einen bis dato nicht vorhandenen, konzeptionellen Beitrag zur Organisation effizienter Supply Chain Netzwerke mittels der Projektfinanzierung zur Reduktion von Verhaltensunsicherheiten aufzuzeigen. Dadurch lassen sich grundsätzlich leichter neue Wertschöpfungsnetzwerke aufbauen und unterhalten. Herausragend ist die Kombination von organisations- und finanzierungstheoretischen Paradigmen durch die Verklammerung mit neo-institutionenökonomischen Modellen. Die Erkenntnisse der Arbeit insbesondere zur Rolle des Finanzintermediärs im Rahmen der Projektfinanzierung als Netzwerk Designer und Netzwerk Supervisor stellen einen wichtigen Beitrag in der Weiterentwicklung des wissenschaftlichen Wissens im Bereich der netzwerkbasierten Supply Chain-Forschung dar.

Mit der vorliegenden Dissertation wurde ein Forschungsprogramm beschritten, das in dieser Thematik und mit diesem methodischen Ansatz bislang nicht behandelt wurde. Wenngleich die wirtschaftstheoretische Auseinandersetzung mit Supply Chain Netzwerken mittlerweile immer höhere Beachtung in den Wirtschaftswissenschaften erlangen konnte, so bleibt doch die Behandlung der Rolle von Finanzierungsbeziehungen zur Lösung von Anreizproblemen in der Risikobewältigung im Netzwerk der Arbeit von Sebastian Baumann vorbehalten. In der vorliegenden Form stellt sie einen eigenständigen, konzeptionell-wirtschaftstheoretischen Beitrag nicht nur zur Erforschung des Supply Chain-Bereichs dar, sondern befruchtet darüber hinaus auch die neuere Projektfinanzierungstheorie. Sie ist in hervorragender Weise geeignet, als Grundlagenforschung mit hohem konzeptionell-theoretischen Gehalt für darauf aufsetzende Arbeiten, insbesondere aus dem empirischen Bereich zu dienen.

Univ.-Prof. Dr. Henry Schäfer

Vorwort

Im Anschluss an mein Studium an der Universität Stuttgart bot sich mir die Möglichkeit, in einem Forschungsprojekt in der Schnittstelle zwischen Wissenschaft und Praxis tätig zu werden. Die Herausforderung, theoretisch abstrakte Inhalte mit den in der Praxis beobachtbaren Strukturen zu reflektieren und auch im Diskurs mit Vertretern der Praxis zu stehen, verstärkten mein Interesse, in einem solchen Forschungsfeld zu arbeiten.

Die vorliegende Arbeit entstand während eines dreijährigen Forschungsprojekts, welches durch die PricewaterhouseCoopers AG und die Landesbank Baden-Württemberg finanziell und inhaltlich gefördert wurde. Durch die Bereitstellung von Forschungsgeldern durch die Projektförderer konnte meine Stelle als wissenschaftlicher Mitarbeiter am Lehrstuhl Finanzwirtschaft des Betriebswirtschaftlichen Instituts der Universität Stuttgart finanziert werden.

Meinem Doktorvater, Herrn Prof. Dr. Henry Schäfer, möchte ich für die Initiierung des Forschungsprojekts, die mir dadurch gegebene Möglichkeit zur Promotion, die kontinuierliche Förderung meiner Arbeit und die wertvollen fachlichen Anregungen danken. Seine permanente Bereitschaft, fachlich wie auch persönlich jederzeit Unterstützung zu leisten, habe ich besonders geschätzt. Die weitreichende Übertragung von Verantwortung in Forschung und Lehre empfand ich als Ausdruck des Vertrauens in meine Arbeit und Leistungsfähigkeit und hat zu meiner persönlichen Entwicklung in besonderem Maße beigetragen. Herrn Prof. Dr. Michael Reiß danke ich für die Bereitschaft, diese Arbeit als Mitberichter zu begutachten. Des Weiteren möchte ich allen Kollegen und Mitarbeitern am Lehrstuhl für Finanzwirtschaft für die Kollegialität und die gegenseitige Unterstützung in Forschung und Lehre danken. Die Herausforderungen hinsichtlich der Erreichbarkeit des Ziels der Promotion verbanden und bildeten stets Grundlage für persönliche und wissenschaftliche Gespräche.

Über die finanzielle Unterstützung hinaus brachten in regelmäßigen Forschungsprojektsitzungen die Projektpartner praktische Erfahrungen ein und gaben wertvolle Impulse für die Arbeit. Ich möchte mich an dieser Stelle bei Herrn Franz Wagner (PricewaterhouseCoopers) für die Gewährung der finanziellen Unterstützung und Herrn Dr. Rolf Müller (PricewaterhouseCoopers) für die inhaltliche Mitarbeit in den Forschungsprojektsitzungen bedanken. Einen besonderen Dank möchte ich Frau Elsbeth Rommel (PricewaterhouseCoopers) als „gute Seele" des Projekts aussprechen. Aus dem Hause der Landesbank Baden-Württemberg möchte ich mich bei den fachlichen Ansprechpartnern Herrn Thomas Kind und Herrn Christian Nübling bedanken, die sich mit großem Interesse und Engagement in das Projekt eingebracht haben.

Meinen Eltern und meinem Bruder sowie meinen Freunden möchte ich für das Verständnis danken, dass häufig zur Fertigstellung dieser Arbeit auch Freizeit in Anspruch genommen werden musste. Insbesondere möchte ich meiner Freundin, Sandra Trittin, danken, die die scheinbar stagnierenden und enttäuschenden Phasen wie auch die positiven Fortschritte dieser Arbeit miterleben durfte.

Sebastian Baumann

Inhaltsverzeichnis

Abbildungsverzeichnis

Tabellenverzeichnis

Abkürzungsverzeichnis

3PL	Thrid-Party-Logistics
4PL	Fourth-Party-Logistics
Abb.	Abbildung
bearb.	bearbeitet
bspw.	beispielsweise
bzw.	beziehungsweise
CAPM	Capital Asset Pricing Model
CEO	Chief Executive Officer
CFO	Chief Financial Officer
d.h.	das heißt
durchges.	durchgesehene
EK	Eigenkapital
erw.	erweitert, erweiterte
EU	Europäische Union
F&E	Forschung und Entwicklung
FK	Fremdkapital
GM	General Motors
HGB	Handelsgesetzbuch
Hrsg.	Herausgeber
i.d.R.	In der Regel
IFRS	International Financial Reporting Standard
InfoCom	Information & Communication
Jg.	Jahrgang
JIT	Just-in-Time
LDL	Logistikdienstleister

LGD	Loss Given Default
LIBOR	London Interbank Offered Rate
LLP	Lead Logistics Provider
MIT	Massachusetts Institute of Technology
NGO	Nicht-Regierungs-Organisation
NPV	Net Present Value
OEM	Original Equipment Manufacturer
PD	Probability of Default
S.	Seite
SCN	Supply Chain Netzwerk
SoP	Start of Production
SPE	Special Purpose Entity
SPV	Special Purpose Vehicle
Tab.	Tabelle
TUL	Transport, Umschlag und Lagerhaltung
u.U.	unter Umständen
US-GAAP	United States Generally Accepted Accounting Principles
VDA	Verband der Automobilindustrie
vgl.	vergleiche
VIE	Variable Interest Entity
vollst.	Vollständig
vs.	versus
VW	Volkswagen
z.B.	zum Beispiel

1 Einleitung

1.1 Problemstellung

Die Industriemodelle verschiedenster Branchen unterliegen einer permanenten Veränderung mit unterschiedlich hoher Dynamik. Jürgens *u.a.* (2003, S. 396) konzeptionalisieren zwei Extremformen – das **Chandlerianische Modell** und den **Wintelismus**[1] – und nehmen dabei Bezug auf die Ursprünge der „Old Economy" (Automobilindustrie) und die Entwicklungen der „New Economy", insbesondere der InfoCom-Industrie (Information & Communication).

Chandlerianisches Modell	Wintelismus
Fokus auf der Binnenorganisation von Großunternehmen	Fokus auf interorganisationalen Beziehungen (Partnerships, Ecosystem)
Produktion ist eine zentrale Unternehmensfunktion; Kapitalintensität ist vorteilhaft für Economies of Scale and Scope	Produktion ist kein zentraler Funktionsbereich. Kapitalintensität ist nachteilig (vorteilhaft: Contract Manufacturing)
Das chandlerianische Großunternehmen ist eindeutig Macht- und Steuerungszentrum in den interorganisationalen Beziehungen	Es gibt kein per se gegebenes Steuerungs- und Machtzentrum. Macht hat, wer Standards setzt. Dies können mehrere Unternehmen sein (Microsoft und Intel beim PC)
Wachstum erfordert die Zunahme vertikaler Integration und die Diversifizierung in andere, verwandte Felder	Wachstum erfordert die Reduktion vertikaler Integration (Outsourcing, Contract Manufacturing) und die Beschleunigung des Produktzyklus
Der Kapitalmarkt und Investor Relations spielen keine Rolle	Der Kapitalmarkt spielt eine zentrale Rolle (M&A, Venture Capital, Aktienoptionen)
Organisationsintern ausgerichtete, bürokratische, kollektiv geregelte Anreizsysteme; kollektive Interessensvertretung	Individualisierte und eher marktorientierte Anreizsysteme; individualisierte Interessensvertretung

Tab. 1: Modelle der Industriegovernance
(Quelle: Jürgens *u.a.* 2003, S. 396)

[1] Der Begriff des Wintelismus wurde von Borrus/Zysmen (1997) geprägt und stellt eine Wortkreation aus „Windows" und „Intel" dar. Die Wortkreation spiegelt die dem Konzept inhärente Konkurrenz innerhalb der vertikal desintegrierten Wertschöpfungsketten wieder.

Die Veränderung einer „Industriegovernance“[2] weg vom Chandlerianischen Unternehmensmodell mit Tendenz zum Wintelismus ist in der Automobilindustrie offensichtlich. In den aktuellen Strukturen und Veränderungsprozessen werden Wertschöpfungsstrukturen mit charakteristischen Elementen (z.B. Desintegration und Contract Manufacturing[3]) etabliert, die im Ursprung der InfoCom-Industrie und somit dem Wintelismus zuzuordnen sind. Eine vollständige Konvergenz der beiden Industriemodelle aufgrund der verschiedenartigen Produktarchitektur ist gleichwohl nicht zu erwarten. (Vgl. Holweg 2005, S. 97)

Die beobachtbaren Restrukturierungstendenzen, z.B. die Reduktion der Wertschöpfungstiefe von produzierenden Unternehmen auf verschiedenen Wertschöpfungsstufen oder auch die Erweiterung des Leistungsspektrums von Logistikdienstleistern, verdeutlichen die zunehmende Fragmentierung und Spezialisierung und die resultierende Dependenz im globalisierten Wertschöpfungsprozess. Neue Formen der Zusammenarbeit zwischen den Unternehmen der Automobilindustrie kennzeichnen sich durch ein hohes Maß an operativer Integration und Interdependenz. Beispielhaft lassen sich zwischen Original Equipment Manufacturer (OEM), Systemlieferanten und Logistikdienstleistern Wertschöpfungsbeziehungen mit Netzwerkcharakter identifizieren. (Vgl. Arnold 2004, S. 290; Baumgarten 2004, S. 5f.)

Die globalisierte Automobilindustrie, deren Wettbewerbsdynamik und technologischer Fortschritt und die daraus resultierenden Entwicklungspfade respektive Trajektorien sind viel betrachtete Forschungsobjekte in wissenschaftlichen Untersuchungen. Die Zielsetzung, reale Phänomene in ihrer Existenz und Entstehung zu erklären wie auch Optimierungsansätze zu entwickeln und gestaltend Einfluss in Verände-

---

[2] Den Begriff der Industriegovernance definiert Jürgens wie folgt: „(...) der Industriegovernance bezieht sich auf die Koordination sektoraler Produktionssysteme, d.h. die Regulation der sektoralen Akteurskonstellationen im Hinblick auf effiziente und effektive Arbeitsprozesse und Produktionsabläufe sowie im Hinblick auf die Ausbalancierung der Macht- und Interessenstrukturen in den organisationsinternen und -übergreifenden Prozessketten.“ (Jürgens *u.a.* 2003, S. 397) Der Begriff der Industriegovernance lässt sich dabei in vier Unterbereiche aufgliedern: 1. Corporate Governance (Beziehung zu Investoren und Stakeholdern), 2. Governance der Produktmärkte (horizontale Konkurrenzbeziehung), 3. Governance der industriellen Beziehung (Beziehung zwischen Kapital – Arbeit – Staat) und 4. Prozessgovernance (intra- und interoganisationale Beziehung).

[3] Contract Manufacturer, wie Magna Steyr, Karmann oder Valmet, übernehmen die Verantwortung für die gesamte Produktion einer Baureihe (typischerweise einer Kleinserie). Durch die Auftragsbeziehung zu mehreren OEMs versuchen diese Kostenvorteile zu generieren. (Vgl. Miltenburg 2003, S. 151; Becker 2007, S. 3)

rungsprozessen zu nehmen, sind dabei mögliche wissenschaftliche Forschungsanlässe, die sich aus dem Zusammenspiel zwischen Theorie und Praxis in induktiven und deduktiven Forschungsansätzen ergeben. Das große Interesse an diesem Wirtschaftszweig begründet sich teilweise auch aus der Vorbild- und Leitfunktion dieser Branche für andere Industrien. Die weltweiten, branchenbezogenen stark empirisch orientierten Forschungsnetzwerke, welche sich insbesondere in der fundamentalen Umbruch- und Restrukturierungsphase seit Anfang der 90er Jahre mit der Automobilindustrie befassen, vernachlässigen jedoch nahezu vollständig die Konsequenzen dieser Restrukturierungsprozesse auf finanzwirtschaftlicher Ebene.

Auch auf theoretischer Seite in dem Forschungsgebiet der Unternehmensnetzwerke wie auch davon abgeleitet im Bereich der Supply Chain Netzwerke (vgl. Harland *u.a.* 2005; Tan 2001; Chen/Paulraj 2004) wird ebenfalls der Bereich der Finanzierung vernachlässigt. In der Literatur finden sich keine Darstellungen darüber, welche Risiken aus den Wertschöpfungsstrukturen für die Finanzierungsseite resultieren, wie eine Finanzierung von Netzwerken erfolgen kann und ob der traditionelle unternehmensbezogene Finanzierungsansatz in diesem Kontext noch adäquat ist.

1.2 Zielsetzung

Zielsetzung der vorliegenden Arbeit ist es, einen Beitrag zur Schließung der skizzierten Forschungslücke zu liefern. Die enge Verbindung der Bereiche „Finanzierung" und „Wertschöpfung" ist in der ökonomischen Realität offensichtlich. In den Wertschöpfungsstrukturen existierende Risiken sind für die Kapitalbereitstellung entscheidend und resultieren in Kapitalrestriktionen und finden in risikoadjustierten Kapitalkosten Berücksichtigung. Die Finanzierungsprozesse nehmen umgekehrt direkt oder indirekt im Sinne von Restriktionen Einfluss auf die unternehmerischen Entscheidungen und beeinflussen dadurch die Wertschöpfungsstrukturen. Die in der wissenschaftlichen Perspektive künstliche Trennung soll in dieser Ausarbeitung aufgehoben und eine bewusst integrative Analyse des Wechselspiels zwischen den Wertschöpfungsstrukturen und der Finanzierungsebene vorgenommen werden.

Die netzwerkartigen Wertschöpfungsstrukturen sind nicht ausschließlich vorteilhaft aufgrund der Spezialisierung und der höheren Flexibilität zu charakterisieren. Partnerschaftliche Zusammenarbeit, auch wenn dieser Begriff eine sehr vertrauensvolle kooperative Interessenlage suggeriert, ist mit Risiken verbunden, die für die Finanzierung von Unternehmen relevant sind. Risikobetrachtungen, die unumgänglich mit Finanzierungsvorgängen verbunden sind, stellen häufig auf das Unternehmen als fiktive Einheit ab und bewerten dabei das Unternehmensportfolio, bestehend aus einer Vielzahl von Investitionsprojekten und Geschäftsbeziehungen, mit Hilfe statistischer Maßgrößen. Risikomaßgrößen bilden dabei primär die Varianz als Streuungsmaß und Wahrscheinlichkeitsurteile (z.B. Ausfallwahrscheinlichkeit) oder Erwartungswerte. Der mit diesen häufig vergangenheitsbasierten statistischen Maßgrößen suggerierte stochastische und zufällige Risikocharakter ist jedoch in der Realität häufig nicht gegeben. In der Ausarbeitung soll daher eine zusätzliche Risikounterscheidung zwischen Zustands- und Verhaltensrisiken vorgenommen werden. Verhaltensrisiken treten nicht zufällig auf, sondern bilden das Ergebnis begrenzt rational handelnder Individuen und sind pfadabhängig, d.h. von zurückliegenden Ereignissen beeinflusst.

Gerade vor dem Hintergrund der hohen Interdependenz in den Wertschöpfungsprozessen ist die statistische Risikobetrachtung (als Zustandsrisiken) unzureichend. „(...) 'industrial partnership', like any other form of cooperative action, is of course vulnerable to opportunistic behaviour by any one of the 'partners'." (Friedberg/Neuville 1999, S. 67) Die Existenz von Verhaltensrisiken ist dabei in zweierlei Hinsicht relevant. Zum einen gefährden diese den Erfolg und die Zielsetzung der Kooperationsbeziehung auf interorganisationaler Ebene und zum anderen tangieren diese die Kapitalgeber der Unternehmen im Wertschöpfungsnetzwerk, da sie letztlich die monetären Auswirkungen opportunistischen Verhaltens im Netzwerk zu tragen haben.

Zielsetzung ist es, vor dem Hintergrund der skizzierten Dynamik und Veränderung der Wertschöpfungsmodelle in der Automobilindustrie die Existenz und die Relevanz von Verhaltensrisiken zu zeigen. Dazu wird ein erweitertes Risikoverständnis entwickelt, mit Hilfe dessen eine Situationsanalyse der Treiber von Verhaltensrisiken vorgenommen werden kann.

Neben der Bedeutung dieser Risiken für die Finanzierung soll die umgekehrte Wirkung ebenfalls in die Betrachtung mit einbezogen werden. Die durch die Finanzierungsseite gebildeten Anreize für Unternehmen im Netzwerk treten dabei in den Vordergrund. Im Zentrum steht die sehr weitreichende Forschungsfragestellung, welchen Einfluss die Finanzierungsvorgänge auf das Verhalten von Unternehmen in Netzwerken besitzen. Die der ökonomischen Realität entsprechende Annahme der Existenz von Verhaltensrisiken im Netzwerk soll dabei den Grundannahmen der traditionellen Unternehmensfinanzierung über das Finanzierungsobjekt „Unternehmung" gegenübergestellt und einer kritischen Analyse unterzogen werden.

Basierend auf den skizzierten Wertschöpfungs- und Risikostrukturen liegt die Anwendung der Projektfinanzierung als alternatives Finanzierungsarrangement, welches nicht das einzelne Unternehmen, sondern den in der Wertschöpfungsbeziehung gemeinsam erbrachten Output fokussiert, nahe. Die Ähnlichkeit der bisherigen Anwendungsgebiete (Ressourcenerschließung, Anlagenbau), die sich ebenfalls durch die Existenz von Verhaltensunsicherheit kennzeichnen, lassen Mechanismen erwarten, die Anreize für die beteiligten Projektparteien zu kooperativem Verhalten bilden. Allgemein formuliert lautet die zentrale Forschungsfragestellung der vorliegenden Arbeit:

Warum und wie können Verhaltensrisiken in Supply Chain Netzwerken mit Hilfe der Projektfinanzierung gesteuert werden?

Die Projektfinanzierung als Kooperationsdesign und Finanzierungsarrangement verbindet dabei organisationale Gestaltungselemente, die sich direkt auf der Wertschöpfungsebene auswirken, mit Finanzierungselementen, die ebenfalls eine indirekte Anreizwirkung besitzen.

Ausgangspunkt des Forschungsvorhabens bildeten die in der Praxis beobachtbaren Bestrebungen von Unternehmen im Kontext der Automobilindustrie, in höherem Maße Logistikdienstleister (LDL) in den Wertschöpfungsprozess einzubinden. Die Intention, Finanzierungsbedarf in Form des in der Wertschöpfungskette gebundenen spezifischen Umlaufvermögens zu übertragen (vgl. Bot/Neumann 2003, S. 71; Frohn 2006, S. 105), stellt die Logistikdienstleister vor dem Hintergrund der resultierenden Risiken vor eine mit klassischen Instrumentarien der Unternehmensfinanzierung unlösbare Aufgabe.[4] Das Umlaufvermögen, insbesondere die physische Komponente der Lagerbestände, ist dabei im Supply Chain Netzwerk (SCN) der Automobilindustrie von besonderem Interesse, da es den Güterfluss im Netzwerk repräsentiert. Lagerbestände bilden einerseits einen Risikopuffer gegenüber Störungen im Güterfluss, andererseits sind diese selbst risikobehaftet. Risikoträger sind die jeweiligen Eigentümer der netzwerkspezifischen Bestände. Der Wert der netzwerkspezifischen Aktiva

[4] Die Situation bildete den Ausgangspunkt für ein Forschungsprojekt der Universität Stuttgart in Zusammenarbeit mit der Landesbank Baden-Württemberg und PricewaterhouseCoopers. Die vorliegende Arbeit dokumentiert im Sinne „wissenschaftlicher Begleitforschung" die Ergebnisse dieses Forschungsprojekts.

und die Höhe des damit korrespondierenden Finanzierungsbedarfs sind von Zustandsrisiken und vom Verhalten der Netzwerkakteure abhängig. Diese konkrete Problematik bildet in der vorliegenden Arbeit stets einen praktischen Fixpunkt, der in Form eines stilisierten Untersuchungsfalls in der Analyse immer wieder herangezogen wird. In diesem Kontext wird auch der Lösungsansatz der Bildung eines Projektfinanzierungsarrangements relevant. Eine spezifische Reformulierung der Forschungsfrage mit konkretem Bezug zu dem Ausgangsproblem ist wie folgt möglich:

Warum und wie können Verhaltensrisiken in Supply Chain Netzwerken mit Hilfe der Projektfinanzierung bei der Finanzierung von Umlaufvermögen in Zulieferbeziehungen zwischen Zulieferunternehmen, Logistikdienstleistern und Endproduktthersteller gesteuert werden?

Die Forschungsfragen (allgemeine und spezifische) beinhalten sowohl eine deskriptive (Wie?) wie auch eine auf die Wirkungsmechanismen der Projektfinanzierung abzielende explanative Komponente (Warum?). Die Orientierung an diesen Forschungsfragen lässt auch ursächliche Argumente bezüglich der grundsätzlichen Fragestellung Unternehmensfinanzierung oder Projektfinanzierung erwarten. Mit dem Erkenntnisgewinn bezüglich der Wirkungsmechanismen der Projektfinanzierung kann auch die Notwendigkeit und Vorteilhaftigkeit dieser in bestimmten Wertschöpfungsstrukturen, wenn auch nicht eindeutig in einem kausalen Zusammenhang, begründet werden. Die Existenz von Verhaltensrisiken in bestimmten Netzwerkstrukturen kann die Etablierung eines institutionellen Arrangements in Form der Projektfinanzierung als Transaktionsdesign zur Steuerung des Verhaltens im Netzwerk vorteilhaft werden lassen.

1.3 Vorgehensweise – Forschungsdesign

1.3.1 Methodische Vorgehensweise

Als anwendungsorientierte Wissenschaft sieht sich die Betriebswirtschaftslehre und als Teildisziplin die Finanzwirtschaftslehre vor der Herausforderung, Theorie und Praxis zu verbinden (vgl. Fülbier 2004, S. 267). Das Forschungsprojekt, welches gemeinsam mit Praxisvertretern[5] initiiert wurde, und die erwarteten Erkenntnisse sollen diesen Praxisbezug aufweisen.[6] Das methodische Forschungsdesign wird primär durch das Forschungsfeld determiniert. Dieses charakterisiert sich in der Praxis durch eine hohe Sensibilität.[7] Finanzierungsstrukturen und die zugrunde liegenden, i.d.R. neuen Investitionsvorhaben bei Projektfinanzierungen gelten als schützenswerter Wettbewerbsvorteil, verwertbare reale Daten sind dementsprechend selten. Des Weiteren kommt die Projektfinanzierung als solches bisher in dem gewählten Untersuchungskontext der Supply Chain Netzwerke im Vergleich zur traditionellen Unternehmensfinanzierung relativ selten zur Anwendung. Häufigkeit und Sensibilität der Daten schließen in der methodischen Vorgehensweise einen induktiven Ansatz, wie z.B. die Grounded Theory[8], aus. Die notwendige Primärdatenerhebung als Basis zur Generierung von Hypothesen in dem gewählten Untersuchungskontext setzt die Existenz bereits abgeschlossener Projekte und den Zugang zu diesen Daten voraus.

Zudem handelt es sich bei dem Untersuchungsfall der Projektfinanzierung im Supply Chain Netzwerk der Automobilindustrie um ein komplexes Forschungsobjekt. Eine

---

[5] In der explorativen Phase des Forschungsvorhabens wurden Forschungsprojektsitzungen mit Praxispartnern durchgeführt und dadurch der Bezug theoretischer Analyseobjekte zur Realität regelmäßig überprüft.

[6] Zum Thema „Praxisbezug der Finanzwirtschaftslehre" siehe Schmidt (1991, S. 191-224). Schmidt unterscheidet zwei Teilaspekte des Begriffs „Praxisbezug", einerseits die Orientierung an einem Realitätsausschnitt und andererseits den Transfer von Theorien in den praktischen Anwendungskontext.

[7] Als sensitive respektive sensible Forschungsprojekte charakterisiert Lee „studies in which there are potential consequences or implications, either directly for the participants in the research or for the class of individuals represented by the research." (Lee 1995, S. 3) Lee erkennt dabei insbesondere die Herausforderung des Zugangs zu brauchbarem Datenmaterial wie auch die Verwertbarkeit der Daten und das Problem des „Denied Access". Dennoch, postuliert Lee, sollte sich Forschung nicht nur auf Bereiche, die als gut zugänglich gelten, beschränken. (Vgl. Lee 1995, S. 140)

[8] Die Grounded Theory ist methodisch als qualitativ induktiver Forschungsansatz einzuordnen (vgl. Eckert 2004, S. 694ff.).

Vielzahl von Akteuren (OEM, LDL, Zulieferunternehmen), die Charakteristika der Wertschöpfungsbeziehungen und Kontextfaktoren (Markt-, Wettbewerbs- und Branchenumfeld) stellen Einflussparameter im Hinblick auf die Ausgestaltung der Projektfinanzierung dar. Die Projektfinanzierungsstruktur besitzt ihrerseits Gestaltungsoptionen, die komplementäre und konträre Wirkungen besitzen. Die Reduktion des komplexen Untersuchungsobjekts auf einzelne eindeutige Kausalzusammenhänge ist kaum möglich. Umfangreiche quantitative empirische Untersuchungen, die diese Reduzierbarkeit und Abstrahierbarkeit voraussetzen, werden daher in diesem Kontext ebenfalls als wenig geeignet betrachtet. Daneben würde die Erhebung in dem skizzierten Untersuchungskontext kaum eine ausreichend große Anzahl an Untersuchungseinheiten (Stichprobenumfang) erwarten lassen, wodurch eine grundsätzlich geringe Repräsentativität resultiert.

Der gewählte Forschungsansatz charakterisiert sich als **analytisch-deduktiv**. Ausgehend von existierenden ökonomischen Theorien sollen Spezifika und Probleme von Supply Chain Netzwerken analysiert und Gestaltungsempfehlungen in der Etablierung von Projektfinanzierungsstrukturen im Untersuchungskontext auf Basis theoriegestützter Kausalitäten generiert werden.[9] Als Argumentationsunterstützung und um die empirische Relevanz der theoretischen Untersuchungen zu verdeutlichen, sollen soweit möglich in der Literatur verarbeitete empirische Belege illustrativ eingebunden werden.

Eine häufig im Forschungsfeld der Projektfinanzierung anzutreffende Forschungsmethode basiert auf der Analyse von Fallstudien (vgl. Esty 1999; Esty 2004a). Die Verwendung illustrativer Fallstudien, welche die Finanzierung von Umlaufvermögen mittels der Projektfinanzierung verdeutlichen, war daher auch in dieser Ausarbeitung intendiert. Aufgrund der Aktualität und Sensibilität der Daten konnte **kein realer Untersuchungsfall** in der vorliegenden Arbeit analysiert werden. Daher wurde ein **stilisierter Untersuchungsfall** integriert, der wiederkehrend Bezug zu realistischen

---

9 In Anlehnung an Chmielewicz umfasst die Forschungskonzeption der „Wirtschaftstechnologie“ ein pragmatisches Wissenschaftsziel, welches in der Überführung von theoretischen Aussagen (Ursache-Wirkung) in technologische Aussagen (Ziel-Mittel) besteht. (Vgl. Chmielewicz 1994, S. 9ff.) Die angestrebten Gestaltungsempfehlungen sind im Kontext dieses pragmatischen Wissenschaftsziels zu sehen, welches auch von andern Autoren hervorgehoben wird. (Vgl. Fülbier 2004, S. 267) Eine vergleichende Gegenüberstellung von angewandter sozialwissenschaftlicher Forschung und Grundlagenforschung liefern Hedrick/Bickman (1994, S. 2ff.).

Wertschöpfungsstrukturen der Automobilindustrie liefert. Die vorliegende Arbeit kennzeichnet sich daher durch eine theoretisch konzeptionelle Ausrichtung, wobei empirische Elemente implizit durch Gespräche und Forschungsprojektsitzungen sowie Arbeitskreise mit Vertretern der Projektsponsoren und anderen Industrievertretern in die Arbeit eingeflossen sind.

1.3.2 Inhaltliche Vorgehensweise

Nachfolgendes **Kapitel 2** verdeutlicht die in der Automobilindustrie existenten Netzwerkstrukturen und analysiert die Veränderungsprozesse in der Arbeitsteilung vor dem Hintergrund theoretischer Begriffsdefinitionen. Branchenkontext der Untersuchung bilden die Wertschöpfungsstrukturen der europäischen Automobilindustrie (Kapitel 2.1). In einer positiven Analyse werden dabei zur Verdeutlichung der Einflüsse in der historischen Entwicklung und der Strukturunterschiede zunächst die Industriemodelle der nordamerikanischen und ostasiatischen Automobilindustrie charakterisiert. Die dezidiert betrachteten europäischen Strukturen lassen sich als Hybrid im Spannungsverhältnis der beiden anderen Industrieregionen verorten. Um die Strukturen und die damit verbundenen finanzwirtschaftlichen Fragestellungen klar zu erfassen, soll in einem ersten Schritt zur Vorbereitung einer Begriffsynthese kurz auf theoretische Grundlagen in Bezug auf das zugrunde liegende Supply Chain Verständnis (Kapitel 2.2.1) eingegangen werden. Die zentralen Spezifika des Supply Chain Netzwerks der Automobilindustrie werden anschließend in Kapitel 2.2.2 analysiert. Dazu werden ein strukturanalytisches (Kapitel 2.2.2.1) und ein organisationstheoretisches (Kapitel 2.2.2.2) Netzwerkverständnis entwickelt und auf dieser Basis der relevante Untersuchungsbereich eingegrenzt und Charakteristika abgeleitet. Um den Veränderungen in den Wertschöpfungsstrukturen der Automobilindustrie und dem Forschungsanlass Rechnung zu tragen, wird insbesondere die Bedeutung der Logistikdienstleistung im Netzwerkkontext analysiert (Kapitel 2.2.2.3). Kapitel 2.2.3 liefert ein Zwischenfazit im Hinblick auf die regionenspezifischen Industriemodelle, bevor im Kapitel 2.2.4 ein stilisierter Untersuchungsfall dargestellt wird, der den relevanten Netzwerkausschnitt, die Akteure und deren arbeitsteilige Wertschöpfungsbeziehungen in der Automobilindustrie illustriert und als Grundlage für die weitere Untersuchung dient.

In **Kapitel 3** soll die Interdependenz von Güter- und Finanzfluss im Netzwerkkontext herausgearbeitet werden. Verbindendes Element bildet das – sowohl leistungswirtschaftlich als auch finanzwirtschaftlich relevante – Umlaufvermögen. Dessen Finanzierung und Verlagerung im stilisierten Untersuchungsfall steht in Verbindung mit der Übernahme des Eigentums an netzwerkspezifischem Umlaufvermögen und der damit verbundenen Netzwerkrisiken (Kapitel 3.1). Eine dezidierte Analyse der Risikostrukturen im Supply Chain Netzwerk der Automobilindustrie erscheint daher notwendig (Kapitel 3.2). Dazu wird zunächst grundlegend das vorherrschende Risikoverständnis dargestellt und als unzureichend vor dem Hintergrund der ökonomischen Realität charakterisiert (Kapitel 3.2.1). Die Erweiterung des Risikoverständnisses um die Verhaltensunsicherheit und die Analyse dieser in Kooperationsbeziehungen werden wiederum illustrativ anhand von Problembereichen im Untersuchungsfall erläutert (Kapitel 3.2.2). Um das Ausmaß der Verhaltensunsicherheit von den abstrakten theoretischen Annahmen in einen aus praktischer Sicht fassbaren Kontext zu überführen, werden darauf folgend Treiber und Determinanten identifiziert, die in einem Supply Chain Netzwerk das potenzielle Ausmaß der verschiedenen Formen der Verhaltensunsicherheit bestimmen (Kapitel 3.2.3). Diese Determinanten werden schließlich zusammenfassend im Untersuchungsfall dargestellt und die Konsequenzen im Hinblick auf die Finanzierbarkeit der Umlaufvermögens im Eigentum des Logistikdienstleister analysiert.

Die umfangreiche Analyse von Wirkungsmechanismen der Projektfinanzierung als Netzwerk-Governance wird im darauf folgenden **Kapitel 4** vorgenommen. Um die Herausforderungen in der Kapitalbereitstellung dezidierter herauszuarbeiten, wird jedoch zuvor der traditionelle einzelunternehmensbezogene Finanzierungsansatz näher betrachtet. In **Kapitel 4.1** werden ähnlich einem Soll-Ist-Vergleich finanzwirtschaftliche Grundannahmen über die „Unternehmung“ im Kontext der Finanzierungstheorie mit den zuvor analysierten in der Realität existenten Netzwerkstrukturen gegenübergestellt. Dabei werden Problemfelder und die Unzulänglichkeit der klassischen Unternehmensfinanzierung aufgezeigt und die Notwendigkeit eines netzwerkindividuellen Finanzierungsansatzes begründet. Nach einer anschließend kurzen definitorischen Ausführung (Kapitel 4.2) zur Projektfinanzierung werden Besonderheiten des Projektcharakters bei der Umlaufvermögensfinanzierung im Untersuchungsfall im Vergleich zum traditionell anlagenintensiven Anwendungsgebiet der Projektfinanzierung (Kapitel 4.3) erläutert. Kapitel 4.4 beinhaltet eine theoriegestützte Analyse einzelner Gestaltungsparameter und konstituierender Merkmale von Projektfinanzierungsstrukturen. Diese werden sukzessive im Kontext des Untersuchungsfalls analysiert. Ergebnis bilden neben den Erkenntnissen über die theoretischen Wirkungsmechanismen, die auch ökonomische Gründe für die Etablierung von Projektfinanzierungsstrukturen im untersuchten Netzwerkkontext liefern, auch Gestaltungsempfehlungen im Bezug auf einzelne Strukturmerkmale, um gezielt Wirkungsmechanismen zu verstärken. Ausgehend von dem leistungswirtschaftlichen Vertragsnetzwerk (Kapitel 4.4.1) werden anschließend prozessuale (Kapitel 4.4.2) und strukturelle Elemente (Kapitel 4.4.3) der Projektfinanzierung und deren Verhaltensunsicherheit reduzierende Wirkung analysiert. Eine abschließende zusammenfassende Darstellung (Kapitel 0) unter Fokussierung einzelner Ausprägungen der Verhaltensunsicherheit (Adverse Selektion, Moral Hazard und Hold Up) soll die Komplementarität der einzelnen zuvor diskutierten Elemente verdeutlichen. Im darauffolgenden Kapitel 4.6 wird eine Methodenkritik vorgenommen. Diese soll die Grenzen der gewonnen Aussagen aufzeigen, die sich aus den zugrunde liegenden Annahmen ergeben. Eine Zusammenfassung der gewonnenen Erkenntnisse und einen Ausblick durch Aufzeigen des weiteren Forschungsbedarfs liefert **Kapitel 5**.

2 Kooperationsspezifika und -probleme in Supply Chain Netzwerken der Automobilindustrie

Die Automobilindustrie besitzt in Bezug auf Veränderungen häufig eine Vorreiterrolle.[10] Die hohe Dynamik in dieser Industrie ist unter anderem auf die hohe Wettbewerbsintensität verbunden mit einer zunehmenden Globalisierung zurückzuführen, die Unternehmen permanent vor die Herausforderung stellt, neue Wettbewerbsvorteile zu generieren. Die global herausragende Stellung der Automobilindustrie lässt diese auch zu einem häufigen Forschungsobjekt wissenschaftlicher Untersuchungen werden. Seit den 90er Jahren entstehen regelmäßig wissenschaftliche Beiträge, welche sich mit den historischen Entwicklungspfaden und der Prognose zukünftiger Produktionssysteme und ganzer Industriemodelle beschäftigen.[11] (Vgl. Boyer *u.a.* 1998; Clark/Fujimoto 1991; Dyer 2000; Faust *u.a.* 2004; Freyssenet *u.a.* 1998; Lung *u.a.* 1999; Womack *u.a.* 1990).

2.1 Supply Chain Netzwerke in der Automobilindustrie – positive Analyse

Die europäische Automobilindustrie bildet in der vorliegenden Arbeit den Branchenkontext. Zur Verdeutlichung der heute existenten Wertschöpfungsstrukturen, deren Charakteristika, deren Entwicklung und wechselseitige Einflussnahme im Entwicklungsprozess sollen nachfolgend die Industriemodelle der global dominierenden Industrieregionen dieser Branche, Ostasien, Nordamerika und Europa, dargestellt werden.

Nach Chanaron/Lung (1999, S. 8f.) umfasst der Begriff des **Industriemodells** (Industry Model) die technischen, sozialen und institutionalen Elemente von Unterneh-

---

[10] Frohn (2006, S. 152) identifiziert neben der Automobil- auch die Elektroindustrie als „progressive Branche", die existierende Wertschöpfungsstrukturen permanent hinterfragen, um temporär Wettbewerbsvorteile zu generieren.

[11] Der Begriff des Produktionssystems kann als Bestandteil eines Industriemodells definiert werden. Das Produktionssystem bezieht sich dabei jedoch primär auf die intraorganisationale Ausgestaltung von Produktionsprozessen und umschreibt eine spezifische Konfiguration von organisationalen Elementen, Technologien und der Integration des Produktionsfaktors Arbeit. Das Produktionssystem reflektiert jedoch auch die strategisches Entscheidung des „Make-or-Buy" und beinhaltet notwendigerweise Schnittstellen an den Systemgrenzen. (Vgl. Pries 2004, S. 145)

men um Veränderungen im Unternehmensumfeld zu begegnen. Es lassen sich zwei Hauptkomponenten zur Beschreibung von Industriemodellen identifizieren:[12]

- **„Employee Relationship":** Abstrakt formuliert wird in diesem Kontext das Verhältnis des Faktors Arbeit zum Faktor Kapital beschrieben. Die Beziehung wird aus zwei Perspektiven analysiert und insbesondere Elemente zur Ausgestaltung skizziert. Einerseits erfolgt eine Betrachtung aus Sicht der Arbeitnehmer gegenüber dem Unternehmen, hierbei stehen Analysebereiche beispielsweise der Entlohnung, Beschäftigungsgarantien oder Entwicklungsmöglichkeiten im Sinne von „Karriere" im Vordergrund. Andererseits wird auch die Perspektive des Unternehmens (repräsentiert durch das Management) auf die Arbeitnehmer fokussiert und im Hinblick auf Produktivität, Partizipation und opportunistisches Verhalten analysiert.

- **„Productive Organization":** Dieser Aspekt umfasst charakteristische Strukturen in Unternehmen und typische Organisationsmuster zwischen Unternehmen als Reaktion auf Anforderungen und Unsicherheiten der Märkte. Intraorganisationale Gestaltungsmerkmale beziehen sich dabei z.B. auf die Unternehmenshierarchie, die Gestaltung von Produktionssystemen, Entwicklungs- oder Vertriebsaktivitäten. Interorganisationale Aspekte analysieren Außenbeziehungen zu Lieferanten, Händlern, öffentlichen Institutionen oder anderen privaten Partnern, welche in Bezug zum Wertschöpfungsprozess stehen.

Der Teilaspekt des „Employee Relationship" wird in dieser Arbeit nicht dezidiert analysiert, da das Industriemodell als gegeben betrachtet wird und nicht im Detail hinsichtlich der Entwicklung und der determinierenden Kontextfaktoren erklärt wird. Im Zentrum stehen vielmehr interorganisationale Aspekte im Bereich der „Productive Organization" unterschiedlicher Industriemodelle.

---

[12] Pries (2004, S. 133) hingegen verwendet den Begriff des „Business Models" in ähnlicher Weise, kategorisiert jedoch zur weitergehenden Systematisierung noch die Unternehmensstrategie als explizit normatives Element, um auf die Umfeldeinflüsse zu reagieren.

Als Ergebnis der viel beachteten MIT Studie[13] wurde das japanische Industriemodell als zukunftsdominierend analysiert und eine globale Adaption auch anderer Industriezweige prognostiziert. „in the end (...) lean production will supplant both mass production and the remaining outposts of craft production in all areas of industrial endeavor to become the standard global production system of the twenty-first century“ (Womack *u.a.* 1990, S. 278) Einige Jahre später nach umfangreichen dezidierten Studien wurde eine Konvergenz hin zu einem globalen Industriemodell eher als unwahrscheinlich betrachtet (vgl. Pries 2004, S. 145; Boyer 1998). So konstatiert Freyssnet: „There is no ‚one best way'. There was none in the past, and there is none today." (Freyssenet 1998a, S. 45)

Aufgrund der globalen Ausdehnung der einzelnen Hersteller der Automobilindustrie, sowohl in Bezug auf die Produktion als auch die Beschaffungs- und Absatzmärkte, werden in den Stammländern etablierte Industriemodelle und Produktionssysteme exportiert und gleichzeitig an neue Rahmenbedingungen angepasst. Tolliday *u.a.* (1998, S. 6) beschreiben den real beobachtbaren Transferprozess als „**Hybridization**“[14], da sowohl **Imitationen** in Form der Übertragung existierender Leitprinzipien und Modelle als auch **Innovationen** in Bezug auf die Adaption an einen neuen sozioökonomischen Kontext stattfinden. Daraus ergibt sich eine hohe Komplexität der global existierenden Wertschöpfungsstrukturen, die im Detail nur durch sehr umfangreiche Analysen der individuellen Trajektorien einzelner Automobilhersteller erfasst werden können.[15] (Vgl. Boyer 1998, S. 27)

Der nachfolgenden Darstellung ist einerseits anzumerken, dass die in der Literatur häufig vorgenommene Unterscheidung in regionenspezifische Industriemodelle si-

[13] Das „International Motor Vehicle Program" am Massachusetts Institute of Technology umfasst eine der weltweit größten Forschungsgruppen, welche sich mit den Entwicklungen der weltweiten Automobilindustrie befasst. Die Ergebnisse eines fünfjährigen Forschungsprojekts, welches sich mit dem Paradigma der „Lean Production“ auseinander gesetzt hatte, wurden in dem häufig zitierten Buch von Womack *u.a.* (1990) „The Machine That Changed the World“ publiziert.

[14] In der Betriebswirtschaftslehre findet der Begriff des Hybrids in verschiedenen Bereichen Anwendung. Kennzeichnend ist die Verbindung von gegensätzlichen Komponenten. Einen Überblick über die Verwendung des Hybrid-Begriffs liefert Reiss (2006, S. 1060).

[15] Ein dezidierte Analyse der historischen Entwicklungspfade von 15 Automobilherstellern (Toyota, Nissan, Honda, Mitsubishi Motors, Hyundai, General Motors, Ford, Chrysler, Volkswagen, Fiat, Peugeot, Renault, Rover, Volvo, Lada) findet sich in dem Herausgeberwerk von Freyssenet *u.a.* (1998).

cherlich sehr abstrakt und stark vereinfacht ist.[16] Andererseits ist eine Segmentierung in Bezug auf die strukturdeterminierenden Kontextfaktoren sinnvoll. Entwicklungen von Industriemodellen fanden in der Vergangenheit primär in und aus den Stammländern heraus statt. Daher ist eine aggregierte Betrachtung der Regionen **Ostasien**, **Europa** und **Nordamerika** aufgrund regional ähnlicher Rahmenbedingungen möglich. (Vgl. Freyssenet 1998b, S. 4) In der Ausgestaltung ihrer Zulieferbeziehungen und damit der OEM-fokussierten Netzwerke sind regionenspezifische Unterschiede zu erkennen. Im Zuge dieser Arbeit soll sich primär an den europäischen Strukturen orientiert werden, jedoch zur Charakterisierung und Abgrenzung dieser zunächst auf die nordamerikanischen und die ostasiatischen Spezifika eingegangen werden. (Vgl. Clark/Fujimoto 1991, S. 137)

2.1.1 Marktmodell: Nordamerikanische Automobilindustrie

Historischer Hintergrund der heute existierenden amerikanischen Strukturen bilden zwei Industriemodelle, die die Entwicklungen verdeutlichen, der „Fordismus“ und der „Sloanismus“. Durch Henry Ford wurde Anfang des 19. Jahrhunderts der Übergang zur Massenproduktion eingeleitet.[17] Die Standardisierung und Austauschbarkeit von Bauteilen, ausgeprägte Arbeitsteilung in der Produktion, eine hohe vertikale Integration und eine eingeschränkte Produktvielfalt sind Merkmale des Fordismus. (Vgl. Chanaron/Lung 1999, S. 3; de Banville/Chanaron 1999, S. 377) Markantes Beispiel der hohen vertikalen Integration ist der „Rouge Complex“[18], der 1931 in Detroit in Betrieb genommen wurde. (Vgl. Womack *u.a.* 1990, S. 35) Weiterentwicklungen des Fordismus zum „Sloanismus“ wurden von Alfred Sloan als CEO von General Motors initiiert. Die „flexible Massenproduktion“ ermöglichte es, eine breitere Produktpalette am Markt anzubieten, wobei durch die Verwendung von Gleichteilen im Produktde-

---

[16] Die regionenspezifische Unterscheidung bezieht sich dabei primär auf die Ursprungsländer der jeweiligen Automobilhersteller. Wie bereits angedeutet wurden im Zuge globaler Expansion die jeweiligen Industriemodelle in andere Länder übertragen, wobei lokale Einflüsse zu Adaptionen führten. (Vgl. Pries 2004, S. 17)

[17] Bis dahin dominierte das Handwerk die Produktion von Automobilen. Ford selbst war bis dahin primär ein Montageunternehmen und somit wenig vertikal integriert, da es beispielsweise Karosserieteile, Motoren und andere Teile von Dodge und anderen Unternehmen kaufte. (Vgl. Womack *u.a.* 1990, S. 33)

[18] Der Produktionsstandort von Ford am Fluss Rouge gilt bis heute als Beispiel eines nahezu vollständig integrierten Automobilwerks. „A higher rate of insourced manufacturing operations has never been implemented in any other automobile factory.“ (Hsieh *u.a.* 1997, S. 19)

sign Skaleneffekte in der Produktion zu erzielen versucht wurden. (Vgl. Chanaron/Lung 1999, S. 15f.; Freyssenet 1998a, S. 10; Raff 1999, S. 50) Die Bedeutung der Zulieferbeziehungen wurde größer, wenngleich diese sich primär als „Arm's-Length"-Beziehungen mit dominierendem Preismechanismus charakterisieren lassen.

Die Orientierung an den flexiblen Wertschöpfungsstrukturen der japanischen Automobilindustrie führten vermehrt zu Desintegrationstendenzen auch in der amerikanischen Automobilindustrie, was beispielsweise in den Spin-Offs der „In-House"-Komponentenlieferanten Visteon von Ford und Delphi von General Motors in den späten 90er Jahren zum Ausdruck kam. (Vgl. Sturgeon 2000, S. 9; MacNeill/Chanaron 2005, S. 91)

Das amerikanische Zuliefersystem ist somit historisch von dem Fordismus und dem Sloanismus und durch neuere global dominierende Leitprinzipien des „Lean Production" geprägt. Es kennzeichnet sich durch eine hohe Anzahl an Zulieferunternehmen, welche primär direkt mit den Autoherstellern (OEM) in einer Lieferbeziehung stehen. Eine große Anzahl von Zulieferunternehmen besitzt kein Entwicklungs-Know-How und dient lediglich als Produktionskapazität. Nur wenige große Zulieferer besitzen die entwicklungsrelevanten „Technical Capabilities". Die mehrheitlichen Vertragsbeziehungen sind kurzfristig orientiert und charakterisieren sich als „Arm's-Length"-Beziehung, bei denen sich der Informationsaustausch auf ein Minimum reduziert. Lediglich Preisinformationen und Produktspezifikationen werden kommuniziert. Die starke Preisfokussierung lässt eine kompetitive Beziehung zwischen OEM und Zulieferunternehmen entstehen, da es im Prozess der Preisbildung den ökonomischen Gewinn zu verteilen gilt. Aufgrund der Vielzahl an Zulieferunternehmen entsteht zudem auf Anbieterseite ein hoher Wettbewerb, welcher von den Endherstellern bewusst genutzt wird. (Vgl. Clark/Fujimoto 1991, S. 137f.)

2.1.2 Kooperationsmodell: Ostasiatische Automobilindustrie

Der Entwicklungspfad der japanischen Automobilindustrie ist vor der ersten Ölkrise 1973 zwar durch die Orientierung an den Prinzipien der Massenproduktion gekennzeichnet (vgl. Shimizu 1998, S. 63). Die Imitation des Fordismus war jedoch nicht möglich, da neueste Produktionsanlagen aufgrund eines Kapitalmangels in den Nachkriegsjahren nicht zur Verfügung standen. Auch die geringe Nachfrage nach Automobilen und die Knappheit an Rohmaterialien bildeten Rahmenbedingungen, die eine Übertragung von Massenproduktionsprinzipien verhinderten. (Vgl. Womack *u.a.* 1990, S. 50; Becker 2006, S. 266) Somit waren die japanischen Automobilhersteller gezwungen, ein eigenes Industriemodell zu entwickeln.[19] Die Unternehmen erkannten sehr früh die Notwendigkeit der Flexibilität zur Reaktion auf die Dynamik der Absatzmärkte und setzten diese in adaptiven Wertschöpfungsstrukturen um. (Vgl. Freyssenet 1998b, S. 1)

Die verschiedenartigen primär partnerschaftlichen Transaktionsbeziehungen zwischen den Automobilherstellern und den Zulieferunternehmen werden als strategischer Wettbewerbsvorteil japanischer Unternehmen betrachtet. Langfristige Lieferbeziehungen kombiniert mit intensiver **Kollaboration**, wechselseitigen **Kapitalbeteiligungen** (vgl. Womack *u.a.* 1990, S. 194; Novak/Eppinger 2001, S. 202) und einem intensiven **personellen Austausch** (vgl. Dyer 2000, S. 75) sind Instrumente in japanischen Netzwerkstrukturen, sogenannter Keiretsu.[20] Vertrauen und langfristige Kooperation ermöglichen es, Entwicklungszeiten zu verkürzen, Kosten und Verantwortung von Innovationen zu teilen, Kosten zu reduzieren und Flexibilität in Bezug auf Nachfrageschwankungen zu erhalten. Durch die Externalisierung von Teilen der Entwicklung und der Produktion auf unabhängig geführte, jedoch eng vernetzte Zulieferunternehmen konnten auch die Vorteile markt-basierter Transaktionsbeziehungen[21] unter gleichzeitiger Nutzung der Koordinationsvorteile und Lernpotentiale von hierarchisch geprägten Strukturen ausgeschöpft werden. (Vgl. Clark/Fujimoto 1991, S. 136ff.; Ahmadjian/Lincoln 2001, S. 683; Shimizu 1998, S. 69)

Anhand der Preispolitik in Zulieferbeziehung kann verdeutlicht werden, wie sehr diese auf „Commitments“ und „Reziprozität“ beruhen. So werden beispielsweise die Kosten für Stanzwerkzeuge im Karosseriebau, welche dem Zulieferunternehmen

---

[19] Die Entwicklung des japanischen Industriemodells ist auch vor einem kulturellen Hintergrund zu betrachten (vgl. Sydow 1999, S. 104 u. 122).

[20] Die enge Zusammenarbeit, bei der die wichtigsten Zulieferunternehmen mit den Endproduktherstellern ein Netzwerk bilden, ist primär regionenspezifisch, weniger industriespezifisch. (Vgl. Clark/Fujimoto 1991, S. 144; Ahmadjian/Lincoln 2001, S. 683) So lassen sich Keiretsu-Netzwerke auch in anderen Industriezweigen identifizieren. Lai (1999, S. 423ff.) klassifiziert dabei horizontale und vertikale „Keiretsu Business Groups“ und liefert eine umfassende Übersicht. Sony oder Toshiba können beispielhaft als vertikale Keiretsu in der Elektroindustrie genannt werden. Berglöf und Perotti analysieren beispielsweise Strukturen im Finanzsektor, sogenannte „financial keiretsu“. (Vgl. Berglöf/Perotti 1994, S. 259ff.)

[21] Als Beispiel für die Nutzung marktmäßiger Koordinationsinstrumente könnte in japanischen Zulieferbeziehungen der „development competition“ genannt werden, bei dem zwei bis drei Zulieferunternehmen im Wettbewerb um die zukünftige Serienproduktion stehen. (Vgl. Clark/Fujimoto 1991, S. 142)

entstehen, auf Basis einer geschätzten kumulativen Stückzahl des Modellebenszyklus abgeschrieben und über den Stückpreis amortisiert. Falls die Gesamtproduktion geringer ausfällt wird der Lieferant durch eine Einmalzahlung kompensiert und reduziert so das Investitionsrisiko des Zulieferunternehmens. Im Gegenzug werden den Zulieferunternehmen Qualitäts- und Kostenziele auferlegt. Dabei sind jährliche oder halbjährliche Preisreduktionen üblich, da von Produktivitätsfortschritten auf Seiten der Zulieferunternehmen ausgegangen wird. Zudem tragen die Zulieferunternehmen die Qualitätsverantwortung, die Endprodukthersteller führen nur geringe Qualitätsprüfungen durch, jedoch werden im Falle qualitativ mangelhafter Teile Strafzahlungen und die entstanden Montagekosten dem Zulieferunternehmen auferlegt. (Vgl. Clark/Fujimoto 1991, S. 138; Shimizu 1998, S. 68f.) Die Autonomie der Unternehmen im Keiretsu ist stark eingeschränkt, einige Unternehmen stehen nahezu ausschließlich mit dem Endprodukthersteller in Lieferbeziehung. Keiretsus kennzeichnen sich durch Machtasymmetrien und stark hierarchische Strukturen. (Vgl. Lai 1999, S. 425)

Dem vorangehenden Überblick ist kritisch anzumerken, dass es sich lediglich um eine abstrakte Momentaufnahme der charakteristischen Strukturen handelt, welche sich permanent im Wandel befinden. So analysieren Ahmadjian/Lincoln (2001, S. 683ff.) die japanischen Keiretsu Netzwerke und stellen Tendenzen einerseits zu mehr marktlichen Beziehungen und andererseits zu mehr Hierarchie durch Integration fest.

2.1.3 Hybridmodell: Europäische Automobilindustrie

Die europäische Automobilindustrie orientierte sich lange Zeit an den Prinzipien der Massenproduktion (Fordismus und Sloanismus) und versuchte zur Erzielung von Skaleneffekten Produktionsprozesse stetig zu segmentieren und zu standardisieren. Zum Erhalt der Wettbewerbsfähigkeit wurde der Bereich der Automation von Arbeitsprozessen in der Verbindung mit gut ausgebildeten Arbeitskräften zur Steuerung komplexer und flexibler Fertigungsanlagen fokussiert. (Vgl. Jürgens 1998, S. 320) In den 80er Jahren konnte jedoch im Wettbewerb nicht das Qualitätsniveau japanischer Hersteller erreicht werden, weshalb ein Strategiewechsel mit dem Fokus auf die Arbeitsorganisation nach japanischem Vorbild stattfand. (Vgl. MacNeill/Chanaron 2005, S. 90) Aufgrund von **Restrukturierungen**, wobei primär japanische Organisationsprinzipien als globale **Leitprinzipien** fungierten, z.B. Kaizen[22], Lean Manufacturing[23] oder das Toyota Production System, existieren in der heutigen europäischen Automobilindustrie teilweise Ähnlichkeiten zu japanischen Strukturen. (Vgl. MacNeill/Chanaron 2005, S. 90; Abo 1998, S. 216) Jedoch lassen Untersuchungen der Adaptionstendenz Mitte der 90er Jahre eine Entwicklung hin zu einem eigenen Industriemodell erkennen, welches sich von den japanischen Strukturen unterscheidet. (Vgl. Jürgens 2004b; Pries 2004)

Zwei Trends, welche sich in der europäischen Automobilindustrie besonders abzeichnen, sind zum einen **„Modularisierung und Outsourcing"** und **„Spezialisierung"**. Diese beiden Trends begünstigen Konzentrationstendenzen bei Automobilzulieferern hin zu „Mega-Suppliers". (Vgl. Jürgens 2004b, S. 16; Fredriksson 2002, S. 221; AutoBusiness Ltd. 2004b, S. 15)

„Modularisierung und Outsourcing"

In der geschichtlichen Entwicklung wurde der Trend zur Modularisierung in den 70er/80er Jahren aufgegriffen und ist als europaspezifisches Element zu betrachten. Zunächst wurde primär der interne Produktionsprozess durch Etablierung von „Produktionszellen" oder „Fertigungsinseln" modular gestaltet, d.h. von der Endfertigungslinie abgekoppelt. Die krisenbedingten Bestrebungen zur Reduktion der direkten Zulieferunternehmen nach japanischem Vorbild führten zur vollständigen Verlagerung von Modulen[24] auf Zulieferunternehmen. (Vgl. Jürgens 2004b, S. 17; MacNeill/Chanaron 2005, S. 92; Volpato 2003, S. 228; Ikeda/Nakagawa 2002, S. 35) Die neue Aufgabenteilung stellte insbesondere auf Seiten der Zulieferer, jedoch auch in

---

[22] Kaizen (auch KVP, Kontinuierlicher Verbesserungsprozess) kennzeichnet sich durch permanente von der operativen Ebene ausgehende Initiativen der Effizienzsteigerung. (Vgl. Becker 2006, S. 131)

[23] Lean Manufacturing ist ein Prozessmanagementansatz, der sich aus dem Toyota Production System ableitet, dabei die Vermeidung von Verschwendungen fokussiert und eine höhere Effizienz durch Verschlankung der eingesetzten Ressourcen anstrebt. Kaizen kann dabei als Instrument zum Einsatz kommen. (Vgl. Becker 2006, S. 61ff.)

[24] Module stellen ein Set von Komponenten dar, welche hinsichtlich der Anordnung im Fahrzeug lokal verbunden („colocated") sind und bereits vormontiert in der Endmontage als Ganzes in das Fahrzeug eingebaut werden. Beispiele für Module in der Automobilfertigung sind Sitze, Türen und Cockpits. Demgegenüber charakterisiert der Systembegriff eine Gruppe von Komponenten, die primär funktional und nicht zwingend lokal verbunden sind. Zum Beispiel besteht das Bremssystem aus mehreren Komponenten, die lokal verteilt im Auto angeordnet sind und funktional betrachtet ein System bilden, die einzelnen Komponenten von Systemen sind teilweise Bestandteil unterschiedlicher Module. (Vgl. AutoBusiness Ltd. 2004a, S. 7; Ro *u.a.* 2007, S. 176)

Bezug auf die Leistungsspezifikation bzw. die -integration beim Hersteller eine enorme Herausforderung dar. Insbesondere durch die Ausweitung des Outsourcing auf den Bereich der Entwicklung von Modulen nahmen europäische Automobilhersteller eine Vorreiterrolle ein. (Vgl. Jürgens 2004b, S. 17; Fredriksson 2002, S. 222) Im Vergleich zu den Modularisierungstendenzen in der japanischen Automobilindustrie wurde ein deutlich stärkerer Trend bei europäischen Herstellern beobachtet.[25] Die notwendigen Fähigkeiten, derart komplexe Leistungen zu erstellen, haben auf das jeweilige Modul bezogen i.d.R. nur wenige Lieferanten. Durch die Modularisierungs- und Outsourcingtendenz bilden sich zunehmend oligopole Zulieferstrukturen, wobei eine weitere Reduktion der Lieferanten je Modul prognostiziert wird. (Vgl. Reichwald/Piller 2000, S. 606)

In Bezug auf die unternehmensstrategische Entscheidung des „Make-or-Buy" lassen sich zwei unterschiedliche Ansätze bei den europäischen Automobilherstellern beobachten. (Vgl. Jürgens 2004b, S. 17f.)

a) Einige Hersteller fokussieren nach japanischem Vorbild eine Gesamtoptimierung des Fahrzeugdesigns. Dabei ist das Outsourcing ganzer Module und die damit verbundene Verlagerung von Verantwortung nicht zwingend erforderlich. Zwecks Gesamtoptimierung sind vielmehr Kompetenzen in allen strategischen Gebieten beim Hersteller von Nöten. Dieser **„erweiterte Kompetenzansatz"** umfasst auch die Bestrebungen, das Wertschöpfungsnetzwerk zu steuern und zusätzliche Kompetenzen bezüglich neuer Technologien aufzubauen.

b) Der andere Teil europäischer Automobilhersteller (wie auch amerikanische Hersteller) reduziert sein Kompetenzprofil auf bestimmte **„Kernkompetenzen"** und überträgt Verantwortung z.B. für die Entwicklung und Qualitätssicherung auf Zulieferunternehmen. Dabei wird auch die Steuerung des Wertschöpfungsnetzwerks zunehmend dezentralisiert.

„Spezialisierung"

Eine zweite wichtige Entwicklung im Kontext der europäischen Automobilindustrie ist

---

[25] „Compared with these European automotive industries, it is undeniable that Japanese automotive industry tends to fall behind in this field." (Ikeda/Nakagawa 2002, S. 34)

die zunehmende Spezialisierung der Zulieferindustrie, die ebenfalls Auswirkungen auf die Gestaltung von Zulieferbeziehungen besitzt. Dabei lassen sich unterschiedliche Gruppen, die sich durch Spezialisierung hinsichtlich des Leistungsspektrums entwickelt haben, charakterisieren (vgl. Jürgens 2004a, S. 122):

- Entwicklungsdienstleister
  (z. B. EDAG, Bertrandt, AVL, Rücker)
- „Contract Manufacturer" primär von Nischenfahrzeugen
  (z.B. Magna, Valmet, Karmann)
- System- und Modullieferanten
  (z.B. Visteon, Lear, Bosch, Johnson Controls)
- Teilelieferanten mit Spezialtechnologien
  (z.B. Kolbenschmidt-Pierburg, Mahle, GKN, Meritor)

Aufgrund der sich verändernden Aufgabenteilung entspricht die europäische Automobilindustrie einem Netzwerk rechtlich unabhängiger Unternehmen, in dem sich hierarchische Autorität und Macht des OEM zunehmend reduzieren. Teilweise wird dem OEM zukünftig in der Aufgabe der Absatzmarktbearbeitung lediglich die Rolle des „Vehicle Brand Owners" zugeschrieben. (Vgl. Jürgens 2004a, S. 122)

Neue Formen der Zusammenarbeit

Aufgrund der stark fragmentierten Wertschöpfungsprozesse und der – aufgrund des „Modular Sourcing" – weit reichenden Verantwortung von Zulieferunternehmen entwickelten sich neue Formen der Zusammenarbeit. In Bezug auf den Produktionsprozess wurden bereits neue Fabrikstandorte mit hoher Zulieferintegration konzipiert und umgesetzt. Dabei sind „integrierte Montagekonzepte" kein ausschließlich europäischer Trend, wobei eine Vorreiterrolle den europäischen Automobilkonzernen bescheinigt wird (vgl. Jürgens 2004b, S. 21). Dyer (2000, S. 47f.) analysiert vergleichend die japanischen und die amerikanischen Zulieferansiedlungen hinsichtlich der Entfernung und sieht die räumliche Nähe von Zulieferunternehmen als produktivitätssteigernden Faktor. Begründet wird dies, neben den logistischen Vorteilen bei der Lagerhaltung, dem Transport und der Steuerung der „Just-in-Time"-Anlieferung, durch die einfachere formale und informelle Informationsweitergabe über die Unternehmensgrenzen hinweg.[26] Die Zulieferansiedlungen in unmittelbarer Nähe des Herstellers können in drei Typen unterschieden werden (vgl. Jürgens 2004b, S. 21; Morris *u.a.* 2004; Howard *u.a.* 2006, S. 92f.):

- **Zulieferparks**
  Bei dem Konzept der Zulieferparks handelt es sich um das am weitesten verbreitete Integrationsmodell. Dabei siedeln sich Zulieferunternehmen direkt am Produktionsstandort auf angrenzenden Grundstücken zum Hersteller an. Investitionen und Planung des Zulieferparks werden häufig von einem externen Investor durchgeführt, wobei dieser zulieferspezifische Strukturen berücksichtigt. Die Gebäude werden i.d.R. von den Zulieferunternehmen über die Produktionsvertragslaufzeit geleast. Häufig wird eine direkte Anbindung in den Produktionsprozess über Förderanlagen und Transportsysteme vorgenommen. Im Rahmen von „Pay-on-Production"-Vereinbarungen werden Zahlungen für die Zulieferteile erst mit Einbau fällig. (Vgl. Jürgens 2004b, S. 23; Pfohl/Gareis 2005, S. 304; Morris *u.a.* 2004, S. 130) Zulieferparks wurden inzwischen von nahezu allen OEMs in unterschiedlichen Ausprägungen etabliert. Vielbeachtetes Beispiel bildet „Smartville", der Produktionsstandort von Smart in Hambach. (Vgl. Howard *u.a.* 2006, S. 92; Sydow/Möllering 2006, S. 9)

- **OEM-Zulieferer-Kondominia**
  Eine stärkere Form der Integration von Zulieferern stellt das Kondominium dar. Dabei findet eine Ansiedlung der Lieferanten unter dem Dach des Herstellers statt. Die durch Outsourcingbestrebungen gewonnenen räumlichen Überkapazitäten in den Produktionsanlagen der Hersteller können dadurch wieder sinnvoll ausgelastet werden. Beispielhaft kann hier der Produktionsstandort von Skoda in Mlada Boleslav (Tschechien) genannt werden. Vier Automobilzuliefe-

---

[26] Dyer analysiert die japanischen Fertigungsstätten von Toyota und Nissan und die amerikanischen PKW-Produktionsanlagen von General Motors. Die durchschnittliche Entfernung der dem Keiretsu angehörenden Zulieferunternehmen („Affiliated Supplier") zu den Endmontagelinien von Toyota betrug 30 Meilen (Nissan: 53 Meilen), bei unabhängigen Zulieferunternehmen 87 Meilen (Nissan: 172). Im Vergleich dazu liegt die durchschnittliche räumliche Entfernung von dem General Motors Konzern zugehörigen Lieferanten bei 350 Meilen und von externen Lieferanten bei 427 Meilen. Die Analysen basierten auf den existierenden Strukturen in den Jahren 1991/1992 (vgl. Dyer 2000, S. 44ff.).

rer (Johnson Controls, Rockwell, Siemens und Expert) produzieren innerhalb des Skodawerkes. (Vgl. Kimberly 2001, S. 27) Aufgrund der hohen Integration resultieren jedoch in Bezug auf die Arbeitnehmerbeziehungen und die gewerkschaftlichen Interessenvertretungen Probleme, die einer weiteren Verbreitung und Anwendung entgegenstehen. (Vgl. Jürgens 2004b, S. 23)

- **Konsortium Verfahren**
  In einem Konsortium findet neben der operativen Integration des Produktionsprozesses eine Beteiligung der Zulieferer an den Investitionskosten der Produktionsanlagen statt, die erst über den Modelllebenszyklus dem Zulieferunternehmen zurückfließen. (Vgl. AutoBusiness Ltd. 2004b, S. 29) Die Zulieferunternehmen übernehmen den Betrieb der Anlage. Als Beispiel hierfür kann das VW-Werk in Resende (Brasilien) herangezogen werden, welches von sieben Zulieferpartnern gegründet wurde. Der Montageprozess wird von den Zulieferern gesteuert, VW Mitarbeiter übernehmen primär Aufgaben der Qualitätssicherung. Die Produktgesamtverantwortung liegt jedoch auch bei VW. Von den 325 Mio. US-Dollar Investitionskosten trugen 75 Mio. US-Dollar die Zulieferunternehmen und erhielten im Gegenzug Verträge mit einer Grundlaufzeit von 5 Jahren und anschließender Kündigungsmöglichkeit durch VW mit einer Frist von 6 Monaten. (Vgl. Jürgens 2004b, S. 24)

Die beschriebenen Formen der Zusammenarbeit in der Automobilindustrie bilden eine Momentaufnahme in einem dynamischen Veränderungsprozess. So lassen sich Varianten und **Weiterentwicklungen** von **Zulieferparks** in der Konzeptionierung neuer Produktionsstandorte beobachten. Becker (2005) analysiert die existierenden Wertschöpfungsstrukturen in Form der Zulieferparks[27] und beschreibt den Trend, dass derartige Strukturen in Form der lokalen Ansiedlung teilweise rückläufig sind und simultan die **Bedeutung logistischer Dienstleistungen** im Supply Chain Netzwerk zunimmt: „Die identifizierten Trends deuten darauf hin, dass Automobilhersteller die inzwischen stark angewachsenen Strukturen der Zulieferansiedlungen aufbrechen und mehr Aufgaben und Verantwortung an kompetente Logistikdienstleister übertragen werden. Dadurch entfällt die Notwendigkeit, „First-Tier-Supplier“ vor Ort

[27] Becker (2005) analysiert auf Fallstudienbasis die Integration von Lieferanten und Logistikdienstleistern in bestehenden Zulieferparks der Automobilindustrie.

anzusiedeln." (Becker 2005, S. 156) Dies begründet sich zum Teil in der hohen Inflexibilität von Zulieferparks in der klassischen Form durch Lieferantenansiedelungen in der Nähe oder auf dem Werksgelände der OEMs. Die Inflexibilität resultiert dabei aus der Immobilität und dem ausgeprägten „**Sunk Costs**"-Charakter für alle Beteiligten. Damit verbunden existieren hohe „**Switching Costs**", die eine **Rekonfiguration** des **Zulieferparks**, z.B. durch die Substitution einzelner Unternehmen, nahezu unmöglich werden lassen. (Vgl. Morris *u.a.* 2004, S. 132) Neue Formen der Lieferantenintegration, die eine stärkere Einbindung logistischer Dienstleistungsunternehmen vornehmen, bezeichnet Becker (2005, S. 69) als „Business Mall" und „Produktionsversorgungszentrum"[28]. Um die hohen Serviceanforderungen und die Verfügbarkeit der Vorprodukte im Wertschöpfungsprozess zu gewährleisten, bietet sich folglich in der intensiveren Einbindung spezialisierter logistischer Dienstleister eine Alternative zur räumlichen Nähe von Zulieferparks. Die Ansiedlung von Lieferanten vor Ort und die Integration von Logistikdienstleistern ist jedoch nicht substitutiv, wie das Beispiel des Smartville verdeutlicht. An dem Produktionsstandort in Hambach wurden neben den wichtigsten Systempartnern auch drei Logistikdienstleister vor Ort angesiedelt. (Vgl. Sydow/Möllering 2006, S. 9)

Vor dem Hintergrund der skizzierten Industriestrukturen wird deutlich, dass logistische Dienstleistungen in der Automobilindustrie mehr und mehr an Bedeutung gewinnen (vgl. AutoBusiness Ltd. 2004b, S. 9; Frohn 2006, S. 87f.), wie auch MacNeill/Chanaron (2005, S. 90) analysieren: „Logistics and material movement has become a skill in itself with the growth of firms that specialise in the field – which are increasingly taking over functions previously undertaken by carmakers such as the delivery of components to the production line." Insbesondere durch die Abkehr von prognoseorientierten Produktionssystemen hin zu „Build-to-Order"-Systemen gewinnt die Logistik in Bezug auf die Gewährleistung des Güterflusses – „Just-in-Time" oder sogar „Just-in-Sequence" – an Bedeutung (vgl. AutoBusiness Ltd. 2004b, S. 51). Weitere Rahmenfaktoren, die eine große Herausforderung in den logistischen Prozessen darstellen, sind angestrebte Zielsetzungen, die Lagerhaltung bei gleichzeiti-

---

[28] Die Begrifflichkeit ist fallorientiert und basiert im Fall des „Produktionsversorgungszentrums" auf der unternehmensspezifischen Benennung durch Volkswagen und bezieht sich auf eine Wertschöpfungsarchitektur am Standort Hannover. Der Begriff der „Business Mall" wurde von Opel durch das verwirklichte Konzept am Standort Rüsselsheim geprägt. (Vgl. Becker 2005, S. 105ff. und 115ff.)

ger Verkürzung der Prozesszeiten zu minimieren.[29] (Vgl. Holweg/Miemczyk 2003, S. 63ff.) Bei der Errichtung neuer Montagewerke sowie auch bei Modernisierungsprogrammen alter Produktionsanlagen wird die Integration von Logistikdienstleistern intensiviert. Einige OEMs betrachten die Logistik nicht als Kernkompetenz und sind grundsätzlich bereit, Outsourcing der Logistik voranzutreiben, sofern Logistikspezialisten zuverlässige Leistungspakete anbieten. (Vgl. AutoBusiness Ltd. 2004b, S. 10)

2.2 Spezifikationen von Supply Chain Netzwerken mittels der ökonomischen Theorie

Im vorangegangenen Abschnitt 2.1 wurden die Wertschöpfungsstrukturen der europäischen Automobilindustrie skizziert und in dem Kontext der historischen Entwicklungen der nordamerikanischen und ostasiatischen Industriemodelle betrachtet. Nachfolgend sollen aus theoretischer Perspektive diese Strukturen analysiert werden. Dazu wird zunächst ein Supply Chain Verständnis entwickelt und der Unternehmensnetzwerkbegriff als strukturidentifizierendes Konstrukt in den Branchenkontext übertragen. Darauf aufbauend soll ein stilisierter Untersuchungsfall abgeleitet werden, der im Verlauf der Ausarbeitung als Referenzrahmen herangezogen werden kann.

2.2.1 Die Supply Chain – Erfordernis unternehmensübergreifender Optimierungsansätze

Der Begriff der Supply Chain und darauf aufbauend des Supply Chain Managements[30] hat in den vergangenen zehn Jahren stark an Bedeutung gewonnen und sich

[29] Die Bestrebungen der Verkürzung von Produktions- und Lieferzeiten kommen in der Vielzahl von Automobilherstellern selbst auferlegten Zielsetzungen, die vom „21-Tage Auto" bis zum „10-Tage-Auto" variieren, zum Ausdruck: BMW: 10 Tage; Volvo, Volkswagen, Toyota, Nissan: 14 Tage; DaimlerChrysler, Ford: 15 Tage; GM: 20 Tage; Renault: 21 Tage. Die Zeitraumangabe bezieht sich dabei auf den Zyklus des „Order-to-Deliver", d.h. von der Bestellung bis zur Auslieferung zum Kunden. (Vgl. Holweg/Miemczyk 2003, S. 64; Nayabi *u.a.* 2006, S. 22) Die Bedeutung für die zukünftige Wettbewerbsfähigkeit spiegelt sich in der Etablierung von Forschungsprojekten mit der Vision des „3DayCar" (www.3daycar.com) oder dem EU-Forschungsprojekts „Intelligent Logistics for Innovative Product Technologies" (5DayCar-ILIPT) wieder.

[30] Der Begriff des Supply Chain Managements geht auf Oliver/Webber (1982) zurück, die eine Integration interner Funktionsbereiche in Bezug auf Güter- und Informationsflüsse als Optimierungsansatz betrachteten.

als Managementkonzept etabliert.[31] (Vgl. Müller 2005b, S. 10) Aufgrund der großen Beachtung in Wissenschaft und Praxis existiert eine Vielzahl an Terminologien in diesem Forschungsfeld, beispielsweise „Demand Pipelines“ (Hewitt 2001, S. 28), „Value Streams“ (Womack/Jones 1994) oder „Support Chains“.

Supply Chain

Die Supply Chain als Analysegegenstand umschreibt dabei die sequenzielle Reihung bzw. Vernetzung von wertschöpfenden Aktivitäten von der Rohstoffgewinnung über das Endprodukt bis zum Endkunden. (Vgl. Sturgeon 2000, S. 6; Cox *u.a.* 2002, S. 4) Bei dezidierter flussorientierter Betrachtung der Supply Chain findet sich häufig eine Aufteilung in zwei oder mehr Subsysteme wieder. Eine Nennung der Bestandteile des Güter- und Informationsflusses wird mehrheitlich in wissenschaftlichen Veröffentlichungen vorgenommen. (Vgl. Handfield/Nichols 1999, S. 2; Stevens 1989, S. 8) In neueren Publikationen findet eine Erweiterung der Betrachtung um den Finanzfluss innerhalb der Supply Chain statt. Die Bedeutung der Finanzströme leitet sich aus der unmittelbaren Verbindung mit dem monetären Erfolg und dem Finanzierungsbedarf der in der Supply Chain integrierten Unternehmen ab. (Vgl. Franke *u.a.* 2005; Skiera/Pfaff 2003; Timme/Williams-Timme 2000; Hofmann 2005; Stemmler/Seuring 2003; Mentzer *u.a.* 2001, S. 4)

Verschiedentlich wird mit dem Begriff der Supply Chain stets auch ein Lieferverhältnis zwischen Unternehmen assoziiert.[32] (Vgl. Christopher 1998, S. 15; Ellram 1991, S. 13; Mentzer *u.a.* 2001, S. 4) Folglich wird mit der Definition der Supply Chain ein über mehrere Unternehmen verteilter arbeitsteiliger Wertschöpfungsprozess impliziert. Andere Autoren unterstellen nicht die Beteiligung mehrerer Unternehmen und nehmen eine Gliederung in interne und externe Supply Chain vor. (Vgl. Lamming *u.a.* 2000, S. 676; Handfield/Nichols 1999, S. 42; Harland 1996, S. 64)

---

[31] Mentzer *u.a.* (2001, S. 2) verdeutlichen diesen Bedeutungszuwachs beispielsweise anhand der Nennung des Begriffs in Vortragstiteln auf der jährlichen Tagung des „Council of Logistics Management“. Auf der Tagung 1995 enthielten 13,5 % der Titel den Begriff „Supply Chain“, zwei Jahre später, 1997 bereits 22,4%.

[32] Christopher definiert die Supply Chain wie folgt: „The supply chain is the network of organizations that are involved, through upstream and downstream linkages, in the different processes and activities that produce value in the form of products and services in the hands of the ultimate consumer.“ (Christopher 1998, S. 15)

Die Wertschöpfungsstrukturen in verschiedenen Branchen, die durch den Begriff der Supply Chain erfasst werden, unterliegen strukturellen Veränderungen im **Spannungsfeld** zwischen dem **chandlerischen Unternehmensmodell**, welches sich durch hohe vertikale Integration in diversifizierten Großunternehmen mit fokaler Machtstellung der Endhersteller (OEM) innerhalb der Wertschöpfungskette charakterisiert, und dem **Wintelismus**, der sich durch vertikale Desintegration, einer stärkeren Fragmentierung und einer Erosion der Machtposition des OEM innerhalb der Wertschöpfungsketten kennzeichnet (siehe Tab. 1, S. 1).[33] (Vgl. Jürgens *u.a.* 2003, S. 393) Die stärkere Fokussierung auf Kernkompetenzen (vgl. Christopher 1998, S. 15) und die daraus resultierenden Tendenzen der vertikalen Desintegration sind durch eine branchenübergreifend stärkere **Kapitalmarktorientierung** und die steigende **Wettbewerbsintensität** auf den Absatzmärkten, welche zu einer höheren Modell- und Variantenvielfalt und einer Verkürzung der Produktlebenszyklen und der „Time-to-Market" führen, zu erklären. (Vgl. Jürgens *u.a.* 2003, S. 402) Die Gefahr der Inflexibilität in Bezug auf Nachfrageschwankungen durch kapitalintensive Produktionsanlagen, die den gesamten Wertschöpfungsprozess abdecken, und der Inflexibilität im Hinblick auf technologischen Fortschritt führt zu vermehrten **Desintegrationstendenzen** und daraus resultierend einer zunehmenden **Fragmentierung der Wertschöpfungsprozesse**. (Vgl. Harland 1996, S. 64f.)

Die nachfolgende Abbildung illustriert die vertikale Desintegration der Wertschöpfungskette und verdeutlicht, dass in den Wertschöpfungsstufen einerseits distanziert marktliche und andererseits enge partnerschaftliche Austauschbeziehungen entstehen können. (Vgl. Miroschedji 2002, S. 129)

---

[33] Dies skizzierte Spannungsfeld war Untersuchungsgegenstand in einem von der Deutschen Forschungsgemeinschaft finanzierten Forschungsprojekt "Vom chandlerischen Unternehmensmodell zum Wintelismus? Über mögliche Zukünfte der Governance in der Paradigmenkonkurrenz zwischen der internationalen InfoCom- und Automobilindustrie".

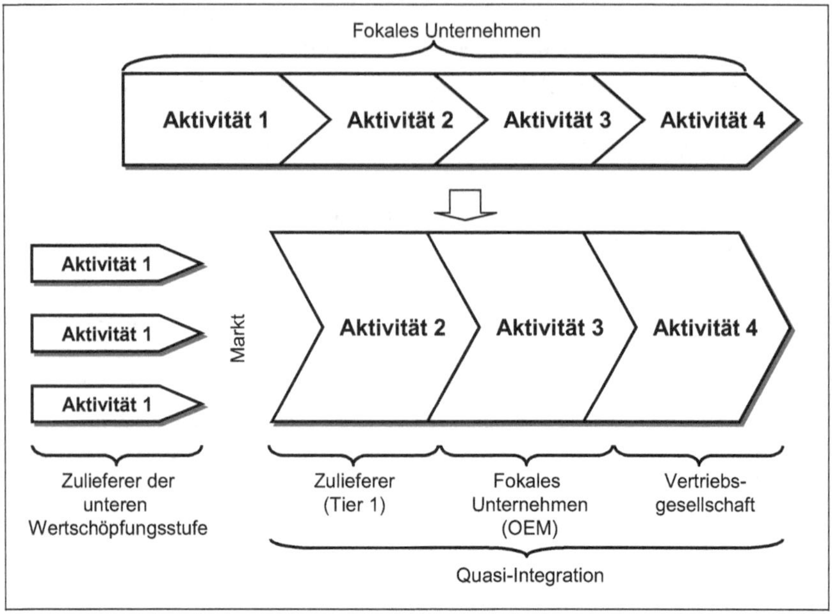

Abb. 1: Desintegration der Wertschöpfungskette (Quelle: Miroschedji 2002, S. 129)

Die Desintegration der Supply Chain in der Automobilindustrie hat sich bereits in weiten Teilen vollzogen.[34] Verdeutlicht werden kann dies an der derzeitigen und der prognostizierten Wertschöpfungsarchitektur des Automobils. Der ehemals hochgradig integrierte Endproduktthersteller besitzt derzeit eine durchschnittliche Wertschöpfungstiefe von 35 Prozent. Bis zum Jahr 2015 wird eine weitere Reduktion auf lediglich 25 Prozent erwartet. (Vgl. Verband der Automobilindustrie 2003, S. 45) Dies bedeutet, dass Wertschöpfungsaktivitäten in der Supply Chain weiterhin einer Veränderung unterliegen und auf vorgelagerte Unternehmen verteilt werden. (Vgl. Doran 2004, S. 102) Dabei übernehmen neben den bisher im Sinne aktiver Wertschöpfung integrierten Lieferanten auch Logistikdienstleister spezialisierte Aufgabenbereiche.

[34] Die Ausführungen zur Entwicklung der europäischen Automobilindustrie in Abschnitt 2.1.3 verdeutlichen die permanenten Restrukturierungstendenzen durch Modularisierung und Outsourcing von Wertschöpfungsaktivitäten und die damit verbundene Spezialisierung von Unternehmen innerhalb der Wertschöpfungskette.

Supply Chain Management

Ausgangspunkt von Optimierungsansätzen im Supply Chain Management ist der Perspektivenwechsel vom einzelnen Unternehmen hin zum unternehmensübergreifenden Wertschöpfungsprozess, welcher sich durch eine starke Kundenorientierung kennzeichnet. (Vgl. Ackermann 2004, S. 216) Zur Steigerung der Wettbewerbsfähigkeit werden, nachdem sehr stark intraorganisationale Verbesserungen forciert wurden, zunehmend zwischenbetriebliche Abläufe mit Optimierungspotenzial identifiziert. (Vgl. Harland 1996, S. 63; Maloni/Benton 2000, S. 49) Der Perspektivenwechsel zeigt sich auch in der Erwartung veränderter zukünftiger Wettbewerbsstrukturen, in denen nicht mehr nur einzelne Unternehmen sondern Supply Chains (vgl. Rice/Hoppe 2001, S. 46) bzw. Netzwerke (vgl. Dyer 2000, S. 10) im Wettbewerb zueinander stehen.

Die Notwendigkeit, **unternehmensübergreifend Wertschöpfungsprozesse** zu **optimieren,** entsteht unter Bezugnahme auf die existierenden Wertschöpfungsstrukturen erst mit der Zerlegung (Desintegration) der Wertschöpfungsprozesse und der Verteilung auf unabhängige Unternehmen, um Vorteile der **Spezialisierung** in den einzelnen Wertschöpfungsaktivitäten zu generieren. Die dem Supply Chain Management zugrunde liegende Problemstellung, welche sich aus einer zunehmend **fragmentierten** und lokal verteilten **Wertschöpfungsstruktur** und in der Interdependenz der immanenten Güter-, Informations- und Finanzströme ergibt, ist kein neuartiger Problembereich, sondern wurde bereits vor der Etablierung des Supply Chain Managements als eigene Managementdisziplin erkannt, wie Forrester belegt:

"Management is on the verge of a major breakthrough in understanding how industrial company success depends on the interactions between the flows of information, materials, money, manpower, and capital equipment. The way these five flow systems interlock to amplify one another and to cause change and fluctuation will form the basis for anticipating the effects of decisions, policies, organizational forms, and investment choices." (Forrester 1958, S. 37)[35] Grundproblem bilden Koordinationser-

---

[35] Die wissenschaftliche Beobachtung des Bullwhip-Effekts („Forrester-Effekt") geht ebenfalls auf Forrester zurück. Der Bullwhip-Effekt bezeichnet die empirisch beobachtbaren Nachfrageverzerrungen in sequenziellen Wertschöpfungsprozessen. Eine umfassende Analyse bezüglich der Gründe und Lösungsansätze liefern Lee *u.a.* (1997).

fordernisse, die aus den arbeitsteiligen Wertschöpfungsstrukturen resultieren. (Vgl. Ackermann 2004, S. 11)

In der wissenschaftlichen Literatur ist eine Vielzahl von Definitionen des „Supply Chain Managements“ zu identifizieren, die i.d.R. dem jeweiligen Forschungszweck angemessen und aus einem bestimmten Forschungskontext heraus gebildet wurden. Diese Vielzahl der Betrachtungsperspektiven und auch die praxisorientierte Anwendung führen jedoch zu einer geringen Konsistenz in der Verwendung. (Vgl. Harland 1996, S. 63) Eine Clusterbildung der umfangreichen wissenschaftlichen Literatur und korrespondierender unterschiedlicher Auffassungen und Schwerpunktsetzung des Supply Chain Managements wird von verschiedenen Autoren in diesem Forschungsfeld vorgenommen, um Gemeinsamkeiten und Unterschiede zu verdeutlichen. (Vgl. Müller 2005b, S. 15; Chen/Paulraj 2004, S. 133; Tan 2001, S. 42)[36] In diesem Zusammenhang werden in Anlehnung an Darstellungen in anderen wissenschaftliche Disziplinen von Bechtel/Jayaram (1997, S. 15) Denkschulen identifiziert, die gleichzeitig auch die evolutorische Entwicklung des Supply Chain Managements hinsichtlich des Grades an Integration jeweiliger Subsysteme reflektiert:

- **Chain Awareness School:** Die Supply Chain wird als Sequenz von isolierten Funktionsbereichen verstanden, wobei bereits der Materialfluss von der Rohstofferzeugung bis zum Kunden fokussiert wird. (Vgl. Bechtel/Jayaram 1997, S. 16f.)
- **Linkage/Logistics School:** Hierbei wird der Schwerpunkt auf güterflussintegrierende Schnittstellen gelegt. Die Verbesserung des Materialflusses durch optimierte Logistik- und Transportleistungen stellen Möglichkeiten zur Reduktion von Lagerbeständen in der Supply Chain dar. (Vgl. Bechtel/Jayaram 1997, S. 17f.)
- **Information School:** Im Zentrum dieser Supply Chain Ansätze stehen die Informationsflüsse, die bidirektional in der Supply Chain zu identifizieren sind. Die Verbesserung des Informationsaustauschs wird als Möglichkeit zur Gene-

[36] In einem theoretischen Forschungsrahmen gliedert Chen/Paulraj unterschiedliche Themenfelder des Supply Chain Management. Den Kernbereich des Forschungsfeldes stellen demnach die Bereiche der Logistikintegration, des Beschaffungs- und Lieferantenmanagement und der Netzwerkkoordination dar (vgl. Chen/Paulraj 2004, S. 133).

rierung von Wettbewerbsvorteilen betrachtet. (Vgl. Bechtel/Jayaram 1997, S. 18)

- **Integration/Process School:** Dieses sehr integrative Verständnis verändert die Perspektive von bisherigen traditionell funktionsorientierten Ansätzen hin zum Geschäftsprozessmanagement, welches eine kundenorientierte Reorganisation der Wertschöpfungsketten ermöglicht. Die Orientierung an unternehmensübergreifenden Wertschöpfungsprozessen und die Bestrebung der Optimierung des Gesamtsystems „Supply Chain" stellen Kernbestandteile dieser Denkschule dar. Die „hochgradig integrierte" Supply Chain der Automobilindustrie gilt als praktischer Vertreter dieser Denkschule. (Vgl. Bechtel/Jayaram 1997, S. 18)

- **Future School:** Diese Denkschule weißt seinerzeit zukünftige Forschungsfelder des Supply Chain Management auf, wobei eine deutliche Schwerpunktsetzung in Bezug auf relationale Aspekte der Zusammenarbeit innerhalb der Supply Chain vorgenommen und eine noch stärkere Kundenorientierung durch den Begriff der „Seamless Demand Pipeline" antizipiert wird, welche metaphorisch ausschließlich vom Kunden gesteuert wird. (Vgl. Bechtel/Jayaram 1997, S. 18)

Die Querschnittsbetrachtung dieser Denkschulen lässt erkennen, dass eine unterschiedliche Schwerpunktsetzung im Hinblick auf spezielle Funktionen oder Flusssysteme vorgenommen wird. Kennzeichnen sich die „Chain Awareness School", die „Logistics School" und die „Information School" durch stark operative Betrachtungsebenen, so lassen sich die „Integration School" und die „Future School" als ganzheitlich integrative Ansätze charakterisieren. Insbesondere die Betrachtung relationaler Aspekte innerhalb der Supply Chain stellen Elemente dar, die in aktuellen wissenschaftlichen Untersuchungen Beachtung finden.[37]

Lambert/Cooper (2000, S. 67), deren Supply Chain Verständnis ebenfalls der „Integration School" zuzuordnen ist, unterscheiden im Kontext des Supply Chain Manage-

---

[37] Eine extreme Ausprägung der Fokussierung relationaler Aspekte im Supply Chain Management findet sich bei Cox (2002, S. 4), der die Supply Chain nicht als Sequenz von Wertschöpfungsaktivitäten betrachtet, sondern als Sequenz von „Buyer-Supplier Relationships".

ments unternehmensbezogen die sechs wesentlichen Funktionsbereiche, Logistik, Produktion, Forschung und Entwicklung, Marketing, Beschaffung und Finanzierung, die es in unternehmensübergreifenden Geschäftsprozessen zu integrieren gilt. Die nachfolgende Abb. 2 gibt einen Überblick über die „Supply Chain Business Processes“ und die Funktionsbereiche.

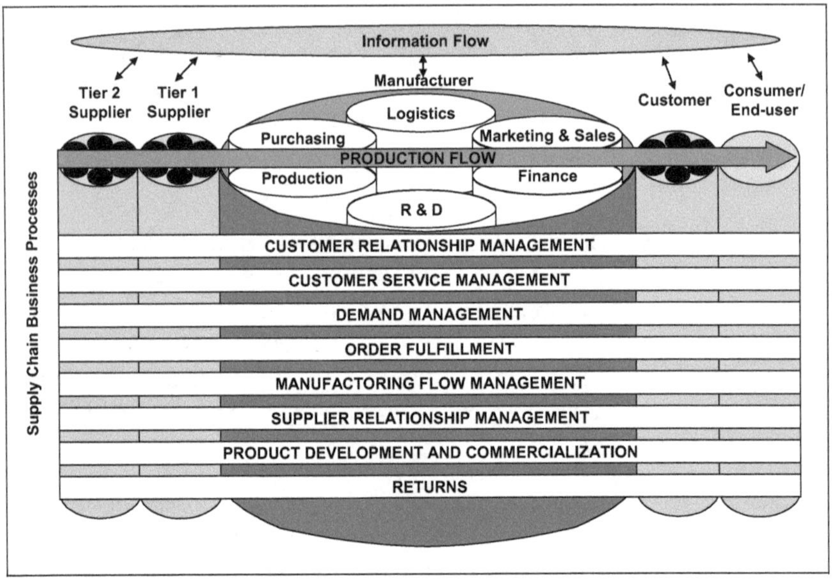

Abb. 2: Funktionsbereiche und Geschäftsprozesse entlang der Supply Chain (Quelle: Cooper *u.a.* 1997, S. 10)

Unternehmen innerhalb der Supply Chain bringen diverse Leistungspakete in Bezug auf das kundenorientierte Leistungsangebot ein und lassen diese somit zum Gegenstand von Austauschbeziehungen werden. Die Leistungen können dabei sehr spezialisiert auf einen einzelnen funktionalen Aspekt abstellen, z.B. die ausschließlich Produktion von Kleinteilen, oder aber komplexe Leistungspakete verstanden als Kombination verschiedener funktionaler Aufgaben umfassen, z.B. Forschung und Entwicklung, Produktion und Just-in-Time Belieferung von Baugruppen.

Der Begriff des Supply Chain Managements wird in der Literatur durchaus kontrovers im Hinblick auf die metaphorische Aussage diskutiert. Verschiedene Wissenschaftler regen den Übergang zur Terminologie des „Demand Chain Management“ an, um der Markt- und Kundenorientierung Ausdruck zu verleihen. (Vgl. Christopher 1998, S. 18; Hewitt 2001, S. 30; Corsten/Gössinger 2001, S. 85) Zudem wird auch der im Begriff der Supply Chain unterstellte sequenzielle Charakter der Wertschöpfungsprozesse im Hinblick auf die in der Realität existierenden netzwerkartigen Strukturen kritisiert. (Vgl. Christopher 1998, S. 18f.; Schusser 1999, S. 11) Auf den Netzwerkcharakter der Supply Chain wird im Verlauf der Arbeit noch dezidierter eingegangen (siehe Abschnitt 2.2.2).

Mit der Existenz rechtlich selbstständiger Unternehmen existieren innerhalb der Supply Chain divergierende einzelunternehmensbezogene Zielsetzungen. Den arbeitsteiligen Wertschöpfungsketten ist ein Koordinationsproblem immanent. (Vgl. Rice/Hoppe 2002, S. 7) Abhängig von den jeweiligen Austauschbeziehungen werden unterschiedliche organisationale Formen zur Koordination des Wertschöpfungsprozesses etabliert. Diese Organisationsformen gilt es nachfolgend detaillierter zu analysieren, um auch die Problemlagen in Bezug auf finanzwirtschaftliche Bereiche ableiten zu können.

2.2.2 Supply Chain Netzwerke in der europäischen Automobilindustrie als Untersuchungsobjekt

Die Vielzahl an Publikationen im Kontext von Netzwerken und den verschiedensten Facetten lassen das Forschungsfeld nahezu unüberschaubar werden[38], wie auch Oliver/Ebers (1998, S. 549) bemerken: „the increase in the number of studies has contributed to a rather messy situation marked by a cacophony of heterogeneous concepts, theories, and research results.“ Es wird daher im Rahmen dieser Arbeit nicht der Versuch unternommen, ein neues Verständnis zu entwickeln, sondern systematisch auf bestehende Konzeptionen zur Bildung eines einheitlichen Begriffsverständnisses zurückgegriffen.

Der Netzwerkbegriff findet in unterschiedlichsten wissenschaftlichen Disziplinen (z.B. auch in der Soziologie) und in unterschiedlichen Forschungsgebieten Anwendung. In der Betriebswirtschaftslehre beispielsweise aus **organisationstheoretischer Perspektive** unter dem Aspekt der „Organisation zwischenbetrieblicher Beziehungen“ (vgl. Picot *u.a.* 2005, S. 173), im Themengebiet des **Supply Chain Management**

[38] Zwei sehr umfassende Studien skizzieren die Vielfalt in der aktuellen Forschung im Kontext von Netzwerken. Oliver/Ebers (1998) analysieren systematisch 158 Publikationen über Netzwerke in vier bedeutenden Zeitschriften aus dem Gebiet der Managementforschung und Soziologie von 1980 bis 1996. Grandori/Soda (1995) liefern eine stärker inhaltlich differenzierende Analyse.

unter dem Aspekt der „Buyer-Supplier Relationships“ (vgl. Chen/Paulraj 2004, S. 135), im **strategischen Management** unter dem Aspekt der „Social Embeddedness“ (vgl. Gulati *u.a.* 2000, S. 204; Granovetter 1985, S. 490) und im Kontext der **Theorie der Unternehmung** unter den Themen der „vertikalen Integration“ und den „Boundaries of the Firm“ (vgl. Holmstrom/Roberts 1998, S. 74). Dabei werden unterschiedliche Foki gesetzt und ein entsprechend strukturelles oder organisationales Verständnis des Netzwerkbegriffs verwendet.

Nachfolgend werden zwei unterschiedliche Interpretationsansätze des Netzwerkbegriffs vorgestellt: (1) die strukturanalytische „Netzwerkperspektive“ (siehe Abschnitt 2.2.2.1), welche beliebige ökonomische Akteure und deren Beziehungen erfasst, und (2) der organisationstheoretische Netzwerkbegriff (siehe Abschnitt 2.2.2.2). Beide Verständnisse finden sich in der Literatur zum Thema Supply Chain Management wieder (vgl. Bechtel/Jayaram 1997; Voegele 2005, S. 187; Christopher 1998; Cooper *u.a.* 1997; Ellram 1991). Daher sollen im Folgenden sukzessive beide Interpretationsansätze in den Kontext der Supply Chain überführt werden, um sich dem zentralen Forschungsobjekt, das „Supply Chain Netzwerk der Automobilindustrie“, zu nähern.

2.2.2.1 Strukturanalytischer Netzwerkbegriff der Netzwerktheorie und Netzwerkanalyse

Die Verwendung des Netzwerkbegriffs stellt ein methodisches Konstrukt des Forschers dar, welches sich auf beliebige empirische Phänomene anwenden lässt. (Vgl. Sydow 1999, S. 75; Grandori/Soda 1995, S. 183f.) So lassen sich Individuen, Gruppen, Organisationen und Gruppen von Organisationen als Netzwerke begreifen. Durch das Verständnis als Netzwerk gewinnt der dadurch verkörperte Gesamtkontext an Bedeutung. (Vgl. Sydow 1999, S. 75; Miroschedji 2002, S. 11) Insbesondere die Anwendung des Netzwerkbegriffs zur Charakterisierung von Interaktionsgeflechten sozialer Systeme (soziale Netzwerke) stellt ein vielseitiges Anwendungsgebiet dar.[39] Dieses soziologische Netzwerkverständnis steht nicht im Widerspruch zu dem hier einzuführenden Netzwerkverständnis. Letzteres stellt lediglich eine Akzentuie-

---

[39] Sydow gibt einen kurzen Überblick über die Anwendung des Netzwerkbegriffs im rein soziologischen – abzugrenzen vom sozioökonomischen – Kontext und charakterisiert Beziehungen von Individuen und Gruppen, Organisationen und Politik und soziale Gemeinschaft als Netzwerk. (Vgl. Sydow 1999, S. 75ff.)

rung im ökonomischen Kontext dar und eine Fokussierung auf Unternehmen als Akteure.

Die Adaption des soziologischen Netzwerkbegriffs auf betriebswirtschaftliche Zusammenhänge zur Erklärung des Verhaltens und des Erfolgs von Unternehmen verdeutlichen Gulati *u.a.* (2000, S. 2003) wie folgt: „Prior research has primarily viewed firms as autonomous entities striving for competitive advantage from either external industry sources or from internal resources and capabilities. However, the networks of relationships in which firms are embedded profoundly influence their conduct and performance."

In beiden Wissenschaftsdisziplinen (der Soziologie und der Betriebswirtschaftslehre) findet eine Anlehnung an die Netzwerktheorie und methodisch an die Netzwerkanalyse statt.[40] Die Netzwerkanalyse, welche die Graphentheorie[41] als Modellierungswerkzeug heranzieht, charakterisiert die Beziehung beliebiger Akteure bzw. deren Aktivitäten zueinander. (Vgl. Podolny/Page 1998, S. 59; Sydow 1999, S. 119)

Ergebnis dieser Netzwerkperspektive ist die Abbildung sozio-ökonomischer Beziehungen in einer primär deskriptiven Form. Dabei ermöglicht die formalisierte Sprache der Netzwerkanalyse, Netzwerke hinsichtlich verschiedener struktureller Eigenschaften zu charakterisieren, um daraus Rückschlüsse auf das Verhalten einzelner Akteure im Netzwerk zu ziehen. Miroschedji (2002, S. 18ff.) wie auch Sydow (1999, S. 83ff.) geben eine Übersicht über Strukturmerkmale von Netzwerken und unterscheiden dabei in relationale Eigenschaften des Netzwerks und positionale Eigenschaften von einzelnen Netzwerkknoten (siehe Tab. 2).

---

40 Ausführliche Erläuterungen zur Netzwerktheorie und -analyse finden sich bei Sydow (1999, S. 118ff.) oder Miroschedji (2002, S. 9ff.).

41 Die Graphentheorie als Teilgebiet der Mathematik umschreibt die Eigenschaften komplexer Strukturen und Zusammenhänge formal mit Hilfe von Knoten und Kanten und ermöglicht dadurch exakte Beschreibungen der abgebildeten Strukturen. (Vgl. Diestel 2006, S. 175)

Relationale Eigenschaften von Netzwerken	Positionale Eigenschaften der Netzwerkknoten (Akteure)
Größe: Anzahl der Akteure im Netzwerk.	**„Gatekeeper"**: Akteure, die als Mitglied eines Netzwerks in Verbindung zu anderen Netzwerken stehen und somit die Interaktion mit der Umwelt kontrollieren.
Dichte: Intensität der direkten Verbindungen im Netzwerk; Quotient der existierenden Kanten und der maximal möglichen Kanten bei gegebener Anzahl von Knoten.	**„Star"**: Akteure, die aufgrund der Vielzahl von Beziehungen eine zentrale Rolle in der Interaktion von Netzwerken einnehmen.
Hierarchie: Ungleichgewicht im Netzwerk; Quotient aus asymmetrischen und symmetrischen Kanten, wobei die Asymmetrie einer Kante auf ein Machtungleichgewicht in der Beziehung abstellt.	**„Isolate"**: Akteure, die lediglich eine direkte Beziehung in das Netzwerk haben.

Tab. 2: Beispiele deskriptiver Merkmale von Netzwerken

Eine Definition von Unternehmensnetzwerken, welche sich der formalen Modellierungssprache der Netzwerkanalyse bedient, liefert Horváth (2004, S. 14). Demnach ist konstitutives Element von Netzwerken die Beteiligung von wenigstens drei Parteien (Knoten) und mindestens gleich vielen Beziehungsbündeln (Kanten) (vgl. Horváth 2004, S. 14). Eine ähnliche Definition, die unter anderem auch auf die Anzahl der Akteure abstellt, geben Podolny/Page (1998, S. 59): „We define a network form of organization as any collection of actors (N≥2) (...)".

Netzwerkstrukturen in der Supply Chain der Automobilindustrie

Die Übertragung des soziologischen Netzwerkverständnisses in den sozioökonomischen Kontext der Supply Chain wird von einigen Autoren implizit vorgenommen, in dem sie als Aufgabe des Supply Chain Managements eine holistische Betrachtung des gesamten Netzwerks fordern. (Vgl. Bechtel/Jayaram 1997; Voegele 2005, S. 187; Christopher 1998; Cooper *u.a.* 1997; Ellram 1991)

Demnach lassen sich formale Netzwerkstrukturen aufgrund der Parallelisierung von Wertschöpfungsaktivitäten und der daraus resultierenden vernetzten Zulieferbeziehungen in Supply Chains identifizieren.[42] Der Begriff des „Supply Chain Netzwerks"

[42] Eine jüngere Entwicklung in diesem Kontext stellt die ausdrückliche methodische Verbindung der Netzwerkanalyse mit der Supply Chain Analyse dar. (Vgl. Lazzarini *u.a.* 2001, S. 7ff.)

charakterisiert in diesem Kontext die aufgrund vertraglich fixierter Lieferbeziehungen existierenden expliziten Vernetzungen von der Rohstoffgewinnung bis zum Endkunden. (Vgl. Harland 1996, S. 67; Lambert/Cooper 2000, S. 68; Christopher 1998, S. 18f.; Schusser 1999, S. 11; Chandra/Kumar 2000, S. 105) Nachfolgende Abb. 3 verdeutlicht die i.d.R. auf Basis vertraglicher Strukturen identifizierbaren Netzwerkstrukturen.

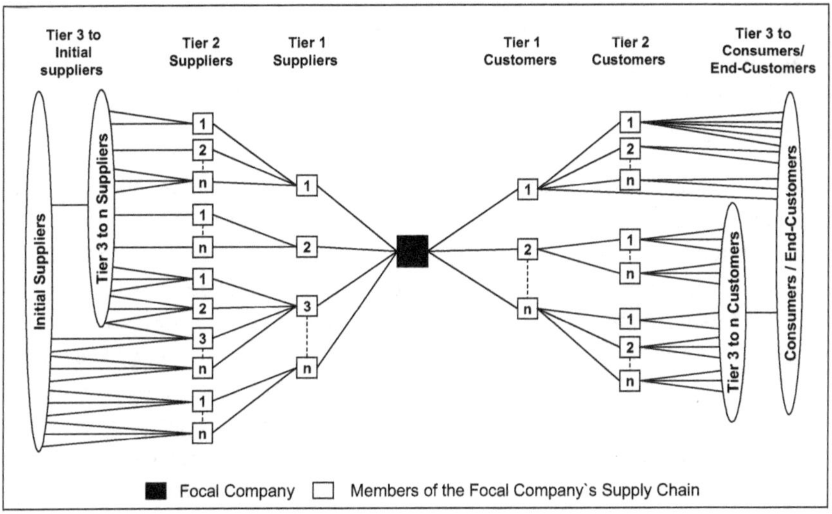

Abb. 3: Explizite vertraglich Strukturen in Supply Chain Netzwerken (Quelle: Lambert/Cooper 2000, S. 68)

Die Abbildung spiegelt ein auf einen Endhersteller bezogenes Netzwerk wider und kann in den Kontext der europäischen Automobilindustrie übertragen werden. Der Endprodukthersteller (OEM) nimmt dabei eine zentrale Stellung im Netzwerk ein („Star"; siehe Tab. 2). Zudem besitzt dieser die Eigenschaft des „Gatekeepers" (siehe Tab. 2), da dieser sozusagen das Lieferantenetzwerk mit dem Kundennetzwerk (Händler und Endkunden) verbindet. Je nach Analyseebene ergeben sich differierende Netzwerkstrukturen. Beispielsweise können sich bei der Betrachtung der im Supply Chain Management fokussierten Güter- und Informationsflüsse Unterschiede zu dem vertraglich expliziten Netzwerk ergeben.

Eine Erweiterung der in der Abbildung ersichtlichen Netzwerkdarstellung kann dahingehend vorgenommen werden, dass auf „Industrieebene" jedes Unternehmen Bestandteil mehrerer Supply Chains ist und somit zusätzlich zur Interdependenz „**innerhalb**" der Supply Chain auch eine Interdependenz „**zwischen**" verschiedenen

Supply Chains immanent ist. (Vgl. Dubois *u.a.* 2004, S. 7; Harland *u.a.* 2005, S. 153) Die europäische Automobilindustrie kennzeichnet sich durch starke Überschneidungen in den Zuliefernetzwerken. (Vgl. Stommel/Zadek 2004, S. 126) Aufgrund der Spezialisierung und der Zulieferkonzentration (vgl. Becker 2007, S. 122; Volpato 2003, S. 25), die zu einem Rückgang der Anzahl von Lieferanten je Vorprodukt und Leistung führt, bilden insbesondere die System- und Modullieferanten wie auch spezialisierte Teilelieferanten auf Zulieferseite Überschneidungspunkte zu Supply Chain Netzwerken konkurrierender Endprodukthersteller. Große System- und Modullieferanten, wie z.B. Bosch oder Lear, beliefern nahezu jeden Automobilhersteller und sind somit Bestandteil verschiedener fokaler Supply Chain Netzwerke. (Vgl. Svensson 2000, S. 738)

Das Kriterium der bloßen „Vernetztheit", welches – im Verständnis der Netzwerktheorie – in Märkten wie auch innerhalb von Unternehmen zu analysieren ist, stellt ein zu wenig differenzierendes Merkmal zur Analyse der Wertschöpfungsstrukturen dar. Die strukturanalytische Betrachtung berücksichtigt dabei zu wenige Differenzierungen hinsichtlich der **Art der Beziehungen** zwischen den Unternehmen als Akteure im Netzwerk. Eine Unterscheidung und Eingrenzung auf „kritische Netzwerkbeziehungen" ist aus Gründen der Komplexitätsreduktion auch im Hinblick auf das Management des Netzwerks, dezidierter das Management der Netzwerkbeziehungen, notwendig. Ein ganzheitliches Management des Netzwerks wird zwar verschiedentlich gefordert (vgl. Jüttner *u.a.* 2003, S. 201), insbesondere bei Auftreten von Störereignissen, ist jedoch aufgrund der Komplexität nicht zu bewältigen. Dies lässt sich an der Dimension (Größe) von Wertschöpfungsnetzwerken der Automobilindustrie verdeutlichen. Ein Wertschöpfungsnetzwerk besteht in der Automobilindustrie aus 500 bis 1.500 Lieferanten und über 100 Logistikdienstleistern.[43] (Vgl. Zadek 2004, S. 17) Die integrierte Betrachtung und Steuerung aller Beteiligten wäre kaum möglich.

Um im Forschungskontext das Beziehungsgeflecht zwischen Zulieferunternehmen, Logistikdienstleistern und Automobilherstellern differenzierter zu charakterisieren,

---

[43] In Bezug auf den zahlenmäßigen Umfang, d.h. die Größe des Netzwerks in der Supply Chain der Automobilindustrie existieren keine exakten Erhebungen, insbesondere nicht unter dem Abgrenzungskriterium einer einzelnen Baureihe. Sako/Helper (1999, S. 287) beziffern den Umfang der Lieferantenbasis der europäischen Automobilproduzenten auf 300 bis 400 direkte Hauptlieferanten.

soll nachfolgend ein organisationstheoretisches Netzwerkverständnis dargestellt werden.

2.2.2.2 *Supply Chain Netzwerk - Abgrenzung eines organisationstheoretischen[44] Netzwerksbereichs innerhalb der Supply Chain der Automobilindustrie*

Der Begriff „Supply Chain Netzwerk“ scheint in diesem Kontext zunächst widersprüchlich, da er die sequenzielle Eigenschaft von Ketten mit der reziproken Eigenschaft von Netzwerken verbindet. Die definitorische Verknüpfung ist durch Analyse der unterschiedlichen Definitionsebenen möglich. Während sich der Begriff der Supply Chain auf die operative Ebene des Güter- und Informationsflusses bezieht (vgl. Handfield/Nichols 1999, S. 2) und damit die primär sequenzielle Eigenschaft des Wertschöpfungsprozesses aufgrund der Produktarchitektur reflektiert, bezieht sich der Begriff des Netzwerks in diesem Kontext auf die interorganisationale Koordinationsform der arbeitsteiligen Prozesse innerhalb der Supply Chain.

Der im Folgenden verwendete Netzwerkbegriff[45] stellt dabei weniger auf die Existenz der Verflechtung, sondern auf die Organisationsform ökonomischer Aktivitäten ab, d.h. die Ausgestaltung einzelner Transaktionsbeziehung. Die Etablierung einer adäquaten Koordinationsform der arbeitsteiligen Wertschöpfungsaktivitäten ist unternehmensstrategisch von großer Bedeutung, insbesondere in einer von Unsicherheit und Dynamik gekennzeichneten Umwelt. (Vgl. Handfield/Nichols 1999, S. 2; Hoyt/Huq 2000, S. 750; Sydow 1999, S. 1) Aufgrund der Arbeitsteilung und Spezialisierung in den Wertschöpfungsprozessen entsteht ein **Organisationsproblem**[46], welches Milgrom/Roberts (1992, S. 25) wie folgt umschreiben: „The problem of or-

[44] Die organisationstheoretische Darstellung des Netzwerkbegriffs erfolgt in diesem Kontext primär aus neo-institutionenökonomischer Perspektive, wie sie auch bei Milgrom/Roberts (1992) oder Picot *u.a.* (2005) zu finden ist.

[45] Sydow (1999) verwendet den Begriff des „strategischen Netzwerks“ und hat insbesondere im deutschsprachigen Raum die Forschung und Begriffsverwendung maßgeblich geprägt. Sydow liefert auch eine umfassende Darstellung theoretischer Erklärungsansätze für die Evolution und Existenz von Unternehmensnetzwerken (siehe dazu ausführlich Sydow 1999, S. 127ff.). Arnold bezeichnet als strategische Netzwerke die vertikal ausgerichteten Kooperationsformen, die sich durch eine stärkere Eingrenzung der marktlichen Absatzmöglichkeiten der Lieferanten charakterisieren und durch eine langfristige Kooperation entlang der Wertschöpfungskette gekennzeichnet sind. (Vgl. Arnold 2004, S. 290)

[46] Ein ausführliche Herleitung des Organisationsproblems unter Bezugnahme auf die Knappheitsbewältigung durch den Prozess des Wirtschaftens findet sich bei Picot *u.a.* (2005, S. 1ff.).

ganization then arises because when people are specialized producers who need to trade, their decisions and actions need to be coordinated to achieve these gains of cooperation, and the people must be motivated to carry out their parts of the cooperative activity." Bei genauerer Analyse lässt sich diese Problemstellung in ein **Koordinations**- und **Motivationsproblem** zerlegen.

Malone/Crowston (1994, S. 90) definieren Koordination wie folgt: „Coordination is managing dependencies between activities."[47] Diese sehr allgemeingültige Definition lässt bereits Rückschlüsse auf den Umstand zu, bei dem Koordination notwendig wird oder anders ausgedrückt ein Koordinationsproblem entsteht. Wichtiges Element für das Vorliegen eines Koordinationsproblems ist die Existenz von Abhängigkeiten. Koordination ist dabei zwangsläufig mit einer Zielorientierung verknüpft, wodurch die Effektivität der Koordinationsprozesse beurteilbar wird.[48] Das Koordinationsproblem entsteht zudem erst durch ein wechselseitiges Informationsdefizit der Wirtschaftssubjekte. Unter der Annahme vollkommen informierter ökonomischer Akteure würden diese die wohlfahrtsmaximierende Abstimmung ihrer Aktivitäten vornehmen. (Vgl. Picot *u.a.* 2005, S. 7)

Als weitere Dimension des Organisationsproblems ist das Motivationsproblem zu charakterisieren. Es resultiert daraus, dass die Wirtschaftssubjekte individuelle Ziele verfolgen und sich somit wechselseitig motivieren müssen, bestimmte Erwartungen zu erfüllen. Zur Bewältigung des Motivationsproblems sind anreizkompatible Organisationslösungen zu bilden (vgl. Milgrom/Roberts 1992, S. 26f.), die als institutionelle Rahmen die ökonomischen Akteure motivieren und eine Interessenangleichung herbeiführen.

Instrumentarien zur Bewältigung des skizzierten Organisationsproblems werden als **Institutionen** bezeichnet. (Vgl. Richter/Furubotn 2003, S. 8; Dietl 1995, S. 570; Picot

---

47 Malone/Crowston (1994, S. 87) analysieren Koordination interdisziplinär. Dabei integrieren sie unterschiedliche Wissenschaftsdisziplinen wie Informatik, Organisation- und Managementtheorien, Volkswirtschaftslehre, Linguistik und Psychologie.

48 „(...) the concept of coordination implies an evaluation of effectiveness, of the desired results." (Grandori 2001, S. 91)

u.a. 2005, S. 10) [49] Der Begriff der Institution wird in der Literatur unterschiedlich verwendet, ein allgemein anerkannter „Institutionenbegriff" besteht nicht. (Vgl. Elsner 1987, S. 5; Eßig 2004, S. 64; Williamson 1999, S. 4) Die nachfolgende Tabelle liefert einige in der Literatur häufig zitierte Definitionen:

(Picot *u.a.* 2005, S. 10)	„Institutionen sind sanktionierbare Erwartungen, die sich auf Verhaltensweisen eines oder mehrerer Individuen beziehen."
(Richter/Furubotn 2003, S. 7)	„(...) Institution definiert als System miteinander verknüpfter, formgebundener (formaler) und formungebundener (informeller) Regeln (Normen) einschließlich der Vorkehrungen zu deren Durchsetzung."
(North 1994, S. 360)	„Institutions are the humanly devised constraints that structure human interaction. They are made up of formal constraints (e.g., rules, laws, constitutions), informal constraints (e.g., norms of behavior, conventions, self-imposed codes of conduct), and their enforcement characteristics. Together they define the incentive structure of societies and specifically economies."
(Schotter 1981, S. 9)	„(...) regularities in behavior which are agreed to by all members of a society and which specify behavior in specific recurrent situations" [50]

Tab. 3: Auswahl von Definitionen des Institutionenbegriffs

Williamson selbst charakterisiert die vielfältigen Definitionsversuche des Institutionenbegriffs wie folgt: „These definitions of institutions mainly operate at the level of the institutional environment, the so-called rules of the game. The second, more microanalytic, level at which institutional economics works is at the level of the institu-

[49] In der neo-klassischen Theorie wurde die Bedeutung von Institutionen lediglich unter dem Aspekt der Rahmenbedingungen als Voraussetzung zur Erreichung einer Pareto-Optimalität gesehen. Die Mikroökonomik wird daher als institutionenneutral beschrieben, wodurch es möglich ist, unter idealtypischen Annahmen der vollkommenen Information und Voraussicht Zustände ökonomischer Effizienz zu bestimmen. (Vgl. Richter/Furubotn 2003, S. 1; Dequech 2006, S. 110)

[50] Institutionen werden von Schotter vor einem spieltheoretischen Hintergrund definiert. In Bezug auf den dynamischen Entwicklungsprozess wird die Institution als Gleichgewicht eines rekurrenten Spiels verstanden. (Vgl. Schotter 1981, S. 9) Dieser Betrachtung wird jedoch primär metaphorische Bedeutung beigemessen, da die strikte Anwendung spieltheoretischer Ansätze, welche detaillierte Informationen über zukünftige Umweltzustände benötigt, nicht mit der Annahme der Ungewissheit und der beschränkten Rationalität der Neo-Institutionenökonomik vereinbar ist. (Vgl. Richter/Furubotn 2003, S. 9)

tions of governance."[51] (Williamson 1999, S. 4) Er grenzt dadurch die „Institutions of Governance" von der auf der Makroebene angesiedelten „Institutional Environment" ab.[52] Die Mikroebene umfasst in Anlehnung an Ronald Coase (1937), der zur Begründung der Existenz von Unternehmen im Kontext seiner Analyse „The Nature of the Firm" Markttransaktionen und Unternehmen vergleichend abgrenzt, verschiedene Transaktionsformen bzw. Organisationsformen zwischen ökonomischen Akteuren. Im Nachfolgenden sollen institutionelle Regelungen auf der Markoebene als gegeben betrachtet und eine dezidierte Betrachtung der institutionellen Arrangements in Bezug auf die Transaktionen in arbeitsteiligen Wertschöpfungsprozessen vorgenommen werden.

Im Kontext der betrachteten europäischen Automobilindustrie wird folglich eine **Fokussierung** auf die **Mikroebene**, d.h. die in den **Zulieferbeziehungen der Supply Chain** etablierten **Institutionen** vorgenommen. Neben explizit formal institutionalisierten Vertragsbeziehungen stehen dabei auch informelle Institutionen, die eine wechselseitige Koordination und Motivation in der Supply Chain ermöglichen, im Vordergrund. Die im Nachfolgenden nicht explizit betrachteten Institutionen auf Makroebene können im Kontext der Automobilindustrie unterschiedlichster Ausprägung sein.

- Auf Brachenebene angesiedelte Verbände (z.B. Verband der Automobilindustrie),

[51] Weiter charakterisiert Williamson vier interdependente Analyseebenen der Neo-Institutionenökonomik, mit denen er unterschiedliche Dynamik der Veränderungsprozesse verknüpft: Die übergeordnete Ebene der „Social Embeddedness" (1) umfasst soziale Normen, Bräuche und auch den Einfluss von Religionen; Veränderungen in diesen Strukturen vollziehen sich nur sehr langsam. Darunter angesiedelt ist die Ebene der „Institutional Environment" (2), die in Abgrenzung zu den informalen Normen formale Strukturen wie Verfassungen, Gesetze und Verfügungsrechte beinhaltet. In der nächst tieferen Ebene der „Governance" (3) werden transaktionsspezifische Governance-Strukturen analysiert und im Vergleich zu den übergeordneten Ebenen häufiger angepasst. Die nächste Ebene (4) umfasst neben neo-klassischen Optimierungsansätzen auch formale Agency Fragestellungen mit dem Fokus der Risikoallokation und der ex ante Anreizbildung. (Vgl. Williamson 2000, S. 596ff.) Eine ähnliche Institutionenhierarchie wird auch von Picot *u.a.* (2005, S. 10ff.) aufgegriffen.

[52] Die Unterscheidung in eine Makro- und Mikroebene der Neo-Istitutionenökonomik wird auch von anderen Autoren aufgegriffen (stellvertretend Davis/North 1971, S. 6; Richter/Furubotn 2003, S. 314; Ménard 2004, S. 345).

- durch staatliche Organisationen und supranationale Organisationen (z.B. die Institutionen der Europäischen Union) erlassene gesetzliche Regelungen (z.B. eine Emissionsrichtlinie),

- Nicht-Regierungs-Organisationen (NGO) und

- informelle Institutionen aufgrund kultureller Gegebenheiten, Sitten und Bräuche

bilden einen institutionellen Rahmen, in den sich die auf Mikroebene betrachteten Akteure eingebettet sehen.

Wichtig erscheint an dieser Stelle noch die Gegenüberstellung der beiden Begrifflichkeiten der Institution und der Organisation, welche teilweise synonym verwendet werden. Organisationen umfassen nach North (1990, S. 4f.) Institutionen („the rules of the game") und die daran beteiligten Akteure („the players"), welche je nach Organisation bzw. Institution und Analyseebene Individuen oder Kollektive umfassen können. Akteure in Organisationen stellen beispielsweise politische (z.B. Parteien), ökonomische (z.B. Unternehmer oder Unternehmen) oder soziale Akteure (z.B. Vereine) dar.

Um den interorganisationalen Analysebereich der Supply Chain der Automobilindustrie zu erfassen und um die Komplexität der Betrachtung zu reduzieren, werden im Untersuchungskontext auf einem höheren Aggregationsniveau Unternehmen als Akteure sozusagen als fiktive Einheit betrachtet. Einzelne Individuen werden nicht explizit betrachtet, wohl wissend, dass in interorganisationalen Beziehungen in der Supply Chain auf Ebene der Individuen etablierte informelle Beziehungen ein Kooperation stabilisierendes bzw. gefährdendes Element in der Zusammenarbeit darstellen. (Vgl. Friedberg/Neuville 1999, S. 74) Die relevanten Akteure im Untersuchungskontext bilden folglich der Endprodukthersteller, die (System- und Modul-)Lieferanten und die Logistikdienstleister.

Um sich dem **organisationstheoretischen Netzwerkbegriff**, welcher in Anlehnung an die Transaktionskostentheorie[53] eine intermediäre Position[54] zwischen den Extrema Markt und Hierarchie einnimmt, zu nähern, ist eine Charakterisierung von Märkten und Hierarchien zweckmäßig. (Vgl. Ring/Van De Ven 1992, S. 485) Bedeutendes Unterscheidungskriterium unterschiedlicher Organisationsformen stellt die vertragliche Grundlage der Transaktionsbeziehung dar. (Vgl. Williamson 1999, S. 95) In Anlehnung an Macneil (1974; 1978) wird häufig eine Unterscheidung in klassische, neoklassische und relationale Verträge vorgenommen.[55]

- **Klassische Verträge („Spot Contracting")** kennzeichnen sich durch Vollständigkeit, d.h., Leistung und Gegenleistung entstehen dabei gleichzeitig und sind vollständig spezifizierbar, woraus keine Unsicherheit resultiert. Die Vertragspartner handeln vollständig autonom und die Identität wie auch vorangegangene Verträge haben keine Bedeutung für die Vertragsbeziehung. Die Verträge sind ausschließlich explizit und werden in Streitfällen durch die Anrufung von Gerichten geregelt, wobei eine Entscheidung aufgrund der Klarheit und Verifizierbarkeit zweifelsfrei getroffen werden kann. Klassische Verträge sind auch bei zeitlichem Auseinanderfallen von Leistung und Gegenleistung zu identifizieren, insofern sich diese durch Vollständigkeit kennzeichnen, d.h., für alle zukünftigen Umweltzustände Regelungen beinhalten und somit die Gegenleistung vergegenwärtigt werden kann. (Vgl. Dietl 1995, S. 571; Williamson

---

[53] Williamson als Vertreter der Transaktionskostentheorie selbst verwendet mehrheitlich in seinen Publikationen nicht den Netzwerk-Begriff, sondern den Begriff der „hybriden" Organisationsform, erkennt jedoch die synonyme Verwendung: „Specifically, many of the phenomena that have been named as networks can be and have been interpreted as variations on the hybrid mode of contracting" (Williamson 2005, S. 24) Die Transaktionskostentheorie selbst besitzt explanativen Charakter in Bezug auf die Wahl der effizienten Koordinationsform in Abhängigkeit von Kontextfaktoren, wie Spezifität, Unsicherheit oder Häufigkeit der Transaktion. Effizienzkriterium stellen dabei die Transaktionskosten dar. In der hier erforderlichen Begriffsklärung ist eine detaillierte Bezugnahme zur Transaktionskostentheorie nicht von Nöten, da primär eine Charakterisierung der Koordinationsformen vorgenommen werden soll.

[54] In der Literatur wird von unterschiedlichen Vertretern die Auffassung von Netzwerken als hybride oder intermediäre Organisationsform zwischen Markt und Hierarchie geteilt (vgl. Thorelli 1986; Sydow 1999; Williamson 1991). Konträr dazu betrachten einige Autoren Netzwerke als eigenständige Koordinationsform (vgl. Powell 1990). Mirsoschedji (2002, S. 66) führt die Unterschiede in der Einordnung bei identischen Theoriegebäuden und sehr ähnlichen Auffassungen bezüglich des Untersuchungsgegenstand „Netzwerk" auf die Wahl der verschiedenen Attribute zu Charakterisierung von Netzwerken und die differenzierenden Kriterien zurück.

[55] Eine Übersicht über die Systematisierung von Vertragsarten in Anlehnung an Macneil (1974; 1978) findet sich bei Picot *u.a.* (2005, S. 16) oder Miroschedji (2002, S. 52).

1991, S. 271; Williamson 1979, S. 236) Die für alle Umweltzustände vollständigen und überprüfbaren Verträge entsprechen den Annahmen der „Arrow-Debreu-Welt" und der allgemeinen Gleichgewichtstheorie. (Vgl. Richter/Furubotn 2003, S. 167; Schäfer 1995, S. 532; Jansen 2004, S. 410; Schäfer 2005, S. 68; Spremann 1990, S. 573) Im Kontext industrieller Automobilfertigung kann als Beispiel solcher Vertragsbeziehung der Kauf von „Commodities" (z.B. Rohstoffe) im Sinne eines „Spot Contracting" betrachtet werden.

- **Neoklassische Verträge** charakterisieren sich durch einen Zeitraumbezug aufgrund des Auseinanderfallens von Leistung und Gegenleistung. Sie kennzeichnen sich teilweise durch Unvollständigkeit bezüglich zukünftiger Eventualitäten, d.h., nicht alle zukünftigen Umweltzustände lassen sich in der Vertragsgestaltung erfassen. Die Identität der Vertragsparteien ist von Bedeutung, wobei beide Vertragsparteien bei mittelfristiger Vertragslaufzeit an einer Erfüllung des Vertrags interessiert sind. Eine Durchsetzung der Verträge durch Gerichte wäre zu aufwendig, weshalb auf die Schlichtung durch eine dritte Partei zurückgegriffen wird. (Vgl. Dietl 1995, S. 572; Richter/Furubotn 2003, S. 197)

- **Relationale Verträge („Relational Contracting")** spiegeln langfristig angelegte Vertragsbeziehungen wider, welche in hohem Maße implizite Regelungen enthalten. Die Qualität der Beziehung und Identität der Vertragsparteien ist von großer Bedeutung, wodurch der formal explizite Charakter der Verträge an Bedeutung verliert. Sie kennzeichnen sich grundsätzlich durch Unvollständigkeit, wobei im Fall von Unstimmigkeiten eine bilaterale Regelung und Anpassung vorgenommen wird. (Vgl. Baker *u.a.* 2001, S. 40; Grandori 2001, S. 198; Ring/Van De Ven 1992, S. 485) Die Annahme über das Vorhandensein relationaler Vertragsbeziehungen ist zentral für die Neo-Institutionenökonomik und bildet die Grundlage sowohl für die positive Prinzipal-Agenten-Theorie als auch die „Theorie sich selbst durchsetzender Verträge"[56]. (Vgl. Richter/Furubotn 2003, S. 186) Die relationalen Verträge können nochmals unterschieden werden. Bilaterale relationale Verträge zwischen rechtlich selbst-

[56] Baker *u.a.* (2001, S. 40f.) konstatieren, dass relationale Verträge, da aufgrund der Informalität nicht auf die Durchsetzung von dritten Parteien (z.B. Gerichten) zurückgegriffen werden kann, selbst durchsetzenden Charakter für deren Wirksamkeit aufweisen müssen, d.h., dass der kurzfristige durch Vertragsverletzung erzielbare Wert stets unter dem langfristigen Wert der rekurrenten Austauschbeziehung liegen muss.

ständigen Akteuren sind demnach von integrierten relationalen Verträgen innerhalb einer Organisation abzugrenzen. (Vgl. Dietl 1995, S. 572)

Die unterschiedlichen Organisationsformen werden zudem hinsichtlich ihrer Integrationsgrade unterschieden, wie nachfolgende Abbildung (Abb. 4) verdeutlicht. Die Darstellung reflektiert auch den Übergang von verschiedenen Organisationsformen durch die Prozesse der (Quasi-)Externalisierung und (Quasi-)Internalisierung.[57]

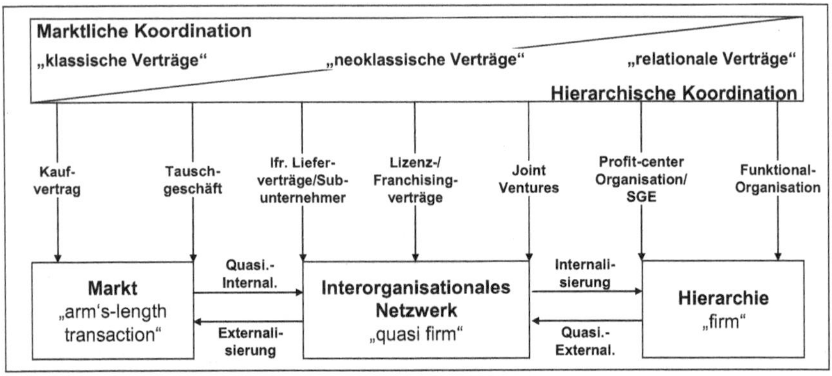

Abb. 4: Koordinationsformen ökonomischer Aktivitäten (In Anlehnung an: Sydow 1999, S. 104)

Markt als Organisationsform

Idealtypisch kennzeichnet sich ein Markt als Organisationsform ökonomischer Aktivitäten durch beliebige Akteure, die genau spezifizierte Leistungen austauschen, wobei diese unabhängig voneinander und gleichberechtigt sind. Primäres Koordinationsinstrument auf Märkten stellt der Preismechanismus dar, welcher gleichzeitig Informationsmedium ist und eine hohe Anreizwirkung auf die in Märkten zusammentreffenden ökonomischen Akteure besitzt. (Vgl. Williamson 2005, S. 4; Sydow 1999, S. 98) Der rechtliche Hintergrund der Transaktionsbeziehungen stellt der „klassische Vertrag“ dar.

[57] Die Quasi-Internalisierung und Quasi-Externalisierung sind Begrifflichkeiten die Integrations- und Desintegrationsprozesse umschreiben, daher werden die Begriffe in der vorliegenden Arbeit synonym verwendet.

Hierarchie als Organisationsform

Demgegenüber ist Autorität der zentrale Koordinationsmechanismus von arbeitsteiligen Strukturen in Hierarchien, d.h. innerhalb von Unternehmen. Autorität als legitimierte Macht ermöglicht es, sowohl horizontal als auch vertikal abhängige Strukturen zu koordinieren.[58] (Vgl. Adler 2001, S. 216) Hierarchie kennzeichnet sich durch beabsichtigte Machtungleichverteilung. Gegenstand der Koordinationsbemühungen sind wenig spezifizierte Leistungen in langfristig angelegten Transaktionsbeziehungen, die sich im Idealfall als kooperativ beschreiben lassen. (Vgl. Sydow 1999, S. 98) Grundlage der Transaktionsbeziehung innerhalb von Unternehmen bilden „integrierte relationale Verträge“ wie beispielsweise Arbeitsverträge (vgl. Picot *u.a.* 2005, S. 17).

Netzwerke als hybride Organisationsform

Auf dem skizzierten Markt-Hierarchie-Kontinuum stellen Netzwerke eine hybride Form der Koordination dar, welche durch die Prozesse der Quasi-Externalisierung und Quasi-Internalisierung entstehen.[59] Der **Netzwerkbegriff** umschreibt nicht eine einzelne Koordinationsform, sondern besitzt unterschiedliche **Facetten** je nach Grad der Integration, z.B. Transaktionen auf Basis langfristiger Rahmen- und Lieferverträge oder mehr hierarchische Strukturen wie Joint Ventures. (Vgl. Podolny/Page 1998, S. 59; Straubhaar/Theurl 2005, S. 47; Ménard 2004, S. 348)[60] Daraus resultiert, dass sich die Koordinationsform Netzwerk nur unscharf beschreiben lässt und stattdessen eine Abgrenzung zu den idealtypischen Markt- und Hierarchiestrukturen vorgenommen wird. Hybride Koordinationsmechanismen basieren folglich weder ausschließlich auf dem Preismechanismus noch auf der aus Eigentumsstrukturen abgeleiteten Autorität.[61] (Vgl. Ménard 2004, S. 348) Die **rechtliche Autonomie** der am Netzwerk beteiligten Unternehmen ist dabei ein wichtiges Kriterium für das Vorliegen von

---

58 Autorität kann als von allen Parteien akzeptiertes und legitimiertes asymmetrisches Machtverhältnis verstanden werden. (Vgl. Grandori 2001, S. 114)

59 Die empirische Relevanz hybrider Arrangements im Vergleich zu Markt und Hierarchie wird nicht bezweifelt, wie auch Williamson selbst bemerkt: „Whereas I was earlier of the view that transactions of the middle kind were very difficult to organize and hence were unstable, (...), I am now persuaded that transactions in the middle range are much more common.“ (Williamson 1985, S. 83)

60 Die Optimalität der jeweiligen Organisationsdesigns zwischenbetrieblicher Beziehungen ist auch keinesfalls eindeutig zu determinieren, wie auch Grandori (2001, S. 10) erläutert: „(...) not laws of one-to-one and deterministic correspondence between conditions and organization solutions (there is normally more than one 'best solution' even in 'given conditions').“

61 Einen Überblick über die Funktionalität von Netzwerken liefern Podolny/Page (1998, S. 57ff.). Dabei werden positive Effekte im Hinblick auf verschiedene Analysebereiche (Lernen, Legitimation und Status und ökonomische Vorteile) identifiziert.

Netzwerkbeziehungen und stellt ein klares Abgrenzungskriterium zur unternehmensinternen hierarchischen Organisationsform dar.

Die **wirtschaftliche Autonomie** - interpretiert als Selbstständigkeit und Unabhängigkeit - der Unternehmen ist nur eingeschränkt gegeben. Der Erfolg der Unternehmen wird durch das Netzwerk als Ganzes, häufig durch einzelne Unternehmen mit besonderer Stellung im Netzwerk beeinflusst, woraus sich eine ungleichgewichtige Abhängigkeit und Asymmetrie in der Machtverteilung ergibt. Die Struktur von Unternehmensnetzwerken kennzeichnet sich häufig durch **hierarchische Beziehungen zwischen Unternehmen**. (Vgl. Sydow 1999, S. 90) Formal betrachtet leitet sich die **wirtschaftliche Autonomie** – Autonomie interpretiert als Willensfreiheit – aus der rechtlichen Autonomie insofern ab, dass die Unternehmen im Netzwerk rechtlich selbstständig unternehmerische Entscheidungen über den Beitritt und Austritt in bzw. aus dem Netzwerk wie auch ihr kooperatives Verhalten im Netzwerk treffen können.

Hybride Organisationsformen in der Supply Chain der Automobilindustrie

Die zuvor unter Rückgriff auf die zugrunde liegenden Vertragsklassen dargestellten Organisationsformen bilden die Grundlage, um die in Abschnitt 2.2.2.1 dargestellte strukturelle Vernetztheit in der Supply Chain der Automobilindustrie differenzierter zu charakterisieren. Die Übertragung des organisationstheoretischen Netzwerkverständnisses als hybride Transaktionsform zwischen den Extrema Markt und Hierarchie in den Kontext der Supply Chain der Automobilindustrie erfordert eine Betrachtung der Beziehung zwischen den am Wertschöpfungsprozess beteiligten Unternehmen. Die Charakterisierung der Transaktionsbeziehung und Determinierung der Organisationsform ist, wie bereits in Ausführungen zu den hybriden Organisationsformen deutlich wurde, nicht trennscharf. Aufgrund der nicht vorhandenen Eindeutigkeit der hybriden Organisationsform wird daher eine „negativ Abgrenzung" vorgenommen, wobei die vermeintlich eindeutiger identifizierbaren Organisationsformen Markt und Hierarchie abgegrenzt werden können.

Ein Abgrenzungskriterium gegenüber dem Extremum „Hierarchie" kann durch Analyse der **rechtlichen Selbstständigkeit** der Unternehmen identifiziert werden, wodurch auch die Problematik bestehender Kapitalbeteiligungen objektiviert wird, indem

Konsolidierungspflichten nach verschiedenen Rechnungslegungsstandards die Beherrschungsverhältnisse zwischen Unternehmen reflektieren.[62]

Die Abgrenzung in Bezug auf das zweite Extrema der „Markttransaktionen" fällt deutlich schwerer, da idealtypische „Spot Transaktionen" in der Realität selten zu identifizieren sind. Die Existenz von Markttransaktionen und die Funktionsfähigkeit des „Preismechanismus" als primäres Koordinationsinstrument impliziert eine hinreichend große Anzahl von Anbietern und Nachfragern hinsichtlich einer standardisierten homogenen Leistung.[63] Somit könnte zur Identifikation und anschließenden Abgrenzung gegenüber Netzwerkbeziehungen einerseits auf die **Standardisierung (Homogenität)** der zugrunde liegenden Leistung und die **Anzahl der Marktteilnehmer** auf Anbieter- und Nachfragerseite abgestellt werden.

Wendet man die dargestellten Abgrenzungskriterien auf die Supply Chain an, so lassen sich Supply Chain Netzwerke unter Bezugnahme auf die Zulieferpyramide[64] insbesondere in den oberen Wertschöpfungsebenen lokalisieren. Eßig beschreibt ebenfalls den Netzwerkcharakter von Supply Chains und charakterisiert Supply Chain Netzwerke als hybride Institutionen, welche sich zwischen Systemlieferanten und Endproduktherstellern (OEM) herausbilden, während „auf der Stufe der Komponenten-, Halbfabrikate- und Normteilelieferanten (..) nach wie vor das Marktmodell" (Eßig 2004, S. 50) dominiert. Die Transaktionsbeziehung zwischen dem Automobilhersteller und den Systemlieferanten kennzeichnet sich durch eine hohe Spezifität, Heterogenität und geringe Standardisierbarkeit. Komplexe und transaktionsspezifische Leistungsbündel vor dem Hintergrund von Unsicherheit über die zukünftige Entwicklung verhindern die Etablierung vollständiger Verträge im Sinne eines marktlichen Spot Contracting.

---

62 Kapitalbeziehungen, aus denen sich ein Abhängigkeitsverhältnis ableitet, sind in Konzernstrukturen respektive hierarchischen Beziehungen konstitutiv. (Vgl. Sydow 1999, S. 74)

63 Richter/Furubotn (2003, S. 348) kritisieren das Kriterium der Anzahl der Marktteilnehmer als Maß für die Vollkommenheit eines Marktes. Sie sehen die „Abwesenheit von Monopolmacht" als entscheidendes Kriterium.

64 Die Darstellung als Zulieferpyramide wird von Jürgens kritisiert, da sie offensichtliche Hierarchien und damit Steuerungsinstanzen suggeriert, welche jedoch aufgrund der zunehmenden Machtverlagerung in der Realität nicht mehr gegeben sind. Die Machtverlagerung resultiert aus den Konzentrationstendenzen auf Zulieferseite und der Formierung von „Mega-Suppliers". (Vgl. Jürgens 2004b, S. 20)

Analog zu dem Phänomen des Supply Chain Netzwerks lässt sich der Begriff des Supply Chain Marktes ableiten, welcher in den unteren Wertschöpfungsstufen der Zulieferpyramide zu identifizieren ist. Die nachfolgende Abbildung (siehe Abb. 5) verdeutlicht zudem die dominierenden Abwicklungsformen in der Zusammenarbeit, die einen Rückschluss auf die Einordnung der Transaktionsbeziehung in das Markt-Hierachie-Kontinuum ermöglichen.

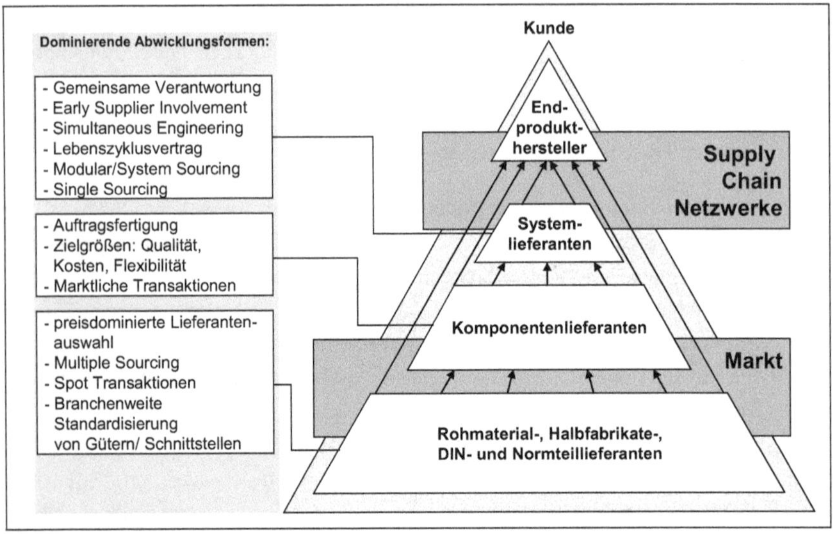

Abb. 5: Verortung von Supply Chain Netzwerken in der Zulieferpyramide (in Anlehnung an: Arnold 2004, S. 302)

Eine Verbindung der in Abschnitt 2.2.2.1 dargestellten Netzwerkperspektive (siehe zur Ilustration Abb. 3), die sich grundsätzlich auf beliebige soziologische oder sozio-ökonomische Phänomene anwenden lässt, mit der organisationstheoretischen Einschränkung auf das Netzwerk als Organisationsform würde einer Interpretation und

Deskription des „**Netzwerks als Netzwerk**" gleichkommen.[65] (Vgl. Sydow 1999, S. 126)

Eine weitere Eigenschaft von Supply Chain Netzwerken ist in der zeitlichen Befristung zu betrachten, die diese zu Netzwerken mit Projektcharakter werden lässt. Sydow *u.a.* (2002, S. 3) charakterisieren den Begriff „**Projektnetzwerke**" wie folgt: „Projektnetzwerke sind eine Organisationsform ökonomischer Aktivitäten, die im rekursiven Zusammenspiel projektbezogener und projektübergreifender Aktivitäten koordiniert wird. Die Beziehungen in ihnen zeichnen sich durch eine relative Stabilität aus, indem – trotz zeitlicher Befristung von Projekten – die Projektpartner wiederkehrend zusammenarbeiten (können)." Diese Charakterisierung lässt sich auch auf die Netzwerkstrukturen im Kontext der Supply Chain der Automobilindustrie übertragen, da diese sich ebenfalls aus projektübergreifenden, weniger verbindlichen Beziehungen über einen befristeten Zeitraum – der Lebenszyklus der jeweiligen Baureihe – projektbezogen etablieren.

2.2.2.3 Bedeutung logistischer Dienstleistungen im Kontext von Supply Chain Netzwerken

Die räumlich und rechtlich über autonome Unternehmen verteilte Wertschöpfungsstruktur in der Automobilindustrie bedarf eines verbindenden Elements. (Vgl. Holweg/Miemczyk 2002, S. 175) In diesem Kontext gewinnen die **Logistik** und daraus abgeleitete **Dienstleistungen** zunehmend an Bedeutung und stellen in **Supply Chain Netzwerken** eine bedeutende **funktionale und integrative Leistung** dar.[66] (Vgl. Sydow/Möllering 2006, S. 9; Giesa/Kopfer 2000, S. 45) Die Rolle und Bedeutung der Logistik im Supply Chain Management wird auch kontrovers diskutiert. Beispielsweise konstatiert Baumgarten: "Aufgrund ihrer ganzheitlichen, systemischen und integrativen Betrachtungsweise ist die Logistik prädestiniert für die Steuerung und das Management von Unternehmensnetzwerken und Kooperationen."

---

[65] Die Verbindung der Netzwerkperspektive mit den beiden anderen dargestellten Organisationsformen (Markt und Hierarchie) würde der Analyse des „Marktes als Netzwerk" in Bezug auf die Beziehungen der Marktteilnehmer oder dem „Unternehmen (Hierarchie) als Netzwerk" im Hinblick auf unternehmensinterne Beziehungsgeflechte gleichkommen.

[66] In diesem Kontext wird abstrakt auf die Integration des Güter- und Informationsflusses zur Koordination von Wertschöpfungsaktivitäten im Netzwerk abgestellt. Eine dezidierte Analyse aus Organisationsperspektive der Integrationsinhalte auf unterschiedlichen Netzwerkebenen liefert Reiss (2000, S. 11ff.).

(Baumgarten 2004, S. 6) Demgegenüber betrachten Lambert/Cooper die Logistik einerseits als Unternehmensfunktion und als integratives Konzept über die Wertschöpfungsstufen hinweg, sehen diese jedoch lediglich als Teil des Supply Chain Management und der Wertschöpfungsprozesse. (Vgl. Lambert/Cooper 2000, S. 66f.)

Dabei wird deutlich, dass die Logistik Netzwerk gestaltende Funktionen übernimmt und in den Zulieferstrukturen somit eine „stabile Flexibilität“ (Sydow/Möllering 2006, S. 8) gewährleistet, wie Sydow/Möllering umschreiben: „Vielmehr soll in den Vordergrund gerückt werden, dass hier Logistikmanagement immer auch Netzwerkmanagement bedeutet, denn wichtige Entscheidungen hinsichtlich der Logistik im Netzwerk prägen die Netzwerkorganisationen. Sie nutzen und bewirken die konkreten Flexibilitätspotenziale dieser Organisationsform ökonomischer Aktivität. Dies macht die Logistik letztlich zur Gestalterin von Wandel statt bloß zu einem Opfer von zunehmender Komplexität und Dynamik.“ (Sydow/Möllering 2006, S. 9)

Die Bündelung von logistischen Leistungen (z.B. Wareneingangslogistik) und Übertragung angrenzender Aufgabenbereiche (Bestandsmanagement oder fertigungsnahe Dienstleistungen) an spezialisierte Dienstleister erfolgt analog zu den Modularisierungstendenzen in der Produktarchitektur des Automobils mit der Zielsetzung, die Anzahl der notwendigen Abstimmungsprozesse mit Lieferanten zu vermindern und zu optimieren. Die Rolle von Logistikdienstleistern ist insbesondere in Supply Chain Netzwerken interessant, da diese aufgrund ihrer zentralen Positionierung im Netzwerk eine Bündelung verschiedener physischer Warenströme von mehreren Zulieferunternehmen herbeiführen. Wird als Analyseebene der physische Güterfluss betrachtet, so kann die positionale Eigenschaft des Logistikdienstleister als „Star“ charakterisieren werden (siehe strukturanalytische Eigenschaften von Netzwerken in Abschnitt 2.2.2.1). Im Folgenden sollen aufgrund der Veränderungsprozesse in der Aufgabenteilung im gesamten Wertschöpfungsprozess insbesondere die logistischen Leistungen analysiert werden.

Funktional betrachtet stellt die Logistik nur einen Teilbereich im Supply Chain Netzwerk dar, welcher in Bezug auf Transport, Umschlag und Lagerhaltung (TUL) stark operativen Charakter besitzt. Betrachtet man jedoch die arbeitsteiligen Prozesse hinsichtlich der involvierten Akteure, so ist eine sukzessive Ausweitung des Leistungsspektrums logistischer Dienstleistungsunternehmen zu erkennen. (Vgl. Zadek 2004, S. 16f.) Dabei wird insbesondere aus Sicht von Logistikdienstleistern das Leistungsspektrum der Kontraktlogistik bedeutend. Kontraktlogistik grenzt sich von standardisierten Logistikleistungen durch eine spezifisch gestaltete, integrierte und längerfristig ausgelegte Leistungsbeziehung zwischen einem Hersteller und einem Logistikdienstleister ab. Das Leistungspaket umfasst dabei neben verschiedenen logistischen Kernaufgaben, z.B. dem Zuliefertransport und der Lagerhaltung, häufig auch produktionsnahe Leistungen, z.B. Montageleistungen. (Vgl. Klaus 2003, S. 106ff.; Andersson/Norrman 2002, S. 4) Die Komplexität der Leistungen, die in Kontraktbeziehungen eingebettet werden, lässt sich dabei in unterschiedliche Faktoren zerlegen. Nicht zuletzt erfordern die Besonderheiten von Dienstleistungen gegenüber materiellen Gütern im Allgemeinen ein besonderes Management dieser Leistungsbeziehung. Die Immaterialität und die Simultanität von Produktion und Absatz sowie die Integration des externen Faktors stellen charakteristische Eigenschaften von Dienstleistungen dar. (Vgl. Corsten 1997, S. 27; Sydow 2000, S. 23; Zeithaml *u.a.* 1985, S. 33f.) Die Logistikdienstleistung ist zudem ein Kontraktgut, d.h., dass nicht nur ein Austausch von Gütern vorliegt, sondern per Vertrag ein zukünftiges Leistungsversprechen gegeben wird.[67] Kontraktgüter können in Anlehnung an die Güterklassifikation von Darby/Karni (1973) und Nelson (1970) in Vertrauens- und Erfahrensgüter (Experience Goods, Credence Goods) unterschieden werden. (Vgl. Schäfer 1995, S. 533) Charakteristisch ist dabei, dass die Leistungsqualität in beiden Fällen nicht ex ante beurteilt werden kann. Logistikdienstleistungen kennzeichnen sich zum Teil durch einen Erfahrungscharakter, da die Qualität der vereinbarten Leistung nach der Leistungserbringung offenbar wird (z.B. in Bezug auf den physischen Transport). Je nach Leistungsspektrum nimmt die Dienstleistung jedoch zunehmend den Charakter eines Vertrauensgutes an, da die Leistung nicht einmal mehr ex post beurteilt werden kann. Übernimmt beispielsweise der Logistikdienstleister das Management und die Disposition der Lagerbestände, so ist ex post aus Sicht des Leistungsabnehmers (z.B. OEM) nur schwer beurteilbar, ob das Management effizienter im Hinblick auf die durchschnittliche Bestandshöhe und die Kapitalbindung hätte erfolgen können.

Die nachfolgende Abbildung fasst Komplexitätstreiber vergleichend in Bezug auf Kernleistungen („Basic Logistics Service") und ein erweitertes Leistungsspektrum („Advanced Logistics Service") zusammen.

---

[67] Der Begriff des Kontraktguts wurde in der deutschsprachigen Literatur von Kaas (1992, S. 885) geprägt. Dieser bezieht sich dabei auf die Unterscheidung nach Alchian/Woodward (1988, S. 66), die Transaktionen im Hinblick auf die Bestandteile „Exchanges" und „Contracts" abgrenzen. Zum Begriff des Kontraktguts im Kontext von Dienstleistungen siehe auch Schäfer (1995, S. 533f.).

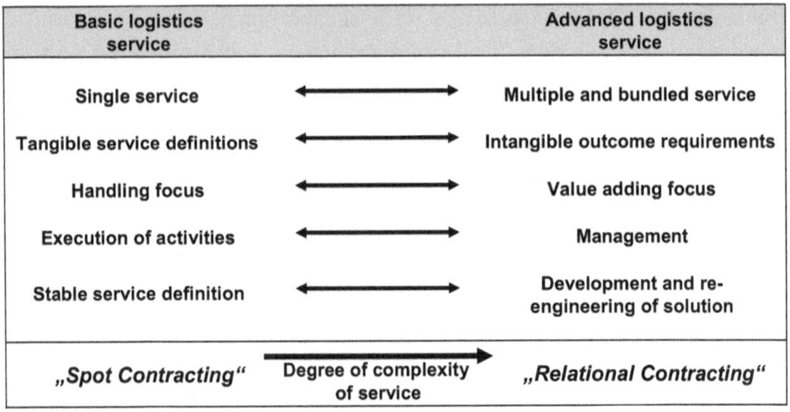

Abb. 6: Komplexitätstreiber logistischer Dienstleistungen (in Anlehnung an: Andersson/Norrman 2002, S. 4)

Mit Zunahme der Komplexität der Dienstleistung sinkt die Standardisierbarkeit und somit die Möglichkeit vollständige Verträge, die alle Eventualitäten abdecken, zu formulieren. (Vgl. Schäfer 1995, S. 534) Im Sinne des Relational Contracting kennzeichnet sich die Beziehung des Netzwerks (OEM und Systemlieferanten) zum LDL als „hybride Organisationsform“.[68]

Aufgrund zunehmender Spezialisierung in der Leistungserbringung findet nicht nur in Bezug auf die einzelnen Produktbestandteile (Module und Bauteile) in der Zulieferstruktur eine Pyramidisierung statt, sondern auch im Hinblick auf logistische Dienstleistungen. Das komplexe Leistungsspektrum wird in der Regel nicht in vollem Ausmaß von einem Dienstleister erbracht, sondern wiederum durch spezialisierte Serviceanbieter ergänzt. Vor diesem Hintergrund lässt sich auch die im angelsächsischen Sprachgebrauch anzutreffende Differenzierung in die Teilbereiche und Geschäftsmodelle Third-Party-Logistics (3PL) und Fourth-Party-Logistics (4PL) erläutern.[69] Die Überleitung des Kontraktlogistikbegriffs zu den Begriffen 3PL und 4PL ist in der Lite-

---

[68] Den Gegenpol zu relationalen Vertragsbeziehungen bilden „Spot Trankaktionen“. Die Etablierung von (web-basierten) E-Markets auch für logistische Dienstleistungen verdeutlicht, dass in den traditionellen Kernleistungen eine Standardisierung zur Steigerung der Effizienz in den Beschaffungsprozessen erfolgt. (Vgl. Andersson/Norrman 2002, S. 5)

[69] Die Begrifflichkeit „Party-Logistics“ stellt dabei auf die eingebunden Parteien zur Erbringung der Logistikdienstleistung ab. So verbindet sich mit dem 1PL die eigene Erbringung von Logistikdienstleistungen durch den Hersteller und mit 2PL die Integration von Spediteuren und Transporteuren.

ratur nicht einheitlich. So verwendet Zadek (2004, S. 19ff.) die Begriffe Kontraktlogistiker, Systemdienstleister und 3PL synonym und grenzt diese zum Begriff des Netzwerkintegrators als 4PL ab. Demgegenüber umschließt Klaus (2003, S. 110) mit dem Begriff der Kontraktlogistik die beiden Bereiche des 3PL und 4PL. Die nachfolgende Abbildung (Abb. 7) verdeutlicht die Rolle des 3PL und des 4PL auch in einer zeitlichen Entwicklung.

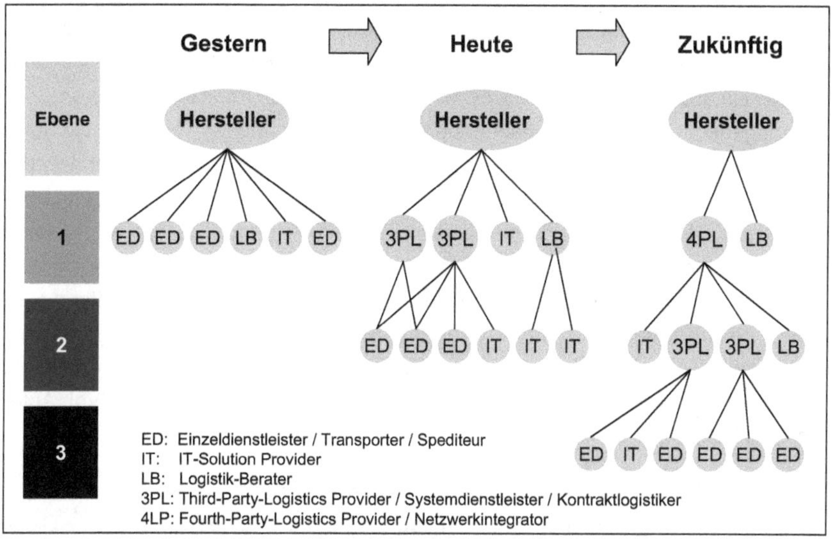

Abb. 7: Entwicklung der Logistik-Dienstleisterstruktur
(Quelle: Zadek 2004, S. 20)

Als **Third-Party-Logistics Provider** übernehmen qualifizierte Dienstleister einerseits koordinierende Aufgaben in der Erbringung logistischer Dienstleistungen, andererseits stellen diese auch eigene Infrastrukturen (Logistikimmobilien/-mobilien) zur Verfügung. Die Integration von 3PLs ist in der Automobilindustrie verstärkt zu beobachten. Die Einbindung eines Third-Party-Logistics Providers wird beispielsweise von Opel im modernisierten Werk in Rüsselsheim durchgeführt. MAN Ferrostaal übernimmt das Handling und die Sequenzierung von 73 Modulen von 58 Zulieferunternehmen. VW lässt z.B. die Montage der Modells T5 durch Schencker im Werk Hannover durchführen. (Vgl. AutoBusiness Ltd. 2004b, S. 39; Becker 2005) Die genannten Beispiele der verstärkten Einbindung von Logistikdienstleistern in Produktionsprozesse sind in der Regel auf ein bestimmtes Montagewerk und damit häufig auf ein oder wenige Modelle bezogen.

Die Erweiterung des Verantwortungsbereichs für ganze Teilbereiche im Wertschöpfungsprozess ermöglicht auch dessen Gestaltung in Eigenverantwortung. Demgegenüber grenzen sich **Fourth-Party-Logistics Provider** durch die ganzheitliche Verantwortung im Hinblick auf die Steuerung der Supply Chain ab. Dabei steht die immaterielle Leistung der Planung und Steuerung von Prozessen im Vordergrund, wobei die Integration weiterer Dienstleister (3PL) zur Verwirklichung vollständiger Supply Chain Lösungen notwendig ist. (Vgl. Klaus 2003, S. 110; Eisenkopf 2005, S. 398; Zadek 2004, S. 22ff.) General Motors (GM) fokussiert eine globale Logistiklösung, welche dem Rollenverständnis des 4PL am ehesten entspricht. Dabei wurde von GM ein Joint Venture (Vector SCM) mit dem globalen Logistikspezialisten Con-Way eingegangen und das globale Supply Chain Management an Vector SCM übertragen. Vector SCM stellt in Bezug auf das Leistungsspektrum einen Fourth-Party-Logistics Provider dar, da primär Logistikkonzeptionen entwickelt und unter Rückgriff auf andere 3PL-Logistikdienstleister implementiert werden. Diese weitreichende Übertragung von Verantwortung im Supply Chain Management ist in der Automobilindustrie einmalig. Ein derart umfassendes Outsourcing wird nicht von anderen Herstellern erwartet, da diese in Bezug auf ihr Supply Chain Design dazu tendieren, weiterhin die Kontrolle und Kompetenz im Unternehmen zu behalten, wenngleich bei einzelnen Montagewerken die Integration von 3PLs vorangetrieben wird. (Vgl. Auto-Business Ltd. 2004b, S. 40)

Ein weiterer Begriff mit Blick auf die skizzierten Geschäftsmodelle und das damit verknüpfte Leistungsspektrum stellen **Lead Logistics Provider (LLP)** dar. Diese stellen eine Weiterentwicklung stark „Asset-basierter" Logistikdienstleister dar. Unter Bezugnahme auf die Abb. 7 bilden diese einen Querschnitt über mehrere Ebenen, indem sie eigene Logistik-Assets (z.B. Logistikimmobilien: Lagerhäuser; Logistikmobilien: LKW, Schiffe, Flugzeuge) und die Leistungen eines Spediteurs, eines 3PL und 4PL intern vorhalten. Unter Rückgriff auf global verteilte Logistik-Assets streben Sie eine Erweiterung ihres Leistungsportfolios gleichsam dem 4PL an und versuchen dadurch einen Wettbewerbsvorteil zu generieren. (Vgl. Zadek 2004, S. 26)

Die Vielfalt der Leistungen, die inzwischen von spezialisierten Logistikdienstleistern übernommen werden, kann durch die Ergebnisse einer jährlichen Studie mit Fokus auf Third-Party-Logistics verdeutlicht werden (siehe Tab. 4).[70]

Outsourced Logistics Services				
Logistics Activity	North America	Western Europe	Asia-Pacific	Latin America
Outbound Transportation	78%	88%	96%	84%
Warehousing	63	72	88	55
Customs Clearance and Brokerage	63	49	67	55
Inbound Transportation	58	66	68	68
Freight Forwarding	56	53	49	45
Transportation Management	49	79	82	53
Freight Bill Auditing/Payment	45	10	18	11
Cross-Docking/Shipment Consolidation	39	50	58	43
Order Fulfillment and Distribution	29	31	52	19
Consulting Services	23	22	27	23
Procurement of Logistics	23	31	42	47
Carrier Selection	19	16	24	19
Product Marking/Labeling/Packaging	18	27	27	19
Product Returns and Repair	18	25	30	9
Inventory Management	17	23	36	13
Reverse Logistics and Waste Disposal	16	31	24	25
Product Assembly/Installation/Manufacturing	16	16	18	0
Information Technology	15	21	18	19
Rate Negotiation	14	9	12	8
Fleet Management	13	26	36	19
LLP/4PL Services	11	13	18	8
Materials Management	10	10	6	9
Inventory Ownership	8	6	6	9
Order Entry/Processing/Customer Service	7	8	15	8
Customer and Supplier Compliance	5	4	0	2
Factoring (Trade Financing)	2	3	6	6

Tab. 4: Ausgelagerte Funktionen an Logistikdienstleister (Quelle: Langley *u.a.* 2005, S. 13)

Dabei ist derzeit sicherlich ein Schwerpunkt im Bereich operativer logistischer Prozesse zu sehen (Transport, Umschlag, Lagerhaltung und zugehörige Leistungen wie z.B. Zollabwicklung). Jedoch lässt sich auch ein erweitertes Outsourcing von Leistungen operativer Bereiche der Produktion (Assembly) und der Beschaffung (Procurement) beobachten. Managementleistungen mit weitreichender Verantwortung, die in ihrer Tragweite strategischen Charakter besitzen, werden bisher noch von einem

[70] Die Ergebnisse basieren auf einer E-Mail-Befragung von Supply Chain- oder Logistikverantwortlichen in Unternehmen (Kunden von Logistkdienstleistern; Mehrfachantworten möglich). Insgesamt liegen der Studie 1091 verwertbare Antworten zugrunde. (Vgl. Langley *u.a.* 2005, S. 5)

geringen Teil der in der Studie befragten Unternehmen an Logistikdienstleister ausgelagert, dennoch ist das potenzielle Leistungsspektrum erkennbar.

Die Darstellung der ausgelagerten Leistungen verdeutlicht, dass Konzepte des 3PL und 4PL bereits teilweise Anwendung finden. Über den derzeitigen Stand in der Praxis in Bezug auf 4PL-Anbieter konstatiert Zadek (2004, S. 24): „Eine wirklich funktionierende kollaborative Steuerung und Synchronisation der Abläufe zwischen Auftraggebern, Herstellern und Zuliefernetz findet heute so gut wie nicht statt. Eine Einbeziehung von Logistik-Dienstleistern in das Gesamtnetzwerk erfolgt weder konsequent noch weitgehend genug." Gleichwohl ist eine Tendenz, sich in neuen Bereichen zu positionieren, in der Praxis zu beobachten.

Somit werden **Logistikdienstleister (3PL/4PL)**, die ein umfassendes, hochgradig auf den Kunden individualisiertes Leistungsprogramm anbieten und dabei ihrerseits auf spezialisierte Dienstleister zurückgreifen, zu einem **wichtigen Akteur im Netzwerk**. Zusätzlich bauen durch Konsolidierungen im Markt Logistikunternehmen ihre Bedeutung weiter aus. War die Leistungsbeziehung in der Vergangenheit vor dem Hintergrund standardisierter logistischer Leistungen primär eine Marktbeziehung, kennzeichnen sich derzeitige Strukturen durch hybride Koordinationsmechanismen im Sinne einer Netzwerkbeziehung. (Vgl. Andersson/Norrman 2002, S. 3ff.)

Besonders hervorzuheben sind im Kontext dieser Ausarbeitung die Leistungen, die den Finanzfluss in der Wertschöpfungskette betreffen. Neben den logistischen Kernleistungen werden vom LDL auch Services angeboten, die direkten Einfluss auf die Finanzflussebene nehmen (siehe Tab. 4). Die Auslagerung des Eigentums an Beständen wie auch die Bündelung von Instrumenten der Handelsfinanzierung (Factoring[71]) mit logistischen Leistungen werden bereits, wenn auch nur in geringem Umfang, von Unternehmen in Anspruch genommen. Die Problemlagen, die sich aus den leistungswirtschaftlichen Strukturen für die Finanzierungsseite ergeben, werden im nachfolgenden Kapitel 3 stärker betrachtet.

[71] Die Möglichkeit der Kombination von Factoring mit Logistikdienstleistungen erläutert von Eisenhart-Rothe/Jütte (2003, S. 163) am Beispiel der DHL in Verbindung mit dem Konzernschwesterunternehmen Deutsche Postbank AG.

2.2.3 *Zwischenfazit: Supply Chain Netzwerke in der Automobilindustrie als konstituierende Form der Zusammenarbeit*

Die Produktarchitektur eines Automobils und der korrespondierende Herstellungsprozess kennzeichnen sich durch eine hohe Komplexität. Daraus resultiert eine hohe Zahl an Interdependenzen sowohl innerhalb des Produkts als auch im Prozess der Herstellung. (Vgl. Clark/Fujimoto 1991, S. 9ff.; de Banville/Chanaron 1999, S. 364; Novak/Eppinger 2001, S. 190) „Complex product industries tend to be characterized by a high degree of reciprocal interdependence on the part of firms in the value chain.“[72] (Dyer 2000, S. 18) Netzwerkstrukturen in unterschiedlichsten Ausprägungen stellen einen organisationalen Ansatz dar, um diesen Herausforderungen zu begegnen.

Die skizzierten Strukturen insbesondere der europäischen Automobilindustrie machen deutlich, dass Supply Chain Netzwerke ein empirisch zu beobachtendes Phänomen darstellen. In Bezug auf die Zulieferbeziehungen sind regionenspezifische Unterschiede in der vorgenommen Charakterisierung zu identifizieren. Während amerikanische Zulieferbeziehungen mehrheitlich stark kompetitiven Charakter aufweisen und nur wenige partnerschaftliche Strukturen zu identifizieren sind, grenzen japanische Keiretsustrukturen sich durch stark hierarchische Elemente ab, z.B. durch Kapitalbeteiligungen und starke wirtschaftliche Abhängigkeit der Zulieferunternehmen. Europäische Supply Chain Netzwerke kennzeichnen sich durch ausgeprägte rechtliche Autonomie der Systemlieferanten, d.h., Kapitalverflechtungen mit OEMs sind im Vergleich zu Keiretsus eher selten. Gleichzeitig übernehmen Zulieferer weitreichende Verantwortung in Entwicklungs- und Produktionsprozessen.

Die Supply Chain in der europäischen Automobilindustrie nimmt eine intermediäre Position zwischen den Lieferantensystemen amerikanischer und japanischer Hersteller ein (siehe Abb. 8). In dieser lässt sich außerdem ein Bedeutungszuwachs der Logistik feststellen, der sich nicht nur auf die räumliche Transformationsfunktion des

---

[72] Der Begriff „reciprocal interdependence“ geht auf Thompson (1967, S. 54) zurück. Es werden drei Typen von Interdependenz unterschieden: (1) „pooled interdependence“ liegt vor, wenn der Output von Teilaktivitäten einen abgegrenzten Beitrag zu Gesamtaufgabe liefert; (2) „sequential interdependece“ bei einer seriellen Verkettung von Aktivitäten und (3) „reciprocal interdependence“ wenn wechselseitige Abhängigkeiten vorliegen. Die letztgenannte Form der Interdependenz ist zugleich die komplexeste.

Transports beschränkt, sondern sich im Intergrations- und Netzwerkmanagement manifestiert. Durch das erweiterte Leistungsspektrum werden Logistikdienstleister ebenfalls zu Netzwerkpartnern, die über relationale Vertragsbeziehungen mit dem Netzwerk in Beziehung stehen.

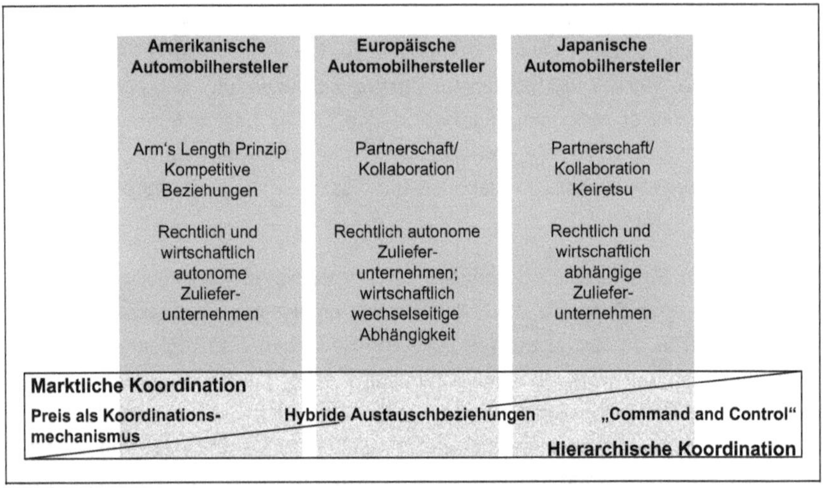

Abb. 8: Regionenspezifische Unterschiede in Bezug auf die Formen der Zusammenarbeit in der Automobilindustrie.

Eine ausschließliche Betrachtung der positiven Funktionalität der Organisationsform „Netzwerk" würde die Realität jedoch nicht abbilden.[73] Der hohe Grad an Interdependenz im Wertschöpfungsnetzwerk ist gleichzeitig Ursache von Unsicherheit (vgl. Thompson 1967, S. 159f.). Vorteile der hybriden Organisationsform, die in der Flexibilität begründet sind, können negative Ausprägungen annehmen, indem Handlungsspielräume durch einzelne Akteure opportunistisch genutzt werden.[74] Einseitige Abhängigkeiten und Dominoeffekte aufgrund der engen Verbindung stellen weitere

---

[73] Podolny/Page (1998) fordern daher im Kontext der Netzwerkforschung: „researchers must coutnerbalance the focus on prevalence and functionality with an equally strong focus on constraint and dysfunctionality." Die Existenz von Problembereichen in Netzwerkbeziehungen wird zunehmend wissenschaftlich diskutiert. (Vgl. Bruner/Spekman 1998; Anderson/Jap 2005; Soda/Usai 1999; Zsidisin *u.a.* 2005; Svensson 2004)

[74] Reiss (2006, S. 1060) betrachtet Hybride sehr generisch. Diese besitzen neben Vorteilen im „Schwächenausgleich" und in der „Stärkenkopplung" auch Nachteile durch „unproduktive Konflikte und Reibungsverluste".

Problembereiche dieser Organisationsform dar. (Vgl. Anderson/Jap 2005, S. 79; Svensson 2004, S. 480; Jap/Anderson 2003, S. 1685) Die Risikostrukturen im Supply Chain Netzwerk werden im Verlauf der vorliegenden Arbeit noch dezidierter analysiert.

2.2.4 Stilisierter Untersuchungsfall: Leistungswirtschaftliche Netzwerkkonfiguration

Als Grundlage für die weitere Untersuchung soll nachfolgend ein stilisierter Fall dargestellt werden.[75] Die bisher aufgezeigten Strukturen im Kontext der europäischen Automobilindustrie lassen sich als Netzwerkstrukturen im strukturanalytischen Sinn charakterisieren. Dabei wurde insbesondere in den Formen der Zusammenarbeit zwischen den Systemlieferanten, Logistikdienstleistern und dem Endprodukthersteller eine enge partnerschaftliche Beziehung identifiziert, welche dem organisationstheoretischen Netzwerkverständnis entspricht. Daher wird im Untersuchungsfall eine Einschränkung des Netzwerkbereichs auf die genannten Akteursbeziehungen vorgenommen (siehe Abb. 9).

Die Darstellung orientiert sich an verfügbaren wissenschaftlich erhobenen Fallstudien. Zwei Fallstudien, die in besonderem Maße den Logistikdienstleister als Netzwerkintegrator herausarbeiten, bilden eine wesentliche Grundlage:

1. Becker (2005, S. 105ff.) analysiert in einer Fallstudie das Produktionsversorgungszentrum der VW Nutzfahrzeuge in Hannover, in dem der Logistikdienstleister eine umfangreiche Verantwortung im Wertschöpfungsprozess übernimmt. Das Produktionsversorgungszentrum besteht dabei aus einem Logistikzentrum und einem Lieferantenpark. Der Logistikdienstleister Schenker übernimmt in dem angegliederten Lieferantenpark (im Auftrag der Lieferanten) und in dem Logistikzentrum (im Auftrag von VW) unterschiedliche Funktionen im Hinblick auf die sequenzgenaue Anlieferung an die Montagelinie. Die Tätigkeiten beinhalten dabei den Transport, den Wareneingang und die Lagerung, Vormontage und Kommissionierung sowie die Sequenzierung verschiedenster Vorprodukte (z.B. Bordnetze oder Innenverkleidungen). Be-

[75] Im Forschungsdesign war ursprünglich die Verwendung von Fallstudien im Sinne einer Primärerhebung angestrebt, jedoch aus Gründen der Geheimhaltung und der Sensibilität der Daten nicht realisierbar.

sonders weitreichend ist die Einbindung in wertschöpfende Tätigkeiten auf Zulieferseite (z.B. Stanzen von Bodenbelägen) und auf Abnehmerseite in der Montage von Cockpits und Außenspiegeln. VW Nutzfahrzeuge hat sich bewusst für die Integration eines einzigen Dienstleisters entschlossen, um Schnittstellen im Güter- und Informationsfluss zu minimieren. Der OEM behält sich jedoch im Hinblick auf die Planung, die Lieferantenselektion und Auswahl des LDL die Entscheidungshoheit vor.

2. Eine weitere anonymisierte Fallstudie von Frohn (2006, S. 154ff.) unter dem Fokus von „Mehrwertleistungen in der Kontraktlogistik" betrachtet die Bandbereitstellung durch einen Logistikdienstleister in einem europäischen Automobilwerk. Hervorzuheben ist in dieser Fallstudie die hohe Verantwortung im Hinblick auf die Bestandsteuerung durch den LDL. Diesem obliegen Kontrollaufgaben der Bestandsreichweite unter Berücksichtigung von Ausschussraten und das gegebenenfalls notwendige Auslösen von Lieferabrufen bei Lieferanten. Die Integration des Logistikdienstleisters in diesem Fall macht deutlich, dass dieser erhebliches kunden- und baureihenspezifisches Prozesswissen benötigt, um ein effizientes Bestandsmanagement vornehmen zu können. Auch in dieser Fallstudie übernimmt der OEM die Gestaltung des Güterflusses und des Netzwerks, indem dieser die Versorgungskonzeption (Lager, JIT, JIS) für die einzelnen Bauteile vorgibt und Lieferanten und Dienstleister selektiert.

Die beiden Fälle illustrieren die weitreichende Einbindung von Logistikdienstleistern in der Steuerung des Güter- und Informationsflusses in der Koordination von Vorprodukten und dem Bestandsmanagement. Die Arbeitsteilung zwischen den Netzwerkakteuren charakterisiert sich durch ein hohes Maß an Spezialisierung und ermöglicht die Konzentration auf Kernkompetenzen. Die Rollen- und Funktionsbeschreibung einzelner Netzwerkakteure im stilisierten Untersuchungsfall orientiert sich an diesen Strukturen und idealsiert diese (siehe Abb. 9).

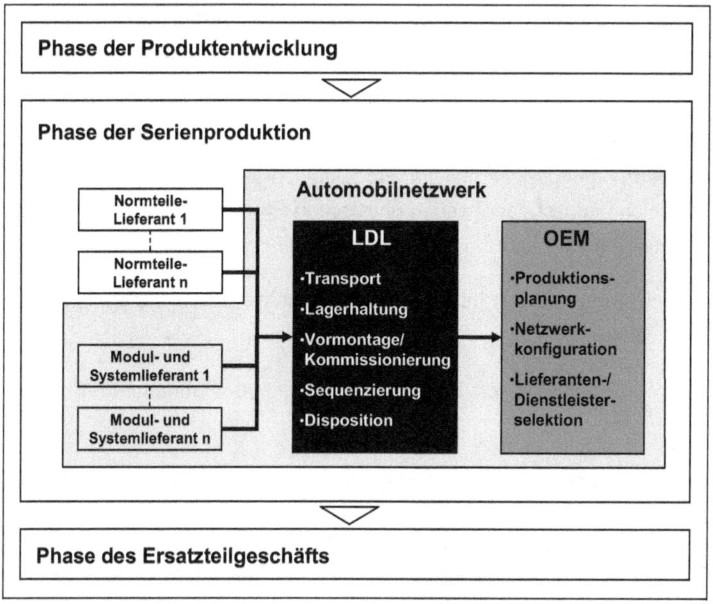

Abb. 9: Stilisierter Untersuchungsfall - LDL als Supply Chain Integrator im Supply Chain Netzwerk der Automobilindustrie

Die illustrierte Netzwerkkonfiguration kann in den **Lebenszyklus** einer neuen Baureihe eingeordnet werden, wodurch zugleich eine Abgrenzung vorgenommen wird. Die Betrachtung bezieht sich dabei auf den Zeitraum ab dem Beginn der **Serienproduktion** (Start of Production; SoP). Der zeitlich vorgelagerte **Produktentwicklungsprozess** wie auch die nachgelagerte **Phase der Ersatzteilversorgung** wird in der Betrachtung **abgegrenzt**. Die Konfiguration des Netzwerks in der Phase der Serienfertigung ist dabei jedoch von der vorgelagerten Phase der Produktentwicklung abhängig, da die Lieferantenauswahl in der Automobilentwicklung für die Fertigung maßgebend ist. In der Entwicklungsphase besitzt die Logistik zunächst eine untergeordnete Rolle, dafür sind andere Akteure (z.B. Entwicklungsdienstleister) stärker in den Entwicklungsprozessen integriert. Im Netzwerk der Serienproduktion ist die logistische Integrationsleistung bedeutend. Die Gewährleistung eines kontinuierlichen Güterflusses ist für die räumlich verteilten Wertschöpfungsprozesse essenziell. In Bezug auf die nachgelagerte Ersatzteilversorgung und dem damit verbundenen Rückgang im Produktionsvolumen einzelner Bauteile und der nicht notwendigen Endmontage ergibt sich wiederum eine andere Netzwerkkonfiguration. In dieser rückt die baureihenspezifische Netzwerkbeziehung in den Hintergrund und baureihenübergreifende Strukturen zur Gewährleistung der Ersatzteilversorgung werden etabliert. In der Betrachtung wird deutlich, dass die **Netzwerkkonfiguration im Lebenszyklus** einer Baureihe ein **dynamisches** Element besitzt, die Aufgaben und Verantwortungsbereiche einzelner Akteure verändern sich im Zeitverlauf.

Der Logistikdienstleister übernimmt in der **Serienproduktion** weitreichende Verantwortung für die Versorgungssicherheit im Produktionsprozess des Endherstellers. Der Aufgabenbereich umfasst dabei neben physischen Prozessen auch administrative Managementleistungen:

- Transport: Übernahme der Inbound-Transportfunktion vom Lieferanten zum Produktionsstandort.
- Lagerhaltung: Bündelung von Zulieferteilen in der Warenannahme und Lagerung.
- Vormontage/Kommissionierung: Montage von Baugruppen und Kommissionierung von Bauteilen.
- Sequenzierung: Bereitstellung von Bauteilen und Baugruppen sequenzgerecht an der Montagelinie des OEM.
- Disposition/Beschaffung: Lieferabrufe auf Basis der Produktionsplanung des Endproduktherstellers.

Das skizzierte Leistungsspektrum des Logistikdienstleisters entspricht weitestgehend dem eines 3PL-Dienstleisters[76] und nicht dem des 4PL, da in Bezug auf das Netzwerk-Setup der fokale Endprodukthersteller in der Realität weiterhin im Vordergrund steht. Der OEM ist im Untersuchungsfall für die Gestaltung des Netzwerks weiterhin verantwortlich. Die Selektion von Lieferanten und Dienstleistern ist dabei eng mit dem vorgelagerten Entwicklungsprozess verknüpft und in gewisser Weise vordeterminiert. Die Systemlieferanten sind je nach Teileumfang für die Verfügbarkeit und Qualität der komplexen Module/Systeme verantwortlich. Dabei wird deutlich, dass eine reziproke Abhängigkeit und geringe Substituierbarkeit im Netzwerk existiert. Eine hohe Spezialisierung des jeweiligen Akteurs und die zur Leistungserbringung

[76] Zu den Dienstleistungsmodellen von Logistikunternehmen siehe ausführlich Kapitel 2.2.2.3.

notwendigen wechselseitig Kommunikationsprozesse (Informationsfluss) und Wertschöpfungsprozesse (Güterfluss) führen zu einer hohen Interdependenz.

Der Untersuchungsfall soll in der nachfolgenden Arbeit als Referenzrahmen zur Verdeutlichung theoretischer Argumentationsstränge dienen. Dabei wird ggfs. eine Erweiterung der Akteure um Finanzierungsparteien vorgenommen werden.

3 Fundamentale Interaktion von Finanzierungs- und Wertschöpfungsprozessen im SCN der Automobilindustrie

In der jüngeren Forschung rückt im Kontext der Supply Chain Betrachtung mehr und mehr eine finanzwirtschaftliche Perspektive in den Vordergrund. (Vgl. Timme/Williams-Timme 2000; Hofmann 2005; Stemmler/Seuring 2003) Der **Finanzfluss** bildet das Pendant zum Güterfluss. Dies bedeutet, dass leistungswirtschaftliche Strukturen den Fluss und Bestand finanzieller Mittel im Netzwerk determinieren, dass **Störungen im Güterfluss sich im Finanzfluss abbilden** und auch den Finanzierungsbedarf im Netzwerk beeinflussen. Die Ausgestaltung der Kapitalbeschaffung und Restriktionen in der Kapitalaufnahme besitzen jedoch auch umgekehrt Wirkung auf die leistungswirtschaftliche Ebene. So kann aufgrund von Liquiditätsengpässen bei einem einzelnen Lieferanten im Supply Chain Netzwerk eine Störung des Güterflusses resultieren und Auswirkungen auf das gesamte Automobilnetzwerk nach sich ziehen.

Im nachfolgenden Abschnitt 3.1 wird zunächst der Finanzierungsbedarf im Wertschöpfungsprozess, Optimierungsbestrebungen auf Unternehmensebene und deren Auswirkungen dargestellt. Dabei sollen insbesondere die Interdependenzen in der Supply Chain zwischen den Unternehmen herausgearbeitet werden.

Schwankungen im Cash Flow und Finanzierungsbedarf einzelner Netzwerkakteure werden durch Risiken, die sich im Supply Chain Netzwerk in Form volatiler Angebots- und Nachfragemengen im Güterfluss und in Transaktionspreisen manifestieren, induziert. Die Risikoursachen können dabei sehr unterschiedlich sein. Neben zufälligen stochastischen Störungen stellen im engen Netzwerkverbund auch Verhaltensrisiken eine bedeutende Risikoklasse dar, die es im Abschnitt 3.2 näher zu analysieren gilt.

3.1 Finanzierungsbedarf in Supply Chain Netzwerken

3.1.1 Finanzierungsbedarf im Wertschöpfungsprozess – Working Capital

Die Notwendigkeit der Finanzierung im Wertschöpfungsprozess resultiert aus dem zeitlichen Auseinanderfallen von durch die Geschäftstätigkeit generierten Einzahlungen und Auszahlungen. Somit ist die Höhe des Finanzierungsbedarfs für die operative Geschäftstätigkeit maßgeblich auch von der zeitlichen Dauer des Wertschöpfungsprozesses abhängig. (Vgl. Schäfer 2002, S. 54; Shin/Soenen 1998, S. 37)

Eine bilanzorientierte Kenngröße, welche das im Wertschöpfungsprozess gebundene Kapital und somit auch den Finanzierungsbedarf aus der operativen Geschäftstätigkeit stichtagsbezogen abbildet, ist das Nettoumlaufvermögen (Net Working Capital).[77] Die Höhe des Nettoumlaufvermögens berechnet sich als Differenz zwischen dem Umlaufvermögen (Zahlungsmittelbestand, Forderungen und Vorräten) und den kurzfristigen Verbindlichkeiten.

Das Net Working Capital kann einerseits dahingehend interpretiert werden, welcher Anteil des Vermögens kurzfristig im Wertschöpfungsprozess gebunden ist und dient somit auch als Liquiditätsindikator. (Vgl. Perridon/Steiner 2003, S. 554) Die Kenngröße reflektiert jedoch gleichzeitig den Finanzierungsbedarf aus der gewöhnlichen Geschäftstätigkeit, der gedeckt werden muss, um die operativen Güter- und Zahlungsströme zu ermöglichen.

Die Bedeutung des auf der Kenngröße aufbauenden Working Capital Management hat insbesondere seit der zunehmenden Shareholder Value-Orientierung zugenommen.[78] Zielsetzung von Optimierungsbestrebungen im Hinblick auf den Shareholder Value ist eine **Reduzierung des Nettoumlaufvermögens** und somit eine Reduzierung des Finanzierungsbedarfs respektive die Kapitalfreisetzung zur Verwendung in anderen Investitionsprojekten. Dieser Optimierungsansatz wird auch in jüngster Zeit in Verbindung mit dem Supply Chain Management fokussiert. (Vgl. Franke *u.a.* 2005, S. 575)

Die Zielsetzung der Reduktion des Working Capital vernachlässigt die positiven Funktionen des Working Capital. Beim **Management** des **Working Capital** gilt es einen **Trade-off** zu bewältigen, denn mit einer Reduzierung des Nettoumlaufvermögens ist eine Zunahme der **Risiken in der operativen Geschäftstätigkeit** verbunden. (Vgl. Brigham/Houston 2004, S. 556; Shin/Soenen 1998, S. 37) Insbesondere die Reduktion von Zahlungsmitteln und Lagerbeständen kann den Wertschöpfungs-

---

[77] Dieser Darstellung liegt die Auffassung zugrunde, dass die Positionen des Umlaufvermögens in der Durchführung des operativen Geschäftsbetriebs begründet sind. Eine übermäßig hohe Kassenhaltung oder das Halten von Wertpapieren aus spekulativen Gründen wird in der hier vorgenommen Interpretation des Working Capital ausgeschlossen. In der bilanzorientierten Ermittlung sollte daher das Working Capital um diese nicht im originären Geschäftszweck begründbaren Positionen bereinigt werden.

[78] Im Shareholder Value-Ansatz nach Rappaport wird die Verringerung des Working Capital als Werttreiber des Shareholder Value identifiziert. (Vgl. Rappaport 1999)

prozess im Unternehmen und vor dem Hintergrund der Vernetztheit im gesamten Supply Chain Netzwerk empfindlich stören.

Eine nähere Betrachtung der Bestandteile des Nettoumlaufvermögen legt mit Bezug auf die im Supply Chain Management fokussierten **Güterströme** und die dadurch **induzierten Finanzströme** eine Unterscheidung in die Bestandsgrößen **Zahlungsmittel** und **Lagerbestände** nahe. Im Supply Chain Netzwerk bilden diese Bestandsgrößen „Puffer" zur Kompensation von Schwankungen im Güter- und Finanzfluss.[79] Beispielsweise kann eine Verzögerung in der Begleichung von Forderung eines Systemlieferanten durch den Endprodukthersteller in einem Liquiditätsengpass beim Systemlieferanten resultieren. Die Ursache des Zahlungsverzugs kann dabei auf leistungswirtschaftlicher Ebene (z.B. bei Qualitätsmängeln in der durch den Systemlieferanten erbrachten Leistung) und auf finanzwirtschaftlicher Ebene (z.B. bei Problemen im Liquiditätsmanagement des Abnehmers) liegen oder auf schlechte Zahlungsmoral zurückgeführt werden. Analog bilden Lagerbestände einen Schutz vor Lieferengpässen bei Nachfrage- und Angebotsschwankungen im Güterfluss.

Die Ähnlichkeit von Lagerhaltungs- und Kassenhaltungsmodellen spiegelt sich auch in den Motiven wieder, welche sich als Transaktionsmotiv und als Vorsichtsmotiv charakterisieren lassen.[80] (Vgl. Spremann 1996, S. 262; Brigham/Houston 2004, S. 556; Corbett 2001, S. 487) Die aus dem Vorsichtsmotiv resultierende Reservebildung gilt dabei allgemein als Ansatz zur Bewältigung von Risiken, welche sich in Bedarfsschwankungen manifestieren. (Vgl. Chopra/Sodhi 2004, S. 54f.; Wilding 1998, S. 610) Somit stellt das im Sinne des Working Capital gebundene Vermögen einen **Risikopuffer** dar, welcher die Volatilität der Güter- und Zahlungsströme im Wertschöpfungsnetzwerk kompensiert.

---

[79] Eine ausführliche Einführung in die finanzwirtschaftliche Perspektive des Unternehmens und die Strom- und Bestandsbeziehung liefert Schäfer (2002, S. 1ff.).

[80] In Bezug auf die Kassenhaltung wird als weiteres Motiv noch das Spekulationsmotiv genannt. (Vgl. Perridon/Steiner 2003, S. 153) Von dem Motiv, für sich plötzlich bietende günstige Kapitalanlagemöglichkeiten (Financial Assets) liquide zu sein, wird in diesem Kontext Abstand genommen, da eine derartige Geschäftstätigkeit nicht dem eigentlichen Unternehmenszweck im industriellen Wertschöpfungsprozess zuzuschreiben ist. Grundsätzlich wäre im Wertschöpfungsprozess die Bedeutung des Spekulationsmotivs im Hinblick auf die physischen Einsatzstoffe zu betrachten. Im Kontext des Supply Chain Netzwerks der Automobilindustrie kann dies jedoch vernachlässigt werden, da es sich im Hinblick auf die hochspezifischen Vorprodukte nicht um Spot-Märkte handelt, die sich durch eine hohe Preisvolatilität kennzeichnen und spekulative Transaktionen ermöglichen.

Zur Illustration der zeitlichen Dimension und dem Einfluss auf die Höhe des Working Capital kann nachfolgende Darstellung (Abb. 10) herangezogen werden. Die Abbildung verdeutlicht die Zusammenhänge, Schnittstellen und Überlagerungen in dem Working Capital Cycle und Cash Conversion Cycle von drei Unternehmen. Im Kontext von Wertschöpfungsketten sollte eine erweiterte Betrachtung vorgenommen werden, indem vor- und nachgelagerte Unternehmen berücksichtigt werden.[81] Die generische Darstellung kann in den Automobilkontext übertragen werden, dabei würden die Unternehmen durch die Akteure Systemlieferant, OEM und Händler substituiert. Die Zahlungszeitpunkte kennzeichnen die Markierungen (1), die Zeitpunkte des Eigentumübergangs die Markierungen (2). Der jeweilige **Cash Conversion Cycle** repräsentiert den Zeitraum von der Auszahlung für Einsatzstoffe bis zur Einzahlung für die verkauften Bauteile/Produkte eines Unternehmens. Der **Working Capital Cycle** umfasst zudem den Zeitraum der Zahlungsziele durch vorgelagerte Unternehmen (Verbindlichkeiten). Die Inanspruchnahme und Gewährung eines Lieferantenkredites in Form des Zahlungsziels sind aus Sicht des Kreditnehmers und des Kreditgebers kongruent.

[81] Die Darstellung stellt eine Vereinfachung dar, da nur einzelne Transaktionsbeziehungen berücksichtigt werden, d.h., Geschäftsbeziehungen lediglich in Bezug auf die übergeordnete Supply Chain betrachtet werden. In der Realität bildet der Bestand an Verbindlichkeiten und Forderungen ein Portfolio resultierend aus einer Vielzahl von Transaktionspartnern/-beziehungen in unterschiedlichen Wertschöpfungsnetzwerken.

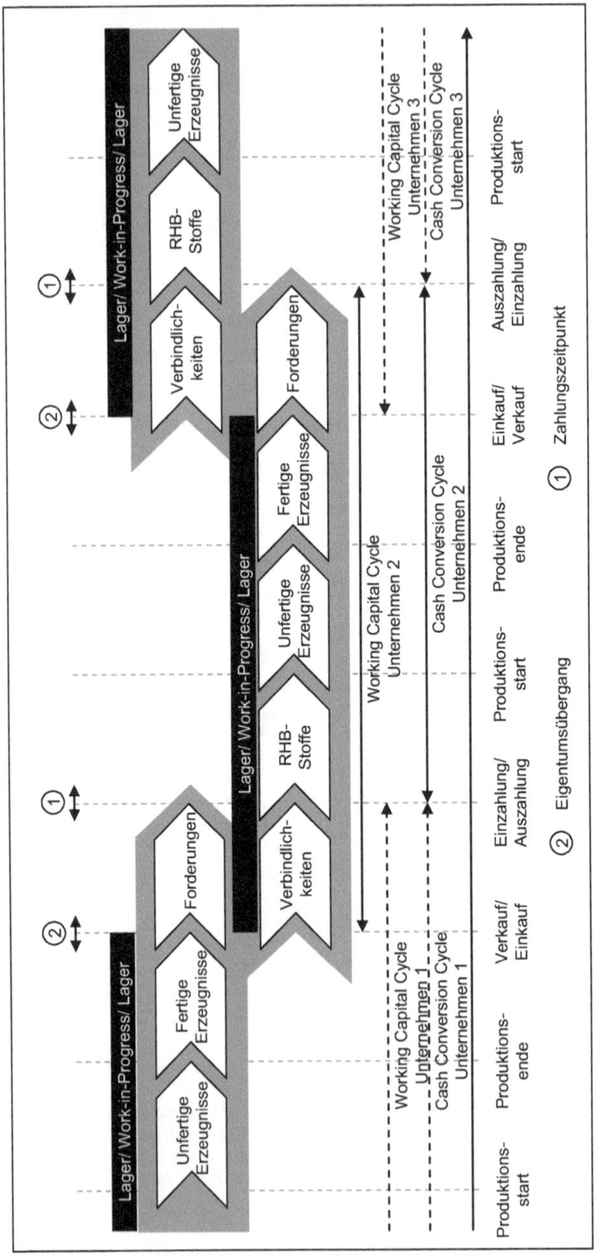

Abb. 10: Working Capital Cycle in Wertschöpfungsketten

Working Capital Management besitzt die Zielsetzung den Cash Conversion Cycle zu reduzieren. (Vgl. Brigham/Houston 2004, S. 550; McMenamin 1999, S. 585) Ökonomisches Kalkül ist dabei die Reduktion des Kapitaleinsatzes und damit eine Steigerung der Gesamtkapitalrentabilität. (Vgl. Shin/Soenen 1998, S. 37) Dabei können verschiedene Ansätze zur Reduktion des Cash Conversion Cycle und damit auch des Net Working Capital aus Unternehmenssicht forciert werden:

1. **Debitoren**- und **Kreditorenmanagement**: In Bezug auf diesen Ansatz gilt es auch Vor- und Nachteile aus Unternehmenssicht abzuwägen. Neben der Verhandlung (Kreditoren) und Gewährung (Debitoren) von Zahlungszielen ist die Errichtung eines Mahnwesens ein Hilfsmittel, um die Prognostizierbarkeit der Zahlungseingänge zu erhöhen. (Vgl. Brigham/Houston 2004, S. 568) Die übermäßige Inanspruchnahme von Lieferantenkrediten, welche i.d.R. vor dem Hintergrund der in der Praxis üblichen Skontogewährung einen hohen effektiven Kreditzins beinhalten, ist unter Berücksichtigung alternativer Finanzierungsquellen häufig nicht optimal. Gleichsam würde durch die Reduktion der Zahlungsziele gegenüber den Kunden die absatzfördernde Wirkung reduziert. (Vgl. Brigham/Houston 2004, S. 553; Steinhardt 2006, S. 479) In der vernetzten Betrachtungsweise wird zudem deutlich, dass lediglich eine Verlagerung des Finanzierungsbedarfs eintritt (siehe (1) in Abb. 10). Eine Verkürzung des Cash Conversion Cycles in Unternehmen 2 durch zielgemäße Gestaltung der Zahlungsziele würde eine Verlängerung des Cash Conversion Cycle im Unternehmen 1 und/oder 3 bedeuten. Hinsichtlich der Verlagerung des Finanzierungsbedarfs wird, sofern in Preisverhandlungen möglich, durch Zuliefer- wie auch Abnehmerunternehmen der Versuch unternommen, diese zusätzlichen Finanzierungskosten zu kompensieren. Ein unternehmensübergreifender Optimierungsansatz bei der Gestaltung von Zahlungszielen sollte dabei die Finanzierungskonditionen und -potenziale der am Wertschöpfungsprozess beteiligten Unternehmen berücksichtigen.

2. **Bestandsmanagement** und **Verkürzung operativer Wertschöpfungsprozesse:** Die Optimierung unternehmensinterner Wertschöpfungsprozesse wie auch gezieltes Bestandsmanagement können nachhaltig zu einer Reduktion des Finanzierungsbedarfs führen, gleichwohl insbesondere in Bezug auf das Bestandsmanagement mit der Reduktion von Beständen die Gefahr des „out-of-stock"-Risikos zunimmt. (Vgl. Wilding 1998, S. 602)

3. **Verschiebung des Eigentumsübergangs** (siehe (2) in Abb. 10): Bei gegebenen Zahlungszielen kann auch die Verschiebung des Eigentumsübergangs

(Kauf/Verkauf) optimiert werden und zu einer Reduktion des Net Working Capital beitragen. Dabei lässt sich insbesondere in der Automobilindustrie die Tendenz beobachten, den Zeitpunkt des Eigentumübergangs insbesondere auf der Zulieferseite durch Ausnutzung von Verhandlungsmacht zu gestalten. Die Bestrebungen den Eigentumsübergang auf Zulieferseite auf den Zeitpunkt der Verwertung/Montage beim Abnehmer (OEM) zu terminieren, lässt sich sowohl bei „Just-in-Time"-Anlieferung wie auch den „Vendor-Managed Inventory"[82] Konzepten beobachten. Im Hinblick auf den resultierenden höheren Kapitalbedarf beim Lieferanten ist ebenfalls der Versuch der Kompensation in höheren Verkaufspreisen zu erwarten. (Vgl. Zsidisin/Ellram 2003, S. 18f.)

Die Zielsetzung einzelner im Supply Chain Netzwerk integrierter Unternehmen, den Working Capital-Bedarf zu reduzieren, resultiert bei Betrachtung der Interdependenz im Wertschöpfungsprozess in **konfligierenden Handlungen**, nämlich der Verlagerung von Finanzierungsbedarf und den damit verbundenen Risiken auf vor- bzw. nachgelagerte Akteure im Netzwerk. (Vgl. Enslow 2007, S. 49)

In Bezug auf die Bestandteile, die in dem Net Working Capital auf der Aktiva-Seite enthalten sind, stellen Risiken ein wichtiges Element dar.[83] Im Supply Chain Netzwerk sind insbesondere mit Lagerbeständen Risiken im Hinblick auf deren Werthaltigkeit und deren Liquidierbarkeit verbunden. Speziell in den hochgradig spezifischen Zulieferprodukten (Module/Systeme), welche eine geringe Drittverwendungsmöglichkeit aufweisen, d.h., ausschließlich in der Transaktionsbeziehung zu einem bestimmten Wertschöpfungsnetzwerk liquidierbar sind, sind Risiken immanent, die durch das Unternehmen getragen und finanziert werden. Das Risiko kann in der Automobilindustrie vor dem Hintergrund der Variantenvielfalt einer Baureihe verdeutlicht werden. So bildet sich das Marktrisiko in Bezug auf bestimmte baureihenspezifische Ausstat-

---

[82] Teilweise synonym verwendet wird der Begriff des „Supplier-Managed Inventory". Wobei häufig mit dem Begriff des „Vendor-Managed Inventory" eine Orientierung auf die Absatzkanäle vom Endprodukthersteller hin zum Endkunden (Großhändler und Händler) impliziert wird und unter dem Begriff des „Supplier-Managed Inventory" der Fokus explizit auf die Lieferantenseite des Endproduktherstellers gelegt wird. Eine übersichtliche Einführung in das Konzept des „Vendor-Managed Inventory" liefern Werners/Thorn (2002, S. 699ff.).

[83] Die Werthaltigkeit der Forderungsbestände ist eine Problemstellung, die im Debitorenmanagement thematisiert wird. Ein Managementinstrument zur Bewältigung von Forderungsausfallrisiken stellt beispielsweise die Übertragung dieses Risikos durch den Einsatz von Kreditderivaten dar. (Vgl. Schäfer/Frank 2006, S. 450)

tungsmerkmale im Bestandsrisiko einzelner Komponenten bei dem bestandsführenden Netzwerkunternehmen ab. Wird eine Ausstattungsvariante vom Endkunden nicht angenommen, so sind die ausstattungsspezifischen Bauteile im Netzwerk nicht liquidierbar, d.h., bei diesen spezifischen Bauteilen ist der Cash Conversion Cycle unterbrochen. Im Extrem sind diese ergebniswirksam abzuschreiben. Das Beispiel verdeutlicht, dass nicht nur die aggregierte Nachfrage der Endkunden sich in den Netzwerkbeziehungen fortpflanzt, sondern zudem die Variantenvielfalt in der Güterarchitektur des Automobils die Risikosituation verstärkt (vgl. Holweg 2005, S. 117).

Im Supply Chain Netzwerk ist das Vorhalten von Lagerbeständen, die gleichzeitig den Finanzierungsbedarf auf Unternehmensebene determinieren, eine Risikobewältigungsstrategie, die selbst mit Risiken verbunden ist. Konflikte zwischen unternehmensübergreifenden Netzwerkinteressen und individuellen Unternehmensinteressen werden dabei offensichtlich. Die beiden objektorientierten Risikokategorien des Prozessrisikos und des Bestandsrisikos bilden eine Risikosystematik, welche der Supply Chain im Sinne von Güterfluss und Güterbestand entspricht. **Prozessrisiken**[84] umfassen dabei alle Risiken, die sich in Wertschöpfungsaktivitäten manifestieren und Prozessunterbrechungen verursachen. Auf finanzieller Ebene tangieren diese den/die Cash Conversion Cycle/s im Wertschöpfungsnetzwerk und führen zu Schwankungen im Zahlungsstrom. **Bestandsrisiken** demgegenüber stellen aufgrund der in der Regel **eindeutigen Eigentumsverhältnisse unternehmensbezogene Risiken** dar, die aufgrund der Spezifität der Bestände mehr oder minder stark auftreten.[85] Bestandsrisiken lassen sich in drei ursächliche Teilfaktoren zerlegen: der Wert des Bestandes, die Alterungsrate und die Nachfrage- und Angebotsschwankungen. (Vgl. Chopra/Sodhi 2004, S. 58) Während die Gefahr der Überalterung von Beständen teilweise technologisch bedingt ist, zählen Angebots- und Nachfrageschwankun-

---

[84] In der Literatur finden zum Teil andere Begrifflichkeiten Anwendung, die einen ähnlichen Sachverhalt charakterisieren. So beschreibt Cachon (2004, S. 222) den Zusammenhang von Lieferrisiko (Supply Risk) und Bestandsrisiko (Inventory Risk). Im Kontext dieser Ausarbeitung wurde der Begriff Prozessrisiko gewählt, da dieser die Flusskomponente des Supply Chain Ansatzes reflektiert und übergeordnet nicht auf die Abnehmer- oder Zulieferseite eines Unternehmens abstellt. Bei Eintritt einer derartigen Störung kommt es bei vorgelagerten Unternehmen zu einem Nachfragerückgang und ggfs. zu Überbeständen, während bei im Supply Chain Netzwerk nachgelagerten Unternehmen ein Lieferengpass resultiert.

[85] Johnson (2001, S. 110) kategorisiert in „Supply Risk“ und „Demand Risk“, wobei sich das Nachfragerisiko in das hier betrachtete Bestandsrisiko einzelner Unternehmen und das Lieferrisiko sich in das Prozessrisiko übertragen lässt.

gen zu Faktoren, die teilweise durch vor- und nachgelagerte Unternehmen entstehen. Die Werthaltigkeit des Lagerbestandes ist durch die Verwertbarkeit aufgrund der Spezifität bestimmt, jedoch zudem auch durch Unsicherheit in Bezug auf die Qualitätseigenschaften der einzelnen Produktbestandteile und damit ebenfalls durch vor- und nachgelagerte Netzwerkunternehmen determiniert.

Die Risikowirkung und die Risikoträgerschaft sind im Fall des Bestandsrisikos einzelunternehmensbezogen und im Fall des Prozessrisikos durch Ausstrahlungseffekte netzwerkweit.

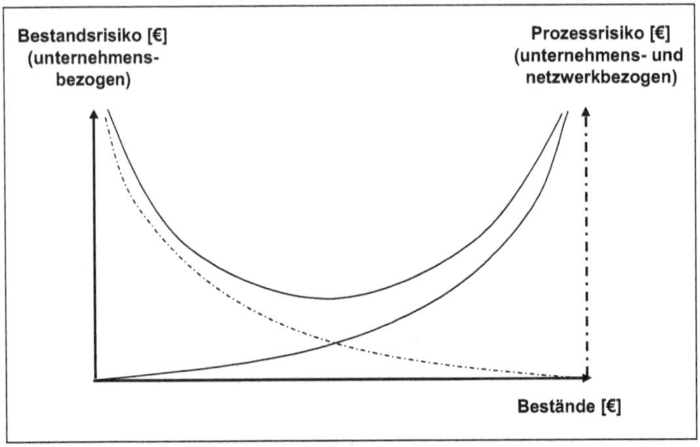

Abb. 11: Trade-off Bestandsrisiko vs. Prozessrisiko[86]

Die Abbildung (Abb. 11) verdeutlicht den Risiko-Trade-Off zwischen Bestands- und Prozessrisiken in Abhängigkeit von der Höhe der Lagerbestände. Ceteris paribus resultiert eine Erhöhung der Bestände in einer Zunahme der Bestandsrisiken aus der Perspektive einzelner Unternehmen im Netzwerk. Gleichzeitig ist das Prozessrisiko im Unternehmen wie auch im Supply Chain Netzwerk geringer, d.h. der reibungslose Ablauf des Wertschöpfungsprozesses im Netzwerk gegeben. Eine Reduktion der Bestände einzelner Unternehmen resultiert in einer Erhöhung der Prozessrisiken

[86] Die Risikoquantifizierung kann durch Multiplikation des monetären Schadensausmaß und der Eintrittswahrscheinlichkeit erfolgen. Die monetäre Bewertung der Bestände ist bei gegebenen Anschaffungs- und Herstellungskosten lediglich durch die mengenmäßige Bestandsänderung determiniert.

(Liefer- und Versorgungsrisiko)[87], da gegebene Schwankungen und Störungen im Wertschöpfungsprozess nicht kompensiert werden können. In der Darstellung wird deutlich, dass die Bestandsreduktion gleichzeitig Konsequenzen für das gesamte Netzwerk besitzt und damit das **Bestandsmanagement** eine aus **Netzwerksicht bedeutende Leistung** darstellt, bei der Interessenkonflikte immanent sind.

3.1.2 Analyseschwerpunkt: Umlaufvermögensfinanzierung im Kontext logistischer Dienstleistungen

Das physische Umlaufvermögen respektive die Lagerbestände im Wertschöpfungsprozess sind häufiges Verhandlungsobjekt sich aktuell verändernder Wertschöpfungsmodelle. Zielsetzung aller Beteiligten ist es dabei, die Risiken spezifischer Vorprodukte zu verlagern und den korrespondierenden Finanzierungsbedarf zu minimieren.[88] (Vgl. Jüttner *u.a.* 2003, S. 198; Enslow 2007, S. 48; Maloni/Benton 2000, S. 50; Chandra/Kumar 2000, S. 102) Wie bereits skizziert (siehe Abschnitt 2.2.2.3) wird der Logistikdienstleister mehr und mehr im Sinne aktiver Wertschöpfung als Manager des physischen Güterflusses integriert. (Vgl. Becker 2005, S. 155) Durch die umfangreiche Verlagerung von Verantwortung entsteht ein Interesse der Endproduktthersteller und Systemlieferanten den Logistikdienstleister auch als Umlaufvermögen finanzierendes Unternehmen einzubinden.[89] (Vgl. Frohn 2006, S. 107; von Eisenhart-Rothe/Jütte 2003, S. 157; Stenzel 2003, S. 145; Notheis/Anselmino 2005)

---

87 Den Trade-off zwischen Bestandshöhe (Risiko) und Versorgungsrisiko charakterisiert Stenzel (2003, S. 145) ebenfalls.

88 Im metaphorischen Ausdruck charakterisiert Engardio (2001, S. 41) den Umgang mit den Lagerbeständen als „(...) the inventory hot potato“, die im Supply Chain Netzwerk weitergereicht wird.

89 Notheis/Anselmino (2005, S. 486) sprechen von einem Paradigmenwechsel hinsichtlich dem Leistungsspektrum der Logistik: „Für das erste Jahrzehnt dieses Jahrtausends erwarten die Kapitalmärkte hingegen wiederum eine Weiterentwicklung des Modells um Aspekte der intelligenten Finanzierung der Transport und Versorgungskette bzw. deren Kontrolle durch Produkte von Logistikdienstleistern („Flow of funds“ - Paradigma). Supply Chain Financing bzw. die Integration der Finanzierungsfunktion in ein geschlossenes Leistungsbündel für den anspruchsvollen Outsourcing Kunden ergeben neue Perspektiven und Veränderungspotentiale, welche grundsätzlich auch vom Kapitalmarkt als Chance für neue Geschäfte begriffen werden.“

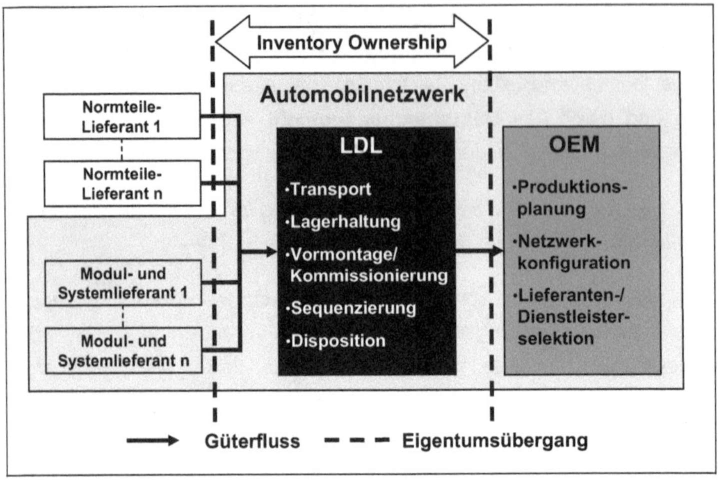

Abb. 12: Verlagerung von Finanzierungsbedarf im Automobilnetzwerk auf den LDL

Unter Bezugnahme auf den stilisierten Untersuchungsfall im SCN der Automobilindustrie soll der Logistikdienstleister neben der Verantwortung für die Bündelung des Güterflusses auch die Finanzierung der Bestände übernehmen (siehe Abb. 12). Dabei sind aus Sicht des LDL grundsätzlich zwei Alternativen möglich:

a) Klassische Finanzierung (**On-Balance**): Der Eigentumsübergang findet nun nicht mehr unmittelbar zwischen den Zulieferunternehmen und dem OEM statt, sondern mittelbar über den LDL. Die Übernahme des Eigentums resultiert in einem Anstieg des Working Capital-Bedarfs beim Logistikdienstleister, dessen Finanzierung den LDL dabei vor eine Herausforderung stellt. Die Integration des Logistikdienstleistungsunternehmens als direkten Eigentümer von Beständen im Wertschöpfungsprozess ist empirisch noch wenig ausgeprägt (siehe Tab. 4, S. 57).

b) Gründung einer Zweckgesellschaft (**Off-Balance**): Die Verlagerung von Finanzierungsbedarf in speziell gegründete Zweckgesellschaften ist sehr stark unter dem Aspekt von Bilanzierungseffekten und den resultierenden Finanzierungskosten in der Praxis als innovative Idee aufgegriffen worden. Dabei wird von einer **Off-Balance-Finanzierung** von **Warenlagerbeständen** gesprochen, welche primär eine Bilanzentlastung und somit eine Erweiterung des Finanzierungsspielraums und die Reduktion der Finanzierungskosten bewirkt. (Vgl. Frohn 2006, S. 107ff.; von Eisenhart-Rothe/Jütte 2003, S. 157) Die häufig bei Praktikern im Vordergrund stehende Betrachtung des „bilanzkosmetischen" Effekts ist jedoch nicht ausreichend, da dieser, falls überhaupt möglich, lediglich Abbild der existenten Risikostrukturen ist. Rechnungslegungsnormen bilden das Regelwerk zur Abbildung der tatsächlichen Verhältnisse der Vermögens-, Finanz- und Ertragslage eines Unternehmens.[90] (Vgl. Heno 2006, S. 11) Die Konsolidierungspflicht sogenannter „Special Purpose Entities" (SPE) bzw. der Off-Balance-Effekt ist vor dem Hintergrund zunehmend eingeschränkter Bilanzierungsspielräume[91] internationaler Rechnungslegungsnormen (IFRS und US-GAAP) einerseits von der Betrachtung wirtschaftlicher Abhängigkeiten und Kontrollrechte abhängig und andererseits auch durch die Risikostrukturen (Risk-and-Reward-Approach) determiniert. Dies bedeutet, dass abhängig von den Risikoträgerschaften in den Geschäftsbeziehungen der Zweckgesellschaft eine Konsolidierungspflicht resultiert.[92]

Im Zentrum der Arbeit steht **nicht** die **Zielsetzung** der **Bilanzierbarkeit** (Off-Balance), sondern die **Finanzierbarkeit von Umlaufvermögen** im Supply Chain Netzwerk.[93] Die Übernahme von netzwerkspezifischen Lagerbeständen durch eine dritte Partei[94] – entweder durch den LDL direkt oder durch eine Zweckgesellschaft – ist nur möglich, wenn die Finanzierung gewährleistet werden kann. Da jedoch ohne weitere Vorkehrungen auch eine Verlagerung der mit dem spezifischen Umlaufvermögen verbundenen Risiken erfolgt, ist die Finanzierbarkeit in Frage zustellen.

Zur Beurteilung der Finanzierbarkeit ist eine dezidierte Analyse der Risiken in Bezug auf die spezifischen Lagerbestände im Supply Chain Netzwerk notwendig. Diese soll daher im nachfolgenden Abschnitt vorgenommen werden. Dabei wird insbesondere auf den Fall der Übernahme von netzwerkspezifischen Beständen durch den Lo-

---

[90] Eine ausführliche Betrachtung und Vergleich der Rechnungslegungsnormen liefert unter anderem Heno (2006).

[91] Insbesondere die internationalen Bilanzierungsstandards, US-GAAP und IFRS, haben als Antwort auf den Enron-Skandal die Bilanzierungsrichtlinien diesbezüglich angepasst. (Vgl. Reuter 2004, S. 610; Schäfer/Kuhnle 2006, S. 19)

[92] Schäfer/Kuhnle (2006) liefern eine dezidierte Analyse der Konsolidierungsproblematik von Zweckgesellschaften nach den Rechnungslegungsnormen HGB, IFRS und US-GAAP.

[93] Diese Auffassung wurde auch dem gemeinsamen Forschungsprojekt der Universität Stuttgart mit der Landesbank Baden-Württemberg und der PricewaterhouseCoopers AG zugrunde gelegt. Die ökonomischen Motive sollten dabei ohne Berücksichtigung von Bilanzierungszielsetzungen (Off-Balance) untersucht werden.

[94] Die Verlagerung von Beständen wird in der Praxis unter dem Begriff des „Third-Party Inventory Ownership" als innovativer Ansatz im Supply Chain Finance proklamiert. (Vgl. Enslow 2007, S. 50)

gistikdienstleister abgestellt und damit verbundene Problemlagen im Netzwerk analysiert.

3.2 Unsicherheit und Risiko in Supply Chain Netzwerken

Kapitalbereitstellung ist untrennbar mit einer Risikobetrachtung verbunden. Eigenkapital als expliziter Anspruch auf das Residuum trägt Unternehmensrisiken. Und auch Fremdkapital, welches zwar keine Zustandsabhängigkeit des Anspruches grundsätzlich aufweist, ist im Fall der nicht vollständigen Besicherung[95] ausfallbedroht und damit risikobehaftet. Daher soll in diesem Abschnitt eine Risikobetrachtung in Bezug auf das zu finanzierende Umlaufvermögen im Automobilnetzwerk vorgenommen und insbesondere die sich aus den engen Netzwerkbeziehungen ergebenden Interdependenzen betrachtet werden. Diese Risikoanalyse bildet die Grundlage für die Beurteilung der Finanzierbarkeit vor dem Hintergrund der klassischen Unternehmensfinanzierung und der fokussierten Projektfinanzierung.

In Zusammenhang mit der Definition des Risikobegriffs[96] wird häufig auf die Entscheidungstheorie zurückgegriffen. (Vgl. Laux 2005, S. 23; Schäfer 2002, S. 11) Übergeordnet zum Risikobegriff ist das Begriffspaar der Sicherheit und Unsicherheit zu betrachten. Sicherheit liegt demnach vor, wenn der „wahre" (eintretende) entscheidungsrelevante Zustand bekannt ist. Demgegenüber kennzeichnet sich die Situation der Unsicherheit durch Vorliegen von wenigstens zwei möglichen Umweltzuständen, von denen nicht sicher bekannt ist, welcher der tatsächliche sein wird. In Anlehnung an Knights (1921) Unterscheidung in Risiko und Unsicherheit wird häufig eine weitergehende Differenzierung vorgenommen. Dabei wird der Risikobegriff von dem Unsicherheitsbegriff i.e.S. aufgrund der vorliegenden Wahrscheinlichkeiten (objektiver und subjektiver Natur[97]) abgegrenzt. Demnach beschreibt Risiko die Situa-

---

[95] Risikoloses Fremdkapital („riskless debt") existiert nur hypothetisch unter der Annahme, dass der Besicherungsgegenstand risikolos ist. Dies ist in der Realität jedoch häufig nicht gegeben, da auch Sicherheiten (Real- und Personensicherheiten) Wertänderungen unterliegen.

[96] In anderen Teildisziplinen der Betriebswirtschaftslehre, z.B. in Managementtheorien, wird der Risikobegriff weniger formal verwendet. Dabei werden unter Verwendung des Begriffpaares „Chancen und Risiken" mit dem Risikobegriff nachteilige Entwicklungen und dem Chancenbegriff vorteilhafte Entwicklungen assoziiert (vgl. Reichmann/Form 2000, S. 192).

[97] „We can also employ the terms 'objective' and 'subjective' probability to designate the risk and uncertainty respectively, as these expressions are already in general use with a signification akin to that proposed." (Knight 1921, S. 233)

tion in der objektive Wahrscheinlichkeiten den möglichen zukünftigen Umweltzuständen zugeordnet werden können, Unsicherheit i.e.S. charakterisiert sich durch subjektive Wahrscheinlichkeiten. Die Begriffe Unsicherheit und Risiko repräsentieren für Hirshleifer/Riley (1992, S. 9f.) beide die Entscheidungssituation bei subjektiven Wahrscheinlichkeiten („probalitity is simply *degree of blief*"), da auch bei scheinbar objektiven Wahrscheinlichkeiten Unsicherheit in der Beurteilung vorliegt.[98] Daraus folgt: „Decision-makers are therefore never in Knight's world of risk but instead always in his world of uncertainty." (Hirshleifer/Riley 1992, S. 10) Im Kontext dieser Arbeit wird keine stringente Unterscheidung zwischen Risiko und Unsicherheit in Bezug auf die Wortwahl vorgenommen.[99] Entscheidender als die präzise Taxonomie der Begrifflichkeiten ist der Umgang bestehender Forschungsrichtungen und Teildisziplinen der Betriebswirtschaftslehre mit der Situation der Unsicherheit.

Bevor dezidiert auf den Aspekt der Unsicherheit innerhalb des Supply Chain Netzwerks eingegangen wird, soll zunächst der finanzwirtschaftliche Risikobegriff im Allgemeinen ausgeführt und auch neuere Auffassungen durch Integration neoinstitutionenökonomischer Theorieansätze diskutiert werden.

3.2.1 Finanzwirtschaftliches Risikoverständnis

Das Risikoverständnis in finanzwirtschaftlichen Fragestellungen unterliegt vor dem Hintergrund der historischen Entwicklung und Dominanz unterschiedlicher Forschungsparadigmen einem Veränderungsprozess. Die unterschiedlichen Paradigmen der Neo-Klassik und der Neo-Institutionenökonomik resultieren einerseits in unterschiedlichen Betrachtungsweisen des Risikobegriffs und andererseits auch in unterschiedlichen Konsequenzen im Hinblick auf das Management von Risiken auf Unternehmensebene.

---

98 Hirshleifer/Riley verdeutlichen dies am Beispiel des Würfelns. Die Existenz objektiver Wahrscheinlichkeiten beruht auf der Annahme, dass es sich um einen „fairen" Würfel handelt, „a condition about which no one could ever be 'objectively' certain." (Hirshleifer/Riley 1992, S. 10)

99 Die Stringenz in der Begriffsverwendung ist auch in der wissenschaftlichen Literatur nicht gegeben.

3.2.1.1 Traditionelle Betrachtung stochastischer Risiken

Ausgangspunkt der modernen Finanzierungstheorie stellt die **Neo-Klassik** dar.[100] Aufgrund der idealtypischen Annahmen werden Risiken in der neo-klassischen Modellwelt als exogen sozusagen „naturgegeben" betrachtet. Die Annahme der **vollkommenen Information** impliziert eine „vollständige Gewissheit über die Ungewissheit" (Schneider 1997, S. 185). Aufgrund der Friktionslosigkeit im Hinblick auf Informationsbeschaffung und -verarbeitung können Risiken klar quantifiziert und somit Grundlage vollständiger Verträge werden. (Vgl. Schäfer 2002, S. 68) Das bedeutet, dass alle möglichen Zustände bekannt sind und mit Eintrittswahrscheinlichkeiten quantifiziert werden können.[101] Risikomaß bilden dabei Streuungsmaße wie die (Ko-)Varianz oder die Standardabweichung. Dem neo-klassischen Paradigma folgend werden Risiken als Zustandsrisiken[102] betrachtet, welche in Optimierungsansätzen als exogene Einflussgröße Berücksichtigung finden. Diese Betrachtung impliziert, dass ökonomische Individuen keinen direkten Einfluss auf das Risiko besitzen und somit sich nicht wechselseitig beeinflussen, d.h. unabhängig voneinander sind. Vor dem Hintergrund vollkommener Märkte und der Annahme des Mengenanpasserverhaltens[103] kann diese Unabhängigkeit einzelner Akteure in marktlichen Austauschprozessen in der Neo-Klassik auch konkludent unterstellt werden.

In der idealisierten Modellwelt vor dem Hintergrund eines vollkommenen Kapitalmarktes lassen sich auch Schlussfolgerungen über den Wertbeitrag betrieblichen Risikomanagements ableiten. Analog zu der von Modigliani/Miller (1958) gezeigten Irrelevanz der Kapitalstruktur in Bezug auf den Unternehmenswert kann bei Existenz

---

[100] Insbesondere in der Finanzwirtschaft wird das neo-klassische Annahmenset häufig als Referenzpunkt herangezogen, um anschließend realitätsnahe Friktionen wie beispielsweise Insolvenzkosten, Steuern oder unvollkommene Informationen in Form von Informationsasymmetrien zu berücksichtigen. (Vgl. Jansen 2004, S. 411; Megginson 1997, S. 3)

[101] Im Kontext der neo-klassischen Finanzierungstheorie wird die stochastische Betrachtungsweise von Risiken insbesondere in der Portfoliotheorie und dem darauf aufbauenden Capital Asset Pricing Model (CAPM) wie auch im Kontext der Optionspreisermittlung vorgenommen. (Vgl. Megginson 1997, S. 5ff.; Bieta *u.a.* 2006, S. 16)

[102] Der Begriff des Zustandsrisikos (event uncertainty) findet bei verschiedenen Wissenschaftlern Anwendung, um den stochastischen Charakter zu verdeutlichen. (Vgl. Milde 1992, S. 314; Bieta *u.a.* 2006, S. 16; Schäfer/Frank 2006, S. 452; Spremann 1996)

[103] Die Annahme des Mengenanpassers auf einem vollkommenen Markt impliziert, dass jeder Akteur sich so verhält, als ob er keinen Einfluss auf die Preise besitzt bzw. dessen Einfluss für seine eigene Entscheidung vernachlässigbar gering ist. (Vgl. Laux 2006, S. 119)

eines vollkommenen Kapitalmarktes die Irrelevanz betrieblichen Risikomanagements gezeigt werden.[104] Gleichsam der auf Investorenseite beliebig erzeugbaren Kapitalstruktur („homemade leverage") ist auch die Risikostruktur auf Investorenseite („homemade hedging") beliebig herstellbar. (Vgl. Stulz 1996, S. 12; Baule *u.a.* 2006, S. 63; Froot *u.a.* 1993, S. 1630)

Die theoretische Irrelevanz des Risikomanagements steht jedoch in Kontrast zu den in der Realität beobachtbaren Bestrebungen von Unternehmen, Risikomanagementsysteme zu etablieren, und zu den regulatorischen Auflagen, nationale und internationale Rechtsnormen, die eine Errichtung betrieblicher Risikomanagementsysteme fordern.[105] Strategien des betrieblichen Risikomanagements leisten aufgrund der Anwendung in der Praxis offensichtlich einen Wertbeitrag. Theoretisch lässt sich dieser Beitrag unter Einbeziehung realitätsnaher Friktionen erklären. Dabei bilden die Berücksichtigung von

- Steuern[106],
- Insolvenzkosten (Bankruptcy Costs) bzw. Kosten finanzieller Anspannung (Financial Distress Costs)[107] und
- unvollständigen Kapitalmärkten (z.B. keine unbeschränkte Fremdkapitalaufnahme)[108]

---

[104] MacMinn (1987) zeigt, dass eine Übertragung der Modigliani/Miller-Theoreme auch auf die Frage des „Corporate Hedging" möglich ist und zeigt die Irrelevanz in Bezug auf den Unternehmenswert.

[105] Die Notwendigkeit betrieblichen Risikomanagements wird von Schäfer/Frank (2006, S. 448) aufgegriffen. Sie liefern eine Übersicht über Rechtsnormen und Richtlinien, die ein Risikomanagement auf Unternehmensseite explizit oder implizit erforderlich werden lassen.

[106] Steuervorteile werden durch das Risikomanagement insofern generiert, als durch die Verringerung der Volatilität der Besteuerungsgrundlage vor dem Hintergrund häufig progressiver (konvexer) Steuersysteme eine Reduktion der Steuerzahlung erreicht werden kann. Ausführlich siehe Stulz (1996, S. 14) und Smith/Stulz (1985, S. 392).

[107] Die Kosten finanzieller Anspannung und Insolvenz lassen sich als realitätsnah charakterisieren, da diese sich einerseits als direkte Kosten der Administration im Insolvenzfall, andererseits indirekt in der Zurückhaltung von Geschäftspartnern und der Einschränkung der Handlungsspielräume als Opportunitätskosten manifestieren. (Vgl. Stulz 1996, S. 12)

[108] Aufgrund der in der Realität beschränkten Möglichkeit der unendlichen Aufnahme von externem Kapital können Unternehmen bei stark schwankenden Cash Flows dazu gezwungen sein, vorteilhafte Investitionsmöglichkeiten zu unterlassen (Underinvestment). (Vgl. Froot *u.a.* 1993, S. 1633)

Gründe für das betriebliche Risikomanagement exogener Risiken (Zustandsrisiken).[109] (Vgl. Froot *u.a.* 1993, S. 1632; Smith/Stulz 1985, S. 392ff.; Ammon 1998, S. 4ff.; Froot *u.a.* 1994, S. 93) Auch die Aufgabe der Annahme, dass Eigentümer ein perfekt diversifiziertes Portfolio besäßen, liefert ökonomische Gründe für das Risikomanagement auf der Unternehmensebene. Die zusätzliche Berücksichtigung weiterer Anspruchsgruppen (Stakeholder), denen eine Diversifikation nur schwer bzw. unmöglich ist, beispielsweise Arbeitnehmer, Manager, Lieferanten oder Abnehmer, führt dazu, dass diese eine (zusätzliche) Kompensation des unternehmensspezifischen Risikos erwarten oder zurückhaltender bei der Schließung langfristiger Vertragsverhältnisse sind. (Vgl. Stulz 1996, S. 13f.; Smith/Stulz 1985, S. 399) Dabei wird insbesondere das Risikomanagement im Sinne von „elimination of costly lower-tail outcomes" (Stulz 1996, S. 8) auf Unternehmensebene relevant.[110]

Die vereinfachende Betrachtung von Risiken in Form stochastischer Zustandsrisiken lässt sich nur auf wenige real existierende Risiken übertragen. Die Unbeeinflussbarkeit (Exogenität) durch Akteure ist selten eindeutig gegeben. Beispiele für exogene, auch in der Realität unbeeinflussbare Risiken stellen Naturrisiken (z.B. Wetterrisiken) dar. Daher ist vor dem Hintergrund ökonomischer Realität eine vereinfachende Betrachtung als exogen gegebene Risiken unzureichend.[111] (Vgl. Milde 1992, S. 318) Auch in dem Untersuchungskontext des Supply Chain Netzwerks der Automobilindustrie wird die Betrachtung der Risiken als stochastische Zustandsrisiken als unzureichend erachtet. Die Situation eines vollkommenen Marktes ist wie bereits beschrieben (siehe Kapitel 2.2.2.2) in Netzwerken nicht vorhanden bzw. wurde „bewusst" aufgegeben. Die wechselseitige Beeinflussung und Abhängigkeit in relationalen Austauschbeziehungen ist eine grundlegende Eigenschaft von Netzwerken. Beispielhaft kann diese in Bezug auf die Lieferpreise im Netzwerk verdeutlicht werden. Neben exogenen Risiken (z.B. stochastischer Rohstoffpreise als Einsatzstoffe) kön-

---

[109] Die Begriffe „exogenes Risiko" und Zustandsrisiko werden in dieser Ausarbeitung synonym verwendet.

[110] Stulz (1996) kritisiert die Zielsetzung des „Corporate Risk Managements" in Bezug auf die generelle „Variance-Minimization"-Strategie als unzureichend, da Unternehmen teilweise aufgrund privater Informationen einen Vorteil in der Übernahme von Risiken haben können. Die Argumentation zeigt jedoch auch, dass erst unter Aufgabe der Annahme gleichverteilter Informationen eine derartige Risikomanagementstrategie vorteilhaft ist.

[111] Dass im Kontext des Risikomanagements die ausschließlich naturwissenschaftliche Betrachtungsweise zu Fehleinschätzungen führen kann, proklamiert auch Stulz (2000, S. 24): „(...) risk management is not rocket science."

nen diese auch aktiv durch Ausnutzen von Verhandlungsmacht im Netzwerk vom OEM wie auch Lieferanten beeinflusst werden. Auch Risiken in Bezug auf Leistungs- und Produktqualitäten können zum Teil exogenen zufälligen Charakter aufgrund der Produktionstechnologie besitzen oder aus Gründen der Kosteneinsparung kalkulierend in Kauf genommen werden. Im Kontext dieser Ausarbeitung wird daher ein erweitertes Risikoverständnis als notwendig erachtet, welches die Verhaltensabhängigkeit von Risiken analysiert und ein tiefgreifenderes Verständnis für die Risikobeurteilung liefert.

3.2.1.2 Verhaltensrisiken – Ursache und Bedeutung für das Management

Realitätsnähere Annahmen im Vergleich zur neo-klassischen Modellwelt verwendet die Neo-Institutionenökonomik.[112] Zwei Annahmen sind dabei von zentraler Bedeutung:

1. Begrenzte Rationalität: Ökonomische Individuen kennzeichnen sich nicht durch die Fähigkeit der vollkommenen Voraussicht. Die Verarbeitung von Informationen wie auch die kognitiven Fähigkeiten gelten als begrenzt. Verstärkt wird die Situation unter Berücksichtigung von Transaktionskosten, die eine vollständige und unbeschränkte Akquisition von Wissen und Informationen zu kostspielig werden lassen. Die Individuen versuchen jedoch weiter bei gegebenen Friktionen sich rational maximierend zu verhalten. (Vgl. Milgrom/Roberts 1992, S. 129; Richter/Furubotn 2003, S. 4)

2. Informationsasymmetrie: Die Informationsasymmetrie kann als Folge der Berücksichtigung von Transaktionskosten aufgefasst werden. Die Informationen sind zwischen den ökonomischen Akteuren ungleich verteilt. Die Informationsasymmetrie wird dabei sowohl vor (ex ante) als auch nach (ex post) Vertragsschluss relevant. (Vgl. Richter/Furubotn 2003, S. 41; Eisenhardt 1989, S. 59; Milgrom/Roberts 1992, S. 129)

[112] Eine aktuelle vergleichende Diskussion der Annahmen der Neo-Institutionenökonomik mit Bezug zur Neo-Klassik findet sich bei Dequech (2006). Auch Terberger (1993, S. 21ff.) umschreibt den Übergang von der neo-klassischen Modellwelt in die Neo-Institutionenökonomik und die teilweise Beibehaltung mikroökonomischer Optimierunganätze in der formalen Prinzipal-Agenten-Theorie. (Vgl. Terberger 1993, S. 92)

Unter Berücksichtigung asymmetrischer Informationen entstehen diskretionäre Verhaltensspielräume dem besser informierten Individuum und als Folge der begrenzten Rationalität resultieren unvollständige Verträge,[113] die einen Verhandlungsspielraum nach Vertragsabschluss eröffnen. (Vgl. Richter/Furubotn 2003, S. 4f.; Spremann 1996, S. 111) Durch das veränderte Annahmeset erweitert sich demnach die Risikobetrachtung neben weiterhin vorhandenen exogenen Risiken um im Verhalten ökonomischer Akteure begründete Risiken (**Verhaltensrisiken**). Diese können als endogenes Risiko aufgefasst werden.

Der Begriff des **endogenen Risikos** umschreibt dabei die Tatsache, dass sich Risiken aufgrund individueller Entscheidungs-/Optimierungsprozesse und daraus resultierendem Verhalten innerhalb des Bezugsystems ergeben. Danielsson/Shin (2003, S. 302) charakterisieren endogene Risiken allgemeingültig wie folgt: "Endogenous risk appears whenever there is the conjunction of (i) individuals reacting to their environment and (ii) where the individual actions affect their environment."[114] Diese ursächliche Charakterisierung lässt sich auch im neo-institutionenökonomischen Kontext darstellen.

In der vorliegenden Arbeit soll insbesondere auf die Systematik der Prinzipal-Agenten-Theorie[115] zurückgegriffen werden, welche als Bestandteil des Theoriesets der

---

[113] Unvollständige Verträge sind neben der unvollkommen Voraussicht auf weitere Umstände zurückzuführen. So kann die kostenintensive Vertragsgestaltung insbesondere für als sehr unwahrscheinlich eingeschätzte Ereignisse in einem nicht angemessenen Verhältnis stehen. Aufgrund derartiger subjektiver Kosten-Nutzen-Abwägungen resultieren somit bewusst unvollständige Verträge. Zum anderen ist die Unvollständigkeit von Verträgen auch auf eine inhärente sprachliche Ungenauigkeit bei der Formulierung von Verträgen zurückzuführen. (Vgl. Milgrom/Roberts 1992, S. 130; Tirole 1999, S. 743)

[114] In formal-mathematischen Modellierungsansätzen der Prinzipal-Agenten-Theorie (vgl. Holmstrom 1979) besteht das Verhaltensrisiko bei gegebenem exogenen Risiko in der Wahl des Anstrengungsniveaus des Agenten, von dem das Ergebnis des Prinzipal abhängig ist. Die Wahl des Anstrengungsniveaus kann als Änderung des Mittelwertes (mean-increasing) betrachtet werden und stellt lediglich eine Verschiebung der Verteilungsfunktion dar. Dies impliziert jedoch, dass der Agent keinen Einfluss auf das Risiko (die Varianz) besitzt. Godes (2004) hingegen fordert eine explizite Betrachtung des Einflusses des Agenten auf das Risiko in der Modellierung.

[115] Jensen unterscheidet in Bezug auf die Agency-Theorie zwischen einem positiven und normativen Ansatz und diskutiert Schwächen, Stärken und das Zusammenwirken beider Ansätze. (Vgl. Jensen 1983, S. 334) Weitere Vertreter des positiven Ansatzes sind Fama (1980; 1990) und Eisenhardt (1989).

Neo-Institutionenökonomik[116] die Probleme bestehender und entstehender Delegationsbeziehungen unterschiedlichster Art beschreibt und Lösungsansätze aufzeigt. Ursache von Prinzipal-Agenten-Problemen stellen zum einen der **Interessenkonflikt** aufgrund divergierender Ziele zwischen Prinzipal und Agent und zum anderen eine **asymmetrische** Verteilung von **Informationen** dar. (Vgl. Eisenhardt 1989, S. 58) In den betrachteten Delegationsbeziehungen ist das Ergebnis des Prinzipals von den Eigenschaften und/oder den Handlungen des Agenten abhängig. Somit stellen Verhaltensrisiken, welche im Sinne der Prinzipal-Agenten-Theorie Analysegegenstand werden, endogene Risiken dar, da eine Abhängigkeit – einseitig oder wechselseitig[117] – zwischen den Akteuren unterstellt wird. Im Folgenden sollen kurz die drei Grundtypen der Verhaltensrisiken/-unsicherheit skizziert werden.

Das Verhaltensrisiko der **Adversen Selektion** basiert auf der Unsicherheit des Prinzipals bezüglich der Charakteristika der Vertragspartei (Agenten) und der von dieser erbrachten Leistung vor Vertragsabschluss (Hidden Characteristics) (vgl. Spremann 1990, S. 566). Aufgrund des Informationsdefizits, welches bewusst vom Agenten ausgenutzt werden kann, besteht das Risiko für den Prinzipal, dass dieser eine ungünstige Auswahl (Adverse Selektion) des Vertragspartners vornimmt. Der Agent hingegen sieht sich keinem Risiko ausgesetzt, da er einen Informationsvorsprung besitzt. (Vgl. Richter/Furubotn 2003, S. 243f.) Akerlof (1970, S. 488ff.) skizzierte vor dem Hintergrund der Informationsasymmetrie ex ante einen Qualitätsrückgang und einen mengenmäßigen Rückgang der Transaktionsbeziehungen auf Märkten und im

[116] Die Neo-Institutionenökonomik, insbesondere durch die Separation einzelner theoretischer Ansätze und die Fülle von wissenschaftlichen Modellierungsansätzen und Beiträgen, ist ein vielschichtiger Theorieansatz. Einzelne Teilgebiete, z.B. der Transaktionskostenansatz, die Prinzipal-Agenten-Theorie oder der Property-Rights-Ansatz, werden oft zur dezidierten Analyse ausgewählter Problemstellungen isoliert herangezogen. Die methodologisch ähnlichen Ansätze, die sich teilweise ergänzen aber auch unterscheiden, inhaltlich überschneiden oder sich aufeinander beziehen (vgl. Erlei 1998, S. 28; Richter/Furubotn 2003, S. 39ff.; Picot *u.a.* 2005, S. 46), erschweren in diesem Forschungsansatz eine theoretische stringente Vorgehensweise, d.h. eine Orientierung an ausschließlich einem Forschungsstrang der Neo-Institutionenökonomik. Zusätzlich lassen sich Unterschiede in der Strukturierung und Einordnung einzelner Theorieansätze feststellen. Eine allgemein anerkannte Gliederung der Neo-Institutionenökonomik und deren Forschungsrichtungen existiert bislang nicht. (Vgl. Bolton/Dewatripont 2005; Milgrom/Roberts 1992; Picot *u.a.* 2005; Richter/Furubotn 2003; Blum *u.a.* 2005)

[117] Eine wechselseitige Abhängigkeit wird in der erweiterten Betrachtung des Moral Hazard als „Double Moral Hazard" vorgenommen. (Vgl. Bhattacharyya/Lafontaine 1995, S. 767; Agrawal 2002, S. 37) Dabei wird eine wechselseitige Abhängigkeit durch eine Produktionsfunktion, die sowohl vom Anstrengungsniveau des Agenten als auch vom Prinzipal beeinflusst wird, modelliert.

Extremfall einen Zusammenbruch des Marktes. (Vgl. Riley 2001, S. 434; Milgrom/Roberts 1992, S. 152; Stiglitz 2000, S. 1451) Die Resultate stützen sich dabei auf die Argumentation, dass Käufer (Prinzipale) aufgrund der Informationsasymmetrie eine durchschnittliche Qualität antizipieren und lediglich entsprechende Preise zu zahlen bereit sind. Anbieter (Agenten), welche oberhalb dieses durchschnittlichen Qualitätsniveaus angesiedelt sind, werden nicht bereit sein, ihre Leistung zur Verfügung zu stellen. Folglich verbleiben nur Agenten im Markt, die unterhalb des anfänglichen Durchschnittsniveaus liegen, wodurch nachfolgend die durchschnittliche Qualität im Markt sinkt, bis letztlich keine Anbieter mehr im Markt verbleiben. (Vgl. Richter/Furubotn 2003, S. 154)

Die Gefahr des **Moral Hazard** ist nach Vertragsabschluss gegeben und beruht auf verdeckten Handlungen (Hidden Action) und/oder Informationen (Hidden Information) des Agenten. Der Prinzipal kann einerseits das Verhalten des Agenten nicht direkt beobachten und kann zudem auch keine Kenntnis über die Informationslage des Agenten erhalten, sondern sieht lediglich das Ergebnis, welches auch durch exogene, d.h. nicht im Verhalten des Agenten begründete Parameter beeinflusst wird. Somit kann der Prinzipal nicht eindeutig auf das Verhalten und die Anstrengungen des Agenten schließen, was dem Agenten den Verhaltensspielraum ermöglicht, seinen individuellen Nutzen durch verdeckte Handlungen zu maximieren. (Vgl. Richter/Furubotn 2003, S. 174)

Ein weiteres Verhaltensrisiko, der **Hold up**[118], beruht auf einer ex ante nicht offenkundigen Absicht (Hidden Intention) des Agenten, welche nach Vertragsabschluss jedoch offenkundig wird. Voraussetzung für das Hold up-Problem ist die Tatsache, dass der Prinzipal bereits mit der Aufnahme der Vertragsbeziehung **spezifische Investitionen**, die teilweise Sunk Costs-Charakter aufweisen, getätigt hat und dass der Agent einen Verhaltensspielraum (genauer: Verhaltenspielraum in notwendigen Verhandlung) besitzt. Aufgrund nicht fairen Verhaltens des Agenten resultiert für den

[118] Die bei einigen Autoren gebräuchliche Einordnung des Hold up-Problems als Verhaltensunsicherheit im Kontext der Prinzipal-Agenten-Theorie (vgl. Spremann 1990; Picot *u.a.* 2005) ist im angelsächsischen Sprachraum eher selten. Unter „Economics of Information" und der „Prinzipal-Agenten-Theorie" werden lediglich das Problem der Adversen Selektion und des Moral Hazard betrachtet. (Vgl. Stiglitz 2000, S. 1450ff.; Eisenhardt 1989, S. 59) Das Problem des Hold Up wird isoliert im Rahmen der „Theorie unvollständiger Verträge" (vgl. Schmitz 2001, S. 1ff.) oder der Transaktionskostentheorie (vgl. Williamson 1985) analysiert.

Prinzipal ein nachteiliges Ergebnis. (Vgl. Richter/Furubotn 2003) Die **Motive** für das aus Sicht des Prinzipals „unfaire" Verhalten können verschieden sein:

1. **Opportunismus** (vgl. Klein *u.a.* 1978, S. 300; Alchian/Woodward 1988, S. 67): Im Sinne der allgemein unterstellten Nutzenmaximierung nutzt der Agent den Verhaltensspielraum zur Aneignung der „appropriierbaren Quasi-Rente"[119] aus.

2. **Kommunikationsdefizite** in der Vertragsbeziehung (vgl. Spremann 1990, S. 568ff.; Spremann 1996, S. 700ff.): Aufgrund mangelnder Kommunikation in der Austauschbeziehung existiert beim Agenten eine Unkenntnis über die Konsequenzen seines Verhaltens für den Prinzipal.

3. **Reaktionen auf exogene Parameter** (Schocks) (vgl. Spremann 1990, S. 568ff.; Spremann 1996, S. 700ff.): Der Agent passt sein Verhalten an neue Umweltbedingungen im Rahmen seines Verhaltensspielraums an.

Die Antizipation des Hold up kann zu einer verminderten Bereitschaft des Prinzipals führen, spezifische und irreversible Investitionen in Transaktionsbeziehungen zu tätigen, woraus ein Unterinvestitionsproblem resultiert. (Vgl. Picot *u.a.* 2005, S. 75)

Endogene Risiken stellen das Ergebnis/Resultat eines individuellen Optimierungsprozesses dar, welcher Einfluss auf andere Individuen im System besitzt. Daher lassen sich Verhaltensrisiken nur unzureichend mit Wahrscheinlichkeiten auf Basis historischer Zeitreihen beschreiben und prognostizieren. (Vgl. Bieta *u.a.* 2006, S. 16) Die Betrachtung von Risiken als Zustandsrisiken wird aufgrund der in der Realität beobachtbaren Phänomene, welche sich nicht auf Eigenschaften von Zustandsrisiken zurückführen lassen, auch auf wissenschaftlicher Seite als unzureichend erkannt und sogar den verhaltensbezogenen, endogenen Risiken eine im Verhältnis größere Bedeutung eingeräumt. (Vgl. Bieta *u.a.* 2006, S. 16; Danielsson/Shin 2003, S. 297)

Aus dem endogenen Charakter ergeben sich Konsequenzen hinsichtlich des Risikomanagements von Verhaltensrisiken. Aus den Entstehungsursachen in Bezug auf das Risiko der Adversen Selektion und des Moral Hazard lassen sich allgemein **zwei**

---

[119] Die „appropriierbare Quasi-Rente" umfasst dabei die Wertdifferenz eines Gutes in der zweitbesten Verwendung. (Vgl. Klein *u.a.* 1978, S. 298; Grandori 2001, S. 237ff.)

Strategien zur Reduktion von Verhaltensrisiken ableiten, die **Reduktion von Informationsasymmetrien** innerhalb des Bezugsystems und die **Reduktion von Interessenkonflikten** (Zieldivergenz) einzelner Individuen. (Vgl. Grandori 2001, S. 123; Eisenhardt 1989, S. 58)

Die **ökonomische Notwendigkeit, Risikomanagement** im Hinblick auf **Verhaltensrisiken** zu betreiben, lässt sich analog zu der Begründung im Kontext rein exogener Risiken erläutern (siehe Abschnitt 3.2.1.1). Die Beachtung realer Friktionen wie Insolvenzkosten oder die Beschränkung externer Kapitalaufnahme liefern ökonomische Gründe für das Management endogener Risiken, da diese gleichsam monetäre Auswirkungen und teilweise „Existenz bedrohenden" Charakter besitzen.

Die erweiterte Risikodifferenzierung in endogene und exogene Risiken lässt sich dabei auf verschiedene Transaktionsbeziehungen anwenden. Auch **Finanzierungsbeziehungen** zwischen Unternehmen und Kapitalgebern (Eigentümern) lassen sich durch diese Systematik dezidierter beschreiben und eröffnet gezielte Ansatzpunkte zur Steuerung der verhaltensabhängigen Komponente einer risikobehafteten Transaktionsbeziehung. (Vgl. Jensen/Meckling 1976, S. 307ff.; Myers/Majluf 1984, S. 188) Aber auch im Kontext von Wertschöpfungsbeziehungen wird eine Unterscheidung in Zustands- und Verhaltensrisiken vorgenommen, da asymmetrischen Informationen und Interessenkonflikte innerhalb der Supply Chain offensichtlich sind. (Vgl. Müller 2005a, S. 725; Zsidisin/Ellram 2003; Gaynor/Gertler 1995; Böckem/Schiller 2004; Kaluza *u.a.* 2003; Friedberg/Neuville 1999)

3.2.2 Identifikation von Zustands- und Verhaltensrisiken im Supply Chain Netzwerk der Automobilindustrie

Auf der Basis des in Abschnitt 2.2.4 skizzierten Untersuchungsfalls im Supply Chain Netzwerk kann in Bezug auf die Risikostruktur im Netzwerk eine Unterscheidung in exogene und endogene Risiken vorgenommen werden. [120] Das „**Supply Chain Netzwerk in der Automobilindustrie**", exemplarisch bestehend aus OEM, LDL und Systemlieferanten, repräsentiert das **Bezugsystem**. Eine Definition der Begriffe

[120] Ein vergleichbare Unterscheidung nimmt Child/Rodrigues (2004, S. 91ff.) in der Analyse von Joint Ventures vor, diese unterscheiden „Contextual Risks" (Zustandsrisiken) und „Agency Risks" (Verhaltensrisiken).

endogenes und exogenes Risiko kann in Anlehnung an die zuvor allgemeinen Ausführungen wie folgt vorgenommen werden:

Endogene Risiken im **Supply Chain Netzwerk** sind Risiken, die aus dem **Verhalten** eines oder mehrerer **Netzwerkmitglieder** resultieren und auf einzelne Unternehmen im Netzwerk unmittelbar und aufgrund der Vernetztheit mittelbar auf das gesamte Netzwerk einwirken. **Exogene Risiken** im Gegensatz dazu beschreiben die Risiken, welche durch **Netzwerkakteure unbeeinflussbar** sind, d.h., dass diesbezüglich keine Rückkopplung (Feedback-Loop) zwischen ökonomischen Handlungen im Netzwerk existiert.[121]

Die Berücksichtigung der Systemumwelt, über die ebenfalls Rückkopplungen vorhanden sein können, lässt grundsätzlich die Ausdehnung der Betrachtung auf Wirtschaftszweige, einzelne Teilmärkte oder globale Marktsysteme, in denen ökonomische Akteure in Interaktion stehen, notwendig werden. Augrund der Systeminterdependenz (Offenheit des Systems) wird nahezu **jedes ökonomische Risiko** zumindest **teilweise** durch einen **endogenen Charakter** mitgeprägt.[122]

Diese Definition verdeutlicht, dass Risiken, die bisher in der Risikomanagementliteratur vornehmlich inhaltlich beschrieben werden[123], durch eine weitere Dimension (endogen – exogen) charakterisiert werden müssen, um adäquates Risikomanagement zu betreiben.[124] Eine trennscharfe eindeutige Beschreibung der Risiken in Bezug auf ihren endogenen oder exogenen Charakter lässt sich jedoch kaum vornehmen. Die

---

121 Um die Verbindung zum Bezugsystem stärker hervorzuheben werden nachfolgend die Begriffe „netzwerkendogen“ und „netzwerkexogen“ herangezogen. Die Wahl des Bezugsystems ist dabei insofern von Bedeutung, als dadurch verdeutlicht wird, auf welcher Aggregationsebene die Wechselwirkungen betrachtet werden und lässt somit implizit Rückschlüsse auf die Akteure zu.

122 Endogene Risiken existieren auch auf Kapitalmärkten, die sich aufgrund der Vielzahl der Marktteilnehmer und der resultierenden atomistischen Marktstruktur durch eine geringe Möglichkeit der Beeinflussung durch einzelne Akteure kennzeichnen. Diese Endogenität resultiert dabei aus der Existenz ähnlicher oder identischer ökonomischer (Optimierungs-) Modelle der Akteure, die beispielsweise durch Änderungen exogener Parameter (exogener Schock) in gleichgerichtetem Verhalten sehr vieler Marktteilnehmer resultieren. (Vgl. Danielsson/Shin 2003, S. 303)

123 Risikokategorisierungen im Supply Chain Kontext systematisieren primär inhaltlich und wirkungsbezogen. (Vgl. Chopra/Sodhi 2004, S. 54; Hallikas *u.a.* 2005, S. 74; Johnson 2001, S. 110)

124 Danielsson/Shin (2003, S. 304) verdeutlichen mit der Aussage „(...) risk modelling resembles poker more than roulette" bildlich die Unterscheidung in endogene und exogene Risiken und deren Konsequenzen im Hinblick auf Risikomanagement. Die Berücksichtigung möglicher Verhaltensweisen (ähnlich einem Pokerspiel) ist notwendig und eine rein exogene, als unbeeinflussbar geltende Betrachtung (wie beim Roulett) unzureichend.

Kenntnis über einen teilweise endogenen Charakter ermöglicht jedoch die gezielte ursachenbezogene Steuerung der Risiken durch Interessensangleichung und/oder Abbau von Informationsasymmetrien.

Die nachfolgende Abbildung (Abb. 13) verdeutlicht die vorgenommene Definition im Untersuchungskontext exemplarisch anhand von Marktrisiken. Das Absatzmarktrisiko kann dabei als Risiko mit exogenem und endogenem Charakter beschrieben werden. Der OEM besitzt die Möglichkeit aufgrund der Kontrolle des Marktzugangs und der Möglichkeit einer aktiven Marktbearbeitung das Marktrisiko selbst zu beeinflussen. Zum Beispiel können durch spezielle Rabattaktionen Nachfrageschwankungen geglättet werden. Das auf Lieferantenseite einwirkende Rohstoffpreisrisiko hingegen kennzeichnet sich aufgrund der Marktstruktur durch einen vornehmlich exogenen Charakter. Eine aktive Einflussnahme ist i.d.R. nicht möglich.

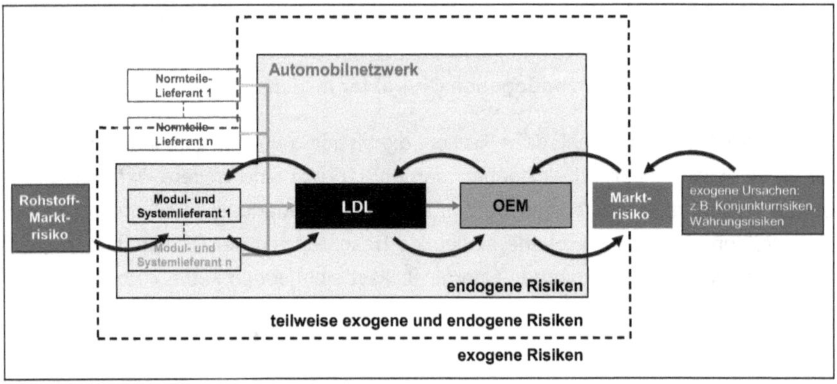

Abb. 13: Risikobereiche im Automobilnetzwerk

Die Übertragung exogener Einflussgrößen und Risiken innerhalb des Netzwerks kann durch das Verhalten einzelner Akteure verstärkt werden. Der im Kontext des Supply Chain Managements häufig diskutierte **„Bullwhip"-Effekt** (vgl. Lee *u.a.* 1997) ist ein Beispiel für ein solches Risiko, welches teilweise exogenen und endogenen, d.h. im Verhalten der Supply Chain Akteure begründeten Charakter besitzt. Ursachen dieses Effektes können in drei Bereiche gegliedert werden.

a) Eine Ursache liegt in der **Verarbeitung von Nachfragesignalen** und den daraus resultierenden Verzerrungen, wenn einzelne Akteure in der Lieferkette lediglich aufgrund der ex post beobachteten Nachfrage das Auftragsvolumen anpassen. Beobachten vorgelagerte Unternehmen in Liefernetzwerk ebenfalls lediglich die Nachfrage in Form des direkten Auftragseingangs resultiert eine

Verstärkung der Nachfrageschwankungen. Die Stochastizität der Absatzmenge am Endproduktmarkt (exogenes Risiko) resultiert in Verbindung mit individuellen Optimierungsprozessen (endogenes Risiko) in Nachfrageschwankungen, welche letztlich in einer Nachfrageüberdeckung oder -unterdeckung zum Ausdruck kommen. Die Milderung dieses Problems kann durch eine bessere Informationsbereitstellung in Bezug auf die Nachfrage und die Lagerbestände in den einzelnen Wertschöpfungsstufen erreicht werden. (Vgl. Lee *u.a.* 1997, S. 549)

b) Ein weiterer Grund für die endogene Nachfrageverzerrung besteht in der Berücksichtigung von **Rationierungseffekten**, beispielsweise aufgrund beschränkter Kapazitäten, die von der nachgelagerten Wertschöpfungsstufe in Form von Auftragsvolumenaufschlägen zu kompensieren versucht werden. Rationierungseffekte sind im **Supply Chain Netzwerk** aufgrund der **geringen Substituierbarkeit** der einzelnen Akteure ein **verstärkender Faktor**. Diesen Rationierungseffekten kann von Lieferantenseite ebenfalls durch eine bessere Informationsbereitstellung über die Kapazitäten und die Lagerbestände begegnet werden. (Vgl. Lee *u.a.* 1997, S. 551)

c) Ein dritter Grund besteht auch in einem veränderten Nachfrageverhalten einzelner Unternehmen aufgrund **schwankender Preise von Vorprodukten** (z.B. Rohstoffmärkten), welches ebenfalls zu Verzerrungen in der Nachfrage führt. (Vgl. Lee *u.a.* 1997, S. 554)

Die mit dem Bullwhip-Effekt charakterisierten Verzerrungen sind folglich eine Kombination aus stochastisch exogenen Risiken und den individuellen Verhaltensanpassungen von Supply Chain Akteuren.

3.2.2.1 Netzwerk-exogene Risiken

Außerhalb des Bezugsystems entstehende Risiken, welche für das gesamte Supply Chain Netzwerk von Bedeutung sind und als durch die Netzwerkakteure unbeeinflussbar betrachtet werden können, sind beispielsweise **Marktpreisrisiken**. Im Kontext von global agierenden Supply Chain Netzwerken sind dabei insbesondere die Währungs-, Zins- und Rohstoffpreisrisiken von Bedeutung, die ohne entsprechendes Management Schwankungen der Finanzflüsse im Wertschöpfungsnetzwerk hervorrufen können. (Vgl. Schäfer/Frank 2006, S. 448) Preisrisiken, die auf (vollständigen) Märkten entstehen, können entweder unmittelbar oder mittelbar einzelne Unternehmen im Netzwerk tangieren. Marktpreisrisiken können sowohl von Endproduktmärkten wie auch Rohstoffmärkten ausgehend für das gesamte Netzwerk relevant sein.

Eine mit Preisrisiken in Verbindung stehende Risikoklasse sind Mengenrisiken. Exogene Nachfrageschwankungen können wie bereits im Rahmen des Bullwhip-Effekts dargestellt zu Ineffizienzen im gesamten Supply Chain Netzwerk führen.

Die Sensibilität und die Anfälligkeit interdependenter Akteure verursacht durch exogene Risiken lässt sich an einem Beispiel des Automobilherstellers Toyota erläutern. Aufgrund eines Feuers in der Produktion des Zulieferunternehmens Aisin, welches für die Lieferung der Ventile zuständig war, musste Toyota eine Woche lang die Produktion einstellen, was sich auch auf andere Zulieferunternehmen ausweitete. (Vgl. Bensaou/Anderson 1999, S. 461; Christopher 1998, S. 240f.) Aufgrund der hohen Interdependenz im Netzwerk wird auch eine zunehmende Anfälligkeit („Vulnerability“[125]) in Bezug auf exogene Störgrößen beobachtet.

Die Betrachtung exogener Risikoquellen ist für die Beurteilung von Verhaltensrisiken von Bedeutung, da erst durch die Existenz verhaltensunabhängiger Störfaktoren die Problematik entsteht, dass der Prinzipal anhand des beobachtbaren Ergebnis (insofern dieses beurteilt werden kann) nicht auf die Verursachung (durch das Verhalten des Agenten oder andere exogene Faktoren) schließen kann.

3.2.2.2 Netzwerk-endogene Risiken

Das Risiko der **Adversen Selektion** im Supply Chain Netzwerk besteht in der Fehlauswahl von Wertschöpfungspartnern in der Formierung eines Projektnetzwerkes. Informationen über die Fähigkeiten der Netzwerkpartner werden erst nach dem Institutionalisieren des Netzwerks offensichtlich. Anhand verschiedener Kategorien lassen sich Informations-/Risikobereiche bezüglich der Fähigkeiten im Selektionsprozess der Netzwerkpartner beschreiben (vgl. Zsidisin/Ellram 2003, S. 16):

- **Qualität**: Unsicherheit bezüglich der Fähigkeit der Netzwerkpartner, die geforderten Qualitätsstandards in der Leistungserstellung einzuhalten.
- **Responsiveness**: Unsicherheit bezüglich der Fähigkeiten, auf Nachfrageschwankungen und Änderungen in der Zusammensetzung der nachgefragten Leistungsportfolios zu reagieren.

---

[125] Aufgrund der Vernetztheit wird zunehmend die Verwundbarkeit („Vulnerability“) der Supply Chain zum Untersuchungsobjekt. (Vgl. Svensson 2000, S. 731ff.)

- **Technologie**: Mangelnde Kenntnis über die technologischen Fähigkeiten der Netzwerkpartner, insbesondere im Hinblick auf die technologische Weiterentwicklung und Adaption technologischer Neuerungen in dem jeweiligen Leistungsgebiet, erhöhen die Gefahr der Fehlselektion und bilden das Problem des Einsatzes veralterter Technologien im Wertschöpfungsnetzwerk.

- **Produktivität**: Fehleinschätzungen bezüglich der zukünftigen Produktivitätsergebnisse in den einzelnen Leistungsbestandteilen einzelner Netzwerkakteure stellen ein Risiko für das gesamte Netzwerk dar, insofern Substituierbarkeit nicht ohne weiteres gegeben ist.

- **Prognosequalität**: Die den Vertragsverhandlungen und der Netzwerkbildung zugrunde liegenden Prognosen, insbesondere im Kontext langfristiger Vertragsbeziehungen, bergen grundsätzlich erhebliche Unsicherheit aufgrund der Prospektivität. (Vgl. Chopra/Sodhi 2004, S. 54) Zudem bietet die Bereitstellung derartiger Informationen aber auch Spielraum, der bewusst im Sinne eines „Cheating", d.h. die bewusste Weitergabe von Fehlinformationen, ausgenutzt werden kann, insbesondere wenn diese als Informationsbasis für die Preiskalkulation im Kontext der Preisverhandlung dienen.

Die der Adversen Selektion zugrunde liegende Informationsasymmetrie kann noch hinsichtlich einer aktiven (vorsätzlich herbeigeführten) oder passiven Erscheinungsform unterschieden werden. (Vgl. Wathne/Heide 2000, S. 38)

Ein Beispiel für das Problem der Adversen Selektion, welche partnerschaftliche Beziehungen als Kontext aufweist, liefert Walton (1997, S. 87ff.): Im Zusammenhang mit den Bemühungen des Automobilherstellers Ford Corporation partnerschaftliche Beziehungen mit Lieferanten nach japanischem Vorbild aufzubauen sollten weniger Lieferanten mit der Entwicklung und Produktion größerer Baugruppen beauftragt werden. Der Lear Corporation wurde von Ford die vollständige Verantwortung für die Baugruppe „Sitze" des neuen Taurus-Modells übertragen. Lear ging einen Vertrag über das Design und die Produktion der Sitze ein, obwohl Lear wusste, dass dieser nicht erfüllt werden kann. Einer der Hauptgründe im späteren Verlauf lag im Mangel erfahrener Ingenieure, die ein derartiges Projekt bewältigen konnten. Im Ergebnis konnte Lear vereinbarte Fristen nicht einhalten und Preis- wie auch Qualitätsanforderungen nicht erfüllen. (Vgl. Walton 1997, S. 87ff.) In dem Beispiel kommt es zu einer Adversen Selektion aus Sicht des Endproduktherstellers Ford. Dieser hatte keine ausreichenden Informationen über die Fähigkeiten (Qualität, Responsiveness, Technologie und Produktivität) des Lieferanten Lear vor Vertragsabschluss. Die tatsächlichen Eigenschaften und Fähigkeiten des Lieferanten wurden erst im Verlauf des Vertragsverhältnisses offenbar.

Im Supply Chain Netzwerk kann nach Vertragsabschluss das endogene Verhaltensrisiko des **Moral Hazard**[126] in verschiedenen Formen auftreten. Von besonderer Bedeutung für die Koordination im Supply Chain Netzwerk wie auch im Supply Chain Management ist der **Informationsfluss** und das immanente Problem der **Hidden Information**. Die Bereitschaft zur Transparenz - im Sinne der Zurverfügungstellung von Informationen im Netzwerk - ist notwendig, um die Agilität des Netzwerks zu fördern und Ineffizienzen in Bezug auf die physischen Prozesse zu eliminieren. Christopher/Lee (2004) charakterisieren die Agilität des Wertschöpfungsnetzwerks als ein Konzept, welches sich nicht auf ein einzelnes Unternehmen bezieht, sondern in der Synchronisation aller Akteure besteht. Basis bildet eine hohe Transparenz im Wertschöpfungsprozess bezüglich der Nachfragestrukturen und der im Prozess befindlichen Güterströme und Bestände. Die vorsätzliche Fehlkommunikation und Störung des Informationsflusses **(Cheating)** bezüglich der Nachfragestrukturen und Bestandsinformationen kann dabei zu einem Problem werden. Abnehmer sind dadurch in der Lage indirekt „Pufferlager" beim Lieferanten aufzubauen, um somit Lieferengpässe zu vermeiden. Die Fehlkommunikation kann auch als Reaktion auf in der Vergangenheit aufgetretene Schwierigkeiten in Bezug auf die Lieferfähigkeit und die Lieferqualität sein. Um Prozessunterbrechungen zu vermeiden, werden höhere Bedarfe kommuniziert.

Ein weiterer Problemkreis des **Moral Hazard** umfasst sogenannte **Hidden Action** der Netzwerkakteure, die das gesamte Netzwerk negativ beeinflussen. Beispielsweise kann der Einbau fehlerhafter Bauteile oder die Reduktion von Materialqualitäten (vgl. Xu/Beamon 2006, S. 6), insofern die Handlungen unentdeckt bleiben, im Verlauf des Lebenszyklus einer Baureihe zu Imageschäden und Rückrufaktionen führen und somit die im Netzwerk zu verteilenden Überschüsse reduzieren. Auch die fahrlässig von einzelnen Akteuren durch ihr Verhalten, z.B. bei Kapazitätsengpässen oder der Priorisierung anderer Lieferbeziehungen, in Kauf genommenen **Prozessunterbre-**

---

[126] In der Literatur wird das opportunistische Verhalten des Agenten als vorsätzliches Zufügen eines Schadens beim Prinzipal häufig negativ interpretiert. (Vgl. Eggers/Engelbrecht 2005, S. 5; Wathne/Heide 2000, S. 38) Die Maximierung des individuellen Nutzens wird im Kontext dieser Arbeit neutral und ohne moralische Bewertung angenommen. Gleichwohl klar ist, dass aus Sicht des Prinzipals das Verhalten als unfair interpretiert wird.

chungen können negative Auswirkungen für das gesamte Netzwerk besitzen.[127] (Vgl. Chopra/Sodhi 2004, S. 54) Diese rufen Schwankungen in den Lagerbeständen hervor und aufgrund des gleichsam unterbrochenen Cash Conversion Cycle der Netzwerkunternehmen resultieren Schwankungen im Cash Flow, die je nach Ausmaß erhebliche Liquiditätsprobleme verursachen können.

Die Gefahr des **Hold up** wird primär von der Spezifität der einseitig getätigten Investitionen und dem damit determinierten Grad an einseitiger Abhängigkeit beeinflusst (vgl. Schäfer 2004a, S. 266). So kann ein Zulieferunternehmen beispielsweise in jährlichen Nachverhandlungen aufgrund sehr spezifisch errichteter Produktionsanlagen für einen bestimmten Abnehmer einem Hold up ausgesetzt sein, indem der Abnehmer eine Reduktion der Abnahmepreise fordert oder mit Nichtverlängerung des Vertragsverhältnisses droht.[128] (Vgl. Hallikas/Virolainen 2004, S. 51)

Ein Beispiel für eine in der Automobilindustrie aufgetretene und öffentlich diskutierte Situation des Hold up ist in dem Verhalten des Lieferanten Kiekert gegenüber dem Automobilhersteller Ford Corporation zu sehen. Vor dem Hintergrund, dass Kiekert als einziger Lieferant für die Türschlösser der Modelle „Fiesta“ und „Puma“ in einer sehr spezifischen Leistungsbeziehung mit einseitiger Abhängigkeit des Abnehmers stand, wurden zwei Tage lang keine Türschlösser, angeblich aufgrund von Software-Problemen, gefertigt. Die Konsequenz waren Lieferverzögerungen von 3.600 Fahrzeugen und Umsatzausfälle von 100 Millionen Mark. Der Schaden, den andere Lieferanten (Netzwerkmitglieder) aufgrund des Produktionsstillstands erfuhren, wurde nicht beziffert. Der dadurch ausgeübte Druck von Kiekert sollte dessen Verhandlungsposition in Bezug auf Anschlussaufträge verdeutlichen. (Vgl. Picot *u.a.* 2005, S. 184)

Die Mehrzahl wissenschaftlicher Ausführungen analysiert Verhaltensrisiken nach Vertragsabschluss vor dem Hintergrund formaler expliziter Vertragsbeziehungen. In den hier als Untersuchungskontext fokussierten **Supply Chain Netzwerken** werden häufig auch **relationale Verträge** als Basis der Beziehungen angenommen. Diese

---

[127] Von verschiedenen Autoren wird die Zunahme der Störanfälligkeit („Vulnerability“) und der Auswirkungen von Störungen in der Supply Chain beobachtet. Supply Chain Störungen betreffen aufgrund der Interdependenz stets mehrere Unternehmen und lassen sich daher als Domino-Effekt charakterisieren. (Vgl. Christopher/Lee 2004; Jüttner *u.a.* 2003, S. 198)

[128] Hallikas/Virolainen (2004, S. 51) bezeichnen die beschriebene Situation als „Price Escalation Risk“.

bewusst unvollständigen Vertragsbeziehungen, welche eine Kombination formaler Verträge mit impliziten Verhaltensnormen darstellen, sollen Anpassungen (Flexibilität) in Bezug auf sich verändernde Umfeldbedingungen ermöglichen. Opportunistisches Verhalten vor dem Hintergrund von relationalen Verträgen bezieht sich daher auf die Verletzung einer impliziten Verhaltensnorm. (Vgl. Wathne/Heide 2000, S. 40) Beispielsweise würde die einseitige Verweigerung bezüglich einer notwendigen Anpassung an neue Rahmenbedingungen eine Verletzung zuvor implizit vereinbarter Mechanismen darstellen. (Vgl. Xu/Beamon 2006, S. 6) Aufgrund nicht existenter formaler Vereinbarungen gilt derartiges Verhalten als juristisch „legal". Auch das bewusste Herbeiführen („contrived cancellation") von Nachverhandlungssituationen kann als opportunistisches Verhalten im Kontext relationaler Verträge betrachtet werden (Vgl. Williamson 1999, S. 130).[129]

Endogene Risiken sind durch Rückkopplungen innerhalb eines Bezugsystems und aufgrund der Interdependenz im Supply Chain Netzwerk immanent. Dabei kann das resultierende Verhalten auch als bloße Reaktion auf mangelndes Vertrauen im Hinblick auf kooperatives Verhalten aufgefasst werden, wie auch Christopher/Lee (2004, S. 389) erkennen: "The intangible lack of confidence in a supply chain leads to actions and interventions by supply chain managers throughout the supply chain, which collectively, could increase the risk exposure." Dies bedeutet, dass individuelle Vorkehrungen der Netzwerkakteure und daraus abgeleitetes Verhalten das Risiko im Netzwerk unter Umständen nicht reduziert, sondern aufgrund der Unabgestimmtheit (Mangel an Koordination) und der einzelunternehmensbezogenen Reaktion in der Gesamtheit negative Konsequenzen birgt.

Das Hedging von Rohstoffpreisrisiken (exogenes Risiko) in unterschiedlichen Wertschöpfungsstufen kann die Problematik auch in der Automobilindustrie verdeutlichen. Die **Bewältigung** von **exogenen Risiken** kann durch **finanzwirtschaftliches Risikomanagement** mittels derivativer Finanzinstrumente erfolgen. Wird beispielsweise das Risiko der Stahlpreisschwankung (bzw. die Erwartung einer Erhöhung des Rohstoffpreises) durch den Systemlieferanten durch geeignete Instrumente (z.B. Futures oder Optionen) nach Ermittlung der unternehmensspezifischen Risikoposition abge-

[129] Das Beispiel kann sowohl als Hold up als auch als Moral Hazard identifiziert werden, da diese Unterscheidung auf das Offenkundigwerden des Verhaltens gegenüber der betroffenen Vertragspartei abstellt.

sichert, so gilt es dies aus Sicht der nachgelagerten Wertschöpfungsstufe (OEM) zu berücksichtigen. Würde der OEM das Risiko Exposure unter der Annahme, dass keine Hedgingaktivitäten auf vorgelagerten Wertschöpfungsstufen erfolgen, ermitteln, so besteht die Gefahr, dass aufgrund der Abweichung zur tatsächlichen Risikoposition durch den Einsatz von Derivaten zusätzliche Risikopositionen (beim Einsatz von Futures) entstehen oder zumindest Kosten der Risikoabsicherung (z.B. Transaktionskosten oder Optionsprämien) resultieren. Dabei besteht die Herausforderung vor dem Hintergrund der Unabgestimmtheit von finanzwirtschaftlichem Risikomanagement einzelner Unternehmen im Wertschöpfungsnetzwerk darin, dass Risiko Exposure als Grundlage für den Einsatz von Derivaten zu ermitteln. Die Kenntnis in Bezug auf die Risikomanagementaktivitäten einzelner im Supply Chain Netzwerk vor- bzw. nachgelagerter Unternehmen ist von großer Bedeutung, da das Risiko Exposure dadurch verändert wird. So kann finanzwirtschaftliches Risikomanagement kontraproduktiv sein, indem es das Risiko Exposure zusätzlich vergrößert für den Fall, dass bereits vor- und nachgelagerte Unternehmen Risiken gehedged haben oder die Aktivitäten falsch eingeschätzt werden.

In diesem Sinne kann das Risikomanagement selbst als Erscheinungsform der Verhaltensunsicherheit im Netzwerk betrachtet werden. Vorsätzlich unterlassenes und unabgestimmtes Risikomanagement im Netzwerk bildet ein bislang in der finanzwirtschaftlichen Forschung wenig betrachtetes Element. Die Untersuchung des Einflusses von Netzwerkakteuren auf exogene Risiken ist auch in formaler Weise denkbar. Während die Mehrzahl der Beiträge die Wahl des Anstrengungsniveaus lediglich mit der Änderung des Erwartungswertes assoziiert, ist auch eine Kopplung an das Streuungsmaß der stochastischen Einflussgröße möglich. Diese Vorgehensweise und explizite Betrachtung des Einflusses des Agenten auf das Risiko in formalen Modellierungsansätzen fordert auch Godes (2004).

Die Problematik hinsichtlich der endogenen Risiken im Netzwerk besteht darin, dass diese nicht marktfähig sind und somit nicht durch marktmäßig gehandelte Instrumentarien abgesichert werden können. (Vgl. Froot *u.a.* 1993, S. 1650) D.h. einzelne Netzwerkakteure haben nicht die Möglichkeit, die idiosynkratischen Risiken in Bezug auf ihren Cash Flow durch an Märkten gehandelte Kontrakte zu hedgen. Aufgrund der Interaktion und Interdependenz von Finanz- und Güterflüssen im Netzwerk resultieren wie in Kapitel 3.1 dargestellt Schwankungen im Finanzfluss (Cash Flow) und im Finanzierungsbedarf (Net Working Capital) im Wertschöpfungsnetzwerk. Unter den alternativen Annahmen, dass durch Verhaltensrisiken im Netzwerk verursachte Cash Flow-Schwankungen entweder durch Aufnahme externen Fremdkapitals ausgeglichen werden, um die Durchführung eines gewählten Investitionsprogramms zu gewährleisten, oder dazu führen, dass vorteilhafte Investitionsmöglichkeiten aufgrund von Liquiditätsmangel nicht genutzt werden können, entstehen den Unternehmen im Netzwerk zusätzliche Finanzierungs- oder Opportunitätskosten. Zudem bilden sich die Verhaltensrisiken auch im Wert der zu finanzierenden netzwerkspezifischen Aktiva (physische Umlaufvermögen) ab. Deren Wert resultiert aus den unmittelbaren qualitativen Eigenschaften, die aufgrund der Komplementarität der Teilleistungen und Produktkomponenten durch Netzwerkakteure determiniert werden, und mittelbar aus der Liquidierbarkeit, die von der Existenz und dem Fortbestehen des baureihenspezifischen Netzwerks abhängig ist.

3.2.3 Verhaltensunsicherheit determinierende Kontextfaktoren im Supply Chain Netzwerk

Im bisherigen Verlauf der Ausarbeitung wurden die verschiedenen Ausprägungen von Verhaltensrisiken (endogene Risiken) in Netzwerkbeziehungen der Automobilindustrie und deren finanzielle Auswirkungen analysiert. Insbesondere Teile des Working Capital, das physische Umlaufvermögen, unterliegen idiosynkratischen Risiken aufgrund der Netzwerkspezifität und dienen gleichzeitig als Risikopuffer auf Güterflussebene. Die Existenz von Verhaltensrisiken im Netzwerk soll im Folgenden ursächlich analysiert werden, d.h., es werden Konstrukte identifiziert, welche die Möglichkeit opportunistischen Verhaltens einzelner Netzwerkakteure im Supply Chain Netzwerk eröffnen. Je nach Ausprägung werden Verhaltensunsicherheiten verstärkt. Die determinierenden Faktoren sollen dabei in Bezug auf das logistische Leistungsspektrum und das im Netzwerk zu finanzierende Umlaufvermögen analysiert werden.

3.2.3.1 Exogene Risiken

Wird das Resultat einer Leistungsbeziehung außer durch das Verhalten von Akteuren auch durch exogene Faktoren, die nicht in dem Verhalten begründet sind, beeinflusst, so ist keine sichere Inferenz auf die Wahl des Anstrengungsniveaus (Verhalten) des Agenten möglich. (Vgl. Milgrom/Roberts 1992, S. 207) Die **Anzahl** der **exogenen** Risikofaktoren und deren mögliche Interferenzen erschweren probabilistische Schlussfolgerungen (Rückschlüsse). Dem Prinzipal liegen unvollkommene Informationen vor, auf deren Basis nur mit „Wahrscheinlichkeit" auf das Verhalten des Agenten geschlossen werden kann. Der Informationsgehalt (Informativeness) von möglichen beobachtbaren Performancemaßen nimmt mit zunehmenden exogenen Störgrößen ab. (Vgl. Milgrom/Roberts 1992, S. 219) In diesem Kontext ist die Informationsgewinnung hinsichtlich der exogenen Störgrößen vorteilhaft. Wenngleich diese nicht die Situation unvollkommener Information aufheben, ist jedoch das Wahrscheinlichkeitsurteil über das Verhalten des Agenten besser als ohne die Information. (Vgl. Laux 2005, S. 342) Im Wertschöpfungsnetzwerk sind exogene Risiken wie bereits in Abschnitt 3.2.2.2 erläutert ökonomische Risiken, z.B. Preis- und Mengenrisiken.

Betrachtet man das logistische Dienstleistungsspektrum im Untersuchungsfall aus Sicht der Netzwerkunternehmen, so existieren exogene Störgrößen, z.B. ein Verkehrsstau, die zu einem Versorgungsengpass in der Automobilendfertigung führen können und indirekt Auswirkungen auf das gesamte Automobilnetzwerk besitzen. Tritt ein Versorgungsengpass auf, welcher den Produktionsprozess des Endherstellers tangiert, so kann nicht mit Sicherheit auf den Risikocharakter (endogen oder exogen) rückgeschlossen werden.[130] Aus der Perspektive der Bestände finanzierenden Unternehmen lassen exogene Störgrößen in Bezug auf das Bestandsrisiko (z.B. Nachfrageschwankungen am Absatzmarkt, Preisschwankungen) ebenfalls keine eindeutigen Rückschlüsse auf eine möglicherweise verhaltensbedingte Ursache zu.

3.2.3.2 Interessenkonflikte im Supply Chain Netzwerk

Die Unterschiedlichkeit (Divergenz) von Interessen einzelner Akteure im Netzwerk stellt einen wesentlichen Treiber für opportunistisches Verhalten dar.[131] (Vgl. Grandori 2001, S. 245) Eisenhart (1989, S. 62) setzt die Intensität des Zielkonflikts direkt in einen positiven Zusammenhang zur Notwendigkeit der Interessensangleichung durch Anreizverträge, welches impliziert, dass bei besonders ausgeprägten Zielkonflikten die Verhaltensunsicherheit zunimmt. Das Ausmaß an Interessenkonflikten lässt sich bei Betrachtung der Beziehung der Transaktionsparteien zueinander bestimmen. Aufgrund der rechtlichen Autonomie der Netzwerkakteure bleiben Interessenkonflikte im Netzwerk insofern bestehen, dass unter der Annahme der Unternehmenswertmaximierung individuelle Interessen die Netzwerkinteressen dominieren. Die Annahme, dass die individuellen Interessen der Netzwerkmitglieder dabei grundsätzlich konfli-

---

[130] Die Ursachenanalyse ist in der Regel mit einem erheblichen, prohibitiv hohen Aufwand verbunden. Die Möglichkeit der Untersuchung im Einflussbereich von Zuliefer- und Logistikunternehmen ist zudem aufgrund der rechtlichen Autonomie schwierig.

[131] Das Ausmaß des Interessenkonflikts scheint ein vernachlässigter Einflussfaktor im Hinblick auf das Organisationsdesign zu sein, wie auch Grandori bemerkt: „In organizational economics it has been claimed that, more than conflict among the interests per se, it is the opportunism potential that may stem from it that influences the efficiency of various organizational forms." (Grandori 2001, S. 245)

gieren, wäre jedoch zu unreflektiert. Diese können bereits ohne explizite Etablierung von vertraglichen Anreizen in gewisser Weise komplementär sein, da implizite Ansprüche (z.B. aufgrund getätigter spezifischer Investitionen) des einzelnen Unternehmens gegenüber dem Netzwerk existieren, die eine verhaltensstabilisierende Wirkung besitzen. Die Aufrechterhaltung der Geschäftstätigkeit innerhalb des Netzwerks bildet einen Minimalkonsens in Bezug auf die Zielsetzung aller Akteure unter der Annahme, dass es sich um repetitive Transaktionen im Netzwerk handelt.[132] Gleichwohl existieren individuelle Zielsetzungen, die den Netzwerkinteressen entgegenstehen. Die Unternehmenswertsteigerung kann dabei von einzelnen Akteuren zulasten des gesamten Netzwerks erfolgen, ohne dessen Fortbestand grundsätzlich zu gefährden.

Eine weitere bisher unbetrachtete Dimension von Interessenkonflikten von Unternehmen im Netzwerk besteht zudem in der bereits angedeuteten „Embeddedness" von Unternehmen in mehreren Netzwerken, sodass im Sinne eines Multitasking-Problems[133] ein Netzwerkunternehmen bestimmte Netzwerke aufgrund der stärkeren Anreizmechanismen bevorzugt behandelt. Die Existenz solcher Verhaltensrisiken wird von Svensson (2000, S. 738) am Beispiel von Volvo in der Beziehung zu großen Systemlieferanten verdeutlicht. Demnach befürchtet Volvo im Falle von stochastischen Störungen (Kapazitätsengpass) beim Systemlieferanten aufgrund des zu geringen Auftragsvolumens nur nachrangig beliefert zu werden. Die explizite und implizite Anreizwirkung anderer Kunden wird als stärker eingeschätzt und führt im Sinne des Multitasking-Problems zu einer Hierarchisierung von Aufgaben und Leistungsbeziehungen von Unternehmen.

Im Automobilnetzwerk und in der darin etablierten Aufgabenteilungen sind aufgrund der Autonomie einzelner Netzwerkakteure Interessenkonflikte offensichtlich. Deutlich

---

[132] In diesem Kontext wird auf die grundsätzlichen Eigenschaften von Netzwerken als Institution (Organisationsform) Bezug genommen (siehe Abschnitt 2.2.2.2), die sich durch rekurrente relationale Vertragsstrukturen kennzeichnen (vgl. Ring/Van De Ven 1992, S. 485). Der Interessenkonflikt würde unter Annahme des einmaligen Aufeinandertreffens der Akteure deutlich stärker opportunistisches Verhalten nach sich ziehen als in sich wiederholenden Transaktionen, in denen Reputationseffekte als verhaltensstabilisierendes Element auftreten.

[133] Holmstrom/Milgrom (1991, S. 25) analysieren modelltheoretisch die Bedeutung von „Multitask"-Problemen, d.h. die Delegation von simultanen Aufgaben und den verbundenen Zielsetzungen. „In general, when there are multiple tasks, incentive pay serves not only to allocate risks and to motivate hard work, it also serves to direct the allocation of the agents' attention among their various duties." (Holmstrom/Milgrom 1991, S. 25)

wird dies auch in Bezug auf das Umlaufvermögen im Netzwerk und der aus einer Shareholderorientierung abgeleiteten Zielsetzung des Working Capital Management. Im Bestreben, den Finanzierungsbedarf zu reduzieren und Risiken der finanzierten Aktiva-Positionen zu minimieren, versuchen Unternehmen, Lagerbestände zu minimieren, wobei ohne prozessuale Verbesserungen Prozessrisiken zunehmen, d.h. Störungen auftreten können, die das gesamte Netzwerk betreffen (siehe Ausführungen in Abschnitt 3.1.1).

3.2.3.3 Plastizität des Wertschöpfungsprozesses

Der Begriff der Plastizität umschreibt dabei den Umfang der diskretionären Handlungsmöglichkeiten in der Delegationsbeziehung im Hinblick auf die zur Leistungserstellung vom Agenten eingebrachten bzw. diesem überlassenen Ressourcen[134], welche opportunistisches Handeln ermöglichen. Intangible Ressourcen, z.B. Humankapital in Managementaufgaben, zeichnen sich durch eine hohe Plastizität aus und können daher im Vergleich zu physischen Vermögensgegenständen (z.B. Produktionsanlagen) leichter zu opportunistischen Zwecken genutzt werden. (Vgl. Alchian/Woodward 1988, S. 69) Die Gefahr des **Moral Hazard** in Vertragsbeziehungen wird folglich durch die Plastizität der Ressourcen beeinflusst.

In dem ausgewählten **Anwendungskontext** logistischer Dienstleistungen im Wertschöpfungsnetzwerk muss die Plastizität der zur Leistungserstellung notwendigen Ressourcen differenziert betrachtet werden. Im Sinne einer Koproduktion werden von Netzwerkakteuren Teilleistungen im Netzwerk eingebracht, die es im Hinblick auf die Plastizität zu untersuchen gilt.

Aus der Sicht des Logistikdienstleisters kennzeichnet sich das physische Umlaufvermögen, welches im Sinne des externen Faktors der logistischen Dienstleistung zugrunde liegt,[135] per Definition aufgrund der Tangibilität, der hohen Spezifität und der damit korrespondierenden geringen Drittverwendungsmöglichkeit durch eine geringe Plastizität. Von hoher Plastizität ist demgegenüber der Informationsfluss im Supply

---

[134] Die Überlassung von Ressourcen stellt in diesem Kontext auf eine Vertragsbeziehung ab, in der der Prinzipal dem Agenten Vermögensgegenstände zur Nutzung überlässt (z.B. Mietverhältnis, Kreditvertrag).

[135] Siehe auch die Ausführung zu logistischen Dienstleistungen im Automobilnetzwerk in Kapitel 2.2.2.3.

Chain Netzwerk (siehe Abschnitt 3.2.2.2), welcher ebenfalls als „externer Faktor" dem Bestandsmanagement zugrunde liegt. Dieser kann von allen Netzwerkakteuren manipuliert werden. Aus Sicht des Netzwerks, welches die Logistikleistung in Anspruch nimmt, ist die zur Erbringung einer Dienstleistung notwendige Managementleistung, die im Bestandsmanagement und der damit fokussierten bedarfsgerechten Zurverfügungstellung der Vorprodukte im Wertschöpfungsprozess von zunehmender Bedeutung ist, plastisch. Der Leistung erbringende Agent besitzt diesbezüglich im Netzwerk Handlungsspielräume, indem das notwendige Humankapital in anderen Verwendungen ebenfalls eingesetzt werden kann.

3.2.3.4 Beobachtbarkeit der Handlungen im Wertschöpfungsprozess des Netzwerks

Alchian/Woodward (1988, S. 69) konstatieren, dass die zuvor eingeführte Plastizität nur in einer erhöhten Gefahr von Moral Hazard resultiert, wenn die Transaktionsbeziehung (Delegationsbeziehung) hohe Monitoring-Kosten aufweist,[136] d.h., die Beobachtbarkeit des Verhaltens des Agenten sehr gering ist und somit prohibitiv hohe Monitoringkosten verursacht. (Vgl. Holmstrom 1979, S. 74)

In der formalen vertragstheoretischen Modellierung des Prinzipal-Agenten Problems wird **keine Beobachtbarkeit** der Handlungen des Agenten oder exogener Störgrößen („State of Nature") unterstellt. Lediglich das Ergebnis, welches von exogenen Faktoren und dem Verhalten des Agenten beeinflusst wird, ist beobachtbar und somit Gegenstand von Anreizverträgen. Holmström (1979, S. 89) erweitert das Moral Hazard Modell, indem die Möglichkeit des **„imperfekten Monitorings"**, d.h., die Beobachtbarkeit ist eingeschränkt vorhanden, integriert wird. Die Möglichkeit, zusätzliche **Informationen** entweder über das **Verhalten des Agenten** oder die **exogenen Störfaktoren** zu generieren und in Anreizverträge zu integrieren, gilt als vorteilhaft.

Daher ist zur Beurteilung der Gefahr des Moral Hazard die Beobachtbarkeit der Handlungen des Agenten oder von exogenen Störgrößen (z.B. Rohstoffpreise) von Bedeutung. Je leichter Informationen generiert werden können, desto eher können Rückschlüsse auf das tatsächliche Verhalten des Agenten (Netzwerkmitglieder)

---

[136] „(...) plasticity must be combined with high monitoring costs to result in opportunities for moral hazard." (Alchian/Woodward 1988, S. 69)

entweder direkt oder indirekt über das systematische analysieren exogener Parameter berücksichtigt werden.

Im Supply Chain Netzwerk ist die „direkte" Beobachtbarkeit aufgrund der Autonomie und Eigenständigkeit der Agenten grundsätzlich gering. Die Beobachtbarkeit ist dabei auch sehr stark von der Tangibilität der eingesetzten Ressourcen und somit der Leistungsbeziehung an sich abhängig. (Vgl. Grandori 2001, S. 240) Da im Zuge der sich verändernden Wertschöpfungsmodelle die Qualität der Leistungen immer mehr auf intangiblen Produktionsfaktoren beruht, ist die direkte Beobachtbarkeit nur beschränkt gegeben.[137] Die Zunahme der Bedeutung intangibler Produktionsfaktoren ist auch in der Automobilindustrie in den sich verändernden Wertschöpfungsprozessen zu beobachten. So wird in Bezug auf die immer komplexeren Leistungsbündel ein Übergang zu einer „wissensbasierten Güterarchitektur" beobachtet. (Vgl. Verband der Automobilindustrie 2003, S. 48) Ein Problem der Beobachtbarkeit resultiert auch hinsichtlich der qualitativen Eigenschaften der Leistungen und Vorprodukte im Netzwerk. Diese können zum Zeitpunkt der Leistungserbringung häufig aufgrund der technologischen Komplexität der Vorprodukte nur schwer validiert werden.

In Bezug auf das fokussierte Bestandsmanagement durch einen spezialisierten Dienstleister im Netzwerk ist die Beobachtbarkeit des Verhaltens sowohl bei den von anderen Netzwerkakteuren integrierten „externen Faktoren" (Vorprodukte, Kapazitäts- und Bedarfsinformationen) als auch bei der vom Dienstleister eingebrachten Leistung direkt nicht gegeben. Auch Performancemaße, welche ex post überprüfbar sind, wie die Lieferbereitschaft, liefern nur einen Indikator im Hinblick auf die Effizienz der erbrachten Leistung und das Verhalten.[138]

---

[137] Die Schwierigkeit der Überwachung des Verhalten in der Erbringung von Dienstleistungen wird von Eisenhardt (1985, S. 141) auch auf die geringe Standardisierbarkeit und Festlegung von Abläufen („Task Programmability") zurückgeführt. Dies führt dazu, dass die quantitative Messung kein adäquates Instrument zur Überwachung darstellt und Überwachung insgesamt als Instrument zur Reduktion von Verhaltensunsicherheit an Wirkung einbüßt.

[138] In Bezug auf das veränderte Leistungsspektrum von Logistikdienstleistern bildet die Intangibilität der erbrachten Leistung einen Komplexitätstreiber, welcher die Standardisierung der Leistung und somit marktliche Austauschbeziehungen zunehmend erschwert (siehe Kapitel 2.2.2.3).

3.2.3.5 Interdependenz zwischen Aktivitäten im Wertschöpfungsprozess

Wechselseitige Interdependenz – abzugrenzen von Dependenz im Sinne einseitiger Abhängigkeit – im Netzwerk stellt einen weiteren Einflussfaktor auf Verhaltensrisiken nach der vollzogenen Netzwerkbildung dar. Das beobachtbare Ergebnis wird demnach nicht mehr nur von einem Agenten, sondern im Sinne eines Multi-Agenten-Ansatzes durch mehrere Netzwerkakteure beeinflusst. Im Supply Chain Netzwerk ist diese Interdependenz in sofern gegeben, da eine Komplementarität der Leistungen vorliegt und die Qualität der Gesamtleistung den Erfolg des Netzwerkes determiniert. So führen permanente Lieferverzögerungen zu einem möglichen Imageschaden, der den Gesamtabsatz negativ beeinflusst. Innerhalb des Supply Chain Netzwerks der Automobilindustrie kann die Interdependenz verdeutlicht werden. Qualitätsprobleme und Lieferverzögerungen bei einzelnen Systemlieferanten tangieren indirekt den Erfolg der „guten" Lieferanten. Durch den zentralen Akteur im Netzwerk, den OEM, übertragen sich diese Störungen auf Lieferanten gleicher Wertschöpfungsstufen. Wilding (1998, S. 604) charakterisiert diesen Effekt im Netzwerk als „Parallel Interactions" zusätzlich zu den offensichtlicheren „Serial Interactions" zwischen vor- und nachgelagerten Wertschöpfungsstufen. Die Interdependenz ist in diesem Sinne Ergebnis einer Wertschöpfungsarchitektur. Verhaltensänderungen und exogene Störgrößen lösen in interdependenten Netzwerken bei mehreren Akteuren Reaktionen aus, sodass im Sinne von Komplexität das Gesamtverhalten schwieriger vorherzusagen ist und im umgekehrten Fall nicht mehr auf das Verhalten eines einzelnen Netzwerkmitglieds zurückzuführen ist.

Im Kontext von Supply Chain Netzwerken ist die Interdependenz in Bezug auf den physischen Güterfluss als sequenziell zu charakterisieren, jedoch ist aufgrund der großen Bedeutung der Informationsflüsse im Netzwerk in gewisser Hinsicht auch reziproke Interdependenz vorhanden (vgl. Dubois *u.a.* 2004, S. 6).[139] Müller (2005a, S. 725) konstatiert mit Blick auf die Interdependenz: „Im Sinne des Principal-Agent-Ansatzes steigen mit der Höhe des Interdependenzgrades auch die potenziellen Informationsasymmetrien und damit das Ausmaß opportunistischen Handelns." Diese verkürzte Aussage soll dezidierter betrachtet werden. Mit Zunahme der Interde-

---

[139] Grandori (2001, S. 242) unterscheidet zwischen kooperativer Interdependenz, der die Nutzung gemeinsamer Ressourcen zugrunde liegt, und transaktionaler Interdependenz, die sich durch den Austausch von Ressourcen kennzeichnet.

pendenz und der Komplexität des Supply Chain Netzwerks sind eindeutige Kausalitäten und Rückschlüsse auf das Verhalten einzelner Netzwerkmitglieder schwieriger zu identifizieren. Daher büßen Sanktionsmechanismen in Verbindung mit Monitoringinstrumenten als Bewältigungsstrategien von Moral Hazard an Anwendbarkeit ein. Dies bedeutet, dass die Möglichkeit opportunistischen Handelns und des Unentdecktbleibens sich mit zunehmender Interdependenz erhöht. In Verbindung mit der stärkeren Integration von Logistikdienstleistern erhöht sich die Zahl der Akteure mit relevantem Einflusspotenzial zahlenmäßig und führt gleichzeitig auch zu einer Komplexitätssteigerung des Netzwerks. (Vgl. Hallikas/Virolainen 2004, S. 45)

3.2.3.6 Wissensasymmetrie zwischen Netzwerkakteuren

Bisherige Ausführungen stellten primär auf den Aspekt der Informationsasymmetrie ab, wobei unter Informationen Fakten über Tatsachen und Verhalten verstanden werden, welche gegebenenfalls im Sinne der Informationsgewinnung generiert werden können. Eine erweiterte Betrachtung zielt auf die Fragestellung ab, ob der Prinzipal selbst bei vollständiger Information über die Eigenschaften und Handlungen des Agenten in der Lage wäre, diese entsprechend zu verarbeiten und die richtigen Konsequenzen zu ziehen. Diese adäquate Interpretation setzt Wissen des Prinzipals voraus, d.h., der Prinzipal verfügt über eine Theorie zumindest über ein mentales Modell zur Verarbeitung und Interpretation der Informationen. Vor dem Hintergrund, dass Delegationsbeziehungen mit dem Motiv der Spezialisierung[140] auch in Bezug auf Wissen entstehen, liegt in Delegationsbeziehungen nicht nur eine Informations-, sondern auch eine Wissensasymmetrie[141] vor, wobei der Agent aufgrund der Spezialisierung i.d.R. das zur Aufgabenerfüllung relevante Wissen besitzt. (Vgl. Minkler 1993, S. 570ff.; Grandori 2001, S. 239f.)

---

[140] Ein Ziel der Bildung von Wertschöpfungsnetzwerken stellt die Generierung von Wettbewerbsvorteilen durch weitergehende Spezialisierung in den arbeitsteiligen Strukturen dar. (Vgl. Hallikas/Virolainen 2004, S. 46) Das Ausmaß der Spezialisierung in den leistungswirtschaftlichen Strukturen wurde in Abschnitt 2.1.3 und Abschnitt 2.2.2.3 im Kontext der europäischen Automobilindustrie skizziert.

[141] In Anlehnung an die Entscheidungstheorie charakterisiert Minkler (1993, S. 571) die Folgen von verteiltem Wissen wie folgt: „Dispersed knowledge causes structural uncertainty, the type of uncertainty that exists if a decision-maker cannot ex ante specify all relevant alternatives or outcomes. In contrast, a weaker form of uncertainty, parametric uncertainty, common to the asymmetric information approaches, exists when a decision-maker can specify all possible alternatives ex ante, but does not know which of these outcomes will prevail."

Die Tatsache, dass Wissen im Netzwerk verteilt ist und nicht von allen Netzwerkmitgliedern geteilt wird, potenziert das Verhaltensrisiko insofern, dass in der Literatur diskutierte Mechanismen zum Informationsasymmetrieabbau nur teilweise wirksam sind und insofern erweitert werden müssen, dass zunächst Wissen aufgebaut werden muss. Daher besteht bei ausgeprägten Wissensasymmetrien eine größere Gefahr in Bezug auf das Risiko des Moral Hazard und der Adversen Selektion, da Schutzmechanismen an Wirksamkeit einbüßen. In der Etablierung „neuer" Wertschöpfungsmodelle, die eine stärkere Integration von neuen Akteuren (Logistikdienstleistern) in das Netzwerk fokussieren, liegt zu Beginn der Zusammenarbeit ein besonderes Maß an Wissensasymmetrie vor. Technologisches wie auch prozessuales Wissen sind zu Kooperationsbeginn nur in geringem Maß vorhanden und muss durch Lernprozesse zunächst aufgebaut werden.

3.2.3.7 Spezifität[142] der wechselseitigen Investitionen

Die Bereitschaft der Akteure im Supply Chain Netzwerk, spezifische Investitionen zu tätigen, wird im Allgemeinen als Quelle von Wettbewerbsvorteilen und daraus resultierenden Wertsteigerungen aufgrund der Komplementarität[143] der eingesetzten Ressourcen und Fähigkeiten betrachtet. (Vgl. Madhok/Tallman 1998, S. 326) Spezifität liegt demnach vor, wenn Ressourcen in Verbindung mit einer anderen bestimmten Ressource oder Aktivität einen höheren Wert erzielen als in einer alternativen Transaktionsbeziehung. (Vgl. Grandori 2001, S. 236) Die Wertdifferenz zwischen der erstbesten und der nächstbesten Verwendung abzüglich der durch den Transfer entstehenden Kosten stellt die appropriierbare „Quasi-Rente" dar. (Vgl. Klein *u.a.* 1978, S. 298; Grandori 2001, S. 237) Bei der Spezifität werden in Anlehnung an Williamson (1999, S. 59) verschiedene Unterformen charakterisiert:

- „Site Specificity": Spezifität hinsichtlich der örtlichen Lage kommt beispielsweise in der Ansiedelung von Immobilien oder Produktionsanlagen an einem transaktionsspezifischen Ort zum Ausdruck. In der Automobilindustrie stellen

[142] Der Begriff der Spezifität wurde zu einem zentralen Begriff in der Transaktionskostentheorie. Durch Klein *u.a.* (1978) wurde der Begriff der „Asset Specificity" geprägt und darauffolgend auch von Williamson übernommen, der bis dahin den Ausdruck „Idiosyncracy" (Williamson 1975, S. 29) verwendete.

[143] Zum Thema Komplementarität von Ressourcen siehe beispielsweise Grandori (2001, S. 232).

Ansiedelungen von Zulieferunternehmen in der Nähe des Herstellers oder sogar auf dessen Gelände Beispiele für eine hohe Lagespezifität dar.

- „Physical Asset Specificity": Werden für die Transaktionsbeziehung Maschinen und technische Ausrüstung benötigt, welche in einer alternativen Verwendung keinen oder nur einen geringen Wert besitzen, so handelt es sich um spezifische Gegenstände. Typische spezifische Güter sind beispielsweise Werkzeuge (z.B. Stanzwerkzeuge) zur Produktion herstellerspezifischer Teile. (Vgl. Klein *u.a.* 1978, S. 308)

- „Human Asset Specificity": In den heutigen Transaktionsbeziehungen stellen der Einsatz und die Generierung von spezifischem Wissen und Fähigkeiten einen bedeutenden Faktor dar und kennzeichnen sich durch einen intangiblen Charakter. (Vgl. Subramani/Venkatraman 2003, S. 47) Das spezifische in der Transaktionsbeziehung erlernte respektive aufgebaute Wissen weist eine beschränkte Übertragbarkeit auf andere Leistungsbeziehungen auf. (Vgl. Monteverde/Teece 1982, S. 207)

- „Dedicated Assets": Diese Unterart der Spezifität stellt mehr auf die durch eine spezifische Leistungsbeziehung hervorgerufene Entscheidung in Bezug auf die bereitgehaltenen Fähigkeiten ab, die selbst keinen spezifischen Charakter besitzen. So stellt die Kapazitätserweiterung für einen bestimmten Auftrag ein Beispiel für diese Form der Spezifität dar, die im Falle einer frühzeitigen Beendigung aufgrund der Überkapazität u.U. zu Preisnachlässen führt, um die notwendige Auslastung zu gewährleisten.

- „Intangible Assets": Neben bereits betrachteten physischen Vermögensgegenständen und Humankapital ist noch eine weitere Güterklasse mit Spezifität zu betrachten. Intangible Güter, wie beispielsweise Markennamen, können ebenfalls spezifischen Charakter besitzen.

Spezifische Investitionen steigern die Gefahr opportunistischen Verhaltens,[144] welches sich in Form des Hold up nach Vertragsabschluss manifestiert. (Vgl. Hallikas

[144] „The risk of opportunistic behavior is ever present, even more so when specialized investments are greater, and firms must have recourse to safeguards." (Madhok/Tallman 1998, S. 334)

u.a. 2005, S. 74) Aus der Unvollständigkeit der vereinbarten Verträge resultiert die Möglichkeit, dass einzelne Netzwerkakteure ex post ihrer Quasi-Rente enteignet werden. Die Bereitschaft eines Unternehmens, spezifische Investitionen zu tätigen, ist in großem Maß von der Beurteilung der daraus resultierenden Abhängigkeit bestimmt. Antizipieren Unternehmen die resultierende „Spezifitätsasymmetrie" ihrer Investitionen, so werden diese weniger bereit sein, diese Investitionen zu tätigen. (Vgl. Dietl 1995, S. 577) Die einseitige Abhängigkeit wird auch als „Lock-In"-Effekt[145] bezeichnet, da ein Auflösen der eingegangen Transaktionsbeziehung nur unter erheblichem Wertverlust in den spezifischen Investitionen, die teilweise Sunk Costs darstellen, möglich ist.

Diese spezifitätsbedingten Abhängigkeiten erhöhen jedoch nicht nur die Anfälligkeit bezugnehmend auf endogene Risiken, sondern auch die Verwundbarkeit des Supply Chain Netzwerks („Vulnerability"[146]) durch exogene Ereignisse, da Netzwerkakteure nur unter hohen Switching Costs substituiert und kompensiert werden können.[147] Treten exogene Risiken bei einem Akteur im Supply Chain Netzwerk auf, wird dies Effekte auf das gesamte Netzwerk haben. (Vgl. Bensaou/Anderson 1999, S. 461; Ghosh/John 2005, S. 349; Wathne/Heide 2000, S. 39; Ahmadjian/Lincoln 2001, S. 687)

In dem Untersuchungsfall Automobilnetzwerk (siehe Kapitel 2.2.4) handelt es sich bei den mit der Netzwerkkonfiguration entstehenden Kosten (administratives Setup und individuelle Gestaltung der Wertschöpfungsprozesses und Schnittstellen) um spezifische Vorleistungen mit Sunk Costs-Charakter, welche von allen Akteuren im Netzwerk in gewissem Umfang wechselseitig getätigt werden. Gegebenenfalls notwendige Investitionen ins Anlagevermögen aber auch die netzwerkspezifischen Investitionen in das in der Ausarbeitung fokussierte Umlaufvermögen einzelner Netzwerkakteure bilden multilaterale idiosynkratischen Investitionen. Die Wirkung dieser

---

[145] Den „Organizational Lock-in" im Kontext von Supply Chains als Ursache von Risiken beschreiben auch Hallikas/Virolainen (2004, S. 55).

[146] Svensson (2000) analysiert und konzeptualisiert die Verwundbarkeit („Vulnerability") im Kontext der Supply Chain. Das Problem lässt sich unter anderem auf die Spezifität der Leistungsbeziehungen und den daraus resultierenden Lock-in Effekt zurückführen, der insbesondere durch neue Konzepte der Zusammenarbeit wie JIT oder die Prinzipien des „Lean Management" entsteht.

[147] Grandori verbindet den Begriff der Spezifität mit einer geringen Substituierbarkeit. (Vgl. Grandori 2001, S. 232)

Investitionen als „wechselseitige Geiseln" (Mutual Hostage) wird grundsätzlich als kooperationsstabilisierend beschrieben. (Vgl. Jap/Anderson 2003, S. 1687) Die Verlagerung und Bündelung von Umlaufvermögen im Eigentum des Logistikdienstleisters im Automobilnetzwerk führt jedoch zu einer Spezifitätsasymmetrie zwischen den Akteuren, welche einseitige Abhängigkeiten etablieren und damit opportunistisches Verhalten ermöglichen.

3.2.3.8 Machtasymmetrien im Supply Chain Netzwerk

In idealtypisch marktlichen Transaktionsbeziehungen vor dem Hintergrund vollkommener Konkurrenz ist Macht auf alle Akteure gleich verteilt wie auch Stigler (1968, S. 181) beschreibt: „Das Wesen der vollständigen Konkurrenz ist (...) die völlige Verteilung der Macht" (zitiert nach Richter/Furubotn 2003, S. 17). In Netzwerkbeziehungen sind diese idealisierten Bedingungen keinesfalls gegeben. Im Allgemeinen kennzeichnen sich interorganisationale Beziehungen (im konkreten Kontext vertikale Wertschöpfungsbeziehungen) häufig durch Machtasymmetrien. (Vgl. Subramani/Venkatraman 2003, S. 46; Friedberg/Neuville 1999)

Zur Beurteilung der Abhängigkeit in Zulieferbeziehung[148] wird häufig implizit auf die **Nachfragemacht** und als Maß der asymmetrischen Machtverteilung auf das Verhältnis des aus der Transaktionsbeziehung erwachsenden Umsatzes am Gesamtumsatz der jeweiligen Unternehmen abgestellt. (Vgl. Sydow 1999, S. 91) Maloni/Benton (2000, S. 50) identifizieren im speziellen in der Automobilindustrie Machtungleichgewichte unter Rückgriff auf die Betrachtung der zahlenmäßigen Verhältnisse von Endproduktherstellern zu Lieferanten. Die oligopolistischen Strukturen zwischen Endherstellern und Zulieferunternehmen, die durch Analyse der Marktkonzentration auf Zulieferseite und Seite der OEMs offensichtlich werden, werden als Machtbasis für die Durchsetzung neuer arbeitsteiliger Strukturen in den Zulieferbeziehungen betrachtet.[149] Der daraus entwickelte Maßstab spiegelt jedoch nur teilweise das

---

[148] Die Übertragung der Erkenntnisse aus der Analyse einzelner Zulieferbeziehungen in den Netzwerkkontext, insbesondere in den Kontext von Supply Chain Netzwerken erscheint sinnvoll, da diese sich auf einer formal expliziten Ebene durch eben solche Zulieferbeziehungen auszeichnen.

[149] Wie in Kapitel 2.1.3 dargestellt ist in der Automobilindustrie die zunehmende Konzentration von Zulieferunternehmen zu beobachten, wodurch sich vermehrt bilateral oligopole Industriestrukturen bilden.

Machtungleichgewicht wider,[150] da die technologischen Abhängigkeiten und einseitig idiosynkratischen Investitionen keine Berücksichtigung finden. Die Verteilung von Macht im Supply Chain Netzwerk ist eng verbunden mit der Spezifität der Wertschöpfungsbeziehung. Machtasymmetrien können einerseits durch einseitige spezifische Investitionen resultieren und stellen damit das Ergebnis der Spezifität dar. (Vgl. Cox *u.a.* 2002, S. 19) Aufgrund hochspezifischer Güter und Dienstleistungen sowie hoher Anteile idiosynkratischer[151] Investitionen resultiert auf unternehmensstrategischer Ebene eine geringe Substituierbarkeit einzelner Supply Chain Akteure und somit zwar wechselseitige, jedoch teilweise ungleichgewichtige Abhängigkeit.[152] (Vgl. Hallikas/Virolainen 2004, S. 56) Zum anderen wird in Antizipation von Machtasymmetrien die Bereitschaft, spezifische Investitionen zu tätigen, determiniert und somit die durch Zusammenarbeit erzielbare ökonomische Rente[153] beeinflusst (vgl. Houston/Johnson 2000, S. 4; Teece 1996, S. 219). Um spezifische Investitionen zu ermöglichen, sind folglich Mechanismen notwendig, die einen Absicherung („Safeguarding") gegen die opportunistische Nutzung von Macht in Nachverhandlungen darstellen, z.B. durch einen Ausgleich („Balancing") der Abhängigkeit.[154] (Vgl. Subramani/Venkatraman 2003, S. 46; Heide/John 1988, S. 24; Hallikas/Virolainen 2004)

---

[150] Eine ausführliche Diskussion von Macht in Lieferbeziehungen und deren Ursache liefern Maloni/Benton (2000, S. 53ff.).

[151] Zur Bedeutung idiosynkratischer Investitionen und daraus resultierender Probleme in Buyer-Supplier-Relationships siehe auch Jap/Ganesan (2000), Bensaou/Anderson (1999) und Jap/Anderson (2003).

[152] Ein Ungleichgewicht innerhalb des Supply Chain Netzwerks lässt sich auf die Existenz eines fokalen Unternehmens zurückführen. Es besitzt aufgrund seiner Machtstellung besonderen Einfluss auf die übrigen Netzwerkunternehmen. Supply Chain Netzwerke kennzeichnen sich häufig durch solche fokale Eigenschaften eines beteiligten Unternehmens. Zum Thema fokale Unternehmensnetzwerke siehe ausführlich Child/Faulkner (1998, S. 122f.).

[153] Der Begriff der Rente wird in der Theorie unterschiedlich verwendet. (Vgl. Burr 2003, S. 128; Cox *u.a.* 2002, S. 17) Eine sehr allgemeine Definition liefert Barney (1994, S. 116): „A firm earns an economic rent when it earns a rate of return on the resources and capabilities it controls greater than what is needed to attract those resources and capabilities to the firm." Die Betrachtung kann auf die gesamte Supply Chain erweitert werden, die erzielte und zu verteilende ökonomische Rente ist dabei von der Höhe der spezifischen Investitionen abhängig.

[154] In der Literatur mit Fokus auf interorganisationale Beziehungen werden primär transaktionsbezogene Elemente als Instrument zur Absicherung betrachtet. So stellt beispielsweise die Verringerung der Substituierbarkeit („Replaceability") durch die „schwächere" Partei ein Instrument dar. (Vgl. Heide/John 1988, S. 24ff.) Eine Systematisierung der Mechanismen zur Absicherung nehmen Gierl/Bambauer (2002, S. 335) vor und unterscheiden in vertragliche und auf die Beziehungsqualität abstellende Elemente.

In Bezug auf die Rolle des Logistikdienstleisters im Untersuchungsfall sieht sich dieser nach Netzwerkeintritt als neues Netzwerkmitglied. Die bestehenden Netzwerkunternehmen gewähren dem Dienstleister den Zugang,[155] wodurch dieser die Möglichkeit bekommt, netzwerkspezifisch **kritische Ressourcen**[156] (z.B. in Form von Humankapital) aufzubauen, die seine Substituierbarkeit verringern und somit seine Verhandlungsposition ex post stärken. In diesem Kontext ist die Abgrenzung von **kritischen Ressourcen** zu **spezifischen Ressourcen** notwendig, wobei die Begrifflichkeiten weder synonym noch zwangsläufig komplementär zueinander sind. Das Merkmal einer kritischen Ressource leitet sich primär aus der Knappheit und somit indirekt von der Imitierbarkeit/Substituierbarkeit ab. Das Eigentum und damit die Kontrolle über kritische Ressourcen stellt eine Machtbasis dar. (Vgl. Rajan/Zingales 1998, S. 388; Cox *u.a.* 2002, S. 33) Der Aufbau von netzwerkspezifischen Fähigkeiten durch den Logistikdienstleister lässt sich als eine **spezifische und kritische Ressource** im Netzwerk beschreiben. Das Zusammentreffen der beiden Eigenschaften stellt quasi ein Gleichgewicht zwischen der Abhängigkeit, die aus der Spezifität resultiert, und dem eigenen Machtpotenzial aufgrund der kritischen Eigenschaft dar.

Das Eigentum an den netzwerkspezifischen Beständen (Umlaufvermögen) ist unter dem Aspekt der Machtasymmetrie dann unproblematisch, wenn die Bestände einen netzwerkspezifischen und gleichzeitig kritischen Charakter besitzen, d.h., der Eigentümer die Verfügbarkeit „verknappen" kann und die Substituierbarkeit nur beschränkt gegeben ist, was im Fall der Bestände im Eigentum der Lieferanten der Fall ist. Die Übernahme des Eigentums an Beständen durch den Logistikdienstleister (vergleichbar einem Händler) kennzeichnet sich jedoch lediglich durch ein hohes Maß an Spezifität. Die Bestände verlieren für den Logistikdienstleister ihre kritische Eigenschaft, da dieser die Verfügbarkeit im Netzwerk nicht dauerhaft verknappen kann. Die Be-

---

[155] Neben dem Eigentum über kritische Ressourcen identifizieren Rajan/Zingales (1998, S. 388) den Zugang zu kritischen Ressourcen als Ursache von Macht und damit als Instrument zur Allokation von Macht: „We define access as the ability to use, or work with, a critical resource. If the critical resource is a machine, access implies the ability to operate the machine; if the resource is an idea, access implies being exposed to the details of the idea; if the resource is a person, access is the ability to work closely with the person."

[156] In der Literatur wird der Begriff der „critical assets" und „critical ressources" synonym verwendet. (Vgl. Cox *u.a.* 2002, S. 6)

stände können von dem Netzwerk mittelfristig substituiert werden.[157] Die Machtposition würde sich durch die Übernahme des Eigentums an netzwerkspezifischen Beständen folglich verschlechtern, da sich das Verhältnis somit durch einseitig ungleichgewichtige Abhängigkeit kennzeichnet.

3.2.3.9 Reputation der Netzwerkakteure

Reputation kann als intangibler Vermögensgegenstand aufgefasst werden, welcher in der Repetitivität von Austausch- und Vertragsbeziehungen aufgebaut wird. Die Reputation verkörpert somit eine intertemporale dynamische Komponente in verschiedensten sozialen Beziehungen. Gleichsam einem „Track Record" verkörpert Reputation Verhalten in vergangenen Beziehungen und bildet die Grundlage für zukünftige Transaktionen. (Vgl. Theurl 2005, S. 170) Gemäß dem Extrapolationzprinzip dient die Reputation als Surrogat für nicht beobachtbare Handlungen in Transaktionsbeziehungen und fördert das Vertrauen im Hinblick auf zukünftig wohlwollendes Verhalten der jeweils anderen Transaktionspartei. (Vgl. Schäfer 1999, S. 10) Der Aufbau von Reputation als Basis für Vertrauen kann dabei einerseits direkt aufgrund vergangener identischer Transaktionsbeziehung erfolgen. Zum anderen sind auch Sekundärerfahrungen, d.h. Erfahrungen, die von anderen Transaktionspartnern übernommen werden, Bestandteil der Reputation.[158] Weiteres wichtiges Element für die Bildung von Vertrauen ist das Kalkulationsprinzip. Aus Sicht des Vertrauensgebers ist Vertrauen auf Basis der Reputation lediglich dann rational, wenn dieser den Nutzen, welcher der anderen Transaktionspartei im Fall opportunistischen Handelns entsteht, geringer einschätzt als die Sanktionskosten (Reputationsverlust).[159] (Vgl. Schäfer 1999, S. 12) Vor dem Hintergrund sich mit hoher Wahrscheinlichkeit wiederholender Transaktionsbeziehungen ist der Erhalt und Aufbau von Reputation als investiver Vorgang von Akteuren rational. (Vgl. Williamson 1999, S. 259; Schäfer 1999, S. 12)

---

[157] Sicherlich kann unter Bezugnahme auf die Zielsetzung eines reibungslosen Güterflusses den Beständen im Netzwerk kurzfristig der Charakter einer kritischen Ressource zugebilligt werden. Jedoch kann der Logistikdienstleister nicht längerfristig mit Nichtlieferung der Vorprodukte drohen, da die Bestände selbst nach relativ kurzer Zeit zu ersetzen sind.

[158] Schäfer (1999, S. 10) beschreibt den Vertrauensbildungsprozess im Kontext von Bankdienstleistungen und unterscheidet im Hinblick auf die Erfahrungen, die in die Zukunft extrapoliert werden, in unmittelbare Erfahrungen im Hinblick auf die Dienstleistung und in mittelbare Erfahrung über das Verhalten der anderen Transaktionspartei (z.B. Bank) gegenüber Dritten.

[159] Reputationskapital entfaltet im Sinne des Kalkulationsprinzips die Wirkung eines Pfandes.

In Bezug auf die einer hohen Dynamik unterliegenden Formen der Zusammenarbeit in der Automobilindustrie kann Reputation nur teilweise als wirksamer Mechanismus zur Stabilisierung des Verhaltens wirken. Die Netzwerkakteure treten zwar wahrscheinlich wiederholt in engere Transaktionsbeziehungen ein, diese sind möglicherweise aufgrund der Veränderungsprozesse neuartiger Natur. In neuen Arbeitsteilungsmodellen existiert Unsicherheit darüber, ob die Reputation als Indikator für zukünftiges Verhalten und Qualitätseigenschaften herangezogen werden kann, da sich Anforderungen hinsichtlich der zu erbringenden Leistungen und die Risikostrukturen verändern, insbesondere bei der verstärkten Einbindung logistischer Dienstleister.[160] Entscheidend wird in diesem Zusammenhang der **Informationsgehalt** der **Reputation** sein. Unterschiede diesbezüglich können anhand des Logistikdienstleisters verdeutlicht werden. Reflektiert die Reputation eines Logistikdienstleister eine hohe „Zuverlässigkeit" im Hinblick auf das klassische Leistungspektrum, so wird diese im Hinblick auf die Rekonfiguration von Wertschöpfungsstrukturen und den damit verbundenen neuen Aufgabengebieten nur eine geringe Vertrauenswirkung entfalten. Im Gegensatz dazu wird einem LDL, dessen Reputation diesen als „anpassungsfähig" und „innovativ" charakterisiert, im Untersuchungskontext durch die übrigen Netzwerkakteure (OEM und Lieferanten) mehr Vertrauen entgegengebracht werden. Aufgrund fehlender expliziter Erfahrungen in den intendierten Wertschöpfungstrukturen ist die Wirksamkeit von Reputation im Sinne der Extrapolation von Verhalten nur bedingt möglich.

3.2.4 Zusammenfassende Risikoanalyse im Untersuchungsfall: Umlaufvermögensfinanzierung im Supply Chain Netzwerk der Automobilindustrie

Die Bedeutung von Beständen für das gesamte Netzwerk wurde bereits im Kontext des Finanzierungsbedarfs (siehe Abschnitt 3.1.1) diskutiert. Der **Netzwerkakteur** (z.B. der Logistikdienstleister), welcher das **Eigentum an netzwerkspezifischen Beständen** besitzt und als Dienstleistung die Warenverfügbarkeit im Netzwerk gewährleisten muss, sieht sich neben dem **Prozessrisiko** auch dem **Bestandsrisiko** ausgesetzt, welches im Supply Chain Netzwerk durch verschiedene Akteure beein-

[160] Die gestiegene Komplexität in den Lieferketten und die damit wachsende Herausforderung für die Koordination logistischer Prozesse beschreibt auch Romano (2003, S. 119ff.).

flusst wird. Durch unbewusst oder bewusst verzerrte Nachfrage- und Angebotsinformationen von Netzwerkunternehmen auf Absatz- und Lieferantenseite resultieren überhöhte Bestände, die zusätzlichen Finanzierungsbedarf auslösen. Gleichzeitig sieht sich das gesamte Netzwerk im Fall einer nicht ausreichenden Lagerhaltung einzelner Unternehmen der Gefahr von Prozessstörungen ausgesetzt, wenn das bestandsführende Unternehmen zur Verbesserung seines Ergebnisses durch Bestandsreduktion das Prozessrisiko erhöht. (Vgl. Frohn 2006, S. 110)

Im Hinblick auf die zu finanzierenden Bestände im stilisierten Untersuchungsfall (siehe Kapitel 2.2.4) lässt sich in Anlehnung an die zuvor skizzierten Faktoren, die Verhaltensunsicherheit begünstigen, folgende Beurteilung im Netzwerk vornehmen. Dabei werden die Determinanten aus der Perspektive des bestandsführenden Unternehmens, aber auch aus der Perspektive der verbleibenden Netzwerkakteure analysiert.

Betrachtungsperspektive / **Verhaltensunsicherheit begünstigender Faktor**	**Aus Sicht des bestandsführenden Unternehmen (z.B. LDL) gegenüber Netzwerkakteuren**	**Aus Sicht der Netzwerkunternehmen gegenüber bestandsführenden Unternehmen (z.B. LDL)**
Exogene Risiken Nachfrage- und Angebotsschwankungen auf Absatz- und Vorproduktmärkten	Lieferengpässe bei Zulieferunternehmen und Nachfrageschwankungen auf Abnehmerseite sind teilweise exogener Natur, wodurch kein eindeutiger Rückschluss auf Verhalten der Netzwerkunternehmen möglich ist.	Versorgungsengpässe können durch bestandsführendes Unternehmen bewusst in Kauf genommen werden. Exogene Risiken erschweren klare Fehlerzuordnung.
Interessenkonflikt Autonome Unternehmensziele	Bestandsreduktion zur Verringerung des Finanzierungsbedarfs.	Hohe Verfügbarkeit der komplementären Teilleistungen für reibungslosen Prozessablauf als Primärinteresse gegenüber bestandsführenden Unternehmen.
Plastizität Dienstleistungsbezogene Inputfaktoren (immaterielle Managementleistung, materielle/immaterielle externe Faktoren)	Manipulation der Nachfrageinformation (Cheating) als immaterieller externer Faktor kann zur überhöhten Bevorratung zur Gewährleistung der Versorgungssicherheit führen. Physisches Umlaufvermögen als externer Faktor ist grundsätzlich weniger plastisch, Möglichkeit jedoch der verdeckten Qualitätsreduktionen.	Managementleistung in Bezug auf Bestandsführung ist intangibel und plastisch und für andere Zwecke verwendbar.
Beobachtbarkeit Autonomie reduziert Beobachtbarkeit und fördert Informationsasymmetrie	Verhalten der Netzwerkunternehmen kann nicht direkt beobachtet werden.	Verhalten des bestandsführenden Unternehmens kann nicht direkt beobachtet werden.
Interdependenz Wechselseitige Verhaltensabhängigkeit in Verbindung mit exogenen Risiken	Schuldzuweisungen auf andere Netzwerkakteure und netzwerkexogene Faktoren sind möglich. Rückschlüsse auf tatsächliches Verhalten werden dadurch erschwert.	

Wissen Spezialisierung der Geschäftbereiche erhöht Wissensasymmetrie	Bestandsführendes Unternehmen kann nur in geringem Maße die Geschäftsprozesse und eingesetzten Technologien der anderen Netzwerkunternehmen überblicken und kritische Einflussfaktoren identifizieren.	OEM besitzt spezifisches Know-How bezüglich der gesamten Produktarchitektur; Zulieferunternehmen nur hinsichtlich ihres angegliederten Lieferantennetzwerks.
Spezifität Ex ante getätigte Investitionen	Auf das Netzwerk abgestimmte Leistungsbündel wie auch physisches Umlaufvermögen weisen hohe Netzwerkspezifität auf.	Auf bestandsführendes Unternehmen abgestimmte Prozesse und Schnittstellen weisen Sunk Costs-Charakter und damit hohe Spezifität auf, wobei der Umfang relativ zu spezifischen Beständen gering ist.
Reputation	Reputation ist einzelfallabhängig von der Transaktionshistorie, aufgrund der Neuartigkeit der Zusammenarbeitsform ist diese wenig ausgeprägt.	
Machtasymmetrie	Die Übernahme spezifischer Lagerbestände ins Eigentum resultiert in Machtasymmetrie aufgrund der Spezifität.	Einzelne Netzwerkunternehmen besitzen aufgrund des Marktzugangs und der Wettbewerbssituation ein natürliches Machtpotential.

Tab. 5: Verhaltensrisiken in Bezug auf die Finanzierung spezifischen Umlaufvermögens

Bei Betrachtung der logistischen Dienstleistung der Bestandsführung im Hinblick auf Verhaltensrisiken und deren Einflussfaktoren im Supply Chain Netzwerk (siehe Tab. 5) wird deutlich, wie sehr das bestandsführende Unternehmen Verhaltensrisiken der Netzwerkakteure ausgesetzt ist. Insbesondere aufgrund des Dienstleistungscharakters, der sich in der Integration der beiden externen Faktoren des physischen Vermögens und dem Informationsfluss wiederfindet, resultieren Verhaltensrisiken der Adversen Selektion und des Moral Hazard. Die hohe Plastizität und die Wissens- und Informationsasymmetrie bezüglich vor- und nachgelagerter Prozesse und Technologien begünstigen diese. Des Weiteren resultiert aufgrund der Spezifität der erbrachten Leistungen, die sich in intangiblen spezifischen Investitionen (z.B. Humankapital und auf das Netzwerk abgestimmten Prozessen) und in den netzwerkspezifischen physischen Vorprodukten begründet, eine einseitige Abhängigkeit und somit die Gefahr des Hold up gegenüber dem gesamten Netzwerk.

3.2.5 Risikoprofil im SCN – stochastische Risiken vs. Verhaltensunsicherheit

In der vorhergehenden Abhandlung wurden insbesondere die verhaltensabhängigen Risikokomponenten von Austauschbeziehungen in Netzwerken, denen Unternehmen ausgesetzt sind, erläutert. Diese Ausführungen lassen sich in einer holistischen Supply Chain Betrachtung vom Rohstofflieferanten bis zum Endkunden einordnen. Somit lässt sich schematisch ein Risikoprofil skizzieren (siehe Abb. 14).[161]

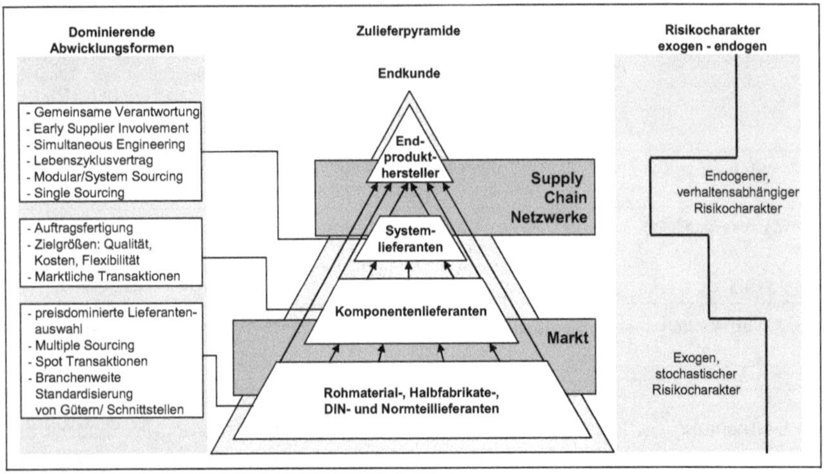

Abb. 14: Risikocharakter im Supply Chain Verlauf (in Anlehnung an: Eßig 2004, S. 51)

In den unteren Wertschöpfungsstufen, im Commodity Bereich, dominieren primär exogene Risiken in Form von Marktrisiken das Risikoportfolio, was auf eine hinreichend große Anzahl von Marktteilnehmern, die Liquidität der Märkte und Homogenität der Güter zurückzuführen ist. Im Hinblick auf das Risikomanagement derartiger Risiken stehen insbesondere Marktinstrumente in Form derivativer Finanzprodukte (z.B. Optionen, Futures, Forwards) zur Verfügung. Gleichwohl auch in Marktbeziehungen endogene Risiken, z.B. Herdenverhalten oder Manipulationen, existieren können und Unternehmen sich dieser Risikokomponente bewusst sein sollten. Die Netzwerkbeziehungen im Bereich der Systemlieferanten und der Endhersteller kennzeichnen sich demgegenüber durch einen höheren Anteil an idiosynkratischen Risiken, die im Verhalten einzelner Netzwerkakteure begründet sind. Somit wird auch

[161] Die Abbildung ist eine Erweiterung der Abb. 5 (siehe S. 50), die die Verortung von Supply Chain Netzwerken in der Zulieferpyramide illustriert.

aus Risikomanagementperspektive die Bildung anreizkompatibler Institutionen und Kontrollmechanismen von Bedeutung.

Die Problematik und Notwendigkeit einer „Net-Governance“[162], welche stabilisierende Wirkung auf das gesamte Netzwerk zur Reduktion endogener Risiken besitzt, identifizieren unter anderem Straubhaar/Theurl (2005, S. 48): (...) various kinds of information asymmetries regarding the partners characteristics and behaviour that might endanger the inner structure of the cooperation. (...) the establishment of stabilizing mechanisms is crucial.“ Die Organisationsformen selbst werden dabei in der wissenschaftlichen Theorie als Ansatz zur Bewältigung der Unsicherheit und damit verbundener Verhaltensrisiken betrachtet.[163] Im Kontext dieser Arbeit wird jedoch der Auffassung gefolgt, dass sich jegliche Kooperationsform durch Verhaltensrisiken kennzeichnet. „(...) 'industrial partnership', like any other form of cooperative action, is of course vulnerable to opportunistic behaviour by any one of the ‘partners’.” (Friedberg/Neuville 1999)

Durch die dezidierte Analyse der Risiken und des Risikocharakters (endogen und exogen) im Kontext der Automobilindustrie wurde deutlich, dass verhaltensbedingte Risiken einen zentralen Problembereich in der Zusammenarbeit zwischen Systemlieferanten, Logistikdienstleistern und OEM bilden. Diese Risiken, die sich in den Leistungsbeziehungen im Netzwerk übertragen, tangieren aufgrund der Interdependenz von Finanz- und Güterflüssen die finanzwirtschaftliche Ebene aller Akteure im Automobilnetzwerk. Verhaltensbedingte Schwankungen des Finanzierungsbedarfs (Net Working Capital) stellen bei Beachtung der grundsätzlich limitierten Möglichkeit der Kapitalaufnahme der Netzwerkakteure ein Problem dar. Dieses wird durch die im Netzwerk besondere Risikostruktur im Hinblick auf die Werthaltigkeit der finanzierten Aktiva (Lagerbestände) verstärkt. Reduktionen der Werthaltigkeit der netzwerkspezifischen Lagerbestände besitzen ebenfalls endogenen Charakter. Theoriegestützt

---

[162] Die Notwendigkeit eines institutionellen Rahmens zur Verhaltensstabilisierung wurde im Kontext der Automobilindustrie auch auf der Makroebene erkannt. So hat der Verband der Automobilindustrie mit der Publikation „Grundsätze zur Partnerschaft zwischen den Automobilherstellern und ihren Zulieferern“ (vgl. Verband der Automobilindustrie 2001) den Versuch unternommen, ein Rahmenwerk zu entwickeln. Die institutionelle Makroebene (siehe Ausführungen im Kapitel 2.2.2.2) wurde im Rahmen dieser Arbeit als gegeben betrachtet und wird nicht näher analysiert.

[163] Insbesondere der Ansatz der Transaktionskostenökonomik leitet ausgehend von Merkmalen der Transaktionsbeziehung ein adäquates Transaktionsdesign ab.

wurden Determinanten, die die Möglichkeit von opportunistischen Handlungen im Netzwerk eröffnen, analysiert und somit die Existenz ursächlich nachgewiesen.

Somit stellt sich die Frage, wie **der Finanzierungsbedarf** für Unternehmen, die sich in derartigen Wertschöpfungsbeziehungen eingebettet sehen, gedeckt werden kann und inwiefern durch die Etablierung von netzwerkspezifischen Finanzierungsstrukturen in Form der Projektfinanzierung sowohl Finanzmittel bereitgestellt als auch verhaltensstabilisierende institutionelle Regelungen für das Netzwerk gebildet werden können.

4 Struktur der Projektfinanzierung als effizientes Kooperationsdesign für Supply Chain Netzwerke

In der bisherigen Analyse der Interdependenz zwischen leistungswirtschaftlicher und finanzwirtschaftlicher Ebene im Supply Chain Netzwerk der Automobilindustrie wurde deutlich, dass Verhaltensrisiken, die letztlich die Kapitalbereitstellung beeinflussen und diese vor Herausforderungen stellen, eine bedeutende Risikoklasse darstellen. Bevor dezidiert auf den Lösungsansatz der Projektfinanzierung als Finanzierungstechnologie im Netzwerk eingegangen wird, soll nachfolgend der traditionelle Unternehmensfinanzierungsansatz näher betrachtet werden und hinsichtlich der impliziten Annahmen und der Auswirkungen auf die Netzwerkstrukturen analysiert werden. Es gilt dabei die impliziten Annahmen über das Finanzierungsobjekt Unternehmung herauszuarbeiten und mit den zuvor charakterisierten Netzwerkstrukturen zu vergleichen. Damit sollen die Herausforderungen in der Finanzierung solcher Netzwerkstrukturen und die Limitationen des traditionellen unternehmensbezogenen Finanzierungsansatzes, die gleichermaßen Anforderungen an den intendierten Lösungsansatz der Projektfinanzierung darstellen, reflektiert werden.

4.1 Unternehmensfinanzierung und die Theorie der Unternehmung

„(...) the ‚golden age' of corporate finance is behind us." (Zingales 2000, S. 1623) Die aus akademischer Sicht bedeutenden Entwicklungen im Gebiet der Finanzierungstheorien wurden durch intensive Forschung in den vergangenen 40 Jahren vollzogen. Unternehmensfinanzierung umfasst dabei die Finanzierung von Unternehmen, welche vereinfacht als Organisation, bestehend aus Vermögensgegenständen und Individuen, deren Kombination auf die Erstellung einer Leistung zur Generierung ökonomischer Renten abzielt, verstanden werden kann. (Vgl. Schmidt/Weiß 2003, S. 4)

Die entwickelten Theorien im Kontext dieses Forschungsfeldes sind daher unumgänglich mit einer gewissen Auffassung und Annahmen über das Finanzierungsobjekt, das Unternehmen, verbunden. „Theory of the firm, thus, has a tremendous impact on the way we think about corporate finance, (...)." (Zingales 2000, S. 1624) Demnach resultieren die impliziten Annahmen verschiedener Theoriemodelle über die Unternehmung in unterschiedlichen Schlussfolgerungen in Bezug auf die Relevanz der Finanzierungsstruktur, die Corporate Governance und die Bewertung von Unternehmen. (Vgl. Zingales 2000, S. 1629)

4.1.1 Finanzierungsobjekt: Unternehmen – implizite Annahmen

Der traditionelle Unternehmenstypus, welcher den bisherigen Theoriegebäuden im Corporate Finance Bereich zugrunde liegt, wird von Zingales (2000, S. 1642) in Anlehnung an das Unternehmensmodell nach Chandler (1990) als vermögensintensiv und hochgradig vertikal integriert charakterisiert, d.h., innerhalb der rechtlichen Grenzen des Unternehmens ist eine Koordination durch Autorität möglich. Klare und stabile Grenzen bestimmen den Einflussbereich hierarchischer Kontroll- und Anordnungssysteme. Aufgrund dieser starken vertikalen Integration lassen sich die verbleibenden Außenbeziehungen als „marktliche" (Arm's-Length) Beziehungen charakterisieren (vgl. Rajan/Zingales 2000, S. 207).[164]

Die Kongruenz von **rechtlichen Unternehmensgrenzen** und **ökonomischen Einflussbereichen** wird in der traditionellen Unternehmenssicht häufig impliziert.[165] Insbesondere dem juristischen Verständnis der Unternehmung als „nexus of contracts" (vgl. Alchian/Demsetz 1972; Jensen/Meckling 1976)[166] folgend, werden vereinfachende Annahmen über die Vertragsbeziehungen und -parteien getroffen, welche durch explizite Verträge gegenüber negativen Auswirkungen abgesichert und somit

---

[164] Kompetitive Marktbeziehungen wirken in diesem Kontext als Governance-Element wie auch Zingales (2000, S. 1627) beschreibt: „The competitive structure of input and output markets, for instance, is an often-mentioned but rarely studied aspect that might have greater impact on the governance of enterprises than the details of the law."

[165] In Bezug auf die „Grenzen der Unternehmung" (Boundaries of the firm) ist eine eindeutige Bestimmung kaum möglich. Grandori (2001, S. 380) fordert daher die Betrachtung auf unterschiedlichen Bezugsebenen: „there are boundaries of property rights, boundaries of contracts, and boundaries of resources and activities de facto possessed or directed by a firm, which are not coterminous." Die beiden Ersteren verkörpern die „rechtlichen Unternehmensgrenzen", welche aus Eigentumsrechten und expliziten Verträgen resultieren, wohingegen der „de facto" Einflussbereich die „ökonomischen Unternehmensgrenzen" repräsentiert, welcher relationale Beziehungen des Unternehmens umfasst.

[166] Jensen/Meckling erläutern die Bedeutung juristischer Vertragsverhältnisse im Unternehmen wie folgt: „Contractual relations are the essence of the firm, not only with employees but with suppliers, customers, creditors, etc." (Jensen/Meckling 1976, S. 310) Darauf aufbauend ergibt sich die Unternehmung als fiktive rechtliche Einheit: „It is important to recognize that most organizations are simply legal fictions which serve as a nexus for a set of contracting relationships among individuals." (Jensen/Meckling 1976, S. 310)

im Hinblick auf die Entscheidungen des Unternehmens indifferent sind.[167] (Vgl. Zingales 2000, S. 1632) Die juristische Sicherheit kann dabei auf der Annahme vollständiger Verträge beruhen, die für alle zukünftigen Kontingenzen überprüfbar sind. (Vgl. Richter/Furubotn 2003, S. 167) Schmidt/Weiß (2003, S. 8) skizzieren noch einen weiteren Umstand, unter dem die Indifferenz unternehmensexterner Vertragsparteien (z.B. Lieferanten oder Abnehmer) gegenüber den Entscheidungen der Eigentümer resultiert, das Vorliegen von Marktbeziehungen, d.h., dass ein (nahezu) verlustfreies Beendigen und die anderweitige Aufnahme von Vertragsbeziehungen zu vergleichbaren Konditionen möglich ist.[168] Dies ist insofern von Bedeutung, als dass ein Unternehmen somit nicht über seine rechtlichen Unternehmensgrenzen hinweg Einfluss nehmen kann und vice versa nicht der Einflussnahme durch externe Vertragsparteien (insbesondere anderen Unternehmen) ausgesetzt ist. Es bildet somit im **Außenverhältnis** eine **unabhängige autonome Organisation**, welche auf Basis vollständiger Verträge und vollkommener Märkte mit anderen Parteien in Beziehung steht.[169]

Definitionsgemäß stellen die Eigentümer der Unternehmung die Residualempfänger und Träger des residualen Risikos dar. Fama und Jensen (1983, S. 303) charakterisieren das residuale Risiko wie folgt: „(...) the risk of the difference between stochastic inflows of resources and promised payments to agents (...)". Die zahlungsstromorientierte, auf den Net Cash Flow abstellende Betrachtung unterstellt jedoch im **Außenverhältnis der Unternehmung lediglich stochastische Risiken** im Sinne von **Zustandsrisiken** (siehe Abschnitt 3.2.1). Eine Allokation der Entscheidungsrechte ausschließlich auf die Shareholder ist somit effizient, da diese aufgrund der Annah-

---

[167] Diese implizite Annahme erkennt auch Tirole (2001, S. 4) bei der Fundierung des Shareholder Ansatzes im Kontext von Corporate Governance: „The economists' implicit assumption is that employees, suppliers, customer and other natural stakeholders are protected by very powerful contracts or laws that force controlling investors to perfectly internalize their welfare, whereas the contractual protection of investors when the natural stakeholder have control is rather ineffective, and so investors must receive control rights."

[168] Die zuvor dargstellte Situation vollständiger Vertrage gilt als „juristisches Korollar" zum Modell eines vollkommenen Marktes. (Vgl. Richter/Furubotn 2003, S. 167)

[169] Alston/Gillespie (1989, S. 210) charakterisieren den Idealtypus eines Unternehmens ebenfalls dadurch, dass dieses ausschließlich über Marktbeziehungen mit Faktormärkten in Beziehung steht. Jensen/Meckling (1976, S. 306) beschreiben die Ansätze im Themengebiet der „Theory of the firm" wie folgt „(...) the material generally subsumed under that heading is not a theory of the firm but actually a theory of markets in which firms are important actors." Dabei wird die Dichotomie zwischen Markt oder Hierarchie deutlich, die die Eingebettetheit von Unternehmen in Märkten impliziert. Die Existenz und die Charakteristika von hybriden Organisationsformen im Kontinuum zwischen Markt und Hierarchie wurden in Kapitel 2.2.2.2 erläutert.

men alleinig von ihren Entscheidungen betroffen sind.[170] (Vgl. Schmidt/Weiß 2003, S. 7)

Die moderne Finanzierungstheorie relaxiert in Anlehnung an das neo-institutionenökonomische Theoriegebäude ihr strenges Annahmenset dahingehend, dass Informationen nicht vollkommen sind und somit diskretionäre Handlungsspielräume beim besser Informierten existieren. Die **Trennung von Eigentum und Kontrolle**[171] durch die Beauftragung von Managern lässt folglich den Konfliktbereich zwischen dem Management und den Eigentümern zum Untersuchungsgegenstand werden und daher auch in der Corporate Governance-Diskussion ins Zentrum rücken. (Vgl. Schmidt/Weiß 2003, S. 7) Weitere Konfliktbereiche zwischen verschiedenen Kapitalgebergruppen[172] – (1) Eigenkapital- und Fremdkapitalgeber (vgl. Jensen 1986) (2) bestehenden und neuen Kapitalgebern (vgl. Myers/Majluf 1984; Myers 2000) – besitzen ebenfalls in partialanalytischen Optimierungsansätzen Einfluss auf Finanzierungsentscheidungen unter dem Aspekt der Reduktion von bestehenden Verhaltensrisiken.[173]

---

[170] Fama (1990, S. 78ff.) stellt in einer anderen Terminologie ebenfalls lediglich auf explizite Kontraktbeziehungen des Unternehmens ab. Dabei lassen sich alle Vertragsbeziehungen in zwei Arten von Zahlungsansprüchen (Claims) unterscheiden. Nahezu alle Kontraktbeziehungen (z.B. zu Lieferanten) weisen aufgrund fixierter Zahlungsansprüche fremdkapitalähnlichen Charakter (debt claim) auf. Die differenzierte Vertragsgestaltung und Risikoteilung in jeder einzelnen Vertragsbeziehung wird als zu kostenintensiv betrachtet. Die Kombination undifferenzierter Eigenkapitalansprüche (equity claim), welche das residuale Risiko tragen, mit residualen Entscheidungsrechten lässt die Aufrechterhaltung der Unternehmung zur primären Zielsetzung der Shareholder werden.

[171] Die Thematik der Trennung von Eigentum und Kontrolle und daraus resultierende Interessenskonflikte wurde bereits von Berle/Means (1932) diskutiert.

[172] Die Konflikte in Bezug auf die Kapitalüberlassung lassen sich auf die hohe Plastizität von Kapital zurückführen, dieses kann sehr leicht einer anderen Verwendung zugeführt werden und begründet damit eine besonders intensive Überwachung zur Bewältigung von Verhaltensrisiken (vgl. Alchian/Woodward 1988, S. 69; Richter/Furubotn 2003, S. 162).

[173] Die skizzierten Konfliktbereiche sind in der modernen Finanzierungstheorie Gegenstand der Kapitalstrukturtheorien und Theorieansätze zum Corporate Governance. Umfangreiche Studien, die einen Überblick über die Vielzahl von Forschungsansätzen geben, wurden von Shleifer/Vishny (1997) und Harris/Raviv (1991) veröffentlicht.

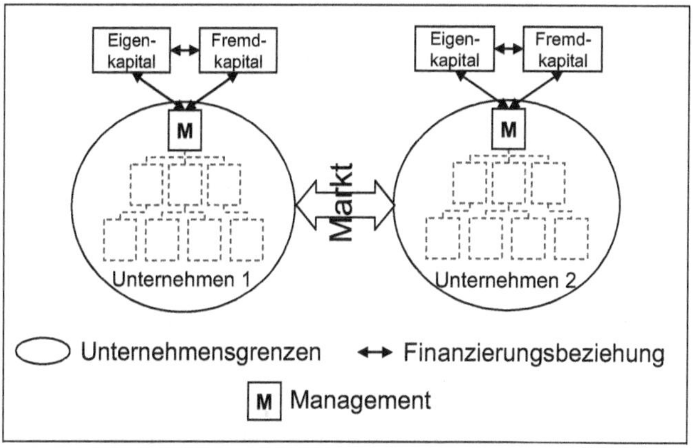

Abb. 15: Traditionelles Unternehmensmodell

Die Mehrheit der bisherigen Modelle der modernen Finanzierungstheorie fokussieren folglich primär die Delegationsbeziehung zwischen den Kapitalgebern und dem Management und unterstellen häufig im Innenverhältnis des Unternehmens eine funktionstüchtiges „Command and Control"-Prinzip und im Außenverhältnis marktliche Transaktionen und somit keine Interdependenz (siehe Abb. 15). Dieses Unternehmensverständnis liegt auch einem weit verbreiteten Corporate Governance-Verständnis zugrunde, welches Shleifer/Vishny (1997, S. 737) wie folgt charakterisieren: „Corporate Governance deals with the ways in which suppliers of finance to corporations assure themselves of getting a return on their investment." Lediglich die Kapitalgeber gelten als schutzbedürftig gegenüber dem Unternehmen. (Vgl. Tirole 2001, S. 3)

Weitaus wenigere Ansätze betrachten auch die Wechselwirkungen von Finanzierungsentscheidungen auf unternehmensexterne, über implizite Verträge in Beziehung stehende Parteien. Beispielsweise analysiert Titman (1984, S. 138ff.) indirekte Prinzipal-Agenten-Beziehungen zwischen den Kapitalgebern – und die damit verbundenen Finanzierungsentscheidungen – und den „Associates of the Firm". Assoziierte Parteien können dabei Arbeitnehmer, Kunden und Lieferanten des Unternehmens sein, welche indirekt aufgrund impliziter Verträge durch die Finanzierungsentscheidung betroffen sind. Hubert (1998, S. 168) betrachtet die Interdependenz zwischen im Wettbewerb zueinander stehenden Unternehmen und gibt einen Überblick über die wissenschaftlichen Beiträge, welche die Finanzierungsentscheidung im Hinblick auf die Wettbewerbsstrategie eines Unternehmens und somit die Interaktion mit Wettbewerbern (auf horizontaler Ebene) auf Absatzmärkten untersuchen.

Nachfolgend soll eine Analyse der unternehmensbezogenen Finanzierungsansätze vor dem Hintergrund sich verändernder Unternehmensmodelle vorgenommen und deren Problembereiche dargestellt werden.

4.1.2 Finanzierungsobjekt: Unternehmen im Supply Chain Netzwerk – Herausforderungen vor dem Hintergrund real existierender Wertschöpfungsstrukturen

Realistische Deskriptionen der Beziehungen von Unternehmen im Netzwerk sind durch unvollständige, relationale Verträge, welche neben expliziten Ansprüchen auch implizite Ansprüche begründen, gekennzeichnet. Die zuvor skizzierte Annahme, dass vollständige Verträge im Sinne eines **„nexus of explicit contracts“** vorliegen, woraus eine Indifferenz der unternehmensexternen Vertragsparteien in Bezug auf Entscheidungen resultiert, da diese durch die Verträge rechtlich wechselseitig abgesichert sind, ist in Netzwerkbeziehungen nicht gegeben. Durch eine Erweiterung der Auffassung über die Art der zugrunde liegenden Vertragsverhältnisse eines Unternehmens im Hinblick auf implizite respektive relationale Verträge ergeben sich Unterschiede zwischen den auf expliziten Vertragsverhältnissen beruhenden **rechtlichen Grenzen des Unternehmens**[174] und dem auch auf impliziten Beziehungen basierenden **ökonomischen Einflussbereich** des Unternehmens.[175] (Vgl. Zingales 2000, S. 1634; Subramani/Venkatraman 2003) Das Supply Chain Netzwerk[176] kennzeichnet sich zudem durch reziproke Interdependenzen, was einer wechselseitigen

[174] Die Auflösung von Unternehmensgrenzen konstatiert auch Reiss (2006, S. 1064) im Kontext der Supply Chain. Diese Veränderungen führen auch zu neuen Unternehmertypen, sogenannten „Unternehmern in Netzwerken“, die die Komplexität interorganisationaler Transaktionen bewältigen können.

[175] Diese Annahme der Existenz impliziter Verträge lässt eine Argumentation und Rechtfertigung von Stakeholderansätzen im Kontext von Corporate Governance zu, da diese aufgrund nicht durchsetzbarer impliziter Vertragsbeziehungen als weitere „residual claimants“ insbesondere vor negativen Auswirkungen von Unternehmensentscheidungen geschützt werden müssen. (Vgl. Zingales 2000, S. 1634)

[176] Zur Abgrenzung des Analyseobjektes „Supply Chain Netzwerk“ wurde auf den Typus der Transaktionsbeziehung abgestellt. Vereinfachend kennzeichnet sich per Definition das Netzwerkaußenverhältnis in Bezug auf den Absatzmarkt durch marktliche und wettbewerbliche Koordinationsinstrumente. (Vgl. Eßig 2004) Ebenfalls lassen sich in der beschaffungsseitigen Betrachtung Marktstrukturen konstatieren.

Überschneidung der ökonomischen Einflussbereiche im Netzwerk gleichkommt.[177] (Vgl. Subramani/Venkatraman 2003, S. 46)

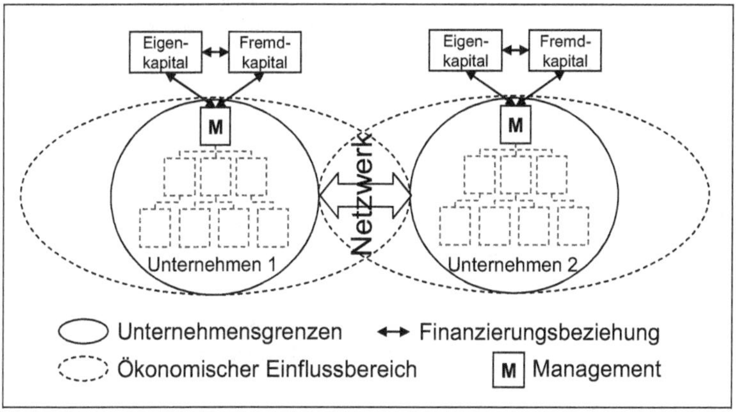

Abb. 16: Corporate Finance im Kontext von Netzwerken[178]

Vor dem Hintergrund der sich verändernden Wertschöpfungsstrukturen unterliegen die bisher unterstellten hierarchisch autoritären und machtbasierten Koordinationsmechanismen in der Realität einer Veränderung.[179] Die Zunahme der Bedeutung von intangiblen Vermögenswerten (z.B. Marke, Marktzugang, Humankapital) im Wertschöpfungsprozess lässt das traditionelle „Command and Control"-System, welches sich aus den Eigentumsverhältnissen der physischen Vermögensgegenstände ableitet, an Funktionsfähigkeit verlieren: Die Kontrolle über intangible Vermögensgegenstände kann nur eingeschränkt übertragen, kontrolliert und zentralisiert werden. (Vgl. Rajan/Zingales 2000, S. 211; Devine/Halpern 2001, S. 47)

Die Problematik, dass wertvolles – im Sinne der optimalen Entscheidungsfindung - spezifisches Wissen in komplexen Organisationen verteilt und nicht in Form eines

[177] Die Überschneidung von organisationalen Grenzen und das Auflösen von Unternehmensgrenzen wird auch bei anderen hybriden Organisationsformen z.B. Joint Ventures (vgl. Child/Rodrigues 2004, S. 89) und strategischen Allianzen (vgl. Schäfer 1994, S. 692) analysiert.

[178] Zur Verdeutlichung wurde eine Reduktion der Darstellung auf eine Dyade vorgenommen.

[179] Ursachen und Erklärungen der ökonomischen Hintergründe für das Aufbrechen vertikal integrierter Unternehmen stehen nicht im Zentrum dieser Arbeit, gleichwohl diese in den skizzierten Entwicklungspfaden der Automobilbranche ersichtlich werden (siehe Abschnitt 2.1). Eine kurze Darstellung der Entwicklung des „New Enterprise" findet sich auch bei Rajan/Zingales (2000, S. 210ff.).

Unternehmerentscheiders zentralisiert ist, wurde bereits von Fama/Jensen (1983, S. 310) diskutiert und daraus folgend die weitere Delegation von Entscheidungsrechten im Innenverhältnis des Unternehmens im Sinne einer Entscheidungshierarchie abgeleitet. Ein aufgrund der Delegation von Entscheidungsrechten notwendiges effektives System der gegenseitigen Kontrolle („Checks and Balances") impliziert jedoch, dass das zur Kontrolle notwendige Wissen vorhanden ist.

Insbesondere in Netzwerkstrukturen verlagert sich Macht – im Sinne der nicht willentlich herbeigeführten Möglichkeit der Einflussnahme, abzugrenzen von willentlich delegierten Entscheidungsrechten – auch über die rechtlichen Unternehmensgrenzen hinweg nach außen, d.h. auf andere Netzwerkmitglieder. Die Entscheidungs- und Handlungsmöglichkeiten, welche im Netzwerk verteilt sind, entziehen sich einer notwendigen Kontrolle aufgrund der rechtlichen Autonomie der Unternehmen. (Vgl. Ménard 2004, S. 352) Zudem ist das zur Kontrolle notwendige **Wissen** im Netzwerk aufgrund der hochgradig spezialisierten Arbeitsteilung teilweise ausschließlich bei den Handlungsakteuren vorhanden, wodurch eine Überwachung und Kontrolle zusätzlich erschwert wird. Die bisherige Fokussierung in der modernen Finanzierungstheorie auf die Interessenkonflikte zwischen Kapitalgebern und Managern basiert auf der Existenz zentralisierter Entscheidungsmacht des Managements. Durch die Erosion des „Command and Control"-Systems resultieren über Unternehmensgrenzen hinweg verteilte diskretionäre Handlungsmöglichkeiten, welche letztlich die Kapitalgeber in der Werthaltigkeit ihrer Beteiligungstitel tangieren. **Eine Reduktion des Problems der „Trennung von Eigentum und Kontrolle" auf das jeweilige Unternehmensmanagement als Agent aus Sicht der Kapitalgeber ist vor dem Hintergrund existierender Wertschöpfungsnetzwerke unzureichend.**

Der nachfolgenden Diskussion wird die Annahme zugrunde gelegt, dass das Management der Netzwerkunternehmen im Interesse der Investoren handelt. Diese Annahme ist insofern gerechtfertigt, da im Konfliktbereich zwischen Management und Kapitalgebern im Sinne von Corporate Governance explizite (erfolgsabhängige Managementvergütung) und implizite (Angst vor dem Arbeitsplatzverlust) Anreizmechanismen[180] und Kontrollmechanismen etabliert sind. (Vgl. Tirole 2001, S. 5)

[180] Gibbons/Murphy (1992) analysieren das Zusammenspiel zwischen impliziten und expliziten Anreizstrukturen insbesondere in Bezug auf das Management.

Aufgrund der Vielzahl von Aufgaben, die ein im Netzwerk eingebundenes Unternehmen zu erfüllen hat und welche nicht alle simultan und ohne Einschränkungen verfolgt werden können, resultieren Interessenkonflikte auf Unternehmensebene. Die netzwerkspezifischen Interessen stehen in Konkurrenz zu eigenen Unternehmensinteressen (eigene Projekte) oder durch Dritte induzierte Interessen (z.B. andere Wertschöpfungsbeziehungen) (vgl. Tirole 2006, S. 92). Holmstrom/Milgrom (1991, S. 25) analysieren modelltheoretisch die Bedeutung von „Multitask"-Problemen, d.h. die Delegation von simultanen Aufgaben und den verbundenen Zielsetzungen. „In general, when there are multiple tasks, incentive pay serves not only to allocate risks and to motivate hard work, it also serves to direct the allocation of the agents' attention among their various duties." (Holmstrom/Milgrom 1991, S. 25) Im Netzwerkkontext kann die simultane Verfolgung von Netzwerkinteressen (-aufgaben) und Unternehmensinteressen (-aufgaben) durch das Management als derartiges Multitask-Problem interpretiert werden.[181] Aufgrund dieser expliziten unternehmensbezogenen Anreizstruktur für das Management kann davon ausgegangen werden, dass Zielsetzungen im Netzwerk, welche zudem eine geringe direkte Beobachtbarkeit aufweisen, untergeordnet werden.

Das Verständnis der Finanzierung von Unternehmen im Netzwerkkontext muss um folgende Problembereiche erweitert werden. Dabei liegt ein wechselseitiges Delegationsverhältnis zwischen Kapitalgebern und Netzwerkakteuren (/-unternehmen) zugrunde.

1. **Prinzipal: Kapitalgeber; Agenten: Netzwerkunternehmen**: Die Finanzierung eines Unternehmens im Netzwerk sollte als die Bereitstellung von finanziellen Ressourcen gegenüber dem gesamten Netzwerk verstanden werden. Aufgrund der Abhängigkeiten im Netzwerk werden dabei alle Unternehmen des Netzwerks zu (indirekten) Agenten, da diese das Ergebnis des Prinzipals (Kapitalgeber) indirekt über das rechtlich finanzierte Unternehmen beeinflussen. Im Sinne der einzelunternehmensbezogenen Finanzierungsansätze besitzen die **Kapitalgeber** nur **eingeschränkte Möglichkeiten**, für alle Wertschöpfungsbeziehungen (Netzwerkunternehmen als indirekte Agenten) In-

---

[181] Hierbei wird unterstellt, dass eine Aufgabenerfüllung immer zielorientiert erfolgt und Unternehmens- und Netzwerkziele ohne entsprechende Anreizbildung eher konfligierend sind (siehe Abschnitt 3.2.3.2).

strumente zur Konfliktbewältigung (Anreizbildung oder Reduktion von Informationsasymmetrie) zu etablieren.[182] Im Hinblick auf die Überwachung (Monitoring) von Unternehmen im Netzwerk bestätigt Ménard die hier beschriebenen Problemlagen: „(...) mechanisms chosen for monitoring such agreements involve specific difficulties due to partners who remain legally autonomous and independent decision-makers even when the network is quasi-integrated (...)". (Ménard 2004, S. 357) Auch die indirekte Bewältigung der Konflikte über das finanzierte Unternehmen ist nur bedingt möglich, da wiederum nur Unternehmen mit expliziten Vertragsbeziehungen tangiert werden. Implizite Beziehungen im Netzwerk sind im Hinblick auf Interessenkonflikte nicht zu steuern.

2. **Prinzipal: Einzelnes Netzwerkunternehmen (als fiktive Einheit); Agenten: verbleibende Netzwerkunternehmen (Management handelt im Interesse ihrer Kapitalgeber)**: Die in Beziehung stehenden Akteure beeinflussen sich im Netzwerk durch ihre Entscheidungen und Handlungen wechselseitig und bilden implizite Ansprüche. Dieser Problembereich ist einem Stakeholder-Ansatz vergleichbar, der neben den Kapitalgebern weitere Anspruchsgruppen eines Unternehmens identifiziert. (Vgl. Cornell/Shapiro 1987, S. 5) Die „natural stakeholder"[183] stellen in diesem Kontext die einzelnen Netzwerkakteure dar. Aufgrund der Netzwerkinterdependenz kann jedes Unternehmen als Stakeholder der übrigen Netzwerkunternehmen interpretiert werden. Die Netzwerkunternehmen stellen wechselseitig (indirekte auf impliziten Beziehungen beruhenden) Prinzipale dar, da diese durch das Verhalten, auch in Form von Finanzierungsentscheidungen, eines einzelnen Unternehmens im Netzwerk beeinflusst werden. Aufgrund der rechtlichen Autonomie der Netzwerkunternehmen in Verbindung mit einer Shareholder-Orientierung der Netzwerkunternehmen resultieren somit Interessenkonflikte zwischen den Unternehmen im

---

[182] Im Hinblick auf das Design von „Agency Strukturen" kritisieren auch Pratt/Zeckhauser (1985, S. 17) die implizite Annahme formaler Agency Modelle, dass der Prinzipal in der Lage ist, Anreize in Form von Entlohnungsfunktionen und Monitoringinstrumente zu etablieren. In der Realität entspricht die Gestaltung von Prinzipal-Agenten-Beziehungen vielmehr einem Verhandeln, bei der auch Dritte (z.B. staatlich auferlegte Regelungen) gestaltend Einfluss nehmen.

[183] Tirole (2001, S. 3) unterscheidet „Natural Stakeholders" (Arbeitnehmer, Kunden, Lieferanten, Gesellschaft) und „Stakeholder by Design" (Investoren). Die Arbeitnehmer und die Gesellschaft als natürliche Anspruchsgruppen sollen aufgrund der Beschränkung des Analysebereichs auf das Supply Chain Netzwerk nicht näher betrachtet werden.

Netzwerk. Die Entscheidungen des Managements besitzen jedoch nicht ausschließlich Auswirkungen auf die Shareholder, sondern resultieren in Externalitäten bei anderen Stakeholdern im Netzwerk.[184] (Vgl. Tirole 2001, S. 23) Der Wert impliziter Ansprüche (z.B. Fortführung der Geschäftsbeziehung im Netzwerk, die Verwertung netzwerkspezifischer Vorprodukte) und die damit verbunden Zahlungsströme (siehe Cash Conversion Cycle in Abschnitt 3.1.1) gelten als unsicher und sind von Informationen über die einzelnen Netzwerkunternehmen und das erwartete Verhalten dieser abhängig. (Vgl. Cornell/Shapiro 1987, S. 6)

Die Interdependenz zwischen Kapitalgebern im Netzwerkverbund kann anhand des Asset Substitution-Problems (vgl. Myers 1977; Gavish/Kalay 1983), welches zwischen den Fremd- und Eigenkapitalgebern auftritt und bisher nur in Bezug auf ein einzelnes Unternehmen in der Literatur betrachtet wird, verdeutlicht werden.[185] In einer einfachen Finanzierungsbeziehung entsteht dieses Problem dadurch, dass der Eigenkapitalgeber (E1) nur bis zur Höhe seines Eigenkapitals am Downside-Risk, jedoch in voller Höhe am Upside-Risk partizipiert. Der Fremdkapitalgeber (F1) wird hingegen primär vom Downside-Risk beeinflusst. Durch eine nachträgliche Veränderung der Risikostruktur des Investitionsprogramms kann eine Erhöhung des Eigenkapitalwerts zulasten des Fremdkapitalwerts vorgenommen werden.[186] In der unternehmensbezogenen Sichtweise entsteht dieser Konflikt lediglich zwischen den Eigen- und Fremdkapitalgebern innerhalb des jeweiligen Unternehmens. Die Änderung des Risikoprofils des Unternehmens kann lediglich durch die Entscheidungsrechte besitzende Partei, d.h. die Shareholder (ggfs. Delegation ans Management), vorgenommen werden. Um die Wechselwirkung zwischen Unternehmen in engen Netzwerkbeziehungen zu verdeutlichen, soll nun die Betrachtung um eine relationale Transaktionsbeziehung (auf Basis unvollständiger Verträge) mit einem weiteren

---

[184] In der in Kapitel 3.1.1 diskutierten Thematik bezüglich des Bestandsmanagements im Sinne des Working Capital Management wird deutlich, dass eine Reduzierung der Bestandsrisiken eines einzelnen Unternehmens in Externalitäten (Erhöhung von Prozessrisiken) für das gesamte Netzwerk resultiert.

[185] Eine wichtige Annahme des Asset Substitution-Problems besteht darin, dass die Eigentümer entweder als Eigentümerunternehmer auch direkte Kontrolle über das Unternehmen besitzen oder das Management im Interesse der Eigentümer handelt.

[186] Dem Asset Substitution-Problem liegt dabei die Auffassung der Eigenkapitalposition als eine europäische Call-Option zugrunde, deren Ausübungspreis gleich dem Nennwert des Fremdkapitals ist. (Vgl. Black/Scholes 1973, S. 650)

Unternehmen (U2) erweitert werden. Dessen Eigenkapitalgeber (E2) können indirekt, durch die Änderung des Risikoprofils ihres eigenen Investitionsprogramms, oder direkt,[187] durch Verlagerung von Risiken von U2 auf U1, die Risikostruktur des Investitionsprogramms von Unternehmen (U1) beeinflussen.[188] Dadurch resultieren Veränderungen im Wert des Fremdkapitals (F1).[189] Im Gegensatz zum Risk-Shifting innerhalb eines Unternehmens sind jedoch auch die Eigentümer (E1) potenzielle Geschädigte durch den Risikotransfer über Unternehmensgrenzen hinweg. Durch diese Beziehungswirkung wird deutlich, dass eine Betrachtung lediglich eines Unternehmens, wenn dieses in hybride Wertschöpfungsstrukturen eingebettet ist, die durch Informationsasymmetrie und unvollständige relationale Verträge gekennzeichnet sind, nicht ausreichend ist.

Vor dem Hintergrund der Probleme traditioneller unternehmensbezogener Finanzierungsansätze im Netzwerk ergibt sich in Anlehnung an Zingales ein neues Hauptproblem in der Etablierung adäquater Governance-Strukturen: „(...) how to prevent conflicts among stakeholders from paralyzing or destroying the firm.“ (Zingales 2000, S. 1648) Diese Fragestellung lässt sich direkt auf den in dieser Arbeit skizzierten wechselseitigen Netzwerkkontext erweitern. Wie können zwischen den Unternehmen im Supply Chain Netzwerk Konflikte, welche unerwünschte Effekte auf das gesamte Netzwerk besitzen, vermieden werden? Dabei muss der Interdependenz auf leistungswirtschaftlicher Ebene wie auch auf finanzwirtschaftlicher Ebene Rechnung getragen werden. In Bezug auf die Anreizsysteme, welche durch die traditionelle unternehmensbezogene Finanzierung etabliert werden, lassen sich wie verdeutlicht folgende Hypothesen vertreten:

1. *Die klassischen unternehmensbezogenen Finanzierungsansätze berücksichtigen die impliziten Netzwerkbeziehungen des finanzierten Unternehmens nur unzureichend.*

---

[187] Der Versuch der Verlagerung der Lagerbestände und der damit verbundenen Risiken durch den OEM auf den Logistikdienstleister bilden ein Beispiel für eine direkte Verlagerung von Risiken, die letztlich die Kapitalgeber des Logistikdienstleisters tangieren.

[188] Die empirische Evidenz des skizzierten erweiterten Risk-Shifting-Problems wurde von Dailami/Hauswald (2000) im Kontext von unvollständigen Abnahmeverträgen gezeigt.

[189] Im Kontext des Supply Chain Netzwerk sind verschiedene einzelunternehmensbezogene Verhaltensweisen, welche die Wahrscheinlichkeit des Zusammenbruch des Supply Chain Netzwerks erhöhen und somit alle Fremdkapitalgeber in der Werthaltigkeit ihrer Ansprüche betreffen, denkbar (z.B. die Reduktion von Materialqualitäten oder die Reduktion von Beständen).

2. *Der unternehmensbezogene Finanzierungsansatz kann die Interessenkonflikte aufgrund der primären Anreizbildung und Überwachung im Sinne einer investororientierten Corporate Governance zwischen den Netzwerkunternehmen nicht verringern, unter Umständen sogar verstärken.*

Vor dem charakterisierten Problembereich von Verhaltensrisiken in Wertschöpfungsnetzwerken stellt sich also nachfolgend die Frage, wie ein komplementäres Finanzierungsarrangement der ausführlich geschilderten Situation gerecht werden kann, indem netzwerkspezifisch Anreize gebildet werden und somit kooperatives Verhalten gefördert wird. Die Fokussierung auf das einzelne Unternehmen ist dabei offensichtlich nicht adäquat. Eine Finanzierungstechnologie, die auf den individuellen Charakter eines Supply Chain Netzwerks eingehen kann, stellt die **Projektfinanzierung** dar. Eine **Übertragung des Projektfinanzierungsansatzes** in den Kontext von Supply Chain Netzwerken erscheint naheliegend. Die Ähnlichkeit im Hinblick auf die Existenz von Verhaltensrisiken zwischen dem angestammten Anwendungsgebiet der Projektfinanzierung im Bereich großer Infrastrukturprojekte oder Ressourcenerschließungsprojekte und dem Netzwerkkontext legt eine genauere Analyse dieser Finanzierungstechnologie nahe. Die Projekteigenschaften der Einmaligkeit und der zeitliche Befristung bieten mehr als Unternehmensfinanzierungsstrukturen die Möglichkeit, dem individuellen Charakter eines Netzwerks gerecht zu werden.

Die bisherige Betrachtung von Verhaltensrisiken im Supply Chain Netzwerk der Automobilindustrie und die intendierte Bildung eines effizienten Kooperationsdesigns in Form der Projektfinanzierung lässt die Frage des Effizienzkriteriums in den Vordergrund rücken. Aufgrund der Fundierung mittels neo-institutionenökonomischer Theorie und der zur Analyse herangezogenen Terminologie der Prinzipal-Agenten-Theorie liegt die Betrachtung von Agency-Kosten[190] als Effizienzkriterium nahe. Agency-Kosten entstehen im Netzwerk aufgrund der skizzierten immanenten Verhaltensrisiken und umfassen drei Bestandteile (vgl. Jensen/Meckling 1976, S. 308):

- Kosten der Überwachung („**Monitoring Expenditures**"): Überwachungskosten beziehen sich nicht nur auf die nachvertragliche Überwachung und Messung des Verhaltens des Agenten und den Abbau von Informationsasymmet-

[190] Der Begriff der „Agency Costs" geht auf Jensen/Meckling (1976) zurück.

rien, sondern umfassen auch die Etablierung von anreizkompatiblen Kooperationsdesigns (z. B. Verhaltensregeln, Erfolgsbeteiligungen, Restriktionen). (Vgl. Jensen/Meckling 1976, S. 308; Fama/Jensen 1983, S. 304)

- Kosten der Signalisierung („**Bonding Expenditures**"): Diese Kosten entstehen dadurch, dass es sich für Agenten im Sinne der Selbstverpflichtung lohnen kann, durch den Einsatz von Ressourcen dem Prinzipal zu signalisieren, dass dieser opportunistische Handlungen unterlässt. (Vgl. Richter/Furubotn 2003, S. 64; Picot *u.a.* 2005, S. 73)

- Residualverlust („**Residual Loss**"): Trotz aller Bemühungen verbleit eine Divergenz zwischen dem tatsächlichen Verhalten des Agenten bei gegebenen Überwachungs- und Signalisierungsaktivitäten und dem aus Sicht des Prinzipals wohlfahrtsmaximierenden Verhalten. (Vgl. Schäfer 2005, S. 411; Richter/Furubotn 2003, S. 64; Picot *u.a.* 2005, S. 73; Fama/Jensen 1983, S. 304)

Im Sinne einer „effizienzorientierten Kooperationsform" (Picot *u.a.* 2005, S. 177) kann die Projektfinanzierung als institutionelles Arrangement betrachtet werden, das Informationsasymmetrien und Verhaltensrisiken im Netzwerk zu reduzieren versucht. Ein effizientes Kooperationsdesign lässt sich folglich als Agency-Kosten minimierende Organisationslösung charakterisieren.

In der nachfolgenden Analyse soll zunächst die Projektfinanzierung als Finanzierungstechnologie vorgestellt werden, bevor diese anschließend in den Untersuchungskontext übertragen und im Hinblick auf die kooperationsstabilisierende Wirkung einzelner Gestaltungsparameter und prozessualer Elemente analysiert wird.

4.2 Projektfinanzierung – zentrale theoretische Grundlagen

Projektfinanzierung ist nicht als disjunkte Alternative zu Finanzierungsinstrumenten wie beispielsweise Kreditfinanzierung oder Mezzaninefinanzierung zu betrachten, sondern vielmehr als Alternative zur klassischen Unternehmensfinanzierung zu verstehen, wobei unterschiedliche Finanzierungsinstrumente ähnlich der unternehmensbezogenen Finanzierungsansätze zum Einsatz kommen können. Demnach stellt die Projektfinanzierung eher eine Finanzierungstechnik respektive Finanzierungstechnologie[191] dar, da diese Methoden und Instrumente einschließt, die in einem bestimmten Anwendungsgebiet zum Einsatz kommen können. In dem Begriff wird bereits deutlich, dass sich der Bezug vom Unternehmen (im Sinne eines Multi-Projekt-Unternehmens) zum Projekt (verstanden als Ein-Projekt-Unternehmen) verändert. Daran anknüpfend lässt sich Projektfinanzierung wie folgt definieren:[192]

Projektfinanzierung umfasst die Gründung einer rechtlich selbstständigen Projektgesellschaft, die mit Fremdkapital ohne/mit begrenzten Rückgriffsrechten (nonrecourse/limited recourse) und Eigenkapital von einem oder mehreren Sponsoren ausgestattet ist, und deren singulärer Zweck die Finanzierung eines sich selbst tragenden Investitionsobjekts ist. (Vgl. Esty 2004a, S. 25; Werthschulte 2005, S. 34)

Das zugrunde liegende Projekt kann dabei sehr individuell ausgestaltet sein. Bedeutende Anwendungsgebiete von Projektfinanzierungen sind z.B. große internationale Ressourcenerschließungsprojekte, Infrastrukturprojekte oder der Bau von Energieerzeugungsanlagen (vgl. Yescombe 2002, S. 6; Wolf *u.a.* 2003, S. 61; Esty 2002, S. 71), wobei diese sich häufig aufgrund des öffentlichen Interesses und der immanenten politischen Risiken durch eine Beteiligung der öffentlichen Haushalte und Regierungsorganisationen kennzeichnen (Infrastrukturprojekte).

Über die Häufigkeit der Anwendung im ausschließlich privatwirtschaftlichen Bereich, z.B. in Supply Chain Netzwerken, existieren keine quantitativen Erhebungen. Dies ist einerseits mit der Sensibilität der Informationen und anderseits auf den nicht existenten Zwang zur Publizität im Vergleich zu Public Private Partnerships[193] zu erklären.

In der Definition des Begriffs der Projektfinanzierung wird deutlich, dass neben finanzwirtschaftlichen Elementen auch organisationale Elemente integriert werden. Ausgehend von der separierten, rechtlich selbstständigen Projektgesellschaft, wel-

---

[191] Kleimeier und Megginson (2001, S. 3) verwenden den Begriff „Technologie“ in Verbindung mit der Projektfinanzierung, Wolf/Hill/Pfaue (2003, S. 59) beschreiben die „Technik der Projektfinanzierung“.

[192] Eine allgemein akzeptierte Definition des Projektfinanzierungsbegriffs ist nicht existent. Unterschiedliche Auffassungen existieren primär im Abgrenzungsmerkmal der Rückgriffsrechte auf die Sponsoren.

[193] Public Private Partnership ist ein Sammelbegriff für die kooperative Zusammenarbeit von öffentlichen Haushalten mit der Privatwirtschaft, welche oft mit einer (Teil-)Privatisierung von öffentlichen Aufgaben verbunden ist. (Vgl. Becker 2003, S. 12; Wolf *u.a.* 2003, S. 61) In diesem Kontext können Projektfinanzierungen zum Einsatz kommen.

che im Idealfall ohne Rückgriffsrechte auf die Sponsoren respektive Eigenkapitalgeber finanziert wird, und dem Mangel an Diversifikationsmöglichkeiten aufgrund des auf ein Projekt eingeschränkten Unternehmensportfolios ergibt sich die primäre Aufgabenstellung der Projektfinanzierung: die **Gewährleistung des Kapitalrückflusses an die Kapitalgeber**.

Basis der Kreditvergabe können in der Projektgesellschaft i.d.R. lediglich die zwei nacfolgenden Ansätze sein, die auch kombiniert die Finanzierungsgrundlage bilden können: a) „Asset-based" und/oder b) „Cash Flow-based".

a) „Asset-based" bedeutet, dass der zu finanzierende Vermögensgegenstand selbst als werthaltige Sicherheit herangezogen wird (vgl. Schniewind 2002, S. 312), was die Existenz und die ausreichende Liquidität von Sekundärmärkten zur Verwertung der Kreditsicherheiten im Kreditausfall voraussetzt. Hierbei scheiden Projekte aber häufig aufgrund der hohen Spezifität ihrer Vermögensobjekte zur Kreditbesicherung aus, da für sie keine Sekundärmärkte existieren, auf denen im Verwertungsfall die als Kreditsicherheit dienenden Vermögensgegenstände gehandelt werden können. Aus diesem Grund wird häufig statt der Ausrichtung der Finanzierung an Projektvermögensgegenständen eine Orientierung an Projekt-Cash Flows vorgenommen.

b) „Cash flow-based" stellt somit primär auf die zukünftigen Cash Flows zur Begründung der Kapitalbereitstellung ab. Diese im Zeitverlauf zu stabilisieren, d.h. das Risiko schwankender Cash Flows zu reduzieren, ist Aufgabe verschiedener Instrumente der Projektfinanzierung. Die Stabilisierung der Zahlungsströme und Aufrechterhaltung des Cash Conversion Cycles (siehe Kapitel 3.1) durch geeignete Institutionen in den Beziehungen der Projektpartner rückt so in den Vordergrund.

Die Projektgesellschaft nimmt in dem Projektnetzwerk eine zentrale Position ein. Sie ist zentrale Vertragspartei, wodurch auch die aus den leistungswirtschaftlichen Verträgen resultierenden Zahlungsströme zentral über die Projektgesellschaft fließen und gebündelt werden. Im Hinblick auf den Wertschöpfungsprozess, in den die Projektgesellschaft eingebettet ist, lassen sich primär zwei Unsicherheitsausprägungen der Cash Flows der Projektgesellschaft identifizieren:

- der Zahlungsmittelzufluss, z.B. durch die Abnahme der Projektleistungen,
- der Zahlungsmittelabfluss, z.B. durch die Beschaffung von zum operativen Betrieb notwendigen Einsatzfaktoren und Dienstleistungen.

Der Cash Flow wird dabei von verschiedensten Risiken beeinflusst, welche wie bereits in Bezug auf den Finanzierungsbedarf im Netzwerk (siehe Abschnitt 3.1) und im Kontext der Risiken in Supply Chain Netzwerken (siehe Abschnitt 3.2) erläutert endogen oder exogen determiniert sein können. In beiden Risikokategorien werden in der Projektfinanzierung typischerweise spezifische Institutionen zur Erfassung, Steuerung und Reduktion der Risiken eingesetzt.

Das notwendige und umfassende Risikomanagement, worunter auch die Verteilung von Risiken fällt, ermöglicht in den Finanzierungsstrukturen die projektfinanzierungstypischen **hohen Verschuldungsgrade**. So beträgt der durchschnittliche Fremdkapitalanteil an dem Gesamtprojektwert 67 Prozent.[194] (Vgl. Kleimeier/Megginson 2001) Demnach kann das ursächliche (verhaltensorientierte) und wirkungsbezogene (exogene Risiken betreffende) Risikomanagement als Substitut für Eigenkapital aufgefasst werden: „risk management can be viewed as a direct substitute for equity capital" (Stulz 1996, S. 16).[195] Ein weiterer Faktor, der in Abhängigkeit zu den Risikostrukturen steht, ist der „Credit Spread".[196] Im Bereich der Projektfinanzierung ist die Höhe des Credit Spreads im internationalen Anwendungskontext von dem Länderrisiko, dem Ausmaß der eingesetzten Covenants in den Kreditverträgen, dem Fremdkapitalanteil und der Branche abhängig. Die Integration von Garantien durch Dritte reduziert die Risikoaufschläge erheblich. (Vgl. Kleimeier/Megginson 2001, S. 2)

4.3 Projektfinanzierung im SCN: Die bedeutende Rolle von Umlaufvermögen

Dem Aspekt der Umlaufvermögensfinanzierung wird in der Projektfinanzierung im Allgemeinen nur geringe Aufmerksamkeit zuteil. Diese geringe Fokussierung lässt

---

[194] Dem Durchschnittswert liegt eine umfangreiche statistische Analyse von Kleimeier und Megginson (2001) zugrunde, die ein Sample von 4.956 Projektfinanzierungskrediten im Wert von 634 Milliarden US-Dollar untersuchten.

[195] Ökonomische Erklärungsansätze für das Risikomanagement auf Unternehmensebene wurden in Abschnitt 3.2.1 aufgegriffen.

[196] Die Existenz des „Credit Spread" begründet sich aus dem Risiko eines Kreditausfalls und der damit verbundenen nicht vollständigen Rückgewinnung der Kreditsumme. Determinanten der Kreditrisikoprämie bilden neben Proxies, die Indikatoren für die Ausfallwahrscheinlichkeit und die „Recovery Rate" sind, auch Eigenschaften der Sekundärmärkte für Fremdkapitaltitel (z.B. die Liquidität und Transaktionskosten) und makroökonomische Rahmenfaktoren (Zins- und Renditestrukturkurve). (Vgl. Collin-Dufresne *u.a.* 2001, S. 2178) Eine Messung des Credit Spread ist durch Festlegung einer Bezugsgröße, z.B. Interbank Zinssätze (LIBOR), möglich (vgl. Kleimeier/Megginson 2001, S. 2).

sich sicherlich auf den Umstand zurückführen, dass im angestammten Anwendungsgebiet der Projektfinanzierung der Anteil des Anlagevermögens den permanenten Kapitalbedarf zur Finanzierung des operativen Betriebs um ein Vielfaches übersteigt. Der Finanzierungsbedarf bezogen auf das Umlaufvermögen ist bei Infrastrukturprojekten vergleichsweise gering.[197]

In dieser Ausarbeitung wurde explizit auf den Güterfluss im Supply Chain Netzwerk als Finanzierungsobjekt abgestellt. Die Betrachtung der Anlageninfrastruktur wurde abgegrenzt und die Finanzierung des Umlaufvermögens ins Zentrum gerückt. Folglich ändert sich der Charakter eines solchen Finanzierungsobjekts im Vergleich zum anlagenintensiven Anwendungsgebiet.

Der zentrale Unterschied zu anlagenintensiven Projekten besteht im **Kapitalbedarf über den Zeitverlauf**. Im traditionellen Anwendungsgebiet der Projektfinanzierung ist der Kapitalbedarf durch einen anfänglich aufgrund der Errichtung von Anlagen sehr hohen Kapitalbedarf gekennzeichnet. Demgegenüber charakterisiert sich dieser in der ausschließlichen Umlaufvermögensfinanzierung bei langfristiger Betrachtung durch einen vom Produktlebenszyklus abhängigen, zunächst ansteigenden und anschließend sinkenden, Trend. Kurz- und mittelfristig sind Änderungen aufgrund von Nachfrageschwankungen zu erwarten. Die höhere Volatilität des Kapitalbedarfs in der Projektgesellschaft aufgrund der Nachfrage- und Angebotsschwankungen erfordert die Adaption der eingesetzten Finanzierungsinstrumente.

In diesem Kontext ist die Unterscheidung in langfristiges Fremdkapital und Kreditlinien als Finanzierungsinstrument notwendig.[198] Während langfristiges Fremdkapital

---

[197] Die Projektfinanzierungsliteratur geht nur wenig auf die Finanzierung des Working Capital ein. Yescombe (2002, S. 258) wie auch Nevitt/Fabozzi (2004, S. 105f.) weisen lediglich darauf hin, dass eine Kombination aus langfristigem Kredit, der den Grundbedarf des Working Capital deckt, und revolvierenden Kreditlinien zur Kompensation von Schwankungen sinnvoll ist.

[198] DeMarzo/Sannikov (2006) unterscheiden in einem Kapitalstrukturmodell den Einsatz von Kreditlinien als flexibles Finanzierungsinstrument und langfristigem Fremdkapital. Dabei konstatieren sie, dass der Einsatz von Kreditlinien obgleich der großen empirischen Relevanz aus wissenschaftlicher Perspektive Forschungsbedarf aufweist. „Empirically, credit lines are an important (and understudied) component of firm financing: Between 1995 and 2004, credit lines accounted for 63% (by dollar volume) of all corporate debt." (DeMarzo/Sannikov 2006, S. 2683)

zur Deckung des permanenten Working Capital[199] herangezogen wird und keine bzw. geringe Flexibilität aufweist, ist der Einsatz von Kreditlinien wesentlich flexibler.[200] Die Ausgestaltung von Kreditlinien kann im Detail sehr unterschiedlich sein, wobei sich diese grundsätzlich durch ein maximales Kreditvolumen charakterisieren, welches durch den Kreditnehmer flexibel in Anspruch genommen und getilgt werden kann.[201] DeMarzo/Sannikov (2006, S. 2681) zeigen, dass der Einsatz von Kreditlinien in Abhängigkeit von der Volatilität des Kapitalbedarfs optimal ist, unterstellen dabei jedoch primär exogene Liquiditätsschocks. Dabei wird die enge bilanzielle Verbindung zwischen den Aktiva (genauer dem Umaufvermögen) und den Passiva aufgrund der flexiblen Kreditaufnahme (gewährleistet durch die Kreditlinie) offensichtlich. Gemeinsam bilden diese einen Risikopuffer gegen Schwankungen im Finanz- und Güterfluss. Kapitalbedarfs- und Liquiditätsschwankungen der Projektgesellschaft können aber wie im Kontext dieser Ausarbeitung angenommen nicht nur exogenen Charakter besitzen, sondern sich netzwerkendogen verstärken oder bewusst in Kauf genommen werden (siehe Abschnitt 3.2.2.2). Die Schwankungen stellen die monetäre Auswirkung von verhaltensbedingten Störungen im Wertschöpfungsprozess dar, da der Finanzfluss durch den physischen Güterfluss determiniert ist.

---

[199] Die Unterscheidung permanentes Working Capital (Permanent Current Assets) und fluktuierendes Working Capital wird im Hinblick auf die Finanzierungspolitik getroffen und verkörpert den langfristigen und durch kurzfristige Schwankungen induzierten Kapitalbedarf (vgl. Perridon/Steiner 2003, S. 153; Brigham/Houston 2004, S. 573). Einen Überblick über unterschiedliche Finanzierungsstrategien im Hinblick auf das Working Capital geben Brigham/Houston (2004, S. 574ff.). Hintergrund der Finanzierungspolitik bildet eine fristenkongruente Kapitalbereitstellung („Goldene Finanzierungsregel“), d.h., die Laufzeit der Finanzierungstitel entspricht der Kapitalbindungsdauer der finanzierten Vermögensgegenstände (vgl. Perridon/Steiner 2003, S. 550).

[200] Kreditlinen sind vom eigentlichen Kreditvertrag zu unterscheiden. Die Kreditlinie bildet i.d.R. eine formale Zusage, über einen bestimmten Zeitraum bis zu einer festgelegten maximalen Höhe Kapital an den Kreditnehmer zu überlassen. (Vgl. Brigham/Houston 2004, S. 583; Schäfer 2002, S. 322) Die Finanzierungskosten entstehen bei Kreditlinien üblicherweise nicht nur durch das in Anspruch genommene Kreditvolumen, sondern auch durch den zur Verfügung gestellten Kreditrahmen, d.h. das nicht in Anspruch genommenen Kreditvolumen. (Vgl. Tirole 2006, S. 200; Brigham/Houston 2004, S. 583)

[201] Kreditlinien sind dabei in der Reinform von kurzfristigem Fremdkapital abzugrenzen. Kurzfristiges Fremdkapital verstärkt die Liquiditätsproblematik insofern, da dieses bei Fälligkeit Kapital entzieht und eine Refinanzierung notwendig wird. (Vgl. Tirole 2006, S. 199) Jedoch werden auch Kreditlinien häufig periodisch einer Prüfung unterzogen, bei der ggfs. Finanzierungszinssätze und Kreditrahmen an die veränderte Unternehmenssituation („Material Adverse Change“) angepasst werden. (Vgl. Gorton/Winton 2003, S. 463) Durch die revolvierenden Nachverhandlungen nähert sich je nach Verhandlungszyklus der Charakter dem von kurzfristigem Fremdkapital an.

Unter Berücksichtigung **endogener Liquiditätsschwankungen** im Netzwerk, die im Verhalten der Netzwerkakteure begründet sind, lässt die Zurverfügungstellung von Kreditlinien unerwünschte Anreizwirkungen entfalten.[202] Der Anreiz der Netzwerkakteure, Liquiditätsschwankungen durch Verhaltensanpassungen zu vermeiden oder zu mindern, wird reduziert, da diese sozusagen als „Versicherung“ die bestandsführende Projektgesellschaft mit einem Finanzierungspuffer (Soft-Budget-Constraint) in Form der Kreditlinien in das Netzwerk einbinden. Für die Gestaltung der Projektfinanzierung im speziellen Kontext der Umlaufvermögensfinanzierung im Supply Chain Netzwerk ist daher zwingend die Glaubwürdigkeit von Sanktionsmechanismen (im Sinne einer Hard-Budget-Contstraint) zu etablieren. In Bezug auf die revolvierenden Kreditlinien ist die Anpassung des maximalen Kreditvolumens in kurzen Perioden eine Möglichkeit, den Finanzierungsspielraum glaubhaft zu beschränken. Dabei wird die Flexibilität von Kreditlinien stärker mit der Anreizwirkung von kurzfristigem Fremdkapital verbunden. Die Anpassung der Kreditlinie erfolgt dabei im Kontext der Umlaufvermögensfinanzierung operativ auf Basis von Prognosen der zukünftigen Geschäftstätigkeit der Projektgesellschaft, die sich letztlich primär aus den Absatzprognosen des Abnehmers ableiten.

Die **periodische Adaption des Finanzierungsrahmens** liefert gleichzeitig die notwendige Flexibilität im Sinne von Realoptionen.[203] Im Hinblick auf die Umlaufvermögensfinanzierung im Kontext des Supply Chain Netzwerks ist die Integration von „Options to Expand“ oder „Options to Abandon“ eine Möglichkeit, der Unsicherheit auf den Absatzmärkten zu begegnen, d.h., dass in der Strukturierung des Projekts bereits Expansions- und Ausstiegsszenarien Berücksichtigung finden können.[204] „Switching Options“ sind im konkreten Kontext der Supply Chain Netzwerke zum

---

[202] Diese Wirkung diskutiert Tirole (2006, S. 224) als Soft-Budget-Constraint, die sich aus der Ineffizienz von Sanktionsmechanismen ex post ergibt (z.B. Liquidationswert geringer als Fortführungswert) und in Nachverhandlungen keinen Bestand hat und somit auch an Anreizwirkung ex ante verliert.

[203] Die aktive Integration von Flexibilität, d.h. der Aufbau von Realoptionen, im Kontext der Projektfinanzierung ist dabei grundsätzlich möglich und findet in verschiedenen Industriezweigen bereits Anwendung. So werden beispielsweise im Projektdesign beim Bau von Raffinerieanlagen bereits Switching Options in Bezug auf den Produktmix integriert, um auf Preisrisiken reagieren zu können. (Vgl. Sorge 2004a, S. 109)

[204] Die Werthaltigkeit von Realoptionen im Kontext von globalen Supply Chain Netzwerken, wenn auch mit Fokus auf unternehmensinterne Netzwerkstrukturen, wurde auch von Huchzermeier (2000) bei Unsicherheit der Nachfragemengen und Preise analysiert.

Beispiel bei Betrachtung der Beschaffungskanäle denkbar, jedoch weniger in Bezug auf die nur schwer substituierbaren Systemlieferanten zu erwarten, sondern eher im Kontext standardisierter Komponenten.

Bei der Strukturierung von Projektfinanzierungen werden unterschiedliche Rollen und Akteure unterschieden. Im Folgenden soll in der Finanzierung von Umlaufvermögen eine Zuordnung der Netzwerkakteure auf die Projektfinanzierungsrollen vorgenommen werden. Die leistungswirtschaftliche Ebene zwischen Lieferanten, Dienstleistern und Abnehmern ist dabei relativ eindeutig zu bestimmen. Nicht eindeutig ist die Rolle des Projektinitiators und Sponsors im Kontext der Umlaufvermögensfinanzierung. Diese Problematik resultiert aus dem Umstand, dass die Eigenkapitalbeteiligung auch ein Gestaltungsmerkmal in der Projektfinanzierung darstellt, um Interessenkonflikte zu reduzieren.

Sponsoren in der Projektfinanzierung können typischerweise Anlagenhersteller, Betreiber, Lieferanten, Abnehmer, Finanzinvestoren[205] und öffentliche Institutionen sein. (Vgl. Yescombe 2002, S. 34f.) Im Bereich der Umlaufvermögensfinanzierung, bei der von der Erstellung umfangreicher Anlagen abstrahiert wird und die einen rein privatwirtschaftlichen Charakter aufweist, reduzieren sich die potenziellen Sponsorengruppen, die an der Initiierung des Projekts ein originäres Interesse aufweisen. Demnach kommen in dem Projektdesign zur Finanzierung von Umlaufvermögen Lieferanten, Abnehmer und Logistikdienstleister in Frage. Somit ergibt sich nachfolgende Rollenzuordnung:

---

[205] Finanzinvestoren (Investmentfonds, institutionelle Investoren) werden typischer Weise von den Projektinitiatoren in akquisitorischen Prozessen gewonnen. (Vgl. Yescombe 2002, S. 35)

Projektbeteiligte einer Projektfinanzierung	Zugeordnete Akteure des Supply Chain Netzwerks
Projektlieferanten	Systemlieferanten
Projektersteller	nicht vorhanden, da die Errichtung von physischem Anlagevermögen im Eigentum der Projektgesellschaft nicht notwendig ist[206]
Betreiber	Logistikdienstleister (3PL/4PL)
Abnehmer	Endproduktherstelle (OEM)
Fremdkapitalgeber	Kreditinstitute (evtl. Hausbanken des Projektinitiators)
Sponsoren	Systemlieferanten, Logistikdienstleister und/oder Endprodukthersteller (OEM), evtl. Finanzinvestoren
Öffentliche Institutionen	nicht vorhanden, da ausschließlich privatwirtschaftlicher Projektcharakter
Versicherer	je nach Projektdesign integriert

Tab. 6: Zuordnung von Netzwerkakteuren zu Projektfinanzierungsrollen

In dem skizzierten Modell der Umlaufvermögensfinanzierung wird nachfolgend der Logistikdienstleister als Betreiber betrachtet, der die Bestandsverantwortung übernimmt und die Verfügbarkeit von Vorprodukten im Wertschöpfungsprozess gewährleistet. Eine Erweiterung des Leistungsportfolios um operative, wertschöpfende Tätigkeiten wie z.B. die Vormontage ist denkbar, jedoch für die Risikostruktur der Projektgesellschaft nicht von entscheidendem Einfluss. Wer letztlich Eigentümer und somit Risikoträger und Residualempfänger der Projektgesellschaft ist, soll an dieser Stelle der Ausarbeitung noch nicht vorab festgelegt werden. In der Praxis ist eine Übernahme der Sponsorenrolle durch den Betreiber aus strategischen Gründen zu beobachten. Logistikdienstleister sehen im Anbieten der Finanzierungsdienstleistung

---

206 Projektersteller liefern und errichten typischerweise in anlagenintensiven Projektfinanzierungen die betriebsnotwendige physische Infrastruktur (z.B. Kraftwerk). Im Kontext dieser Ausarbeitung wurde die Finanzierung von Produktionsanlagen im Supply Chain Netzwerk abgegrenzt und die Fokussierung des Güterflusses und des damit korrespondierenden Umlaufvermögens vorgenommen. Aufgrund des investiven Charakters des Netzwerksetups können vergleichbar dem physischen Anlagevermögen die damit aufgebauten Strukturen im Sinne von Beziehungskapital, Struktur- und Organisationskapital und Humankapital als „Intangbile Assets" betrachtet werden. (Vgl. Petty/Guthrie 2000, S. 166) Diese Assets finden allerdings keine bilanzielle Berücksichtigung, auch wenn diese sozusagen als Anlagevermögen im Sinne einer „Sacheinlage" in die Projektgesellschaft von mehreren Netzwerkakteuren eingebracht werden.

eine Möglichkeit, ihr Leistungsportfolio zu erweitern und durch die Zusammenarbeit mit Finanzdienstleistern einen Wettbewerbsvorteil zu generieren. Ein derartiger Ansatz kennzeichnet sich durch eine höhere Bereitschaft des Logistikdienstleisters, unternehmerische Risiken zu übernehmen. Die Bedeutung von Eigentumsrechten und die Gestaltungsoption, ein Projektfinanzierungs-Joint Venture durch die Beteiligung mehrerer Sponsoren (Eigentümer) zu etablieren, wird in Abschnitt 4.4.3.2.3 eingehender vor dem Hintergrund möglicher Interessenkonflikte diskutiert.

Weiteres Unterscheidungsmerkmal in dem „neuen" Anwendungsgebiet der Projektfinanzierung ist auch das Projektvolumen. Das Gesamtvolumen wird dabei insbesondere bei abgegrenzten Wertschöpfungsbereichen nicht an das von Großprojekten[207] heranreichen. Yescombe nennt als kritische Projektgröße 25 Millionen US$, unterhalb derer Projekte nicht mehr ökonomisch zu strukturieren sind, gibt jedoch zugleich eine Ausnahmebedingung, die auf die Standardisierbarkeit ähnlicher Projekte und die Lernkurve auf Seite der Finanzintermediäre abstellt: „(...) unless it is part of a production line of very similar projects for which the same template can be used (...)". (Yescombe 2002, S. 50) Im Untersuchungsfall der Umlaufvermögensfinanzierung sind grundsätzlich kleinere Projektvolumina zu erwarten. Wobei eine Standardisierbarkeit im Kontext von Supply Chain Netzwerken[208] aufgrund der Ähnlichkeit der Strukturen geben ist. Auch ein Transfer in Wertschöpfungsstrukturen anderer Branchen ist möglich.

4.4 Projektfinanzierungsarrangements als „Cooperative Governance" im SCN der Automobilindustrie

Die Unterschiede im Bezugsobjekt zwischen der traditionellen Unternehmensfinanzierung und der Projektfinanzierung in dem skizzierten Kontext hybrider und marktmäßiger Austauschbeziehungen lassen eine besondere Eignung der Projektfinanzierungsstrukturen in Wertschöpfungsnetzwerken erwarten. Die traditionelle Unterneh-

---

[207] Die Auswertung von statistischen Daten in Bezug auf die Projektfinanzierungsvolumina zeigt, dass ein Großteil (durchschnittlich 47% der Projekte) in dem Größencluster zwischen 100 Millionen und 500 Millionen US$ liegt. Projekte mit Projektvolumina unter 50 Millionen US$ machen dagegen nur 14% aller Projekte aus. Der Auswertung liegen Daten der Jahre 1997 bis 2001 zugrunde. (Vgl. Esty/Christov 2002, S. 16)

[208] Würde die Betrachtung auf Netwerke im Allgemeinen ausgedehnt werden, ist die Ähnlichkeit nicht unbedingt gegeben, da horizontale Netzwerke sehr unterschiedliche Zielsetzungen und Akteure besitzen können.

mensfinanzierung besitzt als Bezugsobjekt das Unternehmen und unterstellt implizit, dass Unternehmen als autonome, hochgradig vertikal integrierte Einheit primär über marktliche Beziehungen mit der Umwelt in Beziehung stehen. Unternehmensgrenzen werden klar von Märkten begrenzt und innerhalb dieser Grenzen verfügt das Unternehmen über hierarchische Steuerungs- und Kontrollstrukturen (siehe Abschnitt 4.1.1). Realistischere Betrachtungen der Wertschöpfungsstrukturen identifizieren in hybriden Wertschöpfungsbeziehungen eine Überlagerung ökonomischer Einflussbereiche von Unternehmen. Das Unternehmen selbst besitzt die Möglichkeit der Beeinflussung von Transaktionspartnern, kann aber auch selbst durch diese beeinflusst werden (siehe Abschnitt 4.1.2). Dadurch ist es aus Sicht der Kapitalgeber nicht mehr ausreichend, lediglich das Unternehmen und umgebende Marktstrukturen zu betrachten, sondern notwendig die hybriden Wertschöpfungsbeziehungen ebenfalls in das Analysespektrum einzubeziehen.[209]

Die Etablierung von Projektfinanzierungsstrukturen ist grundsätzlich sowohl in marktlichen Strukturen wie auch in den im Rahmen dieser Arbeit zum Untersuchungsgegenstand erklärten Netzwerkstrukturen denkbar. Die nachfolgende Abb. 17 systematisiert die Variationsmöglichkeiten und verdeutlicht die Fokussierung auf einzelne Transaktionsbeziehungen zwischen Unternehmen, die als Markttransaktion[210] oder als Netzwerktransaktion beschrieben werden können. Durch marktliche Beziehungen entstehen Netzwerkgrenzen auch in Bezug auf den Gestaltungsbereich der Projektfinanzierung. So sind beispielsweise im Kontext von Erdölraffinerieprojekten auf Absatzmärkten kompetitive Strukturen zu beobachten, aus denen primär Marktpreisrisiken für die Projektgesellschaft resultieren, die durch Intstrumente des finanzwirtschaftlichen Risikomanagements bewältigt werden können. Aufgrund des funktionierenden Preismechanismus als Koordinationsinstrument und der Governance-Struktur

[209] Aus wissenschaftlicher Sicht wird bemängelt, dass in den bisherigen Ratingansätzen, die das Analysespektrum aus Sicht der Fremdkapitalgeber reflektieren, die Einbeziehung von leistungswirtschaftlichen Elementen des zu finanzierenden Unternehmens wenig ausgeprägt ist. In den Kriterienkatalogen bilden unternehmensbezogene finanzwirtschaftliche Kenngrößen einen Schwerpunkt. (Vgl. Schäfer 2004b, S. 4f.; Wildemann 2004, S. 98f.)

[210] Da die Etablierung von Projektfinanzierungsstrukturen nicht unerhebliche Kosten aufweist, wird in dieser Betrachtung nicht von der extremen Ausprägung der Markttransaktion, einer einmaligen Transaktion auf Basis von „klassischen Verträgen", ausgegangen, sondern vielmehr auf rekurrente Transaktionen auf Basis neo-klassischer Verträge abgestellt (siehe die Ausführungen zum organisationstheoretischen Netzwerkbegriff in Abschnitt 2.2.2.2).

resultieren weniger Verhaltensrisiken in kompetitiven Marktstrukturen.[211] Der in dieser Ausarbeitung fokussierte Untersuchungsfall (siehe Kapitel 2.2.4) hybrider Wertschöpfungsbeziehungen in Verbindung mit der Projektfinanzierung charakterisiert sich durch die wechselseitige Überschneidung des ökonomischen Einflussbereichs (siehe schattierte Fläche in Abb. 17).

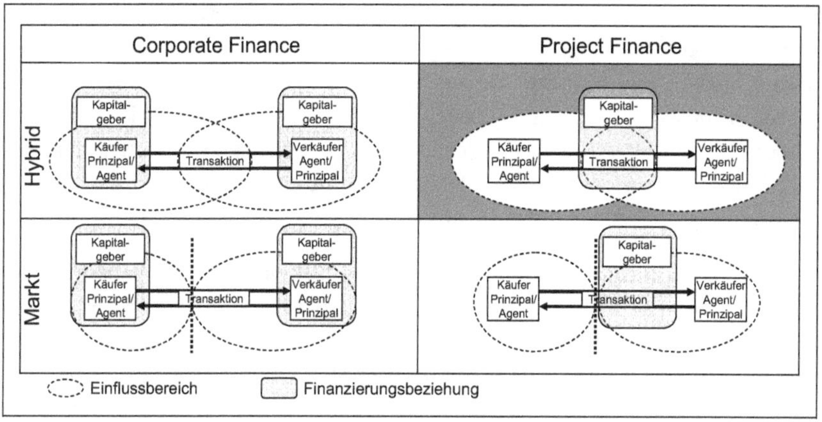

Abb. 17: Corporate Finance vs. Project Finance[212]

Die Projektfinanzierung fokussiert die Wertschöpfungsbeziehung und nimmt durch die Errichtung einer Projektgesellschaft eine **zentrale Stellung zwischen den Transaktionsparteien** ein. Wechselseitige Abhängigkeiten der Unternehmen im Netzwerk lassen zwar das Interesse an einer Kontinuität respektive Fortführung der Beziehung entstehen. Aufgrund der Informationsasymmetrie und der Unvollständigkeit von vertraglichen Regelungen auf leistungswirtschaftlicher Ebene werden jedoch zusätzliche Mechanismen zur Stabilisierung der Kooperationsbeziehung in den Vordergrund treten, die eine Koordination von Aktivitäten und die Lösung von Konflikten im Netzwerk ermöglichen. Autonomie beschränkende Vorschriften in Verträgen

[211] Verhaltensrisiken, beispielsweise Herdenverhalten oder auch vorsätzliche Manipulationen, sind grundsätzlich auch auf Commodity-Märkten denkbar, sollen im Kontext dieser Arbeit aber nicht betrachtet werden.

[212] Aus Gründen der Komplexität der Darstellung wurde wiederum lediglich eine dyadische Beziehung abgebildet.

(„restrictive provisions“)[213], welche Handlungsspielräume einzelner Akteure einschränken, stellen ein mögliches Instrumentarium dar. (Vgl. Ménard 2004, S. 365ff.; Theurl 2005, S. 170f.)

Die Institutionalisierung einer **Netzwerk-Governance** in **zentralisierter Form**[214] stellt eine weitere Möglichkeit dar, die Stabilität des Netzwerks zu erhöhen: „(...) the presence of private governments (or “authorities” as distinct from “hierarchies”) as a core element in the architecture of hybrid organizations (...). One major characteristic of these devices is that they pair the autonomy of partners with the transfer of subclasses of decisions to a distinct entity in charge of coordinating their action.”[215] (Ménard 2004, S. 366) Die **Projektgesellschaft** kann als eine solche **zentralisierte Netzwerkinstitution** betrachtet werden, die sich durch eine sehr formale Struktur und hierarchische Elemente kennzeichnet.

Vorteilhaft ist dabei das hohe Ausmaß an **Neutralität der Projektgesellschaft**, da das dominierende Interesse der Fremdkapitalgeber nicht im Konflikt zu den Netzwerkinteressen als Ganzes steht oder von einzelnen Netzwerkakteuren dominiert wird. Zur Rückführung des ausstehenden Kreditvolumens existiert ein Interesse am Fortbestehen des Netzwerks, welches nicht durch andere Interessen überlagert wird.[216] Im Kontext von Supply Chain Netzwerken ist es durch die zentrale Positionierung der Projektgesellschaft möglich, Anreiz- und Kontrollmechanismen für Wert-

---

[213] Aus wissenschaftlicher Sicht gilt die Wirkungsweise von Handlungsspielraum beschränkenden Vorschriften im Detail als relativ unerforscht wie auch Ménard (2004, S. 366) analysiert: „Notwithstanding these contributions, the positive role of contractual restrictions as a coordinating device is underexplored.“ Die Wirksamkeit von Autonomie beschränkenden Regelungen wird jedoch auch im Kontext dieser Arbeit angenommen. Insbesondere die kreditvertraglichen Regelungen, „Covenants“, können als „Restrictive Provisons“ aufgefasst werden (siehe Abschnitt 4.4.3.2.4.).

[214] Die Ausgestaltung zentraler Institutionen kann dabei sehr unterschiedlich sein. „The entities in which these private governments are embedded are more or less formal and possess various amounts of power.” (Ménard 2004, S. 367) Den Institutionalisierungsgrad von informeller bis zur formellen Kooperationsform durch Verträge oder Gemeinschaftsunternehmen analysieren auch Theurl (2005, S. 171ff.) wie auch Sydow (2005, S. 227).

[215] Theurl (2005, S. 170) bemerkt kritisch, dass durch die Übertragung von Steuerungs- und Überwachungsaufgaben an eine zentrale Organisation wiederum ein Delegationskonflikt entsteht. Aufgrund der Komplementarität der Interessen wie im Fall der Projektgesellschaft (Fremdkapitalgeber) ist dieser Konflikt nur von untergeordneter Bedeutung.

[216] Die Argumentation ist sehr idealisiert, da in der Realität Konstellationen denkbar sind, in denen der Fremdkapitalgeber neben der Beziehung zur netzwerkspezifischen Projektgesellschaft in weiteren Finanzierungsbeziehungen mit einzelnen Netzwerkakteuren oder auch Konkurrenten steht, wodurch möglicherweise die Neutralität des Fremdkapitalgebers nicht mehr gegeben ist.

schöpfungspartner zu errichten, die über Verträge mit der Projektgesellschaft in Verbindung stehen, ohne prädeterminiert einseitige Interessen wie bei unternehmensbezogenen Finanzierungsansätzen zu vertreten. Durch die direkte Fokussierung der leistungswirtschaftlichen Projektebene – im Kontext der Unternehmensfinanzierung wird demgegenüber auf eine aggregierte Unternehmensebene abgestellt – werden Kapitalgeber direkt zu Netzwerkmitgliedern und besitzen somit die Möglichkeit und auch die Notwendigkeit, Risikostrukturen in den zugrunde liegenden Geschäftsmodellen zu analysieren, zu gestalten und Wissen im Management von Wertschöpfungsnetzwerken aufzubauen. Auf die besondere Rolle des Finanzintermediärs[217] und des Sponsors (Eigenkapitalgebers) in dem Gestaltungsprozess wird an späterer Stelle detaillierter eingegangen (siehe Abschnitt 4.4.1.).

Die Etablierung einer Projektfinanzierungsstruktur ist gleichsam der Bildung von Finanzierungsverträgen als Ergebnis eines Prozesses zu verstehen (vgl. Esty 2004b, S. 217), welcher iterative Phasen der Informationsgenerierung und -verarbeitung sowie Verhandlungsphasen zwischen den Projektbeteiligten enthält. Die optimale und allgemeingültige Determinierung von Strukturelementen ist aufgrund der Interdependenzen untereinander und der Abhängigkeiten zu Kontextvariablen kaum möglich.[218] Die letztlich in der Praxis etablierten Strukturen können jedoch als von allen beteiligten Parteien akzeptiertes Arrangement verstanden werden. Die Bildung einer „Community-of-Interests“ (Schepp 1996, S. 526) gilt als zentrales Erfolgskriterium in der Strukturierung der Projektfinanzierung, wobei durch die Etablierung von prozessualen Mechanismen und die Angleichung von Interessen kooperatives Verhalten der Projektbeteiligten herbeigeführt werden soll. (Vgl. Wolf *u.a.* 2003, S. 67)

---

[217] Der Begriff des Finanzintermediärs gilt als Oberbegriff für eine Klasse von Akteuren, die eine Transformationsfunktion (Losgrößen-, Fristen-, Liquiditäts-, Bonitäts-, und Informationsbedarfstransformation) zwischen Kapitalgebern und Kapitalnehmern erfüllen. Ausführlich zu den einzelnen Funktionen siehe Schäfer (2002, S. 81). In Bezug auf die Finanzintermediäre findet sich häufig eine Unterscheidung je nach Leistungspektrum in Finanzintermediäre im engeren Sinn (z.B. Kreditinstitute, Kapitalbeteiligungsgesellschaften) und Finanzintermediäre im weiteren Sinn (z.B. Rating-Agenturen, Kreditvermittler) (vgl. Bitz 2002, S. 14ff.). Im Kontext dieser Ausarbeitung wird die enge Begriffsinterpretation verwendet. Andere Finanzintermediäre werden ggfs. explizit erwähnt. Im Kontext der Projektfinanzierung nehmen Kreditinstitute als Finanzintermediäre eine besondere Stellung ein.

[218] Die Problematik der Rückkopplung in der Ableitung optimaler Aussagen in Bezug auf die Gestaltung von Finanzierungsverträgen als Bindungs- und Anreizinstrument wurde auch von Laux (1996, S. 1) erkannt. Auf allgemein organisationstheoretischer Ebene bestätigt Theurl (2005, S. 163), dass in der ökonomischen Realität selbst in einem scheinbar konsistenten Umfeld (beispielsweise einer Branche) unterschiedlichste Kooperationsdesigns zu beobachten sind.

Primäres organisationales Gestaltungselement stellen in der Projektfinanzierung vertragliche Regelungen[219] dar, weshalb Projektfinanzierung oft auch als „Contract Finance" bezeichnet wird. Um adäquate Anreizstrukturen zur Reduktion des Risikos in der Projektgesellschaft zu etablieren, können auch Eigenkapitalbeteiligungen, z.B. durch den Abnehmer, zum Einsatz kommen. Es wird damit angedeutet, dass **Projektfinanzierung** mehr als nur eine Finanzierungstechnik ist, sondern auch ein **Transaktionsdesign** für den jeweiligen **Wertschöpfungsprozess** darstellt, welcher erst durch **spezielle Finanzierungskontrakte** ermöglicht wird.

Die Etablierung von Anreizen und Vorkehrungen im Projektnetzwerk stellt dabei eine zentrale Wirkungsweise von eigens etablierten Projektfinanzierungsgesellschaften dar. Laux (1997, S. 854) problematisiert die noch offene Fragestellung, unter welchen exakten Bedingungen die Reduktion von Verhaltensrisiken in der Projektgesellschaft günstiger ist: „Offen bleibt hier die quantitative Analyse, wann die Einschränkung der Handlungsspielräume über eine Projektfinanzierung kostengünstiger als eine Kontrolle im ausgliedernden Unternehmen erfolgen kann (...)". Laux stellt bei dieser Feststellung indirekt auf den Problembereich der Quanifizierung des gewählten Effizienzkriteriums ab. Die Agency-Kosten lassen sich ex ante nicht direkt quantifizieren und verhindern somit einen direkten Institutionenvergleich.[220] Im Kontext von Unternehmensnetzwerken wird hier der Argumentation gefolgt, dass die Einschränkung von Handlungsspielräumen und die Kontrolle der Netzwerkakteure durch einzelne Unternehmen im Netzwerk nicht möglich sind und durch die Etablierung von Projektfinanzierungsstrukturen überhaupt erst möglich werden.

Der Institutionalisierungsprozess des Wertschöpfungsnetzwerks in Form eines Projektfinanzierungsarrangement ist auf die Initiative einer der späteren Projektbeteiligten (i.d.R. der Sponsoren) angewiesen. Der Netzwerkentwicklungsprozess ist im Hinblick auf die Projektfinanzierung demnach kein evolutorisch emergenter, sondern

---

[219] Einen Überblick über die verschiedenen Vertragsarten zur Risikoverteilung im Kontext der Projektfinanzierung bieten beispielsweise Tytko (1999, S. 55) oder Jürgens (1994, S. 14ff.).

[220] Empirische Untersuchungen, die eine Messung der Agency-Kosten zwecks Hypothesentest fokussieren, verwenden Indikatoren (Proxies), die auf die Intensität von Agency Konflikten und damit die Höhe der Agency-Kosten schließen lassen, und betrachten den Einsatz von konfliktbewältigenden Instrumenten im Hinblick auf die Auswirkung im Unternehmenswert (siehe beispielhaft die Untersuchungsmethodik von Harvey *u.a.* 2004).

ein aktiv gestalteter Prozess.[221] Die Notwendigkeit einer „Triggering Entity“[222], welche initiierenden Charakter besitzt und auch die Angleichung von Interessen im Netzwerk forciert, wird in Bezug auf die Netzwerkentwicklung von Doz *u.a.* (2000, S. 243) analysiert. Im Kontext des Supply Chain Netzwerks der Automobilindustrie kann ein indirekter Anstoß für die Etablierung von Projektfinanzierungsstrukturen das Bestreben eines fokalen Unternehmens (z.B. der OEM) sein, seine Wertschöpfungsstrukturen zu reorganisieren. Der Versuch der Auslagerung der Bestandsverantwortung und die Übertragung der Verantwortung für logistische Prozesse an einen spezialisierten Dienstleister bilden eine Herausforderung für die beteiligten Unternehmen und legen die Etablierung von Projektfinanzierungsstrukturen nahe.

Das Ergebnis des Netzwerkinstitutionalisierungsprozesses mittels Projektfinanzierung im stilisierten Untersuchungsfall, der Finanzierung von Umlaufvermögen im Suppyl Chain Netzwerk der Automobilindustrie, verdeutlicht die nachfolgende Abbildung (Abb. 18) schematisch unter Berücksichtigung der typischen Projektrollen (siehe Kapitel 4.3). Diese Strukturen können für die Phase der Serienproduktion etabliert werden. Dabei wird das leistungswirtschaftliche Vertragsnetzwerk abgebildet und auch den Vertragsbeziehungen im Sinne der Kapitalüberlassung Rechnung getragen. Der Fremdkapitalgeber bildet einen neuen zusätzlichen Netzwerkakteur im Kooperationsdesing der Projektfinanzierung.

---

[221] Eine vergleichende Darstellung von emergenten und aktiv gestalteten (engineered) Prozessen in der Entwicklung von Netzwerken zwischen Unternehmen liefern Doz *u.a.* (2000).

[222] Als „Triggering Entity“ können Unternehmen, einzelne Personen oder staatliche Institutionen den Formierungsprozess von Netzwerken anstoßen. (Vgl. Doz *u.a.* 2000, S. 243)

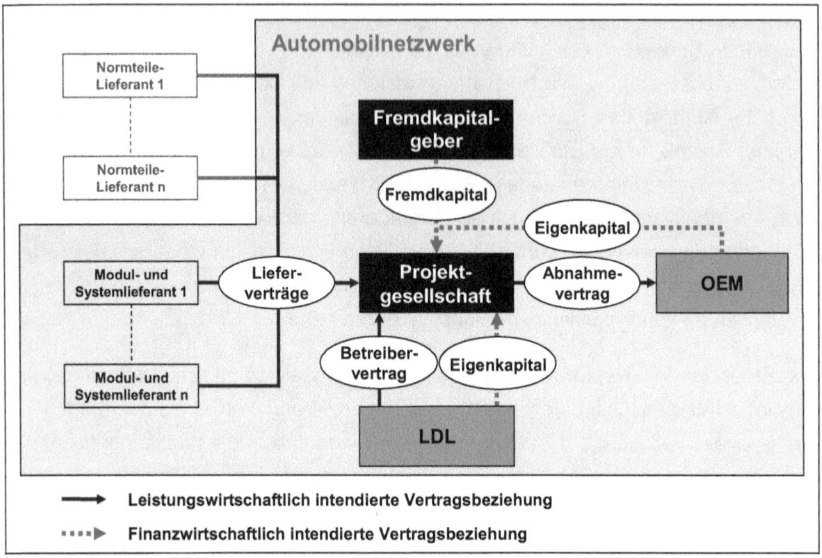

Abb. 18: Projektfinanzierungsstrukturen im Untersuchungsfall

Die nachfolgend diskutierten prozessualen und strukturellen Elemente der Projektfinanzierung vor dem Hintergrund von Netzwerkstrukturen können konzeptionell aufgefasst werden, deren identische und vollständige Umsetzung in der Praxis nicht zu erwarten ist. Sie kann jedoch als Basis im Verhandlungsprozess zur Errichtung von Supply Chain Netzwerken herangezogen werden.[223]

Zentral für die Betrachtung der **Projektfinanzierung als Netzwerkdesign** ist die Auffassung, dass **formale Verträge** und **relationale Governance-Mechanismen komplementär** und **weniger substitutiv**[224] zueinander wirken. (Vgl. Poppo/Zenger 2002, S. 707) Das bedeutet, dass sowohl relationale Governance-Mechanismen

---

[223] Die hier vorgenommene Relativierung der Arbeitsergebnisse geht letztlich auf das Problem der Abstraktion im wissenschaftlich theoretischen Erkenntnisprozess zurück. Daher ist eine unreflektierte Übertragung theoretischer Erkenntnisse in die ungleich komplexere Realität nur bedingt gegeben. So charakterisiert auch Theurl (2005, S. 173) die Entwicklung einer „Cooperative Governance" auf dem Zeichenbrett ebenfalls lediglich als Diskussionsgrundlage für die Kooperationspartner.

[224] Die substitutive Wirkung von Vertrauen wird beispielsweise von Gulati (1995, S. 93) vertreten: „(...) trust avoids contracting costs, lowers the need for monitoring (...)".

(z.B. Vertrauen in rekurrenten Beziehungen und Reputation) als auch formale Verträge, wenn auch unvollständiger Natur, einen Beitrag zu Verhaltensstabilisierung im Netzwerk liefern. Insbesondere vor dem Hintergrund der Dynamik, die eine permanente Adaption der Wertschöpfungsmodelle und arbeitsteiligen Strukturen beinhaltet, werden formale Institutionen als Vertrauen stiftendes Element, welche Flexibilität nicht ausschließen, bedeutsam. Würde ein substitutiver Charakter von formalen und relationalen Governancestrukturen angenommen, so würden mit der Formierung von partnerschaftlich informellen Strukturen die vertraglichen Regelwerke überflüssig. Dieser substitutive Effekt ist jedoch in der Realität nicht zu beobachten, da in verschiedensten, als partnerschaftlich zu identifizierenden Beziehungen zwischen Unternehmen zudem formale Vertragsbeziehungen existieren. Poppo/Zenger (2002) zeigen in ihrer empirischen Untersuchung ein komplementäres Verhältnis von formalen und relational Governancestrukturen.

4.4.1 Leistungswirtschaftliche Vertragsstruktur des Supply Chain Netzwerks

Die Bildung explizit vertraglicher Verbindungen ist ein zentrales Gestaltungsfeld von Projektfinanzierungsstrukturen, die kooperatives Verhalten im Netzwerk gegenüber der Projektgesellschaft induzieren sollen. Unter der Zielsetzung der Finanzierbarkeit des jeweiligen Projekts werden diese in ebenfalls iterativer Vorgehensweise durch die Finanzierungsseite einerseits als Grundlage und andererseits als aktives Gestaltungselement betrachtet.

Im Automobilnetzwerk zwischen den Systemlieferanten, dem OEM und dem Logistikdienstleister werden die integrativen logistischen Dienstleistungen zunächst direkt zwischen der Projektgesellschaft und dem Abnehmer (Abnehmervertrag) vereinbart. Die Projektgesellschaft beauftragt wiederum formal das Logistikunternehmen (Betreibervertrag) je nach Leistungsspektrum des Abnahmevertrags mit dem physischem Transport, der Lagerhaltung, mit Montageaufgaben und administrativen Aufgaben (Bestandsmanagement und Disposition). Die Systemlieferanten übertragen mit der Lieferung (Lieferverträge) das Eigentum an den Modulen und Bauteilen an die Projektgesellschaft. Abb. 18 (S. 148) verdeutlicht die zentralen leistungswirtschaftlichen Vertragsbeziehungen der Projektfinanzierung, die für den gewählten Teilausschnitt eine **Ausgliederung des Güterflusses in eine Zweckgesellschaft** ermöglicht.[225]

Neben Vereinbarungen über Eigenschaften und Qualität der Leistung stellen Mengen, Preise und Dauer der vertraglichen Beziehung und Vertragsstrafen zentrale Steuerungselemente dar, die die direkt von den Vertragsparteien ausgehenden oder nur mittelbar über diese auf die Leistungsbeziehung einwirkenden Risiken steuern und verteilen. **Exogene Risiken,** die sowohl von Abnehmer- wie auch Projektlieferantenseite mittelbar auf die Leistungsbeziehung wirken, stellen beispielsweise Marktrisiken dar, die sich in Preis- und Mengenrisiken zergliedern lassen und sowohl auf kompetitiven Endproduktmärkten wie auch auf den im Supply Chain Netzwerk vorgelagerten Rohstoffmärkten entstehen. Die vertraglichen Strukturen erlangen im Hinblick auf die exogenen Risiken unter dem Aspekt der Risiko allozierenden Wirkung an Bedeutung. In Bezug auf die Risikoallokation, welche insbesondere in Anreizverträgen stattfindet, ist das Ausmaß der Risikoaversion[226] entscheidend. Dem Anreizvertrag ist ein Trade-off zwischen Anreizwirkung und Kosten der Risikoübernahme (Risikoprämie) immanent. (Vgl. Eisenhardt 1989, S. 58ff.; Holmstrom 1979, S. 74)

Verhaltensrisiken der jeweiligen Vertragsparteien können im Vertragsdesign außer durch **erfolgsabhängige Komponenten** („outcome based contracts" oder „incentive contracts") auch durch **verhaltensorientierte Verträge** („behavior based contracts"), die bei Fehlverhalten sanktionierende Vertragsstrafen enthalten, Berücksichtigung finden. (Vgl. Eisenhardt 1989, S. 61) Die Anwendung von verhaltensorientierten Verträgen bedingt jedoch, dass das Verhalten beobachtbar ist und entsprechend verifizierbare Informationen über das Verhalten der Agenten generiert werden können. Die direkte Beobachtbarkeit ist jedoch auch vor dem Hintergrund der erhöhten

---

225 Eine Erweiterung des Ausschnitts ist sowohl auf Lieferantenseite wie auch auf Abnehmerseite denkbar, indem Lieferanten und OEM selbst kein Eigentum an dem physischen Umlaufvermögen übernehmen, sondern stattdessen im Sinne einer Dienstleistung die Produktion von Modulen (Systemlieferanten) und das Marketing von fertigen Automobilen (OEM) übernehmen. Die Grenze des Eigentumübergangs des Umlaufvermögens in die Projektgesellschaft würde sich dann auf die Zulieferseite der Systemlieferanten verschieben und auf Abnehmerseite durch den Eigentumsübergang direkt an den Händler bestimmt.

226 Empirische Untersuchungen mit dem Ziel Kontextfaktoren zu identifizieren, die bestimmte Risikoeinstellungen begründen, liefern jedoch kein eindeutiges Ergebnis. So werden Kausalitäten zwischen der Unternehmensgröße und der Risikoeinstellung teilweise bestätigt und verworfen (vgl. Brindley/Ritchie 2004, S. 7).

Transparenz im Projektfinanzierungsnetzwerk nicht gegeben. Die Etablierung von verhaltensorientierten Verträgen ist somit kein Mittel zur vollständigen Beseitigung von Verhaltensunsicherheit. Jedoch können Anreizverträge mit teilweise weitreichender Risikoübertragung die Internalisierung des eigenen Verhaltens bewirken. Trägt beispielsweise der Logistikdienstleister das Risiko für den logistischen Transport indem Anreizverträge mit Bonuszahlungen und/oder Sanktionen existieren, so internalisiert er sein eigenes Verhalten. Im Falle opportunistischer Handlungen würde er sich selbst schädigen, dadurch besitzt er einen Anreiz sein Verhalten, welches aus Sicht der verbleibenden Netzwerkakteure ein Verhaltensrisiko darstellt, im Neztwerkinteresse anzupassen.

Des Weiteren ist die Vertragsgestaltung mit den Leistung erbringenden und Leistung abnehmenden Projektbeteiligten von dem Umfang der ex ante zu tätigenden, spezifischen Investitionen abhängig. Verträge können ein glaubhaftes Signal[227] darstellen und somit **Hold up induzierte Unterinvestitionsanreize** reduzieren. (Vgl. Dasgupta/Tao 2000, S. 612) Im Supply Chain Netzwerk, welches sich durch ein hohes Maß an Spezifität der ausgetauschten Leistung kennzeichnet, stellen diese vertraglichen Strukturierungsprozesse ein wichtiges Element zur Selbstbindung dar. Nachfolgend sollen die möglichen Vertagsstrukturen auf Zuliefer- und Abnehmerseite hinsichtlich der Gestaltungsparameter analysiert werden.

4.4.1.1 Liefer- und Abnahmeverträge

In der Projektfinanzierungsliteratur werden im Kontext der Projektfinanzierung verschiedenste typische Vertragsstrukturen diskutiert. Im Folgenden sollen zwei Vertragstypen in Bezug auf die **Absatzseite** charakterisiert und im Hinblick auf die Risikoteilung und Anreizwirkung analysiert werden. Diese unterscheiden sich letztlich durch die **Bedingtheit der Zahlungsansprüche** aus dem Vertrag.

[227] Vor dem Hintergrund unvollständiger Verträge können diese (Take-or-Pay-Verträge) als Substitut für Kapitalbeteiligung eingesetzt werden. „(...) properly chosen take-or-pay contracts can replace the role of equity participation.“ (Dasgupta/Tao 2000, S. 612)

- **Take-or-Pay-Verträge**[228]: Diese im Kontext der Projektfinanzierung anzutreffende Vertragsvariante entkoppelt die Zahlungsansprüche von der tatsächlichen Abnahme der erbrachten Leistung. Der Abnehmer verpflichtet sich quasi zur regelmäßigen Zahlung unabhängig davon, ob er die ihm angebotene Leistung abnimmt. Durch derartige Zahlungsverpflichtungen wird das absatzseitige Marktrisiko (zumindest das Mengenrisiko) vollständig vom Abnehmer getragen. Eine **Zahlungsbefreiung** für den Abnehmer existiert nur im Fall „höherer Gewalt“[229] oder für den Fall, dass ein Vertragsbruch durch die Projektgesellschaft vorliegt, diese z.B. nicht lieferfähig ist. Das Risiko, dass die Leistung in vertraglich garantierter Weise erbracht wird, liegt folglich bei der Projektgesellschaft. Der Anreiz, dieses Risiko zu bewältigen, kann dabei durch verschiedene Sanktionsmöglichkeiten durch den Abnehmer verstärkt werden. Des Weiteren kann für den Fall von anhaltenden Lieferstörungen der Abnehmer sich das Recht vorbehalten, mit Zustimmung der Kreditgeber Gesellschafteranteile zu erwerben und den Betrieb der Projektgesellschaft selbst zu übernehmen. (Vgl. Tytko 1999, S. 64ff.; Nevitt/Fabozzi 2004, S. 323; Wolf *u.a.* 2003, S. 93; Yescombe 2002, S. 70)

- **Take-and-Pay-Verträge:** Diese Verträge unterscheiden sich kaum von allgemein bekannten Lieferverträgen zwischen Unternehmen. Zwar wird in diesem Vertragstypus die Gesamtabnahmemenge („Offtake-Agreement“) festgelegt, die Zahlungsverpflichtung entsteht jedoch erst mit Leistungsabnahme und ist folglich bedingt. (Vgl. Tytko 1999, S. 66; Nevitt/Fabozzi 2004, S. 324; Wolf *u.a.* 2003, S. 93) Für die Risikobeurteilung sind in diesem Fall die Vertragsdauer und die garantierte Abnahmemenge von Bedeutung. Im Fall kurzfristiger Verträge mit Prolongationsmöglichkeit ist die Projektgesellschaft einem hohen Marktrisiko sowohl in Bezug auf das Preisrisiko als auch das Mengenrisiko

---

[228] Through-Put-Verträge stellen eine Unterart der Take-or-Pay-Verträge dar. Diese beziehen sich auf das Vorhalten von Kapazitäten, d.h., die Verfügbarkeit von Infrastruktur (z.B. Pipeline) wird als Grundlage betrachtet. Dabei wird wiederum unabhängig von der Leistungsinanspruchnahme der Zahlungsanspruch begründet. (Vgl. Wolf *u.a.* 2003, S. 93; Tytko 1999, S. 66)

[229] Die vollständige Unbedingtheit der Zahlungsverpflichtung kann durch Aufnahme einer sogenannten „Hell or High Water“-Klausel erreicht werden. Die Zahlungsverpflichtung bleibt dann auch für den Fall „höherer Gewalt“ bestehen. (Vgl. Tytko 1999, S. 63; Nevitt/Fabozzi 2004, S. 323; Yescombe 2002, S. 70)

ausgesetzt. Zudem entstehen häufig Nachverhandlungssituationen, in denen Verhandlungsmacht opportunistisch genutzt werden kann.

Da neben den Finanzierungsansprüchen auch die operativen Ausgaben der Projektgesellschaft durch den aus dem Abnahmevertrag resultierenden Einnahmestrom gedeckt werden müssen, ist die **Gestaltung der Preise** mit anderen Projektbeteiligten unter Risikoallokationsgesichtspunkten relevant. Für den Fall von **Festpreisvereinbarungen**[230] trägt die Projektgesellschaft ein erhebliches Risiko, dass bei steigenden operativen Ausgaben diese nicht gedeckt werden können. Zusätzlich resultiert ein starker Anreiz, Kosteneinsparungen möglicherweise auch zulasten der Leistungsqualität zu erzielen, insbesondere wenn die eingesetzten Ressourcen plastisch und die Handlungen schlecht zu beobachten sind. Der Anreiz zur Kostenreduktion ist aus Abnehmersicht grundsätzlich wünschenswert, sollte jedoch nicht zulasten der Leistungsqualität gehen. Um dabei mögliches opportunistisches Verhalten zu reduzieren, sind Überwachungsmechanismen (z.B. Qualitätskontrollen) notwendig.[231] In Bezug auf die Preisbildung bieten sich außerdem **Cost-Plus-Verträge** an, die sich an den tatsächlichen Kosten orientieren und diese zuzüglich eines prozentualen oder fixen Gewinnaufschlags vergüten. Durch die Variante mit einem fixen Gewinnaufschlag resultiert keinerlei Preisrisiko, d.h., dass der Einnahmestrom den Ausgabestrom immer deckt, aber es besteht auch kein Anreiz, Ausgaben begrenzende oder senkende Maßnahmen (Produktivitätssteigerungen) zu verfolgen. (Vgl. Werners/Slaghuis 2004, S. 355)

Als Reaktion auf die Ausgabenstruktur der Projektgesellschaft sind in den Abnahmeverträgen durchaus **Kombinationen** aus fixen Zahlungsansprüchen (Take-or-Pay) und variablen Zahlungsansprüchen (Take-and-Pay) möglich. (Vgl. Yescombe 2002, S. 75) Die fixen Zahlungen sollen dabei die durch die Bereitstellung resultierenden Ausgaben decken, während der variable Teil an die tatsächlich in Anspruch genom-

---

[230] Einen Überblick über die Möglichkeiten des Vertragsdesigns liefern Werners/Slaghuis (2004, S. 355). Diese sind zwar im Kontext von Investitionsobjekten betrachtet, können jedoch auf Lieferverträge übertragen werden. Ein Festpreisvertrag entspricht dann einem Vertrag der Menge und Preis unverhandelbar festschreibt. Eine empirische Untersuchung hinsichtlich der Wahl unterschiedlicher Verträge wurde von Artz/Norman (2002) durchgeführt.

[231] Ähnlich charakterisiert Christopher (1998, S. 243) die Anreizstruktur von Lieferanten in kompetitiven, auf Preisreduktion abzielenden Lieferbeziehungen. Diese besitzen einen hohen Anreiz die Qualitätsanforderungen, wenn überhaupt, nur hinsichtlich der Mindestkriterien zu erfüllen, woraus zusätzliche Qualitätsprüfungen und Reklamationen auf Abnehmerseite resultieren.

mene Leistungsmenge gekoppelt wird und variable Ausgaben der Leistungserbringung kompensiert.

Aus Sicht der Projektgesellschaft ist die Anpassung der Abnahmepreise an steigende operative Kosten (verursacht durch Lohnsteigerungen oder Rohstoffpreise) dabei häufig unumgänglich. Aber auch der Abnehmer der Leistung kann ein Interesse an für ihn vorteilhafte Preisanpassungen durch Produktivitätssteigerungen oder Rückgang der Einsatzfaktorpreise haben.[232] Vor dem Hintergrund exogener Unsicherheit und unvollständiger Verträge lassen sich Nachverhandlungssituationen nicht vermeiden, in denen Verhandlungsmacht bedeutsam ist und Informationsmanipulationen auftreten können, welche Verhaltensunsicherheiten darstellen. Wobei im Kontext der Projektfinanzierung die Transparenz und die Verifizierbarkeit aufgrund der separierten Unternehmung eine objektivere Prüfung von Verhandlungsargumenten ermöglicht. Die vertragliche Situation charakterisiert sich dennoch stets durch Unvollständigkeit und Informationsasymmetrien.

Das **Vertragsdesign** auf der **Lieferantenseite** steht in einem engen Zusammenhang mit der Abnahmeseite. Die Überwälzung von Risiken auf Lieferanten stellt dabei einen möglichen Risikobewältigungsansatz aus Sicht der Projektgesellschaft dar. Beispielsweise können die Risiken steigender operativer Kosten aufgrund von Festpreisvereinbarungen auf Abnehmerseite mit Festpreisvereinbarungen auf Lieferantenseite bewältigt werden. Grundsätzlich ist der Einsatz von Festpreisvereinbarungen, welche keine Nachverhandlungen und Anpassungen an geänderte ökonomische Rahmenfaktoren zulassen, auf Abnehmer- wie auch Lieferantenseite kritisch zu bewerten, da diese in einem unsicheren Umfeld zu einseitigen Belastungen in Lieferketten und somit zu Situationen finanzieller Anspannung und wirtschaftlichen Schwierigkeiten führen, welche Vertragsbrüche induzieren.[233]

Aus Sicht der Projektgesellschaft ist zur Bewältigung von Risiken auf Lieferantenseite die Verwendung von **Put-or-Pay-Verträgen** eine Möglichkeit. Diese beinhalten Zahlungsansprüche (Vertragsstrafen) bei Nichtlieferung durch einen Lieferanten, die sich an den tatsächlich entstandenen Kosten der Lieferstörung (z.B. Kosten für Er-

---

[232] Eine Möglichkeit objektivierbare Anpassungen zu etablieren, ist die vertragliche Kopplung an Indizes wie z.B. Konsumentenpreise oder Rohstoffindizes. (Vgl. Yescombe 2002, S. 77)

[233] Die Verwendung von Festpreisen auf Lieferantenseite sieht auch Tytko (1999, S. 67) kritisch.

satzbeschaffung) orientieren. (Vgl. Wolf *u.a.* 2003, S. 92f.; Nevitt/Fabozzi 2004, S. 324; Tytko 1999, S. 68)

In Bezug auf die Umlaufvermögensfinanzierung im Supply Chain Netzwerk wurde bereits die zeitliche Struktur im Unterschied zu anlagenintensiven Projekten erläutert (siehe Abschnitt 3.1.2). Die Notwendigkeit der revolvierenden Anpassung wurde dabei vor dem Hintergrund von Nachfrageschwankungen und dem korrespondierenden schwankenden Kapitalbedarf begründet. Gleichsam ist die Preisadaption in den Lieferverträgen in regelmäßigen Zyklen im Hinblick auf exogene Risikofaktoren zu begründen.[234] Die Gewährleistung eines Einnahmestroms in Form von Take-or-Pay-Verträgen ist insbesondere für anlagenintensive Projekte notwendig, da die Amortisation und Kreditrückführung über einen langfristigen Zeitraum erfolgt. Im Kontext der Umlaufvermögensfinanzierung sind kurz- und mittelfristige Abnahmeverpflichtungen oder Andienungsrechte ausreichend, da das jeweilig gebundene Umlaufvermögen relativ zeitnah abgebaut werden kann.

4.4.1.2 Betreiberverträge

Der Einsatz von Betreibern zur operativen Betriebsführung der Projektgesellschaft ist eine häufig anzutreffende Gestaltungsform, wenn die zu erbringende Leistung eines permanenten Managements bedarf. In den Leistungsverträgen ist vergleichbar mit Zulieferverträgen eine genaue Leistungsbeschreibung erforderlich, die auch Sanktionsmöglichkeiten und Leistungsanreize (z.B. gewinnabhängige Vergütung) beinhalten. (Vgl. Tytko 1999, S. 84) Ein zentraler Unterschied zu Lieferverträgen von physischen Vermögensgegenständen liegt in dem Dienstleistungscharakter, der damit verbundenen Kontraktguteigenschaften, der Immaterialität der Leistung und der Integration des externen Faktors. Als Verbindungselement zwischen den Projektlieferanten und dem Abnehmer ist es im Vertragsdesign die Aufgabe der Projektgesellschaft die Verfügbarkeit der zur Dienstleistungserbringung notwendigen externen

[234] Die Notwendigkeit der Preisanpassung lässt sich auch durch die zeitliche Befristung von finanzwirtschaftlichen Risikomanagementinstrumenten begründen. Die begrenzte Laufzeit von Derivaten ermöglicht die Bewältigung von Preisrisiken (z.B. Rohstoffpreisen) nur in einem beschränkten Zeitraum, darüber hinaus resultiert ein „Rollover"-Risiko. Zudem existiert ein Basisrisiko, welches die Risikofreiheit langfristiger Hedgingstrategien verringert. Die Problematik des Basisrisikos und die resultierenden Probleme in Bezug auf die optimale Hedgingstrategie mittels Futures analysiert Bühler/Korn (2000).

Faktoren[235] zu gewährleisten und in Zuliefer- und Abnahmeverträgen zu fixieren. Die Qualität der Leistung der Projektgesellschaft wird maßgeblich durch die Betreiber beeinflusst.

Sanktionsmöglichkeiten durch die Projektgesellschaft bestehen in Vertragsstrafen und bei dauerhafter Leistungsstörung in der Kündigung des Betreibervertrags. Wie zuvor dargestellt kann sich auch der Abnehmer der Leistung das Recht vorbehalten, den operativen Betrieb der Projektgesellschaft zu übernehmen. Der Betreibergesellschaft selbst wird ein Kündigungsrecht allenfalls unter der Bedingung eingeräumt, dass sie einen geeigneten Nachfolger benennt. (Vgl. Tytko 1999, S. 84)

Der Logistikdienstleister, der im Untersuchungskontext die Rolle des Betreibers einnimmt, beeinflusst die operativen Prozesse in der Projektgesellschaft in großem Umfang, ist aber weiterhin auch von den Leistungsbestandteilen der Netzwerkakteure abhängig. Um einen möglichst großen Leistungsanreiz zu bilden, gilt es ein Anreizsystem zu etablieren, das Vertragsstrafen bei Nichterfüllung von Vertragsmodalitäten und Service Level Agreements vorsieht und gleichzeitig Anreize (z.B. durch Erfolgsbeteiligungen) zur effizienten Steuerung des Güterbestandes auf Basis der Bedarfsprognosen liefert.

In dem **leistungswirtschaftlichen Kooperationsdesign** wird offensichtlich, dass die Risiken in den jeweiligen Verantwortungsbereichen durch die jeweilige Projektpartei zu tragen sind. **Verhaltensunsicherheit bleibt** jedoch auch in einem „harten Kontraktdesign“ durch folgende Elemente **bestehen**:

- Die Interdependenz wird nicht vollständig aufgelöst, d.h., die Projektgesellschaft ist vom Verhalten der Projektbeteiligten abhängig.
- Die Informationsasymmetrie wird nicht beseitigt. Aus Sicht der Projektgesellschaft ist ohne weitere Vorkehrungen weiterhin das Verhalten der einzelnen Akteure nicht direkt beobachtbar.

---

[235] Auf die Besonderheit von logistischen Dienstleistungen wurde bereits im Abschnitt 2.2.2.3 eingegangen. Externe Faktoren können dabei sowohl physische Gegenstände als auch die Zurverfügungstellung von Informationen darstellen.

- Die Verträge charakterisieren sich aufgrund der Umweltdynamik und der notwendigen Anpassungen an neue Rahmenfaktoren durch Unvollständigkeit.

In diesem Kontext stellt sich die Frage wie durch Elemente auf Finanzierungsebene ein kooperatives Verhalten induziert werden kann.

Um nachfolgend die Wirkungsweise von Projektfinanzierungsstrukturen auf den tangierten Netzwerkausschnitt zu untersuchen, sollen auch die damit verknüpften Finanzierungsstrukturen und -beziehungen im Hinblick auf die Anreizbildung und die Verhalten steuernde Wirkung analysiert werden. Ausgangspunkt der Analyse von Finanzierungsbeziehungen und -strukturen ist der grundlegende Beitrag von Modigliani/Miller (1958). In ihm wird unter einem restriktiven Annahmeset die Irrelevanz der Kapitalstruktur und somit der Wahl der Finanzierung in Bezug auf den Unternehmenswert dargestellt (vgl. Megginson 1997, S. 316ff.; Myers 2001, S. 84). Die zugrunde liegende Annahme, dass Kapitalgeber vollständige Kenntnis über die zukünftigen Rückflüsse des Unternehmens besitzen, wird oft als realitätsfern kritisiert. Neuere theoretische Erklärungsansätze nehmen hierzu Elemente der Neo-Institutionenökonomik, insbesondere der Prinzipal-Agenten-Theorie, auf und berücksichtigen Informationsasymmetrien zwischen Insidern (Managern) und Outsidern (Kapitalgebern), welche Verhaltensrisiken induzieren. Durch diese Änderung im Annahmeset wird die Wahl der Finanzierungsstruktur und der damit korrespondierenden Finanzierungskontrakte relevant und besitzt aufgrund von unterschiedlichen Anreizen Einfluss auf die operativen Cash Flows und somit den Unternehmenswert (vgl. Stein S. 112). Zentral ist in diesem Zusammenhang die Auffassung, dass nicht einzelne Governance-Instrumente im Kontext der Projektfinanzierung zum Einsatz kommen, sondern eine komplementäre Wirkungsweise von finanzierungsvertraglichen und organisationalen Elementen besteht, welche Verhaltensunsicherheit der einzelnen Netzwerkakteure reduzieren kann. (Vgl. Heinrich 2002, S. 5)

In der nachfolgenden Analyse wird häufig aus der Sicht der Fremdkapitalgeber argumentiert. Dieses Vorgehen ist in der bedeutenden Rolle der Finanzintermediäre (primär der Subklasse der Kreditinstitute)[236] in der Strukturierungphase von Projektfinanzierungsarrangements begründet. Neben der Kapitalbereitstellung werden umfangreiche Beratungs-/Vermittlungsleistungen durch die Kreditinstitute erbracht. (Vgl. Tytko 1999, S. 122) So zählen auch das „Financial Engineering" im Rahmen des finanzwirtschaftlichen Risikomanagements zu den zusätzlichen Servicedienstleistungen von Intermediären im Kontext von Projektfinanzierungen.[237]

4.4.2 Prozessuale Instrumentarien der Projektfinanzierung zur Reduktion von Verhaltensunsicherheit

In der Literatur sind verschieden Phasenmodelle eines Projektfinanzierungsarrangements zu identifizieren, welche sich nicht grundlegend, sondern nur in der Gliederung unterscheiden. (Vgl. Tytko 1999, S. 34; Wolf *u.a.* 2003, S. 87; Yescombe 2002, S. 33) Illustrativ können vier Phasen genannt werden:

- Planungsphase
- Errichtungsphase
- Betriebsphase
- Desinvestitionsphase

In den klassischen Anwendungsgebieten von Projektfinanzierung (z.B. im Anlagenbau) wird der Errichtungsphase eine besondere Aufmerksamkeit gewidmet, da das Risikopotenzial in dieser Phase als besonders hoch gilt. Dabei bilden insbesondere der lange Zeitraum (z.B. beim Kraftwerksbau) einen Problembereich, in dem keine Zahlungsmittelrückflüsse vorhanden sind und in dem Risiken (z.B. zeitliche Verzögerungen, technologische Risiken) auftreten können (vgl. Tytko 1999, S. 39). In dem hier gewählten Anwendungskontext von Wertschöpfungsnetzwerken der Automobil-

---

[236] In der Projektfinanzierung haben sich auch auf Seiten der Finanzintermediäre unterschiedliche Geschäftsmodelle entwickelt. Gatti (2005, S. 90) unterscheidet je nach Fokussierung auf Beratungsleistungen und/oder Konsortialführerschaft zwischen ausschließlich beratenden, ausschließlich als Konsortialführer tätigen und integrierten Geschäftsmodellen. Entscheidend für die nachfolgende Betrachtung ist die tatsächliche Kapitalüberlassung, daher werden primär Kreditinstitute von Bedeutung, da diese letztlich über die Tragfähigkeit des Projektdesigns entscheiden.

[237] Eine ausführliche Betrachtung von Finanzrisiken (exogenen Risiken) und deren Steuerung in der Projektfinanzierung liefert Priermeier (2002, S. 392).

industrie, in dem bewusst nicht der Fokus auf Vermögensgegenständen des Anlagevermögens liegt, sondern der Bereich des Umlaufvermögens in Verbindung mit dem logistischen Dienstleistungsbündel im Zentrum steht, wird der Errichtungsphase keine herausgehobene Bedeutung beigemessen. Die Errichtungsphase lässt sich weniger markant von der Betriebs- und Desinvestitionsphase abgrenzen, da nicht große Anlageinvestitionen/-desinvestitionen im Wertschöpfungsnetzwerk der Automobilindustrie notwendig sind, bzw. im Untersuchungskontext abgegrenzt wurden. Netzwerkendogene und -exogene Risiken, die Schwankungen im Finanzierungsbedarf der Projektgesellschaft hervorrufen und die Werthaltigkeit der finanzierten Aktiva determinieren, können gleichsam in der Errichtungsphase (dem Aufbau der Lagerbestände), der Betriebsphase wie auch der Desinvestitionsphase auftreten. Die Planungsphase mit den verschiedenen Projektanalysen und die Betriebsphase stellen dabei jedoch gleichsam dem typischen Anwendungsfall wichtige Phasen dar, die im Folgenden dezidierter dargestellt und in ihrer Wirkungsweise beschrieben werden sollen. Zusätzlich werden prozessuale Elemente in der Extremsituation des „Vertragsbruchs“
(„Event of Default“) betrachtet, da diese in besonderer Weise Anreize für die Projektbeteiligten herbeiführen.

4.4.2.1 Vorvertragliche Projektanalysen in der Planungsphase

Wie bereits in den allgemeinen Ausführungen zur Verhaltensunsicherheit der Adversen Selektion (siehe Abschnitt 3.2.1) dargestellt, resultiert diese ex ante, d.h. vor Vertragsabschluss, durch Informationsdefizite bezüglich der Eigenschaften der Projektpartner. Da die Projektfinanzierungstechnik die beiden in der Unternehmensfinanzierung getrennt betrachteten Sphären der **Finanzierungsverträge** und der **leistungswirtschaftlichen Verträge** koppelt, wird das Problem gleichsam in beiden Bereichen immanent: (1) **Adverse Selektion** im Prozess der **Bildung eines Projektnetzwerks** bei der wechselseitigen Auswahl der leistungswirtschaftlichen Projektpartner durch Eingehen von Vertragsbeziehungen und (2) in Bezug auf das **Wertschöpfungsprojekt als Ganzes** aus Sicht der **Kapitalgeber** (Fremdkapitalgeber und ggfs. Eigenkapitalinvestoren). Aus Sicht der Fremdkapitalgeber wäre vor dem Hintergrund nicht vorhandener oder stark limitierter Rückgriffsrechte eine **Fehlauswahl** mit unmittelbaren monetären Konsequenzen verbunden, was im Extrem den vollständigen Kapitalverlust bedeuten kann.

Aufgrund der Zukunftsbezogenheit (Cash Flow-Orientierung), dem Mangel an Diversifikation in der Ein-Projektgesellschaft und dem häufigen Mangel an verwertbaren Sachsicherheiten nehmen die Fremdkapitalgeber in der Projektfinanzierung eine besondere Stellung ein, um die Besicherung ihrer Kapitalansprüche in dem Projektdesing zu gewährleisten. Diese besondere Rolle ist auch im Projektfinanzierungsnetzwerk der Automobilindustrie aufgrund ähnlicher Problemlagen zu erwarten. Die Projektinitiatoren, die häufig auch als Eigenkapitalgeber (Sponsoren) auftreten, wie auch die leistungswirtschaftlichen Projektparteien besitzen ein Interesse an der Etablierung von Projektfinanzierungsstrukturen. Die Kapitalüberlassung an das Projektnetzwerk lässt daher primär die **Informationsasymmetrie** zwischen den **„Kreditgebern als Outsider"** und den **„Initiatoren und Projektpartizipanten als Insider"** in den Fokus rücken. Die Betrachtung schließt auch weitere Sponsorenrollen im Sinne von strategischen Investoren (Abnehmer, Lieferanten oder Betreiber) und andere auf leistungswirtschaftlicher Ebene beteiligte Projektparteien in den Analyserahmen mit ein. Für den Fall, dass die Kapitalbereitstellung durch weitere Eigenkapitalgeber im Sinne von „Outside Equity" (Private Equity Gesellschaften) gewährleistet wird, existiert eine zu den Kreditgebern vergleichbare vorvertragliche Informationsasymmetrie.

Die nachfolgende Abbildung (Abb. 19) verdeutlicht die im Untersuchungsfall relevanten Informationsasymmetrien ex ante. Die Ausführungen fokussieren die Instrumentarien und Wirkungsmechanismen, die im Kontext des Projekfinanzierungsdesigns eine Verminderung dieser Asymmetrien im Untersuchungsfall herbeiführen können und somit das Risiko der „Fehlselektion" in der Planungsphase der Projektfinanzierung reduzieren. Im Zentrum stehen dabei die Informationsasymmetrien zwischen den Kapitalgebern und dem leistungswirtschaftlichen Supply Chain Netzwerk. Der Abbau dieser besitzt zusätzlich positive Auswirkungen im Hinblick auf die netzwerkinternen Informationsasymmetrien.

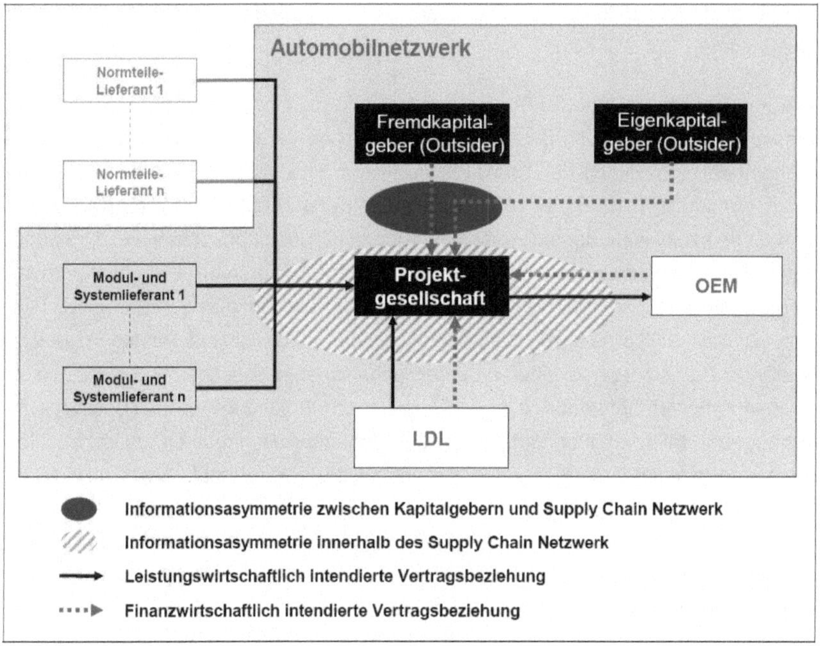

Abb. 19: Ex ante Informationsasymmetrien im Untersuchungsfall

In Bezug auf die Minderung des vorvertraglichen Problems der Adversen Selektion werden direkte Mechanismen zur Informationsgenerierung und Selbstselektionsprozesse unterschieden. (Vgl. Stiglitz 2000, S. 1452) Aktivitäten zur **direkten Informationsgewinnung** sind nicht kostenfrei, wodurch nur solange ein Anreiz zur weiteren Generierung von zusätzlichen Informationen resultiert, solange der Nutzen der zusätzlichen Information die Kosten der Informationsgewinnung übersteigt. In diesem Zusammenhang stellt die Beurteilung des Nutzens zusätzlicher Informationen (Informationswert) die zentrale Problematik dar, da dieser, wenn überhaupt, häufig nur ex post bewertet werden kann.[238] In Situationen, in denen das Kosten-Nutzen-Verhältnis

[238] Picot *u.a.* (2005, S. 84) zeigen in einem fiktiven Beispiel mit Hilfe der Bayesschen Statistik wie eine Screening-Aktivität bzw. die dadurch generierten Informationen bewertet werden können. In dem Beispiel wird deutlich, dass jedoch auch zur Ermittlung des Informationswerts Wahrscheinlichkeitsverteilungen und Szenarien für die richtige Auswahl und die Fehlauswahl (Adverse Selektion) angenommen werden müssen. Für ausführliche Darstellungen in Bezug auf die Ermittlung des Informationswerts siehe auch Laux (2005, S. 337ff.).

sehr hoch ist, werden keine bzw. kaum direkte Aktivitäten der Informationsgewinnung vorgenommen (vgl. Riley 2001, S. 474).

Umfangreiche Projektanalysen zur direkten Informationsgewinnung stellen einen wesentlichen prozessualen Bestandteil im Lebenszyklus eines Projektfinanzierungsarrangements dar. Nach der Konkretisierung der Projektidee durch die Sponsoren liefern Vorstudien (Pre Feasibility Studies) einen ersten Indikator für die Durchführbarkeit des Projekts. In der sich anschließenden Detailplanungsphase und Strukturierung werden bereits Leistung erbringende Parteien (Lieferanten, Betreiber und Abnehmer) wie auch Fremdkapitalgeber einbezogen. Die Beauftragung externer Gutachter (z.B. Ingenieursdienstleister, Rechtsberatung und Financial Advisors), welche detaillierte Durchführbarkeitsstudien unter technischen, juristischen wie auch ökonomischen Aspekten anfertigen, dient in dem sich anknüpfenden Verhandlungsprozess als neutrale Informationsgrundlage, die Informationsasymmetrien zwischen den Sponsoren, Kreditnehmern und Wertschöpfungspartnern abbaut. (Vgl. Tytko 1999, S. 121f.; Wolf *u.a.* 2003, S. 74f.; Yescombe 2002) Der vollkommene Abbau wird sich jedoch in der ökonomischen Realität durch noch so detaillierte Studien aufgrund der Komplexität der relevanten Eigenschaften und der je nach Detaillierungsgrad umfangreicheren Informationsbasis nicht realisieren lassen.

In Projektfinanzierungsstrukturen wird der in Abschnitt 3.2.3.5 diskutierte Aspekt der **Wissensasymmetrie** aus Sicht des Intermediärs besonders offensichtlich. Im klassischen Kreditgeschäft sind Intermediäre im Hinblick auf das risikoadjustierte Bepreisen von Krediten mit der Beurteilung von Ausfallrisiken von Kreditnehmern vertraut, d.h., sie besitzen spezifisches Wissen in Form heuristischer Rating-Modelle, die sich primär auf aggregierte Fakten in Form der Jahresabschlussanalyse beziehen. Bei der Projektfinanzierung liegen aufgrund des einmaligen Charakters i.d.R. keine historischen Daten zur Beurteilung von Ausfallrisiken vor.[239] Entscheidend bei der Entwicklung prospektiver Modelle ist folglich, Wissen über das dem Projekt zugrunde liegende Geschäftsmodell zu generieren, um entsprechende Fakten (Informationen) folgerichtig interpretieren zu können. Wie Tytko (1999, S. 121) bemerkt, ist der Umfang

[239] Im Kontext der Kreditrisikomessung werden prospektivere Instrumentarien benötigt. Simulationstechniken stellen dabei ein statistisches Instrumentarium dar, um Zukunftsszenarien quantitativ abzubilden (vgl. Werthschulte 2005). Dabei wird jedoch wiederum der im Sinne von Zufallsrisiken stochastische Risikocharakter unterstellt.

der Projektanalysen von dem Erfahrungswissen aus früheren Projekten abhängig. Darin wird deutlich, dass dem Abbau von Informationsasymmetrien der Abbau von Wissensasymmetrie durch vergangene Projekte vorausgeht. Durch den Aufbau von spezifischem Wissen, welches als spezifische Investition in das jeweilige (Projekt-) Supply Chain Netzwerk interpretiert werden kann, wird der jeweilige arrangierende Intermediär selbst zum Netzwerkmitglied und besitzt implizite Ansprüche gegenüber dem Netzwerk.[240]

Im Hinblick auf die Etablierung von Selbstselektionsmechanismen werden Signalling und Screening unterschieden.[241] Bei Ersterem geht die Initiative von der besser informierten Partei (Agenten) aus, während beim Screening der schlechter Informierte (Prinzipal) die Offenbarung von Informationen induziert.[242] (Vgl. Milgrom/Roberts 1992, S. 154; Stiglitz 2000, S. 1452) Entscheidend für die Wirksamkeit von Signalen, die darin besteht, dass ein anfänglich gepoolter Markt[243] in zwei Segmente zerfällt, sind Eigenschaften, die mit der Signalling-Aktivität verbunden sein müssen und die einem **Selbstwahlschema** gleichkommen. Zentrale Eigenschaft eines Signals besteht in der negativen Korrelation zwischen den Kosten der Signalerzeugung und der zu signalisierenden Eigenschaft (vgl. Spremann 1990, S. 579f.; Spence 1976, S. 592), sodass es für Initiatoren schlechter Projekte unvorteilhaft ist, Signale guter Qualität zu imitieren. Die Signalisierungskosten müssen dabei nicht immer monetären Charakter besitzen. (Vgl. Spence 1976, S. 592) Das Anbieten von Kontingenzverträgen (z.B. Garantiezusagen) übermittelt Informationen über die Selbsteinschät-

---

240 Auf die spezifischen Investitionen des Intermediär in Kreditbeziehungen wird im Kontext der Anreizwirkung im Hinblick auf die Überwachung des Projektnetzwerks Bezug genommen (siehe Abschnitt 4.4.2.2).

241 In Bezug auf die Selbstselektionsmechanismen ist in der wissenschaftlichen Literatur keine eindeute Systematik und Sprachregelung vorhanden. Spremann (1990, S. 578) fasst die Selbstselektionsmechanismen unter dem Begriff der Offenbarung zusammen. Die Verwendung des Begriffs Screening ist in der Literatur ebenfalls nicht konsistent, da einerseits Mechanismen der direkten Informationsgenerierung (vgl. Picot *u.a.* 2005, S. 83) und andererseits Mechanismen der Selbstselektion als Screening charakterisiert werden (vgl. Stiglitz 2000, S. 1452).

242 In den Anfängen der Informationsökonomik wurden die beiden Elemente des Screening und des Signalling synonym verwendet. So bemerkte Spence (1976, S. 592): „We can refer to the subject as signaling or screening interchangeably, bearing in mind that they are opposite sides of the same coin."

243 Ein gepoolter Markt kennzeichnet sich durch heterogene Qualitäten, die nicht unterschieden werden können und auf dem sich folglich ein an der durchschnittlichen Qualität orientierter Preis einstellt. (Vgl. Spremann 1990, S. 579)

zung der Qualität.[244] Dabei können auch implizite Kontingenzverträge als Signal wirken. Zum Beispiel kann das Tätigen von spezifischen Investitionen als glaubwürdiges Signal kooperativen Verhaltens bzw. eines Interesses an der Fortführung oder der Wiederholung der Transaktionsbeziehung darstellen. Auch die Reputation von Transaktionspartnern kann als glaubwürdiges Signal fungieren. (Vgl. Riley 2001, S. 452) Beim **Screening** werden von der uninformierten Partei wenigstens zwei Vertragsvarianten zur Auswahl gestellt, zwischen denen die informierte Partei wählen kann. Durch die Auswahl offenbart die besser informierte Partei ihre Eigenschaften. (Vgl. Terberger 1993, S. 72)

Die Signalisierungswirkung lässt sich auch auf die Projektfinanzierungsstrukturen als Ganzes oder einzelne Gestaltungsparameter übertragen. Nachfolgend sollen dabei verschieden Elemente und deren Signalwirkung im Projektnetzwerk genauer betrachtet werden.

Projektfinanzierung als Signal

In diesem Kontext kann die **Etablierung von Projektfinanzierungsstrukturen** in der Beziehung zwischen Initiatoren und Fremdkapitalgebern als **Signal** interpretiert werden, da diese in der rechtlich selbstständigen Projektgesellschaft und dem i.d.R. „harten Vertragsdesign" einen vollständigen Kontrollverlust im Fall schlechter Projektqualität in Kauf nehmen würden. Dies kann insbesondere vor dem Hintergrund des strategischen Interesses der Initiatoren am Erfolg des Projekts das Kriterium eines Selbstwahlschemas erfüllen. Auch die Bereitschaft, sich den mit der Projektfinanzierung verbundenen **intensiven Analysen** (ex ante) **und Überwachungen** (ex post) des Projekts auszusetzen, kann bereits als Signal interpretiert werden, wenn in den Projektanalysen die tatsächlich tragfähigen Projekte identifiziert werden können und die Funktionsfähigkeit von Überwachungsmechanismen nach Vertragsabschluss glaubhaft durch die Kreditgeber kommuniziert werden kann.[245] In diesem Fall wirken die mit der Projektfinanzierung verbundenen Prozeduren (Projektanalysen; Monitoring und Liquidation/Reorganisation), denen sich die Projektbeteiligten aussetzen, als Selbstselektionsschema, da für die Projektbeteiligten im Fall „schlechter Qualität" die

---

[244] Derartige Garantiezusagen beinhalten einen Risikotransfer, der Garantiegeber übernimmt in Bezug auf die Qualitätseigenschaften einer Leistung oder eines Gutes das Risiko der nicht Erfüllung.

[245] Dieser Mechanismus ist vergleichbar mit dem Anbieten einer Probefahrt bei dem Verkauf eines Gebrauchtwagens, was bereits als Signal interpretiert werden kann. (Vgl. Bannier 2005, S. 119)

direkt resultierenden Kosten und Opportunitätskosten (z.B. bei vorzeitigem Projektabbruch und Reorganisation) höher sind als im Fall „guter Qualität“.[246]

Reputation der Projektparteien als Signal

Auf die **Reputation** der Sponsoren als **Signal** kann i.d.R. im Kontext von Projektfinanzierungen nicht unmittelbar abgestellt werden, da grundsätzlich die Projektlaufzeit limitiert ist und häufig in der jeweiligen Konstellation neuartigen und einmaligen Charakter besitzt.[247] Vor dem Hintergrund wiederholten Engagements der Projektsponsoren in Projektfinanzierungen (z.B. im Falle von Finanzinvestoren, die sich auf Projektfinanzierungen spezialisiert haben) kann Reputation zu einem glaubwürdigen Signal der Projekt initiierenden Partei werden. In Bezug auf die leistungswirtschaftliche Zusammensetzung des Projekts – Lieferanten, Abnehmer und Betreiber – ist die Reputation als Signal zu interpretieren, da der mit „schlechten Projekten“ drohende Reputationsverlust im Fall des Scheiterns durchaus über das jeweilige Projekt hinaus einen Schaden verursacht und somit die Glaubwürdigkeit des Signals fördert.

Kapitalstruktur als Signal

Auch die Wahl einer bestimmten Kapitalstruktur respektive Partenteilung, d.h., die Bereitschaft der Kapitalgeber, bis zu einer bestimmten Höhe Fremdkapital und Eigenkapital zur Verfügung zu stellen, kann als Signal interpretiert werden. (Vgl. Riley 2001, S. 468f.; Harris/Raviv 1991, S. 311; Ross 1977) Die Höhe des Fremdkapitals kann demnach als Signal für die Unternehmensqualität (Projektqualität) aufgefasst werden, wenn Unternehmen schlechter Qualität höhere marginale Insolvenzkosten besitzen und die Manager schlechter Projekte nicht durch zusätzliche Aufnahme von Fremdkapital das Signal imitieren. (Vgl. Ross 1977, S. 30) Die Höhe des Eigenkapitals als Signal wird von Leland/Pyle (1977) in Verbindung mit der Rolle von Eigentü-

---

[246] Den Screening-Effekt der nachvertraglichen Monitoring-Aktivitäten skizziert auch Diamond (1991, S. 691ff.). Bedeutend ist jedoch die Glaubhaftigkeit der Androhung (Commitment to monitor) und die Effektivität von Überwachungsprozessen. In diesem Fall werden Kreditnehmer mit schlechten Absichten ausselektiert, da diese mit hoher Wahrscheinlichkeit entdeckt werden.

[247] Der Wirkungsmechanismus von Reputation in Kreditbeziehungen wurde unter anderem von Diamond näher untersucht, dabei konstatiert er auch, dass erst ab einer gewissen Länge des „Track Record" dieser eine Konflikt beseitigende Wirkung entfaltet und bei Nichtvorhandensein stattdessen andere Konfliktresolutionsmechanismen Anwendung finden: „A reputation that takes time to begin to work implies that new borrowers (with short track records) will face more severe incentive problems and would be the ones most likely to utilize costly technologies for dealing with such problems, such as restrictive covenants (...) and additional monitoring by a financial intermediary (...)" (Diamond 1989, S. 829)

mer-Managern untersucht. Demnach ist unter der Annahme risikoaverser Eigentümer-Manager die Höhe des von diesen gehaltenen Eigenkapitals als Signal für die Qualität zu betrachten, da die marginalen Kosten eines höheren Eigenkapitalanteils für Manager mit schlechten Projekten im Vergleich zu guten Projekten höher sind. Im Kontext der Projektfinanzierung könnte eine Übertragung des Modells von Leland/Pyle (1977) und deren Aussagen vorgenommen werden, indem der Eigentümer-Manager durch den Projektsponsor gedanklich ersetzt wird, welcher private Informationen über die Projektqualität besitzt. Die Problematik liegt dabei jedoch in der Annahme der Risikoaversion, die für Projektsponsoren, welche i.d.R. Unternehmen darstellen, nicht unbedingt gegeben ist.[248] Zudem wird in neueren empirischen Untersuchungen eine geringe Bedeutung der Signalwirkung der Kapitalstruktur nachgewiesen. (Vgl. Graham/Harvey 2001, S. 14) Im Kontext der Projektfinanzierung wird der Anreizwirkung der Kapitalstruktur im Kontext der Überwachung eine vergleichsweise bedeutendere Rolle beigemessen.[249]

Die Etablierung von Projektfinanzierungsstrukturen kann auch als **Screening**[250] (Selbstselektion) interpretiert werden, wenn man davon ausgeht, dass **Intermediäre** dem Initiator die Wahl zwischen den Alternativen der Unternehmensfinanzierung und der separierten Projektfinanzierung überlassen. Eine Separierung des Marktes findet folglich dann statt, wenn in **bestimmten Projekten der Nutzen**, der durch die Etablierung der Projektfinanzierungsstrukturen generiert wird, die höheren Kosten in Bezug auf das Projektsetup (die umfangreichen Projektanalysen einschließend) übersteigt. Dabei soll hier weniger auf die wertende Klassifizierung von „guten“ und „schlechten“ Projekten abgestellt werden, sondern die Projektfinanzierung neutral betrachtet und als Finanzierungstechnik verstanden werden, die bei bestimmten Projekten im Netzwerkkontext einen höheren Nutzen stiftet als die klassische Unternehmensfinanzierung. Der Nutzen von Projektfinanzierungsarrangements ist vor dem Hintergrund von Verhaltensrisiken besonders hoch, da diese Instrumente beinhalten,

---

[248] Shah/Thakor (1987, S. 221) kritisieren die Annahme der Risikoaversion grundsätzlich aufgrund methodischer Schwierigkeiten, da diese die Kenntnis einer Nutzenfunktion voraussetzt und im Kontext der Projektfinanzierung für Sponsoren nicht unbedingt gegeben ist. Sie unterstellen gleichzeitig, dass eine Anwendbarkeit des Signalling-Modells bei kleinen Eigentümerunternehmen eher möglich ist, da bei diesen die Annahme der Risikoaversion eher gegeben ist.

[249] Diese Wirkungsweise ist Gegenstand der Ausführungen im nachfolgenden Kapitel 4.4.2.2.

[250] Die Ausführung ist sehr ähnlich der zuvor beschriebenen Interpretation der Projektfinanzierung als Signal. Der Selbstselektionsmechanismus ist in beiden Ansätzen wirksam.

die auf die Projektbeteiligten wirken und Verhaltensunsicherheit in besonderem Maße zwischen den Beteiligten reduzieren. Instrumente bilden dabei die hier untersuchten prozessualen Elemente und Finanzierungsstrukturen, die eine positive Anreizwirkung auf das gesamte Projektnetzwerk besitzen und im Untersuchungskontext die Etablierung neuartiger Wertschöpfungsstrukturen überhaupt erst ermöglichen.

Die umfangreichen Analysen in der Anbahnungsphase der Projektfinanzierung sind auch für die **Etablierung der leistungswirtschaftlichen Projektstrukturen** von großer Relevanz. Im konkreten Kontext des Supply Chain Netzwerk der Automobilindustrie wird die **Auswahl** der Projektbeteiligten häufig bereits in der vorangegangenen Produktentwicklungsphase getroffen. Im Zuge der Lieferantenauswahlprozesse – unter Berücksichtigung des relationalen Charakters als „**Partner Selection**" (vgl. Harland *u.a.* 2004, S. 9; Johnsen *u.a.* 2000, S. 163) zu bezeichnen – wird in der Strukturierung des Supply Chain Netzwerks eine zentrale Rolle durch den OEM eingenommen.[251] Strukturierte Selektionsprozesse, die Zertifizierung und Qualifikationsmaßnahmen integrieren, gelten im Netzwerksetup als Erfolgsfaktor auch wegen der Anforderungen in Bezug auf die **Anpassungsfähigkeit** der Netzwerkakteure zur Bewältigung exogener Risiken. (Vgl. Kajüter 2003, S. 601) Bedeutende Gestaltungsvariablen im Selektionsprozess stellen dabei auch die Beschaffungsstrategien, Single- oder Multi-Sourcing, dar (vgl. Harland *u.a.* 2004, S. 10), die im späteren Verlauf das Abhängigkeitsverhältnis im Netzwerk bestimmen (siehe Abschnitt 3.2.2.2). Wenngleich der potenzielle Projektteilnehmerkreis bereits selektiert ist, nimmt die Projektfinanzierung noch **Einfluss auf die Ausgestaltung** der **Zusammenarbeit**. Bestandteil der Analysen sind dabei auch das **explizite Vertragsgeflecht** und die **Interessenlagen** der einzelnen **Projektbeteiligten.** (Vgl. Yescombe 2002, S. 36) Dabei werden Interessensdivergenzen und mögliches pfadabhängiges Verhalten einzelner Projektbeteiligter bereits frühzeitig betrachtet, da dies im Fall der Eskalation den gesamten Projekterfolg gefährden würde.

---

[251] Teilweise wird durch die fokale Position des Endherstellers im Netzwerk nicht nur auf die direkten Lieferanten (1st Tier), sondern auch auf die Selektion vorgelagerten Lieferanten (2nd und 3rd Tier) Einfluss genommen, wie Johnsen *u.a.* in Fallstudien analysieren (2000, S. 179): „It also appears that activities related to the early stage of supply network development, i.e. new product development and partner selection, are undertaken directly across tiers to a larger extent than activities related to the operation of the network. Examples include specification of second tier suppliers, price negotiations, and human resource interaction between second tier and even third tier suppliers and the focal company during new product development."

Im Projektfinanzierungsbereich ist die Knüpfung der Finanzierungsverträge an bestimmte Bedingungen üblich, wodurch direkt Einfluss auf die leistungswirtschaftliche Ebene genommen wird. In den „Conditions Precedent“[252] kann explizit die Vorlage von bestimmten leistungswirtschaftlichen Verträgen mit bestimmten Risikoteilungen eingefordert werden (siehe Abschnitt 4.4.1). Die Projektgesellschaft bzw. die Fremdkapitalgeber besitzen in Bezug auf die leistungswirtschaftliche Vertragsgestaltung eine moderierende Funktion. Essenziell ist dabei, dass diese nicht „Sammelbecken“ für Risiken – endogener wie exogener Natur – ist, sondern diese die absatz- wie auch lieferantenseitigen Risiken adäquat verteilt und eine möglicherweise machtbedingte Verlagerung von Risiken beschränkt. Als „adäquat“ gilt dabei die Zuordnung der operativen Risiken auf die Parteien, die diese am besten beeinflussen können, d.h., in deren Einflussbereich diese entstehen. Die Zuordnung impliziert dabei, dass es sich letztlich auch um Verhaltensrisiken handelt, die teilweise von dem jeweiligen Akteur ausgehen. Die adäquate Verteilung von Risiken spiegelt sich unter Annahme der Risikoaversion in den individuellen Risikoprämien wider. Diese sind je nach Kombination von Risikoträger und Risikoart unterschiedlich hoch, da eine individuelle Beurteilung des jeweiligen Risikos vorgenommen wird. So wird sich beispielsweise die Übernahme des Absatzmarktrisikos durch den Logistikdienstleister in einer vergleichsweise hohen Risikoprämie niederschlagen, da dieser das Risiko kaum beurteilen und auch kaum aktiv „managen“ kann. Die Übernahme des Absatzmarktrisikos durch den Abnehmer würde eine vergleichsweise niedrigere Risikoprämie hervorrufen.

Des Weiteren rückt aus Sicht der Fremdkapitalgeber auch die Leistungsfähigkeit und wirtschaftliche Stabilität (bzw. Bonität) der Projektlieferanten, Betreiber und Abnehmer in das Analysespektrum. (Vgl. Tytko 1999, S. 126) Durch Betrachtung von Extremszenarien im Hinblick auf die Weiterführung des Projekts durch den Sponsor bei Ausfall wichtiger Projektbeteiligter werden potenzielle Abhängigkeiten (Machtasymmetrien) und korrespondierende Verhaltensrisiken identifiziert, die es in der weiteren Strukturierungsphase zu bewältigen gilt.

---

[252] „Conditions Precedent“ stellen aufschiebende Bedingungen für die Projektfinanzierungsvereinbarung dar. Diese lassen sich in „Conditions Precedent to Closing“ (in Bezug auf die Vertragsunterzeichung) und „Conditions Precedent to Drawdown“ (in Bezug auf die Kreditziehung) unterscheiden. Eine eher juristische Betrachtung dieser Vereinbarung nimmt Sester (2004, S. 49f.) vor.

In den Projektfinanzierungsprozessen wird deutlich, dass eine enge Rückkopplung zwischen der **Informationsgenerierung über die Qualität des gesamten Projekt-Setups** und den die **Projektqualität steigernden Gestaltungsprozessen** existiert. Der Vorteil in Bezug auf das Netzwerkdesign und die Projektanalysen besteht bei der Etablierung von Projektfinanzierungsstrukturen in der **Rolle der Fremdkapitalgeber**, die eine zentrale Position im gesamten Gestaltungsprozess einnehmen und deren Interesse nicht grundlegend konfligierend mit dem übergeordneten Neztwerkinteresse ist. Das Gestaltungsziel des Kreditgebers ist dabei von leistungswirtschaftlichen Interessen entkoppelt. Dieser möchte letztlich die planmäßige Rückführung des Kredits sicherstellen und fokussiert dabei die Stabilisierung der Zusammenarbeit aller Projektbeteiligten. Im Gegensatz dazu besitzen Netzwerke in einer weniger institutionalisierten Form einen sehr stark durch einen dominanten Akteur koordinierten Charakter.

Aufgrund des speziellen Projektcharakters im Untersuchungsfall (Umlaufvermögensfinanzierung), der sich durch eine kurze Errichtungsphase im Aufbau der Zielbestände kennzeichnet, besteht das größere Risiko aus Sicht der Fremdkapitalgeber in der Rückführung des Kredits über die Betriebsphase. Dabei sind die Projektanalysen insbesondere auf der leistungswirtschaftlichen Ebene durchzuführen, bei der insbesondere die Leistungsfähigkeit von Zulieferern, die Verfügbarkeit von Zulieferteilen und Kapazitäten der Betreibergesellschaft aber auch die finanzielle Stabilität der Leistung erbringenden Parteien Analysegegenstand sind. Entscheidend für die Liquidität der Projektgesellschaft wird die Prognosequalität der Absatzprognosen der Abnehmer sein, da diese dem Bestandsmanagement als Basis dienen. Die Prüfung der den Vertragsverhandlungen zugrunde liegenden Marktprognosen und deren Plausibilisierung sind dabei notwendig. Auf der leistungswirtschaftlichen Projektebene werden Selbstselektionsmechanismen von Bedeutung, da die einzelnen Projektlieferanten und Abnehmer Verträge „angeboten“ bekommen, in denen diese für Ihren Verantwortungsbereich auch die Risiken übernehmen. Put-or-Pay-Verträge auf Lieferantenseite, Take-or-Pay-Verträge auf Abnehmerseite oder mit Vertragsstrafen versehene Betreiberverträge bilden Verpflichtungen, die nur von Unternehmen mit entsprechend leistungswirtschaftlich positiv ausgeprägten Qualitätsmerkmalen eingegangen werden. Die Notwendigkeit leistungswirtschaftliche Verträge dieser Art im Netzwerk zu etablieren, kann Voraussetzung für die Finanzierung sein. Somit können die Kapitalgeber im Netzwerk in großem Maße direkt auf die leistungswirtschaftlichen expliziten Verträge Einfluss nehmen.

Die intensiven Analysen und Selbstselektionsmechanismen in der Planungsphase tragen zu einem Abbau der Informationsasymmetrie zwischen den Kaptialgebern und dem Supply Chain Netzwerk bei und liefern gleichzeitig auch für die leistungswirtschaftlichen Projektpartizipanten Informationen, die Informationsasymmetrien innerhalb des Supply Chain Netzwerks reduzieren (siehe die im Untersuchungsfall relevanten Informationsasymmetrien in Abb. 19). Die Finanzierbarkeit als „Stand-Alone"-Projekt signalisiert grundsätzlich dessen wirtschaftliche Tragfähigkeit an alle Projektbeteiligten.

4.4.2.2 Überwachung der Projektgesellschaft in der Errichtungs- und Betriebsphase

Nach dem Abschluss der Projektanalysen und Etablierung von leistungswirtschaftlichen und finanzwirtschaftlichen Vertragsstrukturen, kann die operative Phase des Supply Chain Netzwerks beginnen. In der Errichtungsphase werden die Zielbestände in der Projektgesellschaft zunächst aufgebaut, wobei Zulieferunternehmen und Betreiber (LDL) bereits ihre Leistungsverfplichtungen erfüllen müssen. Mit dem Produktionsbeginn beim OEM beginnt die eigentliche Betriebsphase, in der ein permanenter Güter- und Finanzfluss durch die Projektgesellschaft läuft. In diesen Strukturen existieren nachvertragliche Verhaltensrisiken[253], die Störungen im Güter- und Finanzfluss induzieren. In Projektfinanzierungsstrukturen bilden Überwachungsprozesse einen wichtigen Faktor, der zur Reduktion von verhaltensbedingten Störungen im Projektnetzwerk führt. Im Kontext des Untersuchungsfalls stellt sich die Frage, in welcher Form Überwachung vorgenommen wird und welche Elemente die Überwachungsintensität determinieren und somit letztlich Verhaltensrisiken reduzieren.

Die Überwachung von Unternehmen im Allgemeinen wird durch eine Vielzahl von Parteien durchgeführt, dazu zählen: Aufsichtsrat, Wirtschaftsprüfer, große Eigen- und Fremdkapitalgeber und Ratingagenturen. (Vgl. Tirole 2006, S. 27) Die Zielsetzung von Monitoringprozessen besteht darin, Informationsasymmetrien nach Eingang des Kooperationsverhältnisses zu beseitigen, das Fehlverhalten von Projektbeteiligten in Form der „Hidden Action" oder der „Hidden Information" zu unterbinden bzw. Handlungsspielräume indirekt durch die Möglichkeit der besseren Beurteilung der situativ optimalen Handlung zu beschränken. Im Rahmen der Projektfinanzierung werden aufgrund der dominierenden Rolle von Fremd- und Eigenkapitalgebern Monitoringaktivitäten besonders von diesen veranlasst und durchgeführt.

---

[253] Die Verhaltensrisiken in Bezug auf den stilisierten Untersuchungsfall und determinierende Faktoren wurden im Kapitel 3.2.2 und Kapitel 3.2.3 ausführlich diskutiert.

Die zunächst vorgenommenen allgemeinen Ausführungen unterscheiden nicht zwischen dem Unternehmen und der Projektgesellschaft (als Ein-Projekt-Unternehmen). Der dominierende Interessenkonflikt, welcher der Corporate Governance-Diskussion zugrunde liegt, in die das Monitoring ebenfalls einzuordnen ist, besteht zwischen den Kapitalgebern und dem Management des Unternehmens. Wie im Abschnitt 4.1.2 dargestellt kann bzw. sollte der Konfliktbereich der Trennung zwischen Eigentum und Kontrolle auf das gesamte Netzwerk ausgedehnt werden, d.h., eine Erweiterung der zu überwachenden Akteure ist auf alle Supply Chain Netzwerk-Akteure im Automobilnetzwerk angebracht.

Aus wissenschaftlicher Sicht wird eine Unterscheidung in aktives und passives (spekulatives) Monitoring vorgenommen. Die beiden Formen korrespondieren mit der Unterscheidung nach Hirschman (1970) zwischen „Exit“ und „Voice“, wobei aktives Monitoring der „Voice“ und passives Monitoring der „Exit“ Handlung entspricht und gleichzeitig auch die Motivlage der Beteiligung grundsätzlicher Natur widerspiegelt.[254] (Vgl. Tirole 2006, S. 27) Aktives Monitoring besitzt prospektiven Charakter hinsichtlich der existierenden Unternehmensstrategie, d.h., es zielt darauf ab zu validieren, ob die bisherige Ausrichtung des Unternehmens im Hinblick auf zukünftige Herausforderungen adäquat ist. Die durch die Überwachungsaktivitäten generierten Informationen sind folglich als wertsteigernd zu charakterisieren. Derartiges Monitoring kann sowohl von Eigenkapitalgebern als auch Fremdkapitalgebern in einer intensiven Finanzierungsbeziehung („Relationship-Lending“[255]) vorgenommen werden. (Vgl. Tirole 2006, S. 334) Demgegenüber kennzeichnet sich passives (spekulatives) Monitoring als eine Retrospektive, welche sich primär auf bereits zurückliegende Aktivitäten bezieht. Die gewonnenen Informationen lassen sich grundsätzlich als wertneutral charakterisieren, da nicht der Versuch der Einflussnahme („Voice“) die primäre

[254] Die Betrachtung wird in großem Maße durch das Konzept nach Hirschman (1970) beeinflusst. Hirschman betrachtet die Handlungsmöglichkeiten von unzufriedenen Organisationsmitgliedern, die in der „Exit“-Option, d.h. dem Verlassen der Organisation, und der „Voice“-Option, d.h. dem Kundtun der Unzufriedenheit mit dem Ziel Verbesserungen herbeizuführen, bestehen. Demnach ist der Anreiz „Voice“ auszuüben geringer, wenn gleichzeitig die „Exit“ Variante gegeben ist.

[255] Dem „Relationship Lending“ liegt eine langfristig orientierte Finanzierungsbeziehung zugrunde, in der der Intermediär spezifisches Wissen akquiriert, welches eine bessere Beurteilung der zukünftigen Projektaussichten ermöglicht, da ausgeprägte Kenntnisse über das Geschäftsmodell des Kreditnehmers existieren. So kann auch die Beurteilung von Reorganisation und Liquidation effizienter erfolgen, da bereits in einer frühen Projektphase strategische Alternativen und Szenarien eruiert werden. (Vgl. Diamond/Rajan 2001, S. 290f.)

Handlungsoption darstellt, sondern das Abschöpfen von Bewertungsdifferenzen zwischen dem aktuellen Marktwert der Beteiligungstitel und dem auf Basis der zusätzlichen Informationen ermittelten „fairen" Wert durch Kauf und Verkauf („Exit") dominiert. Durch passives Monitoring generierte Informationen fließen dabei in die Bewertung der Beteiligungstitel ein. Die Bewertung ist insofern vergangenheitsorientiert, dass basierend auf den Unternehmensaktivitäten und damit in der Vergangenheit determinierten Entwicklungspfaden Zahlungsströme in die Zukunft extrapoliert werden. Die Form des spekulativen, passiven Investors, welcher passive Monitoringaktivitäten vornimmt, kann sowohl in Form von Eigen- wie Fremdkapitaltiteln zum Ausdruck kommen, z.B. in Form von Spekulationen mit Unternehmensaktien oder durch kurzfristig spekulativen Handel mit „Commercial Papers". (Vgl. Tirole 2006, S. 334)

Beide Formen des Monitorings erfüllen die Funktion der Reduktion von Informationsasymmetrie, wenngleich die zugrunde liegende Motivation differiert. In beiden Fällen besitzen die aus der Informationsgewinnung resultierenden Handlungen („Exit" oder „Voice") sanktionierenden Charakter, so dass für das Unternehmen ein Anreiz existiert, opportunistisches Verhalten zu unterlassen.[256]

Die erste formale Analyse der Vorteilhaftigkeit von Monitoring durch den Intermediär geht auf Diamond (1984) zurück.[257] In dem häufig zitierten Modell zeigt Diamond, dass Finanzintermediation vor dem Hintergrund andernfalls notwendiger redundanter Monitoringaktivitäten durch die Kleininvestoren effizient ist.[258] Das in dem zweistufigen Modell (Investor – Intermediär – Kreditnehmer) entstehende Problem der Überwachung des Intermediärs im Hinblick auf die Erfüllung seiner Monitoringaufgaben

---

[256] Die Anreizbildung durch passives Monitoring kann beispielhaft durch die Monitoringfunktion von Aktienmärkten verdeutlicht werden, die eine aggregierte Form des passiven Monitorings darstellt. Nach Holmstrom/Tirole (1993, S. 678f.) resultieren aus den drohenden Sanktionen durch eine mögliche Übernahme (Takeover) oder weniger dramatisch im Fall offenkundig werdender Performance, welche zu Kursänderungen (Anstieg- oder Rückgang) führt, Anreize für das Management. Die Wirkungsweise des Market-Monitorings (synonym: spekulatives, passives Monitoring) basiert darauf, dass dadurch der Informationsgehalt der Preise (informativeness of prices) steigt und somit die Anreizwirkung verbessert wird. (Vgl. Aghion *u.a.* 2004, S. 327)

[257] Eine Generalisierung der Ergebnisse von Diamond liefert Hellwig (2000).

[258] Die durch die Delegation den Kapitalgebern entstehenden Delegationskosten, die aus den Sanktionskosten bestehen, sind unter der Annahme perfekt diversifizierter Intermediäre, d.h. vollständige Ausfallsicherheit der Einlagen, und somit nicht auftretenden Sanktionskosten im Idealfall Null. Die Überwachung des Intermediärs ist demnach überflüssig. (Vgl. Diamond 1984, S. 402)

löst Diamond durch die Annahme, dass Intermediäre sich diversifizieren können und so den Kapitalgebern ihre Einlagen, im Sinne eines optimalen Anreizvertrages, garantieren können. Dadurch internalisiert der Intermediär die Konsequenzen seiner Handlungen und Bemühungen im Hinblick auf das Monitoring vollständig und besitzt somit einen hohen Anreiz.[259]

Die Argumentation von Diamond abstrahiert jedoch von der in der Realität beobachtbaren Situation, dass mehrere Parteien von den Monitoraktivitäten einer Partei profitieren.[260] Dies bedeutet im Umkehrschluss, dass ein Monitor (z.B. der Intermediär) nicht vollständig den Wohlfahrtseffekt seiner Überwachungsaktivitäten internalisiert, woraus ein Anreiz zum „Undermonitoring“ resultiert. (Vgl. Tirole 2006, S. 42; Rajan/Winton 1995, S. 1114) Dieser Unteranreiz ist grundsätzlich auch im Kontext von Projektfinanzierungen gegeben, da hier insbesondere die Projektbeteiligten im Sinne der Stakeholder von dem Monitoring der Projektgesellschaft profitieren. Gemildert wird dieser Unteranreiz insofern, als dass die Projektgesellschaft die Kosten dieser Monitoringaktivitäten zumindest teilweise trägt, da der Intermediär die operativen Kosten („Intermediation Costs“ oder „Operating Costs“) durch den Kreditzins zu amortisieren versucht.[261] Dies führt dazu, dass die Projektbeteiligten, insofern diese Residualansprüche gegenüber der Projektgesellschaft haben, indirekt die Kosten anteilig internalisieren.

Es stellt sich jedoch die Frage, ob neben dem Anreiz zum „Undermonitoring“ auch Konstellationen existieren, in denen ein besonders hoher Anreiz zum Monitoring besteht. Neben den Kosten der Monitoringaktivitäten selbst, sind folglich die Kosten zur Etablierung eines Anreizes für adäquates Monitoring relevant. Ein besonders großer Anreiz im Hinblick auf qualitative Monitoringaktivitäten existiert bei langfristig

[259] Die Bedeutung der Ausgestaltung der Einlagenkontrakte und die regulatorischen Rahmenbedingungen, z.B. die in vielen Industrieländern existierende Einlagensicherung, im Hinblick auf den Anreiz Monitoring durchzuführen wurde von Calomiris/Kahn (1991) wie auch Diamond/Rajan (2001) analysiert.

[260] „When a bank lends to a firm, some stakeholders, such as other investors, trade creditors, employees, and the government, free-ride on the benefits of the bank's control function.“ (Rajan/Winton 1995, S. 1114)

[261] Die Argumentation findet sich auch bei Diamond (1994, S. 33), der unter Verweis auf die „operating costs“ die relativ zum „public debt“ (z.B. Anleihen) höheren Kreditzinsen von Bankkrediten erklärt. D.h. letztlich sind die Kosten der Intermediation von den Kreditnehmern zu tragen. (Vgl. Bolton/Freixas 2000, S. 326)

orientierten Investoren. (Vgl. Porter *u.a.* 1992, S. 70) Die Argumentation, die dieser Auffassung zugrunde liegt, sieht im umgekehrten Fall bei Investoren, die einen kurzfristigen Anlagehorizont besitzen, nur einen geringen Anreiz aktives Monitoring („Voice") zur langfristigen Unternehmenswertsteigerung durchzuführen.[262] Der geringe Anreiz begründet sich auf der leichter auszuübenden „Exit"-Strategie der Investoren, indem diese Beteiligungstitel[263] veräußern, was wiederum eine Marktfähigkeit der Beteiligungstitel und ausreichend Liquidität auf Sekundärmärkten[264] voraussetzt. (Vgl. Becht *u.a.* 2003, S. 25; Coffee 1991, S. 1329; Bhide 1993, S. 31) Im Kontext der Projektfinanzierung resultiert aufgrund der konzentrierten Kapitalgeberstrukturen[265] und dem damit verbundenen großvolumigen Parten[266] eine Illiquidität der Beteiligungstitel, d.h., aufgrund der Anteilsgröße ist eine Veräußerung kurzfristig nicht möglich.

In Anlehnung an Diamond/Rajan (2001) existiert in Bezug auf die Fremdkapitaltitel ein weiterer Faktor, der zur Illiquidität führt und bei Projektfinanzierungsstrukturen in besonderem Maße gegeben ist. „Loans are illiquid when a lender needs relationship-specific skills to collect them." (Diamond/Rajan 2001, S. 287) Die Notwendigkeit für

---

[262] Die Gleichsetzung von kurzfristig spekulativem und langfristig strategischem Anlagehorizont mit passivem („Exit") und aktivem Monitoring („Voice") ist sehr stereotyp. Eine Art von Finanzinvestoren, sogenannte „Raider", üben bei kurzfristigem Anlagehorizont und spekulativem Anlagemotiv ein sehr aktives Monitoring aus, welches in der Zerschlagung, Liquidation und teilweisen Weiterveräußerung zum Ausdruck kommt. (Vgl. Tirole 2006, S. 335)

[263] Die Argumentation ist stark auf die Eigenkapitalbeteiligung fokussiert, die Möglichkeit des „Exit" ist jedoch auch für Fremdkapitalgeber in der Veräußerung von Krediten grundsätzlich gegeben. (Vgl. Diamond/Rajan 2001, S. 288; Aghion *u.a.* 2004, S. 330)

[264] In der Liquidität der Sekundärmärkte wird im Kontext der Corporate Goverance-Diskussion und dem Einfluss der Kapitalmärkte eine Schwäche im US-amerikanischen Marktumfeld gesehen: „(...) precisely the highly liquid nature of USA secondary markets that makes it difficult to provide incentives to large shareholders to monitor management." (Becht *u.a.* 2003, S. 25) Demgegenüber stellt gerade das in japanischen Kereitsu Strukturen vorhandene „Cross-Ownership", welches sich durch ein hohes Maß an Illiquidität kennzeichnet, einen Anreiz, aktives Monitoring durchzuführen. (Vgl. Coffee 1991, S. 1296) Die unterschiedliche Ausprägung der Kapitalmarktorientierung und resultierende Governance-Mechanismen sind dabei grundsätzlich im übergeordneten Gesamtkontext des jeweiligen Finanzsystems zu betrachten. Schäfer (2002, S. 88ff.) gibt einen Überblick über die evolutorisch begründeten Unterschiede zwischen dem deutsch-japanischen und angelsächsischen System.

[265] Eine ausführliche Diskussion der Kapitalgeberkonzentration wird an späterer Stelle in Abschnitt 4.4.3.2.2 vorgenommen.

[266] Die Illiquidität der Anteile aufgrund des großen Volumens trotz gegebener Liquidität auf Sekundärmärkten charakterisiert auch Coffee (1991, S. 1329): „A controlling shareholder, owning perhaps thirty percent or more of a corporation's voting stock, necessarily realizes that its investment is illiquid, even though a deep and active market exists."

den Intermediär **transaktionsspezifisches Wissen** zu besitzen bzw. aufzubauen, ist wie bereits in Abschnitt 4.4.2.1 unter dem Aspekt der Wissensasymmetrie erläutert im Projektfinanzierungskontext von außerordentlicher Bedeutung. Vor dem Hintergrund hoch illiquider Vermögensgegenstände aufgrund der Spezifität, die durch den Intermediär finanziert werden, ist es notwendig, das zugrunde liegende Geschäftsmodell zu verstehen, um angemessene Vertragsbedingungen zu etablieren und im Kreditverlauf die optimalen Entscheidungen zu treffen, die eine Rückführung des Kredits zum Ziel haben. (Vgl. Diamond/Rajan 2001, S. 288) Dieses Wissen über den jeweils sehr spezifischen Projektkredit ist zudem zu einem Teil als tazites Wissen beim Intermediär vorhanden und daher nicht ohne weiteres mit der Veräußerung des Kredits transferierbar, was bei einem Verkauf des Kredits zu einem Wertverlust führt: „Because she (the lender; der. Verf.) typically cannot commit to using her skills to extract repayment from the entrepreneur on behalf of others, her loan to the entrepreneur is illiquid: she cannot sell it or raise money against it to the full value of the repayment she expects to extract from the entrepreneur." (Diamond/Rajan 2001, S. 288) Die Möglichkeit, den Kredit vollständig zu veräußern, ist bei hochspezifischen Projektfinanzierungskrediten kaum gegeben. Die Verwendung des Kredits wiederum als Besicherungsgrundlage (Collateral) kann Liquidität beim Intermediär sichern, lässt diesen aber immer noch in der Verantwortung, den Kredit „aktiv" zu überwachen und die planmäßige Rückführung sicherzustellen.

In den Ausführungen wird deutlich, dass aufgrund der Spezifität der Projektfinanzierungskredite der vollständige „Exit" aus Intermediärssicht stark eingeschränkt ist. Dieser Mangel begründet daher die Ausübung einer aktiven Rolle der Fremdkapitalgeber im Finanzierungsverlauf, die einem „aktiven Monitoring" gleichkommt.

„Active monitoring requires control." (Tirole 2006, S. 36) Das Monitoring in der beschriebenen aktiven Form bedarf auch der Möglichkeit der Einflussnahme, um die notwendigen Anpassungen in die Unternehmensstrategie zu überführen. Bei den Eigenkapitalgebern sind diese Steuerungsmöglichkeiten unmittelbar mit den Eigentumsrechten verbunden. Bei Fremdkapitalbeteiligungen müssen derartige Eingriffsrechte in den Kreditvertrag aufgenommen werden. (Vgl. Tirole 2006, S. 334) Diese bedingten Eingriffsmöglichkeiten (Covenants) werden bereits in der Strukturierungsphase der Projektgesellschaft in den Kreditverträgen verankert. Die Aufnahme von projektspezifischen Vertragsklauseln ermöglicht in Projektfinanzierungsarrangements aktives Monitoring durch den Intermediär zum einen durch Festlegung von Performancemaßen als Monitoringobjekt, zum anderen durch die Einräumung von bedingten Eingriffsrechten.[267] (Vgl. Rajan/Winton 1995) Die Etablierung von Covenants in Kreditverträgen stellt gleichzeitig einen Anreiz für den Intermediär zur Überwachung dar und wirkt somit dem „Undermonitoring“ entgegen, da die Aufnahme von Covenants ohne Monitoring unwirksam ist. (Vgl. Rajan/Winton 1995, S. 1114; Stulz/Johnson 1985) Insbesondere in Finanzierungsbeziehungen ist die Durchsetzbarkeit der vertraglich begründeten Entscheidungs- und Kontrollrechte ein essenzieller Einflussfaktor auf die Wirksamkeit von Überwachungsaktivitäten.[268] Ohne die Möglichkeit, vertragliche Vereinbarungen rechtlich durchzusetzen, um korrektiv auf die Unternehmung oder Projektgesellschaft einzuwirken, ist das Aufdecken von Fehlverhalten durch Monitoring ohne Konsequenz. (Vgl. Esty/Megginson 2003, S. 43)

Der Anreiz für den Fremdkapitalgeber, die Projektgesellschaft zu überwachen, ist von dem erwarteten Schaden bei Kreditausfall abhängig. In diesem Kontext werden Sicherheiten, die den Schaden verringern, von Bedeutung. Die Finanzierungsbeziehung im konkreten Untersuchungskontext der Finanzierung von Umlaufvermögen in einer separierten Projektgesellschaft legt eine Sicherungsübereignung der Finanzierungsobjekte nahe. Die Besicherung[269] von Kreditverträgen ist im Rahmen von Projektfinanzierungen im Allgemeinen wie auch im Kontext von Lagerbestandsfinanzierungen ein etabliertes Instrument. (Vgl. Stulz/Johnson 1985, S. 501) Diese reduziert dabei grundsätzlich den Anreiz des Intermediärs, Monitoring durchzuführen. Im Ex-

---

267 Eine ausführlichere Diskussion von Covenants in Projektfinanzierungsverträgen findet sich in Abschnitt 4.4.3.2.4.

268 Unter dem Stichwort „Legal Protection“ wird die rechtliche Durchsetzbarkeit von Kapitalgeberansprüchen in der Corporate Goverance-Diskussion thematisiert, dabei ist der rechtliche Schutz sowohl für Fremd- wie auch Eigenkapitalgeber von Bedeutung: „The need for at least some legal protection is shared by all large investors. Large shareholders need courts to enforce their voting rights, takeover artists need court-protected mechanisms for buying shares and changing boards of directors, and creditors need courts to enable them to repossess collateral.” (Shleifer/Vishny 1997, S. 758)

269 Der Einsatz von Kreditsicherheiten besitzt jedoch auch Auswirkungen auf den anschließend (siehe Abschnitt 4.4.2.3) diskutierten Anreiz aufgrund der „Default-Prozeduren“. In Bezug auf das Monitoring durch den Intermediär entsteht ein hoher Anreiz aus der Nichtbesicherung, welcher indirekt auf den Kreditnehmer (Netzwerk) wirkt. Über den Default-Mechanismus resultiert eine gegensätzliche Wirkung, da die Glaubwürdigkeit der Liquidation ohne Besicherung sinkt.

tremfall der vollständigen Besicherung und dem damit risikolosen Zahlungsanspruch besitzt der Intermediär keinen Anreiz, Informationen zu generieren.[270] (Vgl. Stulz/Johnson 1985, S. 513) Die Intensität des Effekts ist jedoch von den Eigenschaften des Sicherungsobjekts abhängig. Rajan/Winton (1995, S. 1134) zeigen, dass in der Ausgestaltung der Fremdkapitalfinanzierung die Besicherung von Krediten den Anreiz zur Überwachung verstärken kann, wenn der Wert des Sicherungsvermögens vom operativen Geschäftsbetrieb beeinflusst wird. Der Intermediär überwacht die Geschäftstätigkeit sehr intensiv, um ggfs. auf die Geschäftspolitik Einfluss zu nehmen und den Wert des Sicherungsvermögens zu erhalten. Beispiele solchen Sicherungsvermögens, welches stark von der operativen Geschäftstätigkeit des Unternehmens beeinflusst wird, sind Lager- und Forderungsbestände. Hingegen induzieren Vermögensgegenstände wie Immobilien als Sicherungsvermögen nur einen geringen Anreiz, da diese durch die operative Geschäftstätigkeit nur geringfügig im Besicherungswert zu beeinflussen sind.

Im Untersuchungsfall lässt die Betrachtung des Sicherungsvermögens in Form von Lagerbeständen den Anreiz der Fremdkapitalgeber entstehen, Monitoringaktivitäten nicht nur auf die Projektgesellschaft als Kreditnehmer zu beschränken, sondern auch die leistungswirtschaftlichen Netzwerkparteien (Zulieferunternehmen, Betreiber und Abnehmer), welche den Wert des Umlaufvermögens durch ihr Verhalten tangieren, einzubeziehen. Die Kapitalgeber, sowohl Eigen- wie auch Fremdkapitalgeber, besitzen aufgrund der drohenden finanziellen Konsequenzen und dem Mangel an Exit-Optionen nach Netzwerkeintritt einen hohen Anreiz, die Überwachungsfunktion bestmöglich zu erfüllen. Die nachfolgende Abb. 20 verdeutlicht die in diesem Abschnitt aufgegriffenen, theoretisch fundierten Argumentationslinien, die einen hohen Anreiz insbesondere in der Projektfinanzierung von Umlaufvermögen im Automobilnetzwerk folgern.

---

[270] Mit der Besicherung übertragen sich die Risiken auf den Sicherheitengeber, dieser sieht sich dann der gleichen Notwendigkeit gegenübergestellt, die Parteien zu überwachen, die Einfluss auf die Situation besitzen, da eine Inanspruchnahme durch die Kapitalgeber rechtlich möglich ist.

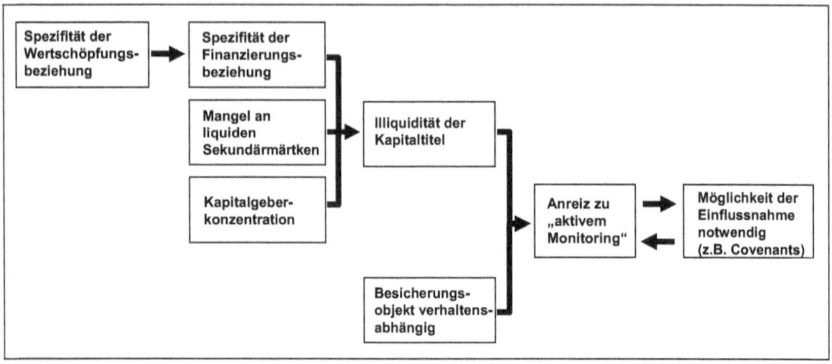

Abb. 20: Argumentationslinien des Monitoringanreizes

Finanzintermediäre nehmen eine zentrale Rolle in der Überwachung der Projektgesellschaft und somit indirekt der Leistungsbeziehungen zwischen der Projektgesellschaft und den Netzwerkakteuren ein. Die Übernahme der Überwachungsfunktion durch eine zentrale Projektgesellschaft ist einem „Delegated Monitoring" durch die Netzwerkakteure gleichzusetzen[271], die in interdependenten, expliziten und impliziten Beziehungen zueinander somit wechselseitiges Monitoring vermeiden. Die Möglichkeit, Monitoring im Netzwerk durchzuführen, ist aufgrund der expliziten vertraglichen Strukturen zwischen den Netzwerkakteuren und der Projektgesellschaft gegeben, insofern werden die Leistungsbeiträge der einzelnen Netzwerkmitglieder transparenter. Auch die Etablierung einer separaten Projektgesellschaft als organisationale Einheit und die damit verbundene Transparenz[272] in Bezug auf die Systeme des betrieblichen Rechnungswesens und Zahlungsmittelkonten ermöglicht ein in Relation zum Unternehmensfinanzierungskontext besseres Monitoring des Projekts. (Vgl. Shah/Thakor 1987, S. 228) Probleme in den leistungswirtschaftlichen Prozessen des Supply Chain Netzwerks, die sich im Cash Flow der Projektgesellschaft widerspiegeln, werden dadurch schneller offensichtlich.

---

[271] Die Zentralisierung und damit verknüpfte Delegation privater Überwachungs- und Durchsetzungsmechanismen („centralized private governments") ist in Netzwerkstrukturen in unterschiedlichem Ausmaß zu beobachten. Beispiele liefert Ménard (2004, S. 366ff.).

[272] Die intransparente Situation in der traditionellen Unternehmensfinanzierung wird wie folgt charakterisiert: „In contrast, corporate borrowers frequently have diverse streams of revenues, complicated subsidiary structures and accounting treatments, and cash flow streams that are difficult to analyze." (Beale *u.a.* 2002, S. 8)

Das insbesondere im Netzwerkkontext als Problembereich identifizierte „Perfomance Measurement" wird dabei gemildert, da das Verhalten einzelner Akteure beobachtbarer und durch Dritte (z.B. dem Intermediär) verifizierbar wird. Die skizzierte Problematik im Kontext der Unternehmensfinanzierung besteht unter anderem darin, dass Intermediäre in der Beziehung zu nur einem einzelnen Netzwerkakteur geringe Möglichkeiten der Überwachung andere Netzwerkakteure besitzen. Aufgrund der zentralen Positionierung und dem Transaktionsbezug können sich Kapitalgeber über die Projektgesellschaft weitgehende Kontrollrechte einräumen lassen.

In den Ausführungen wurde deutlich, dass in der Errichtungs- und Betriebsphase ein hoher Anreiz zur Überwachung der Projektgesellschaft und des Projektnetzwerks besteht. Dabei ist insbesondere die „aktive Überwachung" durch den Fremdkapitalgeber als prozessuales Element, welches Verhaltensrisiken reduziert, wirksam. Die Besicherung durch die im Eigentum der Projektgesellschaft befindlichen Aktiva (Lagerbestände), die in ihrer Werthaltigkeit den Verhaltensrisiken im Netzwerk ausgesetzt sind, mindert den Monitoringanreiz nicht, sondern macht eine Ausdehnung der Überwachung auf das gesamte Supply Chain Netzwerk notwendig.

4.4.2.3 Event of Default – Vorzeitige Projektbeendigung als Sanktion und Anreiz im SCN

Die Verletzung kreditvertraglicher Regelungen räumt im Projektfinanzierungsarrangement den Fremdkapitalgebern unterschiedliche Rechte ein, die im Extrem die vorzeitige Projektbeendigung, in weniger schwerwiegenden Fällen häufig Nachverhandlungen der Finanzierungsverträge und -konditionen herbeiführen. Die drohenden Konsequenzen bilden zugleich Anreize im gesamten Projektnetzwerk, die nachfolgend näher analysiert werden.

Das Default-Ereignis bezeichnet in allgemeiner Form einen Vertragsbruch. Dieser kann in unterschiedlichen Formen auftreten und mit unterschiedlichen Konsequenzen im Kontext der Unternehmensfinanzierung wie auch der Projektfinanzierung verbunden sein. Die nachfolgende Abb. 21 stellt die unterschiedlichen Ausprägungen des Default in Bezug zu der Art der vertraglichen Verpflichtung und den jeweiligen Anspruchsgruppen dar.

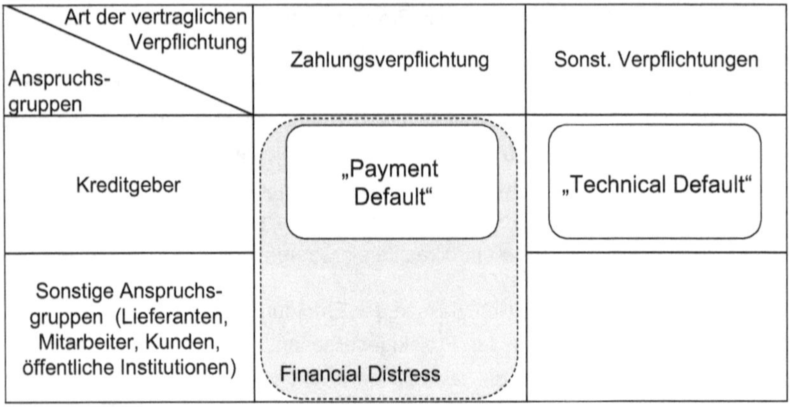

Abb. 21: Payment Default vs. Technical Default

Ein Default (**Payment Default**) liegt vor, wenn im Kreditvertrag fixierte Zahlungsverpflichtungen, Zins- und Tilgungsleistungen, nicht erfüllt werden. (Vgl. Gilson *u.a.* 1990, S. 330) Dieser kann in den Kontext des „Financial Distress“ eingeordnet werden. Nach Wruck (1990, S. 421) gilt der Begriff des Financial Distress als übergeordneter Begriff, der den Zahlungsverzug gegenüber bestehenden Zahlungsverpflichtungen im Allgemeinen umfasst. Dazu zählen Zahlungsverpflichtungen gegenüber Lieferanten, Mitarbeitern und Kapitalgebern, die nicht erfüllt werden können. In Bezug auf die vertraglichen Verpflichtungen aus Kreditverträgen ist noch der **Technical Default** zu unterscheiden, der bei Nichteinhaltung von vereinbarten Covenants vorliegt. (Vgl. Wruck 1990, S. 421)

In diesem Abschnitt wird die Verletzung kreditvertraglicher Ansprüche fokussiert, da diese im Kontext von Projektfinanzierungsarrangements besonders sanktionierenden Charakter besitzen. Im Falle des Vertragsbruchs besitzt der Fremdkapitalgeber, wie die nachfolgende Abb. 22 verdeutlicht, Rechte, die je nach Ausübung im Extremfall die Eröffnung eines Insolvenzverfahrens herbeiführen können. Die Insolvenz stellt dabei lediglich eine Konsequenz für den Fall des Default dar. (Vgl. Bester 1994, S. 73)

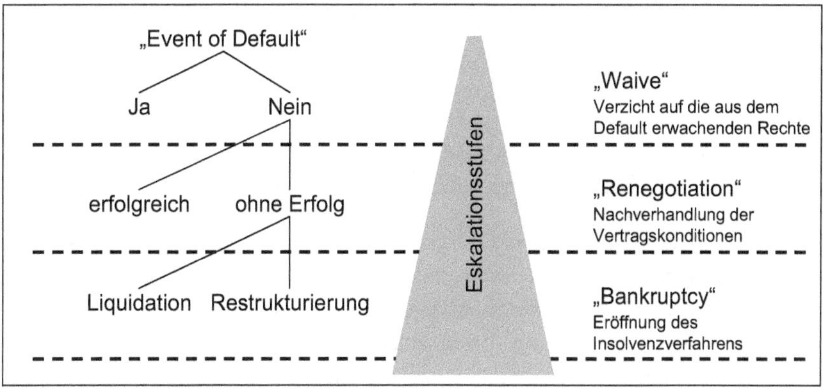

Abb. 22: Eskalationsstufen im Event of Default

Im Fall eines Default wird der Intermediär i.d.R. zunächst prüfen, ob sich die Unternehmenssituation substanziell verändert hat.[273] Für den Fall kurzfristiger oder vorübergehender exogener Ursachen kann dieser auf sofortige weitere Schritte verzichten („Waive“) und eine Frist setzten, binnen derer die Vertragsverletzung beseitigt werden muss. Für den Fall, dass sich substanziell die Rahmenbedingungen als Kreditgrundlage verändert haben, werden die Kreditgeber direkte Nachverhandlungen („Renegotiation“) des Kreditvertrags durchführen, in denen die Kreditkonditionen (z.B. Kredithöhe, Zins, Zeitraum) an die neuen Rahmenbedingungen angepasst werden. (Vgl. Chen/Wei 1993, S. 218; Stulz/Johnson 1985) Bleiben die Nachverhandlungen erfolglos, besteht für den Intermediär die Möglichkeit, ein Insolvenzverfahren nach den jeweilig geltenden Rechtsordnungen auszulösen.[274] In Bezug auf formal juristische Insolvenzverfahren[275] ziehen diese zwei alternative Ergebnisse – die Liquidation oder Reorganisation – nach sich. (Vgl. Diamond 1994, S. 19; Gilson

[273] Die führzeitig Beendigung eines Projekts sollte, so Yescombe (2002, S. 92), nur bei „fundamentalen“ Ereignissen, die die Zielsetzung des Projekts grundsätzlich in Frage stellen, im Kontext von Projektfinanzierungen vorgenommen werden.

[274] Im Fall des „Technical Default“ existiert die Möglichkeit, den Kreditvertrag zu kündigen und die Kreditsumme fällig zu stellen. Die häufig nicht ausreichende Liquidität führt dann zur Zahlungsunfähigkeit und damit zu einem Insolvenztatbestand.

[275] Von einer dezidierteren Darstellung der in Deutschland maßgebenden Insolvenzordnung oder Regelungen des „Chapter 11“ für amerikanische Unternehmen wird in dieser Ausarbeitung Abstand genommen, da i.d.R. die private Einigung im Falle finanzieller Schwierigkeiten bei Projektfinanzierung dominiert (vgl. Standard & Poor's 2002, S. 41).

u.a. 1990, S. 316; Wruck 1990, S. 425) Beneish und Press (1995, S. 59) systematisieren die Default Ereignisse nach den häufig damit verbundenen Konsequenzen. Demnach ist der Technical Default weniger schwerwiegend und führt häufig lediglich zu Nachverhandlungen, während im Fall des Payment Default (präziser: Debt Service Default) die Wahrscheinlichkeit der Eröffnung eines Insolvenzverfahrens durchaus gegeben ist und Nachverhandlungen meist unumgänglich sind.

Exogene Risiken sowie opportunistisches Verhalten im Supply Chain Netzwerk schlagen sich in Cash Flow-Schwankungen der Projektgesellschaft nieder und führen mangels Diversifikation bereits bei geringem Ausmaß zum **Payment Default** der Projektgesellschaft. In der Vergleichssituation ohne Etablierung einer Projektgesellschaft sind im Netzwerk auftretende Risiken (endogen wie exogen) von verschiedenen Parteien zu tragen und führen zu Reibungsverlusten, die erst bei extremem Ausmaß (z.B. der Insolvenz von Netzwerkakteuren) zur Restrukturierung des Netzwerks führen und Adaptionsprozesse an neue Gegebenheiten auslösen. Die frühe Identifikation von Problemen und die dann umgehend möglichen korrigierenden Maßnahmen erweisen sich gerade im Kontext von Projektfinanzierungen als Vorteil.[276] Um die Notwendigkeit der Restrukturierung im Sinne eines Frühwarnsystems zu erkennen, werden im Kontext der Projektfinanzierung spezielle Kreditverträge etabliert: „(...) project finance loans are structured deliberately with tighter covenants to trigger a renegotiation of loan terms before any significant credit deterioration." (Beale *u.a.* 2002, S. 8) Das frühzeitige Auslösen eines **Technical Default** ist somit als **Schutz** vor weiteren Wertverlusten zu interpretieren.

Das Default-Ereignis bei Projektfinanzierungen zieht i.d.R. keine Liquidation des Projekts nach sich, sondern resultiert in einer Restrukturierung in Zusammenarbeit mit den Sponsoren. Diese Tatsache ist unter anderem auf die Spezifität der in der Projektgesellschaft finanzierten Vermögensgegenstände zurückzuführen, die sich durch einen geringen Liquidationswert kennzeichnen. Harris/Raviv (1990, S. 331) zeigen modelltheoretisch die intuitive Begründung, dass mit abnehmendem Liquidationswert die Wahrscheinlichkeit der Reorganisation im Default-Fall zunimmt. Im

---

[276] Die Bedeutung des Verschuldungsgrades im Hinblick auf die „Default"-Situation im Kontext der Unternehmensfinanzierung analysiert Wruck (1990, S. 431) mit folgendem Resultat: „Where firm value is deteriorating, high leverage leads to an earlier default, and simultaneously accomplishes two objectives. It preserves value when the alternative is a continued erosion of value, and in doing so increases the likelihood that the firm will reorganize quickly and efficiently."

Zuge der Liquidationsentscheidung wird eine Beurteilung des durch Fortführung und Reorganisation erzielbaren Projektwerts im Vergleich zum Liquidationswert vorgenommen. Eine weitere Erklärung für die Restrukturierung wird durch das besondere Projektinteresse der Projektparteien und Sponsoren gegeben, welches im Default-Fall durch die rechtlich durchsetzbaren Ansprüche der Kapitalgeber gefährdet ist. Die Projektbeteiligten, die ein originäres Interesse an der Durch- und Fortführung des Projektes haben, werden versuchen eine Liquidation zu vermeiden, indem Sie zusätzliche Informationen den Kreditgebern zur Verfügung stellen, wodurch dem Default-Ereignis zusätzlich eine informationsgenerierende Wirkung zu geschrieben werden kann.[277] (Vgl. Harris/Raviv 1990, S. 321) Des Weiteren wird auch eine größere Bereitschaft der finanziellen Hilfe im Kontext der Projektfinanzierung durch die Projektsponsoren beobachtet. „(...) in the event of a stress scenario, may be a better incentive to project sponsors to carry or fund a project's obligations through a short-term anomaly. (...) The type of assets that avail themselves to a project finance structure has led Standard & Poor's to conclude that defaults with ensuing restructurings, rather than liquidations, will likely be the norm for project finance transactions - experiencing stress." (Standard & Poor's 2002, S. 41)

Dadurch lässt sich auch die hohe durchschnittliche „Recovery Rate“[278] im Kontext von Projektfinanzierungskrediten im Default-Fall erklären. (Vgl. Standard & Poor's 2002, S. 44) Im Jahre 2002 wurde eine Untersuchung von Projektfinanzierungskrediten im Hinblick auf Ausfallwahrscheinlichkeit (Probability of Default (PD)) und Verlustquote (Loss Given Default (LGD)) von vier im Projektfinanzierungsbereich führenden Banken[279] durchgeführt. Die Studie entstand als Reaktion auf neue Regulierungsvorschläge des Basler Ausschuss für Bankenaufsicht in Bezug auf die Eigenkapitalunterlegung von Projektfinanzierungskrediten, wobei eine risikoreichere Einstufung von Projektfinanzierungen im Vergleich zu Unternehmensfinanzierungen unterstellt wur-

[277] „Debtholders use their legal rights to force management to provide information and to implement the resulting efficient liquidation decision." (Harris/Raviv 1990, S. 323)

[278] „Recovery Rate“ (Wiedereinbringungsquote) bezeichnet den Anteil des Fremdkapitals welcher im Default-Fall wieder eingebracht werden kann. Dieser stellt das Gegenstück zu Verlustquote dar, d.h. dem Anteil, der im Default-Fall verloren ist (1 = Recovery Rate + Verlustquote). (Vgl. Beale *u.a.* 2002, S. 6)

[279] ANB AMRO, Citibank, Deutsche Bank und Société Générale schlossen sich zu einem Konsortium zur Erweiterung der Datenbasis in Bezug auf Projektfinanzierungskredite zusammen. Die Ergebnisse der Studie wurden nicht vollständig veröffentlicht. Teilweise Auszüge und Ergebnisse der Studie finden sich in Esty (2004a, S. 471ff.) und in Beale *u.a.* (2002, S. 5ff.).

de. Bei einem Default in Projektfinanzierungen wurde in den meisten Fällen das gesamte Kreditvolumen im Restrukturierungsprozess wieder eingebracht, d.h., die Recovery Rate lag bei 100 Prozent. (Vgl. Beale *u.a.* 2002, S. 6; Esty 2004a, S. 475)

In diesem Sinne übernehmen Intermediäre insbesondere im Projektfinanzierungsbereich nicht nur die Rolle des „Delegated Monitors", sondern auch die Funktion des „Delegated Renegotiators". (Vgl. Becht *u.a.* 2003, S. 29; Bolton/Freixas 2000, S. 324)

Wie zuvor dargestellt ist die häufigste Verfahrensweise im Default-Ereignis bei Projektfinanzierung die Nachverhandlung der Kreditbedingungen, da die Liquidierung der Projektgesellschaft aufgrund der geringen Verwertbarkeit der Assets – im konkreten Kontext des spezifischen Umlaufvermögens – mangels Sekundärmärkten nicht gegeben ist. Damit sinkt die **Glaubwürdigkeit der Sanktion** (Credible Threat) durch Liquidation und verliert gleichzeitig an Anreizwirkung. Im Extremfall kann dadurch die vorsätzliche Herbeiführung eines Default zum Problem werden. Bolton/Scharfstein (1996, S. 2) unterscheiden zwischen „**Liquidity Default**" und "**Strategic Default**"[280]. Im Fall des Liquidity Default liegt Zahlungsunfähigkeit in Bezug auf die Fremdkapitalverbindlichkeiten vor. Er resultiert unter Bezugnahme auf die in der Ausarbeitung vorgenommene Unterscheidung der verursachenden Risiken (siehe Abschnitt 3.2.1) primär aus exogenen Risiken, d.h., dieser ist nicht unmittelbar durch das Verhalten des Kreditnehmers verursacht. Demgegenüber charakterisiert sich der Strategic Default als willentlich durch das Verhalten der Unternehmensführung herbeigeführtes Ereignis, beispielsweise durch den vorsätzlichen privaten Liquiditätsentzug durch Manager und/oder Eigentümer(-manager). "In the absence of default penalties, firms would always choose to default and creditors would be unwilling to lend. Debt contracts reduce the incentive for strategic defaults by giving creditors the right to liquidate the company's assets following a default. But the right to liquidate results in inefficiencies following liquidity defaults." (Bolton/Scharfstein 1996, S. 2) Das Problem entsteht jedoch letztlich aufgrund einer Informationsasymmetrie, d.h. unter der Annahme, dass der Kreditgeber den tatsächlichen Liquiditätsbestand sowie die Kapitalströme und somit den tatsächlichen Grund der Zahlungsschwierigkeiten nicht

---

[280] Bester (1994, S. 73) charakterisiert dieses Verhalten als „Cheating": „Knowing that there is a chance of debt forgiveness, the borrower may falsely claim that the debt exceeds the investment's return and that he is forced to default."

beobachten kann. Es handelt sich folglich um eine Ausprägung des Moral Hazards.[281] Ohne Informationsasymmetrie wäre das Verhalten beobachtbar und direkt sanktionierbar.

Im Kontext der Projektfinanzierung ist das Phänomen des strategischen Auslösens eines Default-Tatbestandes durchaus denkbar. Die Leistung abnehmenden und erbringenden Parteien im Supply Chain Netzwerk besitzen u.U. die Möglichkeit, Liquidität der Projektgesellschaft zu entziehen (z.B. durch Gestaltung der Abnahmepreise oder als Eigentümer). Das Projektfinanzierungsarrangement sichert sich jedoch durch verschiedene Instrumente gegen das skizzierte Problem ab:

- **Beobachtbarkeit erhöhen**: Die Kapitalströme und Zahlungsmittelbestände der Projektgesellschaft sind aufgrund des separierten Charakters wie bereits im Kontext der Überwachungsmechanismen (siehe Abschnitt 4.4.2.2) diskutiert sehr viel transparenter als im Unternehmensfinanzierungsbereich, wodurch der Liquiditätsentzug schnell offensichtlich und ex post überprüfbar wird.

- **Handlungsspielraum begrenzen**: Die Vertragsvereinbarungen mit den Projektbeteiligten bilden die Basis eines Cash Flow-Modells, welches als Grundlage zur Ermittlung des maximalen Verschuldungsgrades und der Finanzierungsmodalitäten herangezogen wird. Das leistungswirtschaftliche Vertragswerk kann i.d.R. nicht ohne Zustimmung der Fremdkapitalgeber geändert werden, sodass Abweichungen vom prognostizierten Cash Flow-Modell i.d.R. allenfalls ursächlich aus Leistungsmengenänderungen oder anderen Störungen im Supply Chain Netzwerk resultieren.

- **Verhandlungsposition stärken; Glaubwürdigkeit der Sanktionsmaßnahmen erhöhen; Interessensangleichung**: Die Vorteilhaftigkeit des Strategic Default und damit der Anreiz, diesen herbeizuführen, ist von der Höhe des privaten Vorteils durch den strategischen Default (kurzfristig realisierbar) und der

[281] Die beschriebene Form des Moral Hazard ist mit den in Abschnitt 3.2.1.2 charakterisierten Verhaltensrisiken im Kontext von relationalen, unvollständigen Verträgen vergleichbar. Dabei wird bewusst die Unvollständigkeit der Verträge genutzt und eine Nachverhandlungssituation von der Partei künstlich herbeigeführt, die eine bessere Verhandlungsposition besitzt.

Höhe der internalisierten Default-Kosten[282] der opportunistisch handelnden Partei abhängig. Die Default-Kosten resultieren aus der Nachverhandlung (z.B. höheren Kreditzinsen) oder der Liquidation (Verlust der Aktiva). Diese sind ohne weitere Vorkehrungen aufgrund der hohen Spezifität der Vermögensgegenstände und der damit verbundenen schlechten Verhandlungsposition[283] der Kreditgeber relativ gering. Die Forderung von externen Kreditsicherheiten (z.B. Leistungsabnahmegarantie[284]) ex ante als Mechanismus zur Erhöhung der Wahrscheinlichkeit[285] einer Liquidation im Default-Fall führt zu höheren erwarteten Defaultkosten für die Projektbeteiligten. Dadurch wird der Anreiz des strategischen Default gemildert.[286]

Im Projektfinanzierungsarrangement ist es möglich, bereits für den Fall des Default bestimmte Prozeduren zu vereinbaren. So ist denkbar, dass der Abnehmer der Projektleistung aufgrund seines originären Interesses ad interim die Führung des Projektes im Default-Fall übernimmt, um seine Versorgung aufrechtzuerhalten. Diese Vereinbarungen sind häufig auch mit Kompensationszahlungen der Projekt übernehmenden Partei verbunden. (Vgl. Yescombe 2002, S. 91ff.) Diese einer Kreditsicherheit vergleichbaren Vereinbarungen erhöhen die Glaubwürdigkeit der Liquidation als Sanktionsmechanismus und erhöhen die Default-Kosten einzelner Projektbeteiligter. Ein weiterer Faktor, der die Default-Kosten der einzelnen Projektbeteiligten, d.h. der Netzwerkakteure, beeinflusst, sind die ex ante getätigten spezifischen Investitionen.

---

282 In der Literatur findet sich häufig der Begriff der Insolvenzkosten. Der Begriff wurde in diesem Kontext nicht verwendet, da dieser den Insolvenztatbestand impliziert und dabei lediglich auf eine mögliche Konsequenz des Vertragsbruch (Default) abstellt. Der Begriff der Default-Kosten ist dabei allgemeiner und lässt auch die durch die Nachverhandlung resultierenden Kosten in die Betrachtung mit einfließen.

283 Die schlechte Verhandlungsposition resultiert aus der nicht glaubhaften Drohung durch Liquidation im Default-Fall. Ein geringer Liquidationswert reduziert die Glaubwürdigkeit der Drohung. Umgekehrt ist im Fall eines hohen Liquidationswerts die Anreizwirkung einer drohenden Liquidation sehr groß wie auch Repullo/Suarez (1998, S. 163f.) analysieren: „When liquidation values are large enough, a credible threat of liquidation leads the entrepreneur to choose first-best effort."

284 Garantien stellen externe Sicherheiten dar und zählen zu den Personensicherheiten. (Vgl. Schäfer 2002, S. 297; Drukarczyk 2003, S. 488) Eine ausführliche Betrachtung der verschiedensten im Projektfinanzierungsgeschäft üblichen Garantiearten liefern Nevitt/Fabozzi (2004, S. 299ff.) aus Anwendungsperspektive.

285 Durch die Besicherung mittels externer Sicherheiten wird das verwertbare Vermögen erweitert, wodurch die Glaubwürdigkeit der Liquidation erhöht wird. (Vgl. Bester 1994, S. 73)

286 Bester (1994, S. 73) argumentiert weiter, dass somit auch ineffiziente Insolvenzen im Fall des strategischen Defaults vermieden werden und letztlich die erwarteten Insolvenzkosten aufgrund der veränderten Anreizstruktur sinken.

Investitionen, die netzwerkspezifisch von Zulieferunternehmen, Abnehmern und Betreibern bereits in der vorgelagerten Entwicklungsphase und durch Netzwerkerrichtung (Setup-Kosten) getätigt wurden, haben teilweise Sunk Costs-Charakter, die nur über eine gewisse Mindestprojektlaufzeit armortisiert werden können. Im Default-Fall und der möglichen Folge der Liquidation sind diese unwiederbringlich versunken. Diese begründen daher ebenfalls Default-Kosten und stärken die Verhandlungsposition der Kreditgeber aufgrund des Interesses an der Projektfortführung der Netzwerkakteure.

Bei Projektfinanzierungen wird hinsichtlich des Zahlungsmittelzuflusses besonders auf die Modalitäten der Abnahmeverträge abgestellt. Die Insolvenz des Abnehmers ist daher ein schwerwiegendes Ereignis, welches bei spezifisch auf den Abnehmer abgestimmten Produkten und Leistungen die Fortführung grundsätzlich in Frage stellt.[287] Insbesondere im Untersuchungsfall von Supply Chain Netzwerken der Automobilindustrie stellt der Default von einzelnen Netzwerkmitgliedern ein besonderes Risiko für das gesamte Netzwerk dar, da nur eine geringe Substituierbarkeit gegeben ist, woraus hohe Switching Costs resultieren. In diesem Kontext sind die vorvertraglichen Analysen auch im Hinblick auf die finanzielle Stabilität (Bonität) der Projektbeteiligten von großer Bedeutung. Leistungserfüllungsgarantien von Dritten (insbesondere Hausbanken, die über weitreichende Informationen in Bezug auf die finanzielle Lage verfügen) können ein glaubhaftes Signal bilden, welches die Separation des gepoolten Marktes möglicher Projektpartizipanten ermöglicht.

Bei der Projektfinanzierung im Supply Chain Netzwerk kann ebenfalls zwar grundsätzlich eher von Restrukturierungen denn von Liquidationen im Fall des Default ausgegangen werden. Jedoch sind Vorkehrungen gegenüber Verhaltensunsicherheiten in Form des strategischen induzierten Vertragsbruchs (Default) notwendig. Im Kontext der Finanzierung von Umlaufvermögen ist der Eintritt des Leistung abnehmenden Unternehmens in Verbindung mit einer Abnahmegarantie oder einem Andienungsrecht in Bezug auf den bestehenden Lagerbestand eine Möglichkeit, die Verwertbarkeit der Vermögensgegenstände im Default-Fall aus Sicht der Kreditgeber

[287] Handelt es sich bei der von der Projektgesellschaft erbrachten Leistung um ein Commodity, z.B. Energie, so ist der resultierende Wertverlust des Projekts nur auf die zusätzlichen Aufwendungen beschränkt, eine Weiterführung ist jedoch grundsätzlich möglich. Die Argumentation lässt sich auch auf die Zulieferseite übertragen.

zu gewährleisten. Diese Art der Garantie wird jedoch aufgrund der damit verbundenen Risikoübernahme und möglichen bilanziellen Konsequenzen[288] auf Abnehmerseite nur selten explizit vertraglich zugestanden. (Vgl. Schäfer/Kuhnle 2006, S. 94; van Lier 2003, S. 77) Die Instrumente zum Informationsasymmetrieabbau und die Einschränkung des Handlungsspielraums werden mangels umfassender Garantiezusagen folglich bei der Finanzierung von Umlaufvermögen im Supply Chain Netzwerk der Automobilindustrie umso bedeutender.

4.4.3 Strukturelle Gestaltungsmerkmale der Projektfinanzierung und deren Anreizwirkung

Während zuvor prozessuale Instrumente, die über den Zeitraum eines Projektfinanzierungsarrangements kontinuierlich wirken, in ihrer Wirkungsweise und zugleich auch unter Verweis auf Rahmenfaktoren in ihrer Notwendigkeit erläutert wurden, wird nachfolgend auf im Projektverlauf strukturelle Elemente zur Gestaltung von Projektfinanzierungsarrangements abgestellt. Die Festlegung dieser als zentral erachteten Gestaltungsparameter ist nicht als statisch zu betrachten, sondern unterliegt auch diskreten Anpassungen im Zeitverlauf des Projekts. In Verbindung mit den prozessualen Elementen werden im Verlauf eines Projekts zwangsweise Anpassungen als notwendig erachtet und auch umgesetzt. Die strukturellen Elemente wirken dabei indirekt über die prozessualen Elemente oder bilden direkt Anreize und führen zu einer Interessensangleichung unter den Projektbeteiligten.

[288] Nach dem internationalen Rechnungslegungsstandard US-GAAP resultieren Garantiezusagen bereits in einem bilanziell genauer zu betrachtenden variablen Anteil („Variable Interests"), der im Falle der mehrheitlichen Risikoträgerschaft zu einer Konsolidierungspflicht der Zweckgesellschaft führen kann. (Vgl. Schäfer/Kuhnle 2006, S. 49ff.)

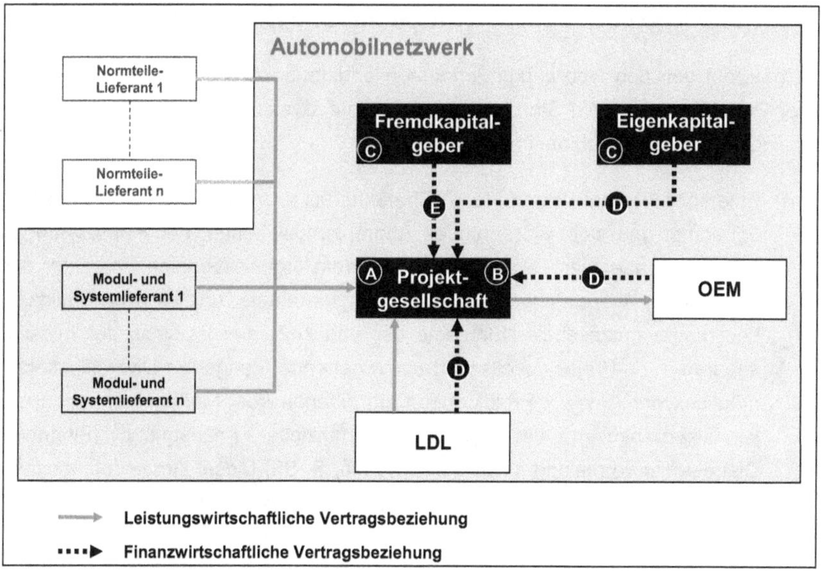

Abb. 23: Strukturelle Gestaltungsmerkmale

Unter Rückgriff auf den Untersuchungsfall (siehe Abb. 23) und die darin etablierten Projektfinanzierungsstrukuren werden nachfolgend fünf elementare Gestaltungsparameter im Projektfinanzierungsarrangement herangezogen und theoriegestützt die Wirkungsweise im Untersuchungskontext analysiert. In einem ersten Schritt werden der aus der Gründung einer Zweckgesellschaft resultierende „Stand-Alone"-Charakter als organisationales Element betrachtet (siehe (A) in Abb. 23; Kapitel 4.4.3.1). Daran anknüpfend wird die Rolle der Kapitalstruktur in der Projektgesellschaft, d.h. das Verhältnis von Eigen- zu Fremdkapital und deren Wirkung auf das leistungswirtschaftliche Supply Chain Netzwerk fokussiert (siehe (B) in Abb. 23; Kapitel 4.4.3.2.1). Ein weiterer Einflussfaktor ist in der Kapitalgeberkonzentration (siehe (C) in Abb. 23; Kapitel 4.4.3.2.2) zu sehen. Diese entwickelt im Netzwerk insofern indirekt eine Wirkung, als dass die Kapitalgeber in ihrem Verhalten und ihrer Rolle im Netzwerk beeinflusst werden. Darüber hinaus wird der Fragestellung, wer im Netzwerk die Rolle des Eigenkapitalgebers übernimmt und welche Problemlagen und Verhaltenswirkungen dabei auftreten (siehe (D) in Abb. 23; Kapitel 4.4.3.2.3), nachgegangen. Die explizite Gestaltung der Kapitalüberlassung zwischen den Fremdkapitalgebern und der Projektgesellschaft wird in Bezug auf verhaltenssteuernde Vertragsklauseln, sogenannte „Covenants", abschließend analysiert (siehe (E) in Abb. 23; Kapitel 4.4.3.2.4).

4.4.3.1 Organisationaler „Stand-Alone"-Charakter der Projektgesellschaft

Die getrennt von den Netzwerkunternehmen erfolgende Aufnahme des Projekts in einer Projektgesellschaft („Stand-Alone") kann auf zweierlei Weise betrachtet werden, wobei ein Zyklusproblem immanent ist.

a) Einerseits wird der „Stand-Alone"-Charakter als exogene Variable als gegeben betrachtet und stellt ein zentrales Abgrenzungskriterium der Finanzierungsform dar. Dabei werden ausgehend von dem organisationalen Charakter die besonderen Ausprägungen der Gestaltungsparameter und die Notwendigkeit bestimmter prozessualer Elemente begründet. Zentral ist dabei der mit der separaten Ein-Projektgesellschaft einhergehende Mangel an Diversifikationsmöglichkeiten, der auf Projektebene ein „intensiveres" Management der Projektrisiken bedingt, um Situationen finanzieller Anspannung (Financial Distress) zu vermeiden. (Vgl. Sorge 2004b, S. 96) Dieser Argumentationsansatz wurde bereits (siehe Kapitel 4.4.2.1 und Kapital 4.4.2.3) und wird auch nachfolgend aufgegriffen.

b) Ein weiterer Analyseansatz besteht in der grundlegenderen Betrachtung, die den „Stand-Alone"-Charakter als endogene respektive zu erklärende Variable betrachtet und dabei ihrerseits auf bestimmte Rahmenfaktoren zurückgreift. Dieser Argumentationslinie und der damit verbundenen Fragestellung, warum bestimmte Projekte getrennt von Unternehmen in einer separaten Gesellschaft etabliert werden sollten, soll im Folgenden nachgegangen werden.

Der Argumentationszyklus tritt bei dieser Betrachtung in sofern zutage, dass einerseits durch den „Stand-Alone"-Charakter bestimmte prozessuale und strukturelle Elemente und Maßnahmen begründet werden, andererseits gerade diese als Argumentation der Vorteilhaftigkeit von Projektfinanzierungsstrukturen im Allgemeinen fungieren. Dieser Zyklus wird in der folgenden Abbildung illustriert.

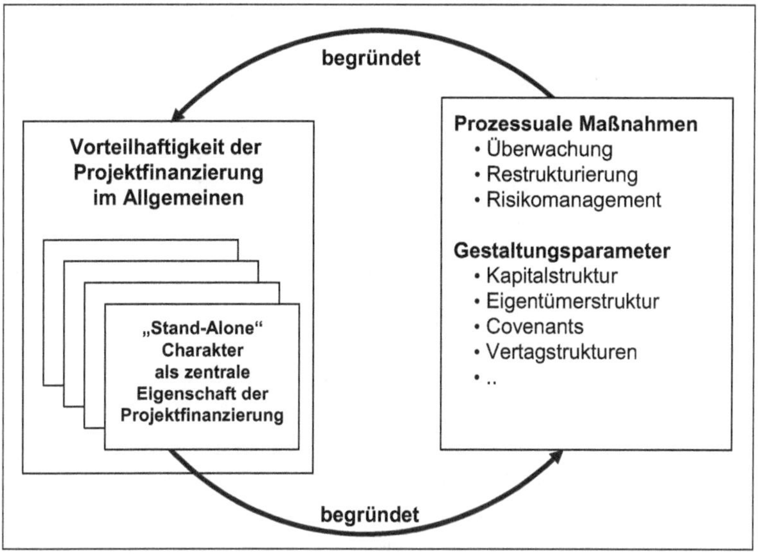

Abb. 24: Argumentationszyklus in Bezug auf den „Stand-Alone"-Charakter der Projektfinanzierung

In der Literatur finden sich verschiedene Ansätze zur Begründung der separierten Projektdurchführung, die überblickartig kurz dargestellt werden sollen. Die theoretischen Ansätze fokussieren bei der Finanzierung eines neuen Investitionsobjekts den Vergleich der gesellschaftsrechtlich separierten (Projektfinanzierung) und unternehmensintegrierten (klassischen Unternehmensfinanzierung) Projektdurchführung.

In den nachstehend beschriebenen, theoretischen Ansätzen wird deutlich, dass die Vorteilhaftigkeit der Projektfinanzierung immer auf spezifischen **Gestaltungsparametern** – entweder explizit modellendogen (Kapitalstruktur) oder implizit als Annahme – in Projektfinanzierungsstrukturen basiert. Diese werden in Verbindung mit exogenen Faktoren wie Steuern, Insolvenzkosten, dem Projektrisiko und Projektkorrelationen betrachtet. In den analysierten Modellen ist jedoch zwischen einer ausschließlich auf finanziellen Aspekten basierten Betrachtung (vgl. Leland 2007) und den Modellen, die eine Mischform finanzieller Effekte und operativer Effekte darstellen, zu unterscheiden. Bei der ausschließlich finanziellen Betrachtung resultiert aus der

Wahl der Organisationsform keine Änderung des operativen Cash Flows der Projekte, d.h., operativer Cash Flow(P1) + operativer Cash Flow(P2) = operativer Cash Flow (P1+P2).[289] Demgegenüber treten in Modellen unter Berücksichtigung von Informationsasymmetrien und den verbundenen Verhaltensrisiken durch die Wahl der Organisationsform operative Effekte, z.B. Verhaltenswirkungen, die sich in den Cash Flow-Strukturen niederschlagen auf, d.h., operativer Cash Flow(P1) + operativer Cash Flow(P2) ≠ operativer Cash Flow (P1+P2).

Shah/Thakor (1987) analysieren die Projektfinanzierung auf Basis eines Signalling-Modells der Kapitalstruktur unter Berücksichtigung asymmetrischer Informationen zwischen Fremd- und Eigenkapitalgebern und Steuern. Demnach ist es vorteilhaft Projekte, welche risikoreicher als das bestehende Unternehmen sind, separiert zu finanzieren, da durch die rechtlich selbstständige Finanzierungsform ein höherer Verschuldungsgrad und Projektwert resultiert.[290] John/John (1991) entwickeln ein Modell unter Berücksichtigung von durch Fremdkapital verursachten Unterinvestitionsanreizen aufgrund eines „Debt Overhang"[291] (vgl. Myers 1977) und damit verbundenen Agency-Kosten und der Steuerersparnis durch Fremdkapital. Die Projektfinanzierung ist dabei vorteilhaft, da projektspezifische Kapitalstrukturen den Unterinvestitionsanreiz mildern. Flannery *u.a.* (1993) analysieren in einem ähnlichen Kontext die Organisationsalternativen zwischen gemeinsamer und separierter Projektdurchführung unter Berücksichtigung von Steuern und dem Asset Substitution-Effekt (vgl.

---

[289] Diese Situation entspricht scheinbar der Wertadditivitätsannahme (vgl. Franke/Hax 2004, S. 324ff.). Die Ausführung bezieht sich jedoch in Anlehnung an Leland (2007, S. 766) auf die Unterscheidung operativer Synergien und finanzieller Synergien in den Cash Flows. Würde Wertadditivität angenommen, so würde die Irrelevanz der getrennten Projektdurchführung folgen. Leland zeigt dabei, dass finanzielle Synergien unter Berücksichtigung von Haftungsbeschränkung, Steuern und „Default Costs" entstehen und somit die Relevanz der getrennten Projektdurchführung resultiert. „Thus, although activity cash flows are additive, firm cash flows are subadditive. We term the loss in value that results from the loss of separate firm limited liability the 'LL effect.'" (Leland 2007, S. 768)

[290] Der Argumentation von Shah/Thakor ist implizit, dass Projektfinanzierung die Kosten der Informationsgewinnung minimiert. Diese Aussage ist insbesondere vor dem Hintergrund des in der Realität zu beobachtenden deutlich höheren Strukturierungsaufwand und der umfassenderen Projektanalysen zu bezweifeln. (Vgl. Esty 2003, S. 22)

[291] Ausstehendes risikobehaftetes (d.h. nicht besichertes) Fremdkapital führt zu Verzerrungen der Investitionsentscheidungen, da Teile des zusätzlich generierten Net Present Values (NPV) den bestehenden Fremdkapitalgebern zufließen. Auf das „Debt Overhang"-Problem wird an späterer Stelle noch dezidierter eingegangen.

Myers 1977). Vorteile der gemeinsamen Projektdurchführung, wie Steuerersparnis[292] und Diversifikationseffekt bei nicht perfekt korrelierten Projekt-Cash Flows sind mit den Nachteilen in Bezug auf den Asset Substitution-Effekt und dem Mangel der projektspezifisch etablierbaren Kapitalstruktur abzuwägen. Chemmanur/John (1996) analysieren die Vorteilhaftigkeit separierter Finanzierung mittels eines Modells symmetrischer Information unter Berücksichtigung so genannter „benefits of corporate control"[293]. Unter Annahme des Szenarios, dass bestehende Eigentümermanager zur Durchführung weiterer Projekte externes Kapital aufnehmen müssen, können diese zwischen externem Eigenkapital, was die Gefahr der Übernahme erhöht, oder externem Fremdkapital, was eine Reduktion der „Benefits of Corporate Control" bewirkt[294], wählen. Dabei zeigen sie eine Abhängigkeit der gewählten Organisationsform (Projektseparation/gemeinsame Projektdurchführung) von (1) der Unternehmensgröße (als Schutz vor einer Übernahme), (2) der Managementfähigkeit des bestehenden Eigentümerunternehmers (beeinflusst Stimmverhalten neuer Eigentümer) und (3) den existierenden „Control Benefits" und deren relativen Rückgang durch einen steigenden Verschuldungsgrad. Leland (2007) analysiert ebenfalls die Organisationsformen „Separation versus Merger" jedoch unter ausschließlicher Betrachtung finanzieller Synergien[295], die durch Steuersätze, Insolvenzkosten, die relative Größe von

---

[292] Der Vorteil der Steuerersparnis basiert auf der Annahme, dass beide Projekte nur für den Fall der gemeinsamen Projektdurchführung in einer Unternehmung im Hinblick auf die Steuerersparnis konsolidiert werden können und bei getrennter Projektdurchführung dies nicht möglich ist. Bei der separierten Projektdurchführung, mit gemeinsamen Eigenkapitalgebern (z.B. in Form einer Holding) ist die steuerrechtlich getrennte Behandlung nur bedingt gegeben, da diese von der länderspezifischen Steuergesetzgebung abhängen, so dass unter Umständen keine Unterschiede in der steuerlichen Belastung zwischen getrennter und gemeinsamer Projektdurchführung resultieren.

[293] Diese Vorteile entstehen nur dem Management von Projekten und können nicht durch Verträge übertragen werden. Beispiele für „Control Benefits" können so genannte „Management Perquisites", Synergien mit anderen durch dasselbe Management geführten Projekten oder Reputationssteigerungen durch erfolgreiches Management sein. Die „control benefits" sind dabei abhängig von der Art des zugrunde liegenden Projekts. (Vgl. Chemmanur/John 1996, S. 375)

[294] „(...) debt also reduces the expected value of management's control benefits, since it increases the probability of bankruptcy, involves restrictive covenants, and leads to monitoring by debtholders." (Chemmanur/John 1996, S. 375)

[295] Leland grenzt bewusst operationelle Synergien von finanziellen Synergien ab und legt den Untersuchungskontext auf Projekte fest, die keine operationellen Synergien aufweisen. Er begründet dies wie folgt: „Positive or negative operational synergies are often cited as a prime motivation for decisions that change the scope of the firm. A rich literature addresses the roles of economies of scope and scale, market power, incomplete contracting, property rights, and agency costs in determining the optimal boundaries of the firm. But operational synergies are difficult to identify in the case of asset securitization and structured finance." (Leland 2007, S. 765)

Projekten zueinander und dem Risiko und der Korrelation der Cash Flows determiniert werden. Der Vorteil der separierten Projektdurchführung besteht demnach in der Möglichkeit, eine projektspezifische Kapitalstruktur festzulegen. „Separate capital structures and separate limited liabilities may allow for greater leverage and financial benefits than when activities are merged with the resultant single capital structure.“ (Leland 2007, S. 766) Die theoretische Untersuchung basiert dabei ebenfalls auf einem Kapitalstrukturmodell unter Berücksichtigung von Steuern und Insolvenzkosten. Das Modell berücksichtigt keine asymmetrischen Informationsverteilungen. In einer komparativ-statischen Betrachtung nehmen die Vorteile der Projektfinanzierung demnach zu, wenn das Risiko (Volatilität) eines neuen Projekts größer wird. Der Vorteil resultiert aus der Haftungsbeschränkung aufgrund der separierten Projektdurchführung. (Vgl. Leland 2007, S. 799) Zudem ist die getrennte Projektdurchführung vorteilhaft, wenn ein großer Unterschied zwischen den Insolvenzkosten der Projekte besteht und die Korrelation der Cash Flows sehr hoch ist. (Vgl. Leland 2007, S. 795) Hervorzuheben in der Analyse von Leland ist der Nachweis, dass bei gemeinsamer Projektdurchführung negative finanzielle Synergien auftreten können, die im Umkehrschluss eine Begründung für die Projektfinanzierung liefern, da im Vergleich von getrennter und gemeinsamer Projektdurchführung die durchschnittliche Fremdkapitalkapazität getrennter Projekte höher sein kann als bei der gemeinsamen Projektdurchführung.

Die Wirkungsweise der Gestaltungsparameter (z.B. der Kapitalstruktur) in neoinstitutionenökonomischer Semantik wird in den theoretischen Modellen ausschließlich auf die Betrachtung der Finanzierungsparteien sowie das Management angewendet und auf in der Finanzierungsliteratur diskutierte Interessenkonflikte und deren Bewältigung im Projektfinanzierungsansatz abgestellt. Eine Betrachtung der verhaltensstabilisierenden Wirkung in Bezug auf weitere involvierte Projektparteien wurde bisher nicht berücksichtigt.

In der Projektfinanzierungsliteratur wird häufig auf das Argument der **Risikobegrenzung** als Vorteil dieser Finanzierungsform abgestellt (vgl. Yescombe 2002, S. 16; Wolf *u.a.* 2003, S. 67). Leland (2007, S. 768) diskutiert dieses Motiv unter dem Stichwort „LL Effect“ („Limited Liability Effect“). Dieser Effekt resultiert bei separierter Projektdurchführung unter der Annahme, dass ein Projekt eine Cash Flow-Verteilung besitzt, die auch negative operative Cash Flows umfasst. Die separierte Projektdurchführung besitzt somit eine schützende Wirkung, da die Eigentümer die Option (Put Option) besitzen, im Fall negativer Cash Flows durch ein Insolvenzverfahren das Projekt vorzeitig zu beenden („firm's owners can ‚walk away' from negative cash flows through the bankruptcy process“). (Leland 2007, S. 770) In der gemeinsamen

Projektdurchführung würden negative Cash Flows für den Fall nicht perfekt korrelierter Projekte wechselseitig kompensiert. Der „LL Effect“ ist zunächst unabhängig von der Kapitalstruktur und basiert auf dem Wert der „Haftungsbeschränkung“, der sich bei einer gegebenen Cash Flow-Verteilung aus den mit Wahrscheinlichkeiten gewichteten abgezinsten negativen operativen Cash Flows ergibt, die sozusagen „eliminiert“ werden. Die Betrachtung negativer operativer Cash Flows besitzt jedoch implizite Annahmen über den Projektcharakter, der sich in Bezug auf die operative Cash Flow-Verteilung durch eine breite Streuung (hohe Varianz) und/oder einen grundsätzlich geringen Erwartungswert kennzeichnet. Diese Annahmen stehen jedoch in einem Gegensatz zu den aufgrund der empirisch beobachtbaren Finanzierungsstrukturen entwickelten Annahmen, dass sich Projektfinanzierungen durch einen stabilen Cash Flow (geringe Varianz) und hohen Free Cash Flow (hoher Erwartungswert) kennzeichnen und somit hohe Fremdkapitalanteile aufweisen. Der „LL Effect“ und die damit assoziierte gesellschaftsrechtlich separierte Projektdurchführung mit „beschränkter Haftung“ wird daher nur als vordergründiges Argument betrachtet, welches möglicherweise vor dem Hintergrund von Venture Capital-Projekten eine bedeutendere Rolle spielt, jedoch in Projektfinanzierungsstrukturen, bei denen die Besicherung der hohen Kreditverbindlichkeiten nahezu ausschließlich auf dem zukünftigen Cash Flow erfolgt, einen geringen Erklärungsbeitrag liefert.

Ein bedeutendes Argument im Kontext der Rechtfertigung von Projektfinanzierungsstrukturen ist der Erhalt der **finanziellen Flexibilität**.[296] Insbesondere bei den Projektbeteiligten (Sponsoren), die im Fall der konventionellen Unternehmensfinanzierung mit der zusätzlichen Fremdkapitalaufnahme eine Verschlechterung der für Ratings maßgeblichen Bilanzrelationen akzeptieren müssten, stellt die rechtliche Eigenständigkeit ein besonderes Entscheidungskriterium dar.[297] (Vgl. Laux 1997, S. 844)

---

[296] Einer empirischen Erhebung von Graham/Harvey (2001, S. 187ff.) zu Folge, die auf einer Befragung von 392 „Chief Financial Officers“ (CFOs) basiert, ist der Erhalt der finanziellen Flexibilität eines der bedeutendsten Entscheidungskriterien für Finanzierungsentscheidungen aus Unternehmenssicht.

[297] Die Argumentation unterstellt hier, dass grundsätzlich der Off-Balance-Effekt als bilanzielle Wirkung der Projektfinanzierung erreicht werden kann. Insbesondere nach dem mit Projektgesellschaften in Verbindung gebrachten – wenngleich auf vorsätzlichem Missbrauch beruhenden – Enron-Skandal unterliegt die Bilanzierung von Projektgesellschaften strengeren Rechnungslegungsnormen, die eine vollständige Off-Balance Bilanzierung so genannter „Variable Interest Entities“ (VIEs) erschweren. (Vgl. Schäfer/Kuhnle 2006, S. 45)

Im Sinne des von Myers (1977) charakterisierten „Debt Overhang"-Problems führt eine hohe Fremdkapitalbelastung zu Unterinvestitionen im Unternehmensbereich, indem vorteilhafte Investitionen (positiver NPV) nicht realisiert werden, woraus Opportunitätskosten resultieren (vgl. Stein 2003, S. 116). Myers (2001, S. 97) vergleicht die Wechselwirkung zwischen bestehenden Fremdkapitalgebern und den zusätzlich für die Durchführung eines weiteren Projekts notwendigen Kapitalgebern mit einer zusätzlichen Steuer. Unter der Annahme, dass bereits aufgenommenes Fremdkapital grundsätzlich ausfallgefährdet ist („risky debt") und die zusätzliche Kapitalaufnahme in Bezug auf die existierenden Fremdkapitalansprüche nachrangig ist,[298] fließen Teile des durch neue Investitionsprojekte generierten Present Value den bestehenden Kreditgebern zu. Diese Wertsteigerung wirkt wie eine Steuer auf neue Investitionsprojekte, die dazu führt, dass vorteilhafte Projekte unterlassen werden.[299]

Dass durch die separierte Projektdurchführung das „Debt Overhang"-Problem beseitigt werden kann, stellt Laux (1997, S. 852) in Frage, da aus Sponsorensicht die bestehenden Fremdkapitalgeber des Sponsorunternehmens in gleicher Weise über den Kapitalrückfluss des Eigenkapitalanspruchs an dem Wert des neuen Projekts partizipieren. Dieser Argumentation von Laux kann insofern widersprochen werden, dass die neuen Kapitalgeber (Fremdkapitalgeber und ggfs. externe Eigenkapitalgeber) der Projektgesellschaft vorrangig an den Projektrückflüssen partizipieren und bestehende Fremdkapitalgeber des Sponsorunternehmens nur indirekt über die Eigenkapitalbeteiligung des Sponsors als Residualempfänger am Projekterfolg teilhaben. Dies bedeutet, dass das „Debt Overhang"-Problem durch die getrennte In-

---

298 „(...), particularly if this new investment is financed by issuing claims that are junior to the existing debt." (Stein 2003, S. 116) Die Argumentation basiert auf der Rangfolge unterschiedlicher Finanzierungstitel im Insolvenzfall. Einen Überblick über die Ausgestaltung von Finanzierungstiteln und deren Priorität liefert Tirole (2006, S. 75ff.).

299 Im Unternehmensfinanzierungsbereich stellt die Emission von durch Vermögensgegenstände besichertes Fremdkapital eine Alternative dar, die ebenfalls den Unterinvestitionsanreiz reduziert, da die Rückflüsse den neuen Kapitalgebern zufließen. (Vgl. Stulz/Johnson 1985, S. 515; Rajan/Winton 1995, S. 1135) Die Wirksamkeit diesbezüglich setzt jedoch einen ausreichend hohen Besicherungswert (abhängig von der Drittverwendungsmöglichkeit bzw. dem Liquidationserlös) voraus (vgl. Laux 1997, S. 847), der insbesondere bei Projektfinanzierungsstrukturen aufgrund der hohen Spezifität der Vermögensgegenstände nur beschränkt gegeben ist. Zudem wird durch die Aufnahme von besichertem Fremdkapital dennoch die Finanzierungskapazität der Unternehmens belastet, da auch in diesem Fall eine residualer Anspruch gegenüber dem gesamten Unternehmen besteht.

korporation in jedem Fall gemildert werden kann.[300] Aufgrund des beschränkten Rückgriffs partizipieren in umgekehrter Weise die neuen Kapitalgeber nicht von den existierenden Projekten im Sponsorunternehmen, wodurch gleichzeitig einem Werttransfer zulasten bestehender Kapitalgeber vorgebeugt wird. (Vgl. Berkovitch/Kim 1990, S. 2)

Ein im Kontext zur Finanzierungskapazität des Sponsors stehendes Argument betrachtet den Extremfall, in dem das Sponsorunternehmen bereits aufgrund der aktuellen Finanzierungssituation nicht in der Lage ist, weitere Projekte, die sich durch einen relativ zur Unternehmensgröße hohen Investitionsumfang kennzeichnen, auf konventionelle Weise zu finanzieren. Im betrachteten Anwendungskontext wird dieses Argument aus der Perspektive des Logistikdienstleisters relevant, da gerade durch das neue Wertschöpfungsmodell und den zusätzlich zu bewältigenden Finanzierungsbedarf die Finanzierungskapazität des Unternehmens überschritten wird und somit eine Umsetzung dieser arbeitsteiligen Strukturen nicht durchgeführt werden kann.

Der Umkehrschluss, dass die Projektfinanzierung lediglich bei limitierter **Finanzierungskapazität** zum Einsatz kommt und die Projektdurchführung überhaupt erst ermöglicht, wäre jedoch oberflächlich. Neben der Finanzierungskapazität als Rechtfertigungsgrund stellen gleichsam auch die **Finanzierungskosten** nur ein vordergründiges Argument dar. Insbesondere bei kapitalkräftigen Unternehmen, bei denen nicht zwingend die Notwendigkeit zur Projektfinanzierung aus Finanzierungsgründen gegeben ist, lässt sich die zunehmende Anwendung von Projektfinanzierungsstrukturen empirisch beobachten. (Vgl. Laux 1997, S. 840) Kapitalkräftige Großunternehmen würden unter Betrachtung ausschließlich dieser Kausalitäten keinen Grund sehen, Projektfinanzierungsstrukturen zu etablieren und als Initiator oder Sponsor aufzutreten.

Die formal-theoretischen Erklärungsmodelle, die in diesem Kapitel dargestellt und auf Übertragbarkeit in den Untersuchungskontext überprüft wurden, lassen offensichtlich werden, dass die Kausalitäten sehr stark abstrahiert sind. Die Argumentationen ba-

---

[300] Berkovitch/Kim (1990) analysieren die Wirkung von Fremdkapitalpriorisierungen im Hinblick auf das skizzierte Unterinvestitionsproblem und zeigen ebenfalls, dass die getrennte Projektdurchführung, die einer absoluten Vorrangigkeit der neuen Kapitalgeber gleichkommt, dieses Problem reduziert.

sieren auf dem Blickwinkel eines einzigen Unternehmens und der Entscheidungssituation im Hinblick auf die Durchführung eines neuen zusätzlichen Investitionsobjekts. Dabei wird dem realistischen Projektkontext, der sich durch eine hohe Verhaltensunsicherheit und Interdependenz zwischen einer Vielzahl von Projektbeteiligten kennzeichnet und auch in den klassischen Anwendungsgebieten der Projektfinanzierung gegeben ist, keine Rechnung getragen. Dem Argument der Risikobegrenzung durch die Auslagerung in einer separaten Projektgesellschaft kann nur beschränkt gefolgt werden, da sich Projektgesellschaften nicht als „Sammelbecken" für Risiken und hochvolatile Projekte eignen, sondern wie im Bezug auf das leistungswirtschaftliche Vertragsnetzwerk (siehe Kapitel 4.4.1) und die vorvertraglichen Strukturierungsprozesse (siehe Kapitel 4.4.2.1) diskutiert Risikoverteilung denn Risikoisolierung (-separierung) im Vordergrund steht. Finanzierungsrestriktionen einzelner Projektbeteiligter können wie im Untersuchungskontext beispielsweise beim Logistikdienstleister unterstellt Anstoß für die separierte Projektdurchführung sein, jedoch kein allgemeingültiges Kalkül für die Wahl von Projektfinanzierungsstrukturen liefern. Der „Stand-Alone"-Charakter der Projektfinanzierung ohne Berücksichtigung der prozessualen Elemente und Strukturelemente liefert folglich nur einen gerinen Erklärungsbeitrag. Die Gründung einer Zweckgesellschaft sollte demnach primär als konstituierendes Merkmal der Projektfinanzierungsstrukturen betrachtet werden, wodurch es möglich ist, projektspezifische Strukturen aufzubauen.

4.4.3.2 Strukturelemente auf der Finanzierungsebene der Projektgesellschaft

In den nachfolgenden Kapiteln werden Gestaltungsparameter vor dem Hintergrund der in der Praxis beobachtbaren typischen Projektfinanzierungsstrukturen in Verbindung mit theoretischen Argumentationsmustern der Unternehmensfinanzierung analysiert, um Aussagen über die Wirkungsweise allgemeiner Natur und im konkreten Anwendungskontext zu liefern.

4.4.3.2.1 Kapitalstruktur – Eigenkapital vs. Fremdkapital

Die Wahl der Kapitalstruktur bildet ein vielbetrachtetes Forschungsobjekt in der allgemeinen Coporate Finance Theorie (vgl. Myers 2001; Harris/Raviv 1991; Titman 1984; Rajan/Zingales 1995). Im Hinblick auf den Einsatz der Projektfinanzierung zur Umlaufvermögensfinanzierung im Automobilnetzwerk sollen nachfolgend die theoretischen Erklärungsansätze dieses Theoriefeldes ausgehend von finanziellen Optimierungsansätzen (Steuerwirkungen und Kosten finanzieller Anspannung) und schwerpunktmäßig die neo-institutionenökonomischen Argumentationsmuster analysiert werden. Dabei steht im Fordergrund, inwiefern die theoretische Anreizwirkung durch die Kapitalstruktur der Projektgesellschaft im Netzwerkkontext eine Wirkung entfaltet.

Die Dichotomie in der angestrebten Betrachtung von Eigenkapital und Fremdkapital als Finanzierungstitel ist unstrittig stark abstrahiert von den in der Realität beobachtbaren Ausgestaltungen von Finanzierungstiteln[301] und den existenten Hybridformen (z.B. Mezzanine). (Vgl. Tirole 2006, S. 76) In der Finanzierungstheorie ist jedoch eine grundlegende abstrakte Betrachtungsweise durchaus zweckmäßig, um die Bedeutung der Finanzierungspolitik – der unternehmensstrategisch angestrebten Finanzierungsstruktur – im Hinblick auf die Auswirkungen im Unternehmensbereich wie auch über Unternehmensgrenzen hinweg zu analysieren, wobei die detaillierte Ausgestaltung und Charakteristika der Finanzierungstitel in Verbindungen mit den Entscheidungsrechten nicht endogen betrachtet, sondern als exogen angenommen wird. (Vgl. Harris/Raviv 1991, S. 299)

In Bezug auf Kapitalstrukturoptimierung werden ausgehend von der klassischen Finanzierungstheorie unterschiedliche Relaxierungen im Annahmeset integriert. Eine umfassende Studie, welche einen Überblick über die theoretischen Optimierungsansätze liefert, wurde von Harris/Raviv (1991) durchgeführt und verdeutlicht gleichzeitig die historische Entwicklung wie auch die empirische Evidenz verschiedenster Erklärungsmodelle. Ausgehend von der Irrelevanz der Kapitalstruktur nach Modigliani/Miller (1958) ist dabei die Erweiterung um die steuerlich Wirkung der Fremdkapitalfinanzierung intuitiv eingängig und findet auch im Investitionsbewertungsbereich als „Tax Shield" Anwendung. (Vgl. Modigliani/Miller 1963; Graham 2000; Graham 2003). Die Bedeutung der Steueroptimierung durch Wahl der Finanzierungsstruktur ist in der Unternehmenspraxis sicherlich ein nicht zu vernachlässigender Faktor, soll im

[301] Einen Überblick über die vielfältige Ausgestaltung von Fremd- und Beteiligungsfinanzierung liefern Breuer *u.a.* (2002b; 2002a) und Finnerty (2002).

Folgenden jedoch weniger ins Zentrum gerückt werden, da sie lediglich einen Einflussfaktor unter mehreren verkörpert.[302]

Die Berücksichtigung von **Kosten der finanziellen Anspannung** und **Insolvenzkosten**[303] (vgl. Andrade/Kaplan 1998; Opler/Titman 1993; Wruck 1990; Opler/Titman 1994), die auch von der Finanzierungspolitik beeinflusst werden und in Wechselwirkung mit den operativen Prozessen stehen, indem diese die Stabilität und Zuverlässigkeit als Wertschöpfungspartner in Netzwerk determinieren, wurde bereits ansatzweise in vorangegangen Argumentationen aufgegriffen[304] (siehe Abschnitt 4.4.2.3). Nachfolgende Abbildung verdeutlicht einzelne Komponenten der Kosten finanzieller Anspannung.

---

[302] Die Annahme von Steuereffekten als einzigen Optimierungsfaktor für die Kapitalstruktur würde, wie Myers (2001, S. 88) skizziert, zu einer absurden Unternehmensrealität führen: „Yet there is a near consensus, among both practitioners and economists, that there is a significant tax incentive for corporate borrowing. Therefore we should observe corporations borrowing to exploit interest tax shields. If there were no offsetting costs, they would attempt to shield as much taxable income as possible, and in equilibrium there would be no corporations paying taxes! This prediction is clearly wrong."

[303] Der Begriff Insolvenzkosten (Bankruptcy Costs) stellt in diesem Kontext eine Teilmenge der Kosten finanzieller Anspannung dar. Die Systematik stellt dabei auf die in Abschnitt 4.4.2.3 diskutierten Konsequenzen von „Default"-Ereignissen ab, wonach das juristisch formale Insolvenzverfahren lediglich eine Handlungsoption im Default-Fall darstellt und auch für die Situation finanzieller Anspannung im Allgemeinen die Möglichkeit der privaten Nachverhandlung gegeben ist.

[304] Die „Tradeoff Theory" integriert die Steuervorteile der Fremdkapitalfinanzierung mit den Nachteilen gestiegener Verschuldung und den damit verbundenen Kosten der finanziellen Anspannung. (Vgl. Myers 2001, S. 81)

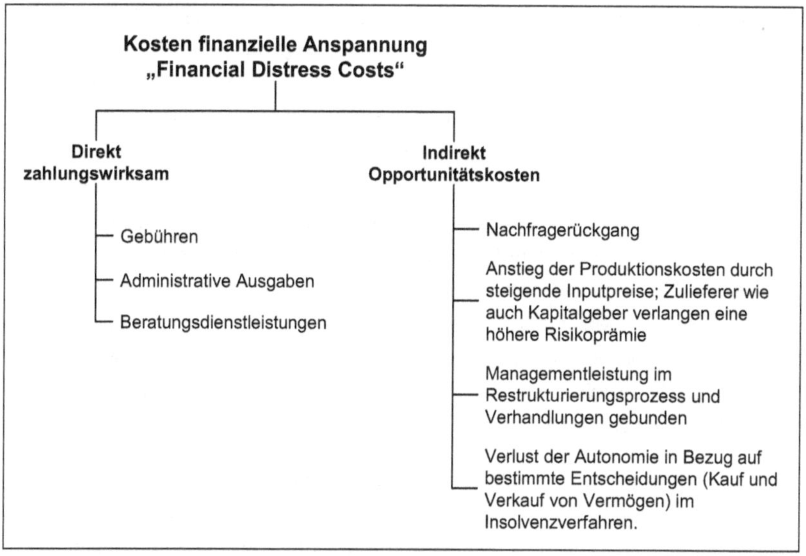

Abb. 25: Bestandteile Kosten finanzieller Anspannung (in Anlehnung an: Wruck 1990, S. 436)

Die Kosten finanzieller Anspannung besitzen dabei vor dem Hintergrund der engen Netzwerkbeziehungen weitreichendere Konsequenzen als bei einer Betrachtung, die ausschließlich auf das betroffene Unternehmen fokussiert. Insolvenzkosten und Kosten finanzieller Anspannung entstehen dabei im Netzwerkkontext bei allen Netzwerkunternehmen für den Fall, dass eines der Unternehmen sich in finanziellen Schwierigkeiten befindet. Der Ausstrahlungseffekt von Insolvenz und Liquiditätsengpässen ist im Netzwerk besonders ausgeprägt, da die Unternehmen spezifische Investitionen getätigt haben und eine geringe Substituierbarkeit vorliegt. Insbesondere in der Automobilindustrie wurde in jüngster Zeit am Beispiel der finanziellen Schieflage der Schefenacker AG offensichtlich, dass die Situation finanzieller Anspannung eines Lieferanten für den oder die Kunden von großer Bedeutung ist, da Produktionsausfälle und somit Störungen des jeweiligen Supply Chain Netzwerks im Insolvenzfall befürchtet werden. Die Einräumung von Mitsprache- und Informationsrechten der Kunden Volkswagen, DaimlerChrysler und Ford im Umschuldungsprozess des Unternehmens Schefenacker verdeutlicht die Wichtigkeit. (Vgl. Wihofski 2007, S. 8; Wihofski/Maier 2006, S. 8)

Die **erwarteten Kosten finanzieller Anspannung** sind in den Kapitalstrukturmodellen ein **fremdkapitallimitierender Einflussfaktor**, da mit zunehmender Verschuldung eine Zunahme der Wahrscheinlichkeit von Situationen finanzieller Anspannung und Insolvenz assoziiert wird. Der Erwartungswert bildet die mit der Eintrittswahrscheinlichkeit gewichteten Kosten der finanziellen Anspannung ab. Die absoluten Kosten finanzieller Anspannung sind dabei maßgeblich von den Charakteristika der Wertschöpfungsstrukturen abhängig wie Myers (1984, S. 581) argumentiert: „Specialized, intangible assets or growth opportunities are more likely to lose value in financial distress." Supply Chain Netzwerke kennzeichnen sich wie bereits mehrfach diskutiert durch eine hohe Spezifität der Leistungsbeziehungen und auch durch ein hohes Maß an intangiblen Vermögensgegenstände, z.B. „relational capital" in den engen Netzwerkbeziehungen. Es kann daher im Kontext der Netzwerkbeziehung von hohen absoluten Kosten finanzieller Anspannung ausgegangen werden, die durch einzelne Akteure und deren Situation ausgelöst werden. Die Eintrittswahrscheinlichkeit ist von der finanziellen Situation der einzelnen Akteure im Netzwerk abhängig und wird von dem „schwächsten Glied" bestimmt.

Die **zahlungsstromorientierte Optimierung** der Kapitalstruktur basiert im Wesentlichen auf dem Ansatz des „Financial Modelling", welcher auch im Kontext von Leveraged-Buyout-Aktivitäten als Hilfsmittel zu Ermittlung der maximalen Fremdkapitalkapazität herangezogen wird. Dieser Ansatz stellt letztlich eine Kapitalstrukturoptimierung unter Berücksichtigung von Steuereffekten und unter Vermeidung eines Insolvenztatbestandes (und damit verknüpften Kosten finanzieller Anspannung) dar. Entscheidende Input-Parameter in der Erstellung eines Cash Flow-Modells bilden die operativen Cash Flows, deren Saldo zur Deckung der finanziellen Zahlungsansprüche – explizit vertraglicher Natur (Zins- und Tilgungsleistung) oder impliziter Natur (erwartete Dividendenzahlungen) – der Kapitalgeber herangezogen werden kann. Die Schuldendienstfähigkeit (vgl. Werthschulte 2005, S. 43), die in von Fremdkapitalgebern geforderten Kennzahlen (z.B. Debt-Service-Coverage-Ratio[305], Loan-Life-Coverage-Ratio[306]) zum Ausdruck kommt und im gesamten Projektverlauf gewähr-

---

305 Die „Debt-Service-Coverage-Ratio" stellt den Cash Flow der Periode ins Verhältnis zum jeweiligen Schuldendienst (Zins- und Tilgungsleistung). Diese Kennzahl sollte in Abhängigkeit vom Risikogehalt zwischen 1,5 und 2 liegen, d.h. eine 50-100% Überdeckung des Schuldendienstes durch den Cash Flow widerspiegeln. (Vgl. Wolf *u.a.* 2003, S. 84)

306 Die Kennzahl „Loan-Life-Coverage-Ratio" bildet den Zeitraum von der Gegenwart bis zum Endpunkt der planmäßigen Rückzahlung des Kredits ab. Dabei wird der Barwert der prognostizierten Cash Flows in Verhältnis zum ausstehenden nominellen Kreditbetrag gesetzt. Auch bei dieser Kennzahl wird einen Überdeckung erwartet, die sich je nach Risikocharakter bestimmt. (Vgl. Wolf *u.a.* 2003, S. 84)

leistet sein muss, bestimmt die maximal mögliche Fremdkapitalaufnahme des Projekts, da bei nicht getätigter Zins- und Tilgungszahlungen ein „Default"-Ereignis eintritt und somit Kosten finanzieller Anspannung resultieren. Im Kontext der finanziellen Optimierung wir dabei teilweise ein Szenario-Ansatz mit einem Worst- und Best-Case herangezogen, aber auch Simulationsmodelle finden aufgrund informationstechnischer Möglichkeiten mehr und mehr Anwendung (vgl. Werthschulte 2005, S. 54ff.). Die unterstellte Stochastizität und gleichzeitige Exogenität der Modellfaktoren **vernachlässigt** dabei in der einseitig finanziellen Optimierung die durch die **Kapitalstrukturentscheidung** ausgelösten **Verhaltenseffekte**.

Die **Verhalten steuernde Wirkung der Kapitalstruktur** nach Vertragsabschluss, wird in der modernen Finanzierungstheorie im Hinblick auf zwei Konfliktbereiche analysiert. Zum einen wird der Interessenkonflikt zwischen den Eigenkapitalgebern und den Managern, zum anderen zwischen den Kapitalgebergruppen, d.h. Eigen- und Fremdkapitalgebern, thematisiert.[307] (Vgl. Harris/Raviv 1991, S. 300ff.; Hart 2001, S. 1081)

Der **Konfliktbereich** zwischen **Managern und Eigenkapitalgebern** begründet sich in deren Delegationsverhältnis. Die Trennung von Eigentum und Kontrolle (vgl. Jensen/Meckling 1976, S. 306) lässt den Konflikt entstehen, indem Manager nicht in vollem Ausmaß von ihren Anstrengungen profitieren und somit einen Anreiz besitzen, ihren privaten Nutzen durch verdeckte Handlungen zu erhöhen. Ohne die Etablierung von Anreizsystemen ist die individuelle Zielsetzung des Managements nur bedingt kongruent mit den Zielen der Eigentümer. Der Konflikt resultiert folglich aus unterschiedlichen bestehenden Interessenlagen, der Plastizität der delegierten Ressourcen und einem Mangel an Beobachtbarkeit, der sich dadurch manifestiert, dass der Eigentümer lediglich das Ergebnis nicht aber Teileinflüsse von exogenen Störgrößen und das Verhaltens des Managements beobachten kann.

---

[307] Eine umfassende auch mathematisch formale Darstellung der verhaltenssteuernden Wirkung der Kapitalstruktur findet sich bei Laux (1996). Dezidiert analysiert Laux in vielschichtigen Fallunterscheidungen die Wirkungsweise von Fremdkapital und Eigenkapital vor dem Hintergrund des Interessenskonflikts zwischen Investoren und Managern, die keinerlei Finanzierungstitel halten. Laux (1996, S. 170) stellt den Bezug zur hier primär herangezogenen finanziellen Agency-Literatur her und charakterisiert den dort oft behandelten Konflikt zwischen den verschieden Kapitalgebergruppen (Eigen- und Fremdkapitalgebern) als Lösung/Resultat des übergeordneten Problembereichs zwischen Investoren und Managern.

Dieser Konfliktbereich kann unterschiedliche Ausprägungen annehmen:

- **Private Benefits**[308]**:** Die Wahl eines geringeren Anstrengungsniveaus des Managements („Shirking") und persönliche Vergünstigungen des Managements, die sich im operativen Geschäftsbetrieb verschleiern lassen, z.B. die private Nutzung von Unternehmensressourcen („Perquisites"), stellen die Eigentümer schädigende Handlungen dar, die gleichzeitig den privaten Nutzen des Managements erhöhen. (Vgl. Jensen/Meckling 1976, S. 313; Bolton/Scharfstein 1996, S. 5; Fama 1980, S. 295)

- **Overinvestment („Empire Building")**: Unterstellt wird in diesem Zusammenhang, dass Manager dazu tendieren, große Unternehmen zu leiten, und somit den erwirtschafteten finanziellen Überschuss unabhängig von der Rentabilität der Projekte lediglich mit dem Motiv des Unternehmenswachstums investieren. Derartiges „Empire Building" umfasst teilweise auch die häufig als „Diversifikationsstrategien" titulierten Unternehmensakquisitionen. (Vgl. Jensen 1986, S. 324; Stein 2003, S. 119)

- **„Failure to Liquidate"**: Dieser Interessenkonflikt stellt auf das dauerhafte Interesse des Managements an der Fortführung des Unternehmens ab, auch für den Fall, dass eine Liquidation bzw. Restrukturierung für die Eigentümer vorteilhaft wäre. (Vgl. Harris/Raviv 1990, S. 321; Harris/Raviv 1991, S. 302)

Die **Intensität des Konflikts** basierend auf dem verfügbaren „Free Cash Flow" wird von Havey *u.a.* (2004, S. 5) bezugnehmend zu den unternehmerischen Vermögensgegenständen wie folgt argumentiert: „Assets in place generate cash flow that can lead to either overinvestment or the outright diversion of corporate funds." Die daraus abgeleitete Hypothese unterstellt folglich einen kausalen Zusammenhang zwischen der Höhe der Agency-Kosten und der Höhe von Vermögensgegenständen. Jensen (1986, S. 323) argumentiert dahingehend etwas dezidierter, wobei Bezug zu den Charakteristika der Vermögensgegenstände genommen wird: „Activities generating substantial economic rents or quasi rents are the types of activities that generate

[308] „Private Benefits" sind insofern als ineffizient zu charakterisieren, dass der Wert der privaten Vorteile für den Manager geringer ist als der Wertverlust der Eigentümer, d.h., dass ein Wohlfahrtsverlust („Dead-Weight Costs") mit dem Fehlverhalten des Managements verbunden ist. (Vgl. DeMarzo/Sannikov 2006, S. 2686; Tirole 2006, S. 114)

substantial amounts of free cash flow.“ Diese Aussage unterstreicht, dass insbesondere die **Spezifität** (siehe Abschnitt 3.2.3.4) der Vermögensgegenstände **indirekt** auch als **Treiber für Agency Konflikte** in Bezug auf den **Free Cash Flow** wirkt. Ein weiterer Faktor, der die Intensität und gleichsam auch die Steuerbarkeit von Interessenkonflikten im Hinblick auf die diskretionären Handlungen des Managements beeinflusst, stellt die Höhe der **Volatilität des Cash Flows** dar.[309] Stulz (1990, S. 16ff.) begründet die Kausalität damit, dass für den Fall stark schwankender Cash Flows im Fall extrem hoher Cash Flows das Problem der „Private Benefits“ verstärkt auftritt und bei Vorliegen extrem geringer Cash Flows wertsteigernde Investitionsmöglichkeiten nicht realisiert werden können.[310]

Im Hinblick auf die genannten Problembereiche wird in den agencytheoretischen Kapitalstrukturmodellen eine Milderung durch eine Erhöhung des Fremdkapitals erreicht. Die nachfolgende Tabelle (Tab. 7) gibt einen Überblick über grundlegende Modelle, die den Konfliktbereich zwischen Managern und Eigentümern betrachten und vielen Publikationen jüngeren Datums als Argumentationsgrundlage sowohl in formalen wie auch verbalen Ansätzen dienen.

---

309 Die Bedeutung des Vorliegens von exogenen Risikofaktoren für die Existenz des Moral Hazard-Risikos wurde in Abschnitt 3.2.2.2 und Abschnitt 3.2.3.1 diskutiert. Stulz (1990, S. 16) unterstellt in seiner Analyse die Exogenität des operativen Cash Flows.

310 Aus dieser Argumentation lässt sich auch die ökonomische Vorteilhaftigkeit von Risikomanagement und Diversifikation auf Unternehmensebene ableiten. (Vgl. Stulz 1990, S. 18)

Model	Konflikt	Vorteil durch Fremdkapital	Nachteil durch Fremdkapital
(Jensen/Meckling 1976; Jensen 1986)	**Private Benefits**: Perquisites und Shirking (Jensen/Meckling 1976) Overinvestment (Jensen 1986)	**Free Cash Flow** wird durch vertraglich fixierte Zahlungsansprüche durch Fremdkapital **reduziert** und ggfs. der Anteil des Managements am Eigenkapital erhöht.[311]	Mit der Erhöhung der Fremdkapitalfinanzierung verstärkt sich der Konflikt zwischen Eigen- und Fremdkapitalgebern; Der Anreiz zur **Asset Substitution** erhöht sich.
(Harris/Raviv 1990)	**Failure to Liquidate**	Durch hohen Fremdkapitalanteil wird frühzeitig die mit dem **Default-Ereignis** verbundene **Informationsgewinnung** angestoßen und eine effiziente Liquidation- vs. Reorganisationsentscheidung getroffen.	Durch den hohen Fremdkapitalanteil ist die Wahrscheinlichkeit höher, dass **Kosten** (**Informationsgewinnung**) aufgrund des **Kontrollwechsels** entstehen.
(Stulz 1990)	**Overinvestment**	Fremdkapital **reduziert** den verfügbaren **Free Cash Flow** und somit die Möglichkeit des Overinvestments.	Durch die Fremdkapitalaufnahme wird eine **suboptimale Investitionsstrategie** induziert, in dessen Folge wertsteigernde Investitionsprojekte nicht realisiert werden können (Debt Overhang).

Tab. 7: Agencytheoretische Kapitalstrukturmodelle des Manager-Eigentümer Konflikts (in Anlehnung an: Harris/Raviv 1991)

Die Modelle kennzeichnen sich in der Regel durch einen Trade-off-Ansatz, in dem Vorteile mit Nachteilen abgewogen werden und daraus die gesamtkostenminimale Kapitalstruktur abgeleitet werden kann. (Vgl. Hart 2001, S. 1091)

Durch den höheren Verschuldungsgrad resultieren auch unerwünschte Verhaltenseffekte (siehe Tab. 7), die im Projektfinanzierungsdesign durch andere Instrumente und Strukturen teilweise gemildert werden können. Aus einem **höheren Verschul-**

[311] Diese Kausalität beruht auf der Annahme, dass Manager bereits Anteile am Eigenkapital halten und durch die Substitution von externem Eigenkapital durch Fremdkapital sich der Anteil der Manager am Eigenkapital erhöht und im Idealfall hundert Prozent beträgt, wobei dann die Manager als Managereigentümer auch vollständig ihre Handlungen internalisieren und sich der Interessenkonflikt zwischen Eigentum und Kontrolle (Management) aufgrund der Zusammenführung der Interessen in einer Person aufhebt.

dungsgrad resultiert ein **Unterinvestitionsanreiz**, d.h., dass wertsteigernde (positiver NPV) Investitionsobjekte nicht realisiert werden. (Vgl. Stulz 1990, S. 4) Die Argumentation basiert dabei auf dem von Myers (1977, S. 149) skizzierten „Debt Overhang“-Problem, demnach Teile des Net Present Values des neuen Investitionsobjekts den bestehenden Fremdkapitalgebern zukommen. Durch den höheren Verschuldungsgrad wird daher eine nicht optimale Investitionspolitik induziert und es resultieren Opportunitätskosten aufgrund der unterlassenen Investitionsobjekte. In Bezug auf dieses Unterinvestitionsproblem wurde bereits in Kapitel 4.4.3.1 die Wirkung des "Stand-Alone“-Charakters der Projektfinanzierung als Instrument zur Begrenzung der Fremdkapitalansprüche auf das einzelne Investitionsobjekt analysiert. Zudem legt der Projektcharakter mit der begrenzten Projektlaufzeit (im Untersuchungsfall für die Dauer der Serienproduktion einer Baureihe) die Schlussfolgerung nahe, dass nur geringe Wachstumsoptionen im Projekt vorhanden sind bzw. im Sinne einer Szenarioplanung bereits ex ante als Flexibilität integriert werden. Im Untersuchungskontext würde dies in einer Produktionsmengenausweitung und dem damit verbundenen geplanten Anstieg des Umlaufvermögens zum Ausdruck kommen. Das „Debt Overhang“-Problem ist folglich innerhalb der Projektgesellschaft als weniger kritisch zu betrachten.

Ein weiterer Nachteil **erhöhter Verschuldung** besteht in der erhöhten **Wahrscheinlichkeit** der **Zahlungsunfähigkeit** des Unternehmens. Die mit dem Default-Ereignis ausgelösten Prozesse der Informationsgenerierung, um die optimale Entscheidung in Bezug auf Reorganisation vs. Liquidation zu ermöglichen, verursachen Kosten („Investigation Costs“). Die Wahrscheinlichkeit, dass diese Kosten anfallen, steht in einer positiven Kausalität mit dem Verschuldungsgrad. (Vgl. Harris/Raviv 1990, S. 323) Jedoch wird auch gerade die durch den Default-Mechanismus induzierte Informationsbereitstellung, die das Management im Default-Fall freiwillig vornimmt, um eine Liquidation zu vermeiden, als Vorteil der erhöhten Fremdkapitalstruktur betrachtet. (Vgl. Harris/Raviv 1990, S. 321)

Mit der zusätzlichen Fremdkapitalaufnahme verstärkt sich der **Konfliktbereich** zwischen den **Eigen- und Fremdkapitalgebern**. Ein Interessenkonflikt („Asset Substitution“) resultiert wie bereits skizziert (siehe Abschnitt 4.1.2) aus dem Call-Optionscharakter der Eigenkapitalbeteiligung und der damit korrespondierenden stärkeren Partizipation am Upside-Risk. Die Eigentümer besitzen aufgrund ihrer Residualansprüche und der damit verbundenen Entscheidungsrechte den diskretionären Handlungsspielraum, direkt oder indirekt (über den Einfluss auf das Management)[312] die Risikostruktur (Varianz) zu ihren Gunsten zu erhöhen. (Vgl. Smith/Warner 1979, S. S. 118)

Ein in der Ausarbeitung bisher nicht betrachteter **Konfliktbereich** zwischen Eigen- und Fremdkapitalgebern stellt die Festsetzung von **Dividendenauszahlung** dar, da die Höhe der Dividendenzahlungen letztlich von den Eigentümern festgelegt werden kann[313] und einen Mittelabfluss nach sich zieht. Indirekt wird mit der Dividendenpolitik die Fremdkapitalkapazität durch Reduktion der maximal möglichen Zins- und Tilgungsverpflichtungen eines Unternehmens beeinflusst. (Vgl. DeMarzo/Sannikov 2006, S. 2683) Der Mittelabfluss stellt zudem einen Wertverlust für bestehende Fremdkapitalansprüche dar, da im Extremfall die vollständige Liquidation aller Vermögensgegenstände und die Auszahlung über Dividenden an die Kapitalgeber denkbar und die Fremdkapitalansprüche in diesem Extremfall völlig wertlos wären. Die Vergabe und Bewertung von Fremdkapitaltiteln wird unter der Annahme einer gegebenen und stetigen Dividendenpolitik vorgenommen, nachträgliche Änderungen, d.h. Erhöhung der Dividendenzahlungen führen zu einer Abwertung der Fremdkapitalansprüche. (Vgl. Smith/Warner 1979, S. 118) In der Kontraktgestaltung mit den Fremdkapitalgebern sind zur Aufhebung dieses Interessenskonflikts die Aufnahme von Covenants möglich, die die Änderung der Dividendenpolitik beschränken (siehe Abschnitt 4.4.3.2.4).

Die skizzierten **Problembereiche** lassen sich grundsätzlich aus dem **allgemeinen Finanzierungsbereich** auf den **speziellen Projektfinanzierungsbereich** im Netz-

---

[312] In der Betrachtung des Konflikts zwischen den Eigen- und Fremdkapitalgebern wird unterstellt, dass das vorhandene Management im Interesse der Eigenkapitalgeber handelt und somit die Durchsetzbarkeit der Eigenkapitalgeberinteressen gegeben ist, d.h., der Konfliktbereich zwischen Eigenkapitalgebern und Managern, der zuvor beschrieben wurde, wird durch die entsprechende Annahme ausgeblendet.

[313] Die Höhe der Dividendenzahlung wird vom Management vorgeschlagen und von den Eigenkapitalgebern auf der Hauptversammlung beschlossen. Da das Management bei einer nicht angemessenen Dividendenzahlung den Jobverlust befürchtet, besitzt es einen Anreiz, die Dividendenerwartungen der Eigenkapitalgeber zu erfüllen.

werkkontext **übertragen**.[314] Dabei wird jedoch aufgrund der engen Beziehungen die Konstellation wesentlich komplexer.[315] Auf der Betrachtungsebene der Unternehmen können alle Beziehungen der Projektgesellschaft auf leistungswirtschaftlicher Ebene als Delegationsbeziehung aus Sicht der Kapitalgeber[316] betrachtet und die zuvor skizzierte Thematik des Eigentümer-Manager Konflikts übertragen werden. Die Betreibergesellschaft übernimmt das operative Management der Projektgesellschaft und besitzt daraufhin den größten Handlungsspielraum, aber auch andere leistungswirtschaftliche Akteure (Abnehmer, Lieferanten) können sich im Sinne der zuvor skizzierten Konflikte opportunistisch verhalten.

- „**Private Benefits**": Die Unternehmen im Netzwerk reduzieren unbeobachtet ihr Anstrengungsniveau in Bezug auf ihre komplementäre Leistung im Netzwerk oder nutzen die von der Projektgesellschaft zur Verfügung gestellte Leistung opportunistisch zur Generierung individueller Vorteile.
- „**Failure to Liquidate**": Einzelne Netzwerkakteure halten an der Aufrechterhaltung des Projekts (bzw. Projektnetzwerks) fest, obwohl sich die Rahmenbedingungen fundamental verändert haben und eine Beendigung optimal wäre.

In diesem Kontext kann die **Wahl der Kapitalstruktur indirekt** auch auf das gesamte Projektnetzwerk wirken:

a) Durch eine Erhöhung des Fremdkapitalanteils wird dem Netzwerk **Free Cash Flow entzogen**, so dass der opportunistische Handlungsspielraum (Moral Hazard) der Netzwerkunternehmen begrenzt wird.

b) Insofern eines oder mehrere der Netzwerkunternehmen auch Eigentümer der Projektgesellschaft sind, wird durch die Erhöhung des Fremdkapitalanteils ei-

---

[314] Die Betrachtung wird in diesem Kontext auf die existierenden Netzwerkakteure angepasst und eine aggregierte Betrachtung von Unternehmen als Akteure vorgenommen, wohl wissend, dass innerhalb der Unternehmen Delegationskonflikte existieren, von denen im Untersuchungskontext aus Gründen der Vereinfachung abstrahiert wird. Eine ähnliche Übertragung des Konfliktschemas wird auch von Laux (1997, S. 853) vorgenommen.

[315] Im Abschnitt 4.1.2 dieser Arbeit wurden die einzelnen Kapitalgeber der Netzwerkunternehmen als Anspruchsgruppe gegenüber dem gesamten Netzwerk charakterisiert. Im Folgenden wird diese Denkweise auf die Projektgesellschaft im speziellen übertragen.

[316] Diese charakterisieren sich nach Etablierung von Projektfinanzierungsstrukturen durch indirekte Beziehungen über die Projektgesellschaft.

ne **Interessensangleichung** vorgenommen, da diese in höherem Maße die Konsequenzen ihres Verhaltens internalisieren.[317] Die Rolle der Eigentümerstruktur wird im Abschnitt 4.4.3.2.3 dezidierter analysiert.

c) Auch wird durch die Wahl eines hohen Verschuldungsgrades dem Problem der **verzögerten Liquidation entgegengewirkt**, da im Fall der Projektfinanzierung bei kleinsten Störungen im Netzwerk die Projektfortführung einer kritischen Prüfung unterzogen wird und ggfs. die für den Default-Fall vorgesehenen Vereinbarungen (Verwertungsrechte und Kompensationszahlungen, siehe Abschnitt 4.4.2.3) bindend werden.

Wie dargestellt wird sich jedoch mit höherem Verschuldungsgrad der Konfliktbereich zwischen den Eigen- und Fremdkapitalgebern im Netzwerk verstärken. Dem Problembereich der Asset Substitution wird im Kontext der Projektfinanzierung Rechnung getragen, indem Handlungsspielräume vertraglich eingeschränkt werden. So können leistungswirtschaftliche Verträge nicht ohne Zustimmung der Fremdkapitalgeber der Projektgesellschaft verändert werden. Die Beschränkung der Handlungsspielräume kann wiederum auch durch die Etablierung von Covenants erfolgen (siehe Abschnitt 4.4.3.2.4).

In Bezug auf die **Auswirkungen** der **Kapitalstruktur** auf die **Wertschöpfungsbeziehungen** existiert in der Finanzierungstheorie ein großer Forschungsbedarf. Einzelne Beiträge fokussieren die Bedeutung für das **Wettbewerbsverhalten** (vgl. Hubert 1998) oder die Auswirkungen auf das **Verhalten** einzelner **Stakeholdergruppen,** in das Unternehmen zu investieren (Co-Investment), welches durch einen erhöhten Fremdkapitalanteil negativ beeinflusst wird (vgl. Frank/Goyal 2003, S. 9). Kontrovers dazu argumentieren Perotti/Spier (1993), dass durch einen erhöhten Verschuldungsgrad die **Verhandlungsposition gegenüber Stakeholdern** des Unternehmens **verbessert** wird. Durch die glaubhafte Androhung, dass es zu Unterinvestitionen kommt und somit die Zukunftsfähigkeit des Unternehmens und simultan auch die Stakeholderansprüche gefährdet sind, werden einzelne Stakeholder dazu bewegt, ihre Forderungen zu reduzieren (z.B. Mitarbeiter vertreten durch eine Ge-

---

[317] Die Argumentation folgt der von Jensen/Meckling (1976). Die Autoren unterstellen, dass externes Eigenkapital durch Fremdkapital ersetzt wird und somit der Eigenkapitalanteil der Managereigentümer erhöht wird.

werkschaft, die Lohnzurückhaltung üben, um die Existenz des Unternehmens und ihrer Ansprüche zu sichern).

Eine an die zuvor skizzierten Ausführungen von Perotti/Spier (1993) und Spiegel (1996) angelehnte Argumentation kann hier im Projektfinanzierungsbereich im Hinblick auf die Verhandlungsposition im Netzwerk entwickelt werden. Die Argumentation stützt sich dabei zentral auch auf den „Stand-Alone“-Charakter der Projektgesellschaft. Die Ausgangssituation ist wie in Kapitel 3.2.3 dargestellt durch wechselseitige, jedoch ungleichgewichtige Abhängigkeit in den leistungswirtschaftlichen Strukturen gekennzeichnet. Im Fall der Finanzierung spezifischer Vermögensgegenstände eines Netzwerkes über die Bilanz eines einzelnen Unternehmens (**klassische Unternehmensfinanzierung**) besitzt das finanzierende Unternehmen eine vergleichbar schlechte Verhandlungsposition (z.B. Finanzierung von Beständen durch den LDL) gegenüber den Netzwerkmitgliedern, da glaubhafte Sanktionsmechanismen fehlen. Es sieht sich folglich der Gefahr des Hold up ausgesetzt. Die vorzeitige Beendigung des Projekts als Drohung ist vor dem Hintergrund der geringen Verwertbarkeit und dem (Kollateral-) Schaden für das finanzierende Unternehmen wenig glaubhaft.

Spiegel (1996, S. 380) analysiert die Wirkung eines höheren Verschuldungsgrades in Lieferbeziehungen und zeigt dabei eine Verbesserung der Verhandlungsposition der Partei, die dem Hold up-Risiko durch den Abnehmer ausgesetzt ist. Die Begründung dieses Effekts beruht auf der beschränkten Haftung der Eigentümer. Durch die Reduktion des Eigenkapitals, welches letztlich den maximalen Verlust der Eigentümer abbildet, steigt die Glaubhaftigkeit der Drohung, die Wertschöpfungsbeziehung zu beenden, da die Eigenkapitalgeber bei der potenziellen Liquidation einen geringeren Verlust erleiden. Die Argumentation ist jedoch kritisch zu betrachten, da sie einige implizite Annahmen besitzt, die eine Übertragung in die ökonomische Realität der Unternehmensfinanzierung erschweren. Spiegel abstrahiert von den Kosten finanzieller Anspannung mit steigendem Verschuldungsgrad, die insbesondere vor dem Hintergrund des Multiprojekt-Charakters in der Unternehmensfinanzierung nicht zu vernachlässigen sind. Die Annahme ist in sofern zumindest im Kontext der Projektfinanzierung vertretbar, dass weniger „Kollateralschäden“ aufgrund des „Stand-Alone“-Charakters im Vergleich zur Unternehmensfinanzierung existieren. Eine weitere Annahme nennt Spiegel (1996, S. 381): „debtholder being silent partners“. Diese ist im Kontext der Projektfinanzierung nicht gegeben, jedoch für die Argumentation nicht zwingend notwendig. Spiegel baut auf der Annahme auf, dass die Eigenkapitalgeber glaubhaft mit Projektbeendigung drohen können. In Verbindung mit der Projektfinanzierung ist eher die Annahme nahe liegend, dass die Fremdkapitalgeber diese Drohung instrumentalisieren können. Durch die Separierung in einer eigenständigen

Projektgesellschaft können Default-Mechanismen glaubhaft gegenüber anderen Projektbeteiligten angedroht werden.[318]

Die Erhöhung des Verschuldungsgrades führt letztlich dazu, dass Default-Prozeduren und der damit verbundene Transfer der Kontrollrechte schon bei geringen Unregelmäßigkeiten ausgelöst werden und somit auch implizite Ansprüche der Projektlieferanten, -betreiber (LDL) und Abnehmer (OEM) gefährdet sind. Im Kontext von Projektfinanzierung im Supply Chain Netzwerk besteht die Anreizwirkung eines hohen Verschuldungsgrades für alle Projektbeteiligten und gilt aufgrund des „Standalone"-Charakters als intensiver im Vergleich zur klassischen Unternehmensfinanzierung, da die Kosten finanzieller Anspannung in der Projektgesellschaft lediglich auf das Projekt beschränkt sind und eine Projektbeendigung glaubhaft angedroht werden kann.

4.4.3.2.2 Kapitalgeberstruktur – konzentriert vs. gestreut

Nachdem bisher die Kapitalstruktur der Projektgesellschaft und die damit verbundenen Verhaltenswirkungen bei den Netzwerkakteuren analysiert wurden, wird nachfolgend die Rolle der Kapitalgeber (Fremd- und Eigenkapitalgeber) dezidiert betrachtet. Dabei werden deren Interessen und Anreize in Abhängigkeit zu der jeweiligen Kapitalgeberkonzentration untersucht und wiederum in den Untersuchungskontext überführt.

Die Struktur der Kapitalgeber kann sowohl bezüglich der Fremdkapitalgeber (vgl. Esty/Megginson 2003; Bolton/Scharfstein 1996) wie auch bei den Eigenkapitalgebern (vgl. Shleifer/Vishny 1986) betrachtet werden. Der Grad der Konzentration von Kapitalgebern wird dabei primär im Hinblick auf **Anreize zur Überwachung** nach Vertragsabschluss vorgenommen und stellt unter anderem auch implizit auf eine nicht perfekte Diversifikation konzentrierter Kapitalgebergruppen ab, die daher einen hohen Anreiz besitzen, aktives Monitoring in Bezug auf das Management des Unternehmens durchzuführen. "(...) because large creditors and large shareholders have a

[318] Entscheidend für die Glaubhaftigkeit ist der Rückgriff auf Garantieversprechen und spezielle Vereinbarungen, die die Verwertbarkeit im Fall der vorzeitigen Projektbeendigung sichern (siehe 4.4.2.3).

lot at risk, they will have incentives to monitor and control management." (Bolton/Scharfstein 1998, S. 101)

Konzentration der Eigenkapitalgeber

Im Kontext der Eigenkapitalgeber ist das Extrem von konzentrierten Eigenkapitalgebern der Situation von vollständig im Streubesitz befindlichen Eigenkapitaltiteln gegenüberzustellen. Die Eigenkapitalgeberstruktur ist in der Realität durchaus durch eine Dynamik gekennzeichnet. Insbesondere bei auf Sekundärmärkten gehandelten Eigenkapitalanteilen existiert die Möglichkeit, dass sich konzentrierte Kapitalgeberstrukturen durch Akkumulation von Anteilen bilden und wieder auflösen. Bolton/von Thadden (1998) fokussieren daher in ihrer Analyse einerseits **dauerhaft konzentrierte Kapitalgeberstrukturen** und andererseits **dynamisch flexible Kapitalgeberstrukturen** bei der Existenz von Sekundärmärkten.

Die Vorteile der Risikoteilung und Diversifikation auf Ebene der Anteilseigner sprechen für **atomistisch gestreute Eigenkapitalgeber**.[319] Im Fall atomistischer Shareholder resultiert jedoch das Problem der **„Collective Action"**. Selbst für den Fall, dass einzelne Eigentümer Informationen generieren, die die Einflussnahme auf das Management in gewisser Weise notwendig erscheinen lassen, ist eine kollektive Einflussnahme nicht herzustellen. In dieser Konstellation besitzt kein Anteilseigner ein Interesse, Überwachungsaktivitäten aufzunehmen, da er allein vollständig die Kosten trägt, der Nutzen dieser Aktivität jedoch allen Anteilseignern zugutekommt.[320] (Vgl. Megginson 1997, S. 45; Becht *u.a.* 2003, S. 4; Hart 1995, S. 683) Der Anreiz, Monitoring durchzuführen, ist von der Anteilsgröße abhängig. Unter der Annahme,

---

[319] Becht *u.a.* (2003, S. 17) nennen drei Gründe für gestreute Eigenkapitalgeberstrukturen: „First, and perhaps most importantly, individual investors' wealth may be small relative to the size of some investments. Second, even if a shareholder can take a large stake in a firm, he may want to diversify risk by investing less. A related third reason is investors' concern for liquidity: a large stake may be harder to sell in the secondary market."

[320] Das skizzierte Problem kann allgemein auch als Free-Rider-Problem (vgl. Grossman/Hart 1980) beschrieben werden. Dabei profitieren die Eigentümer, die keine Überwachungsaktivitäten selbst durchführen (Free-Rider), von den Aktivitäten der anderen Anteilseigner.

dass die Kosten der Monitoringaktivitäten fix[321] sind und der Nutzen positiv mit der Anteilsgröße korreliert ist, übersteigt mit zunehmendem Eigenkapitalanteil der Nutzen die Kosten der Monitorings. Daraus resultiert letztlich der Anreiz, Monitoringaktivitäten durchzuführen.

Demnach besitzen **große Eigenkapitalgeber** im Hinblick auf die operative Geschäftspolitik den Anreiz, diese zu überwachen, und gleichzeitig auch die Möglichkeit, Einfluss auf diese zu nehmen. Somit reduziert sich im Fall konzentrierter Kapitalgeber das Free-Rider-Problem. (Vgl. Denis/McConnell 2003, S. 21; Shleifer/Vishny 1986, S. 463; Shleifer/Vishny 1997, S. 754; Becht *u.a.* 2003, S. 24) Die Illiquidität der Eigenkapitalanteile bildet ebenfalls einen Anreiz für die Eigentümer, aktives Monitoring durchzuführen (siehe Kapitel 4.4.2.2). Eine Möglichkeit der schnellen Veräußerung von Anteilen reduziert den Anreiz, aktiven Einfluss auf das Management zu nehmen. Die Handelbarkeit von Eigenkapitaltiteln in Form von Aktien auf Sekundärmärkten und eine hohe Liquidität dieser Sekundärmärkte würden dazu führen, dass Kapitalgebergruppen die „Exit"-Variante, d.h. die Veräußerung der Anteile, bevorzugen, anstatt aktiv Einfluss auf das Management zu nehmen. Dieses Problem existiert auch bei konzentrierten Kapitalgebern für den Fall existierender liquider Sekundärmärkte, da diese umfassend Informationen generieren und anschließend im Handel auf dem Sekundärmarkt nutzen können. (Vgl. Kahn/Winton 1998, S. 102; Becht *u.a.* 2003, S. 28)

Die Situation dauerhaft **konzentrierter Kapitalgeberstrukturen** besitzt jedoch auch mögliche **Nachteile,** indem die Vorteile gestreuter Eigentümerstrukturen nicht genutzt werden können. Gestreute Eigentümerstrukturen (dynamisch flexible Eigentümerstrukturen) setzen die **Existenz von Sekundärmarkten** voraus. Durch konzentrierte Anteilseigner (Akkumulation von Anteilen) nimmt zwangsweise die Liquidität

---

[321] Die Argumentation an dieser Stelle impliziert diskrete Monitoringaktivitäten. Ähnliche Argumentationen zur Monitoring-Technologie finden sich bei Noe (2002, S. 294), Seward (1990, S. 356) oder Maug (1998, S. 70). Andere formale Modelle unterstellen komplexere Monitoringaktivitäten („Monitoring Technology"), indem die Monitoringkosten in Abhängigkeit von der Effektivität (Wahrscheinlichkeit der Wirksamkeit) der Monitoringaktivität verschiedene Kostenverläufe (meist convex) annehmen und somit eine kontinuierliche Betrachtung der Intensität der Monitoringaktivitäten möglich ist. (Vgl. Winton 1993, S. 491; Aghion/Tirole 1997, S. 23; Burkart *u.a.* 1997, S. 698)

auf den Sekundärmärkten[322] ab, wodurch die Vorteile des **Market Monitorings** (passives Monitoring; siehe Abschnitt 4.4.2.2) verringert werden. Im Fall börslich gehandelter Eigenkapitalanteile ist die Informationsqualität der Aktienkurse von der Liquidität des Sekundärmarktes abhängig.[323] Mit sinkender Informationsqualität der Aktienkurse wird folglich die **Anreizwirkung des Aktienkurses** für das Management reduziert. (Vgl. Holmstrom/Tirole 1993, S. 678) Diese resultiert in einem Modell von Holmstrom/Tirole (1993) einerseits indirekt über die Gefahr einer feindlichen Übernahme, die i.d.R. mit einem Managementwechsel und somit einem Jobverlust des bestehenden Managements verbunden ist. Andererseits kann auch eine direkte Anreizwirkung durch die an die Aktienkursperfomance gekoppelten Entlohnungsmodelle vorliegen.

Es stellt sich die Frage, warum die Vorteile des **Market Monitoring als Anreizinstrument** für das Management von Projektgesellschaften und auch die **Risikoteilung** und **bessere Diversifikation** der Eigentümer durch weit gestreute Eigentumsverhältnisse im Kontext von Projektfinanzierungen nicht genutzt werden.

Im Hinblick auf den Projektverlauf besitzen die Fremdkapitalgeber die Intention, die Sponsoren für einen gewissen Zeitraum an das Projekt zu binden. Der Eigenkapitalanteil fungiert dabei als Pfand. Im Kontext der Projektfinanzierung wird bewusst die Bildung unsystematischer Risiken **(Verhindern der vollständigen Diversifikation des Sponsors)** im Portfolio des Sponsors induziert, damit dieser einen möglichst großen Anreiz besitzt, Einfluss auf die Projektgesellschaft zu nehmen und Risikomanagement – auf exogene wie auch auf Verhaltensrisiken bezogen – zu betreiben. Der Rückkauf von Eigenkapitalanteilen und die Weiterveräußerung werden zumindest in kritischen Projektphasen (Anlaufphase und Teilen der Betriebsphase) durch die Fremdkapitalgeber unterbunden (vgl. Yescombe 2002, S. 280). Die Eigenkapital-

---

322 „(...) when a firm decides to set up a controlling block, it reduces the number of shareholders who can participate in the trading of the firm's stock and, therefore, it effectively reduces the market capitalization, and hence the liquidity, of its stock." (Bolton/von Thadden 1998, S. 3)

323 Die Argumentation basiert auf nachfolgendem Zusammenhang: Mit Zunahme der Liquidität vereinfacht sich die Möglichkeit für „informierte" Marktteilnehmer (Trader), Profit aus den durch Monitoring gewonnen privaten Informationen zu generieren. Folglich werden Trader mehr Zeit für Monitoring verwenden, was wiederum den Informationsgehalt der Aktienkurse erhöht. Dies wiederum gibt die Möglichkeit, effizientere Anreize für das Management zu bilden. (Vgl. Holmstrom/Tirole 1993, S. 680) Der Profit der Trader stellt in dem Modell gleichzeitig den Verlust der Liquiditätshändler dar. Diese wiederum antizipieren bei Kauf Ihrer Anteile die Verluste, was in einem geringeren Ausgabepreis der Aktien resultiert, wodurch letztlich die Kosten des „Market Monitoring" von den anfänglich konzentrierten Eigentümern (Insidern) getragen werden.

anteile kennzeichnen sich folglich durch eine hohe Illiquidität, die bewusst durch die Fremdkapitalgeber induziert wird.

Unter der Annahme der Existenz eines Sekundärmarktes existieren weitere Argumente, die die Vorteile gestreuter Kapitalgeberstrukturen reduzieren. Vorteile des „Market Monitoring“ implizieren, dass das Management neben dem Anreiz auch die Möglichkeit besitzt, den Wert der Eigenkapitalanteile zu steigern. Der **Handlungsspielraum** des Managements wird im Bereich der **Projektfinanzierung** jedoch **bewusst beschränkt**, sodass nur geringe bis keine Freiheitsgrade für das Management existieren, wertsteigernde Aktivitäten zu unternehmen.[324] Aufgrund der fixen Ansprüche (Flat Claim) der Fremdkapitalgeber, die nicht an Wertsteigerungen partizipieren, versuchen diese das Management dahingehend zu motivieren, primär das Downside-Risk zu managen und zu begrenzen, um den Wert der Fremdkapitalansprüche zu erhalten. Die Steigerung des Werts der Eigenkapitalanteile durch eine risikoreichere Geschäftspolitik zulasten der Fremdkapitalgeber (Asset Substitution-Problems) soll gerade vermieden werden. Der Wert des Market Monitorings wäre in dieser Konstellation aufgrund der nicht gegebenen Handlungsmöglichkeiten des Managements gering, da lediglich Kosten mit der Schaffung eines Sekundärmarktes verbunden wären.

Im Kontext von Projektfinanzierungsstrukturen wird deutlich, dass die Vorteile von konzentrierten Kapitalgeberstrukturen bewusst genutzt werden, um Wohlverhalten der Eigentümer zu induzieren und die Rolle des „aktiven Monitors“ zu stärken. Die Aufgabe von positiven Effekten gestreuter Kapitalgeberstrukturen in Form des Market Monitoring stellt nur vordergründig einen Nachteil dar, da implizierte Anreizeffekte in Bezug auf die wertsteigernden Handlungen des Managements durch die Projektfinanzierungsstruktur per se unterbunden werden.

Konzentration der Fremdkapitalgeber

Bezugnehmend auf den Konzentrationsgrad der Fremdkapitalgebergruppen sind ebenfalls zwei Extremformen der Kapitalbereitstellung zu kategorisieren. Zwischen

---

[324] Es soll nicht der Eindruck entstehen, dass die Projektfinanzierung einmal etabliert ein starres Konstrukt ist. Wie in Abschnitt 4.3 angedeutet können Handlungsflexibilitäten durchaus integriert werden. Die Entscheidungsbefugnis der Ausübung derartiger Realoptionen liegt jedoch nicht wie im Unternehmensfinanzierungsbereich üblich bei den Eigenkapitalgebern, sondern bedarf einer Zustimmung durch die Fremdkapitalgeber.

den Extrema einer auf einen Kreditgeber konzentrierten Kapitalbereitstellung (Private Debt) und den atomistisch gestreuten über Kapitalmärkte platzierten Fremdkapitaltiteln (Public Debt) existiert ein Kontinuum[325], da der gesamte Kapitalbedarf eines Unternehmens durch die beliebige Kombination unterschiedlichster Fremdkapitalgebergruppen gedeckt werden kann. In den Bereich des Private Debt fallen neben den klassischen Kreditbeziehungen mit einem Intermediär (Finanzdienstleister, Bank) auch direkte Kapitalbeziehungen mit institutionellen Investoren (z.B. Versicherungen oder Spezialfonds), die Fremdkapitalcharakter aufweisen. Zu der Kategorie Public Debt zählen dagegen öffentlich platzierte Finanzierungstitel wie Anleihen oder Notes, die sich durch eine hohe Zahl von Kapitalgeber kennzeichnen.[326] (Vgl. Tirole 2006, S. 85; Diamond 1994, S. 13; Stulz 1990, S. 5; Gorton/Winton 2003, S. 459)

Die Konzentration der Fremdkapitalgebergruppen wird in der Finanzierungstheorie in Bezug zu der aktiven Rolle der Kapitalgeber im Verlauf einer Finanzierungsbeziehung gesetzt und deren Einfluss auf die Effizienz der vorvertraglichen Projektanalysen, das Monitoring und die Restrukturierungsmaßnahmen im Default-Ereignis untersucht. Gleichzeitig werden Vorteile gestreuter Kapitalgebergruppen gegenübergestellt und somit die häufig in der Realität beobachtbare **Koexistenz** zu erklären versucht. (Vgl. Diamond 1994; Seward 1990; Bolton/Freixas 2000; Bolton/Scharfstein 1996; Rajan 1992)

Hinsichtlich der **vorvertraglichen Analysen**, die der Informationsgenerierung zur Beseitigung von Informationsasymmetrien dienen, existiert kein ausgeprägter Unter-

---

[325] In der Finanzierungsliteratur ist eine weitere sehr ähnliche Unterscheidung der beiden Kapitalgebergruppen vorzufinden. Rajan (1992) wie auch Repullo/Suarez (1998) unterscheiden zwischen „informierten“ und „uninformierten“ Kreditgebern, wobei Erstere die Kategorie des konzentrierten Kapitalgebers (Banken) und Letztere die Kategorie der gestreuten Kapitalgeber (Anleihehalter) umschreibt. Die Begriffe deuten jedoch gleichzeitig an, dass die Möglichkeit der Informationsgenerierung nur bei konzentrierten Kapitalgebern gegeben ist.

[326] Die Gleichsetzung von Public Debt mit „gestreuten“ Kapitalgebern und Private Debt mit konzentrierten Kapitalgebergruppen ist nicht trennscharf, da auf den Emissionsweg abgestellt wird. Diese Gleichsetzung ist in der jeweiligen Motivation des Emittenten begründet. Eine atomistisch gestreute Eigentümerstruktur ist ohne öffentliche Platzierung nicht zu erreichen, jedoch ist eine öffentliche Platzierung nicht immer einer gestreuten Eigentümerstruktur gleichzusetzen. Da im Bereich öffentlich emittierter und gehandelter Fremdkapitaltitel auch die Häufung von mehreren Titeln bei einzelnen Investoren nicht selten ist, wird eine Korrektur dahingehend vorgenommen, dass öffentlich gehandelte Anleihen, die lediglich im Besitzt von einem oder nur wenigen institutionellen Investoren sind, der Kategorie des Private Debt zugeordnet werden. (Vgl. Chen/Wei 1993, S. 221; Bolton/Scharfstein 1996, S. 4)

schied zwischen konzentrierten und gestreuten Fremdkapitalgebern. Zwar gilt im Fall von öffentlich gehandelten Anleihen der Anleihehalter häufig selbst als uninformiert im Vergleich zum institutionellen Investor oder dem Intermediär, da Letzterer direkt Informationen im Kreditprüfungsprozess generieren und zudem gestaltend in die Finanzierungskontrakte einwirken kann. Dieser offensichtliche Nachteil wird jedoch in dem Emissionsprozess durch Einbeziehung sogenannter Nicht-Banken, z.B. Rating-Agenturen, oder emissionsbegleitender Banken als „Underwriter“ gemildert, da diese aufgrund eines drohenden Reputationsverlustes oder durch Übernahme des Emissionsrisikos einen hohen Anreiz besitzen, sorgfältig Informationen zu generieren und in der Strukturierung mitzuwirken. (Vgl. Tirole 2006, S. 88) Im Kontext der Projektfinanzierung und der separierten Projektdurchführung kann der konzentrierte Fremdkapitalgeber glaubhaft versichern, dass dieser Monitoringaktivitäten etablieren und somit eine vorgetäuschte Projektqualität mit hoher Wahrscheinlichkeit aufdecken wird. Diese glaubhafte Drohung kann in der Wirkungsweise eines Selbstselektionsmechanismus im Rahmen der Projektfinanzierung die Aufnahme nicht tragfähiger Projekte vermindern. (Vgl. Harvey *u.a.* 2004, S. 18) Die Glaubhaftigkeit begründet sich in den beschränkten Rückgriffsrechten, dem Mangel an Diversifikation auf Unternehmensebene und der Sensitivität des ohnehin geringen Besicherungswertes der Vermögensgegenstände im Hinblick auf das Netzwerkverhalten (Verhaltensabhängigkeit). Durch die mit der Kapitalgeberkonzentration korrespondierenden größeren Kapitalanteile wird die Glaubhaftigkeit der vorvertraglichen Androhung (Commitment), Überwachungsaktivitäten zu etablieren, zusätzlich erhöht.

Im Hinblick auf die **Monitoringfunktion** des Intermediärs wird mit zunehmender Anzahl der Kapitalgeber das Free-Rider-Problem bedeutender (siehe Abschnitt 4.4.2.2). (Vgl. Diamond 1984, S. 394; Seward 1990, S. 366) Dem Anreiz des „Undermonitorings“ kann im Kontext der Fremdkapitalfinanzierung durch eine Reduktion der Kapitalgebergruppen begegnet werden. (Vgl. Esty/Megginson 2003, S. 53) Die Argumentation ist dabei analog zu der im Kontext der Eigenkapitalgeberkonzentration.

Einflussfaktor auf die Fremdkapitalgeberkonzentration stellt die **Komplexität** eventuell notwendiger **Nachverhandlungen** dar, die in konzentrierten Strukturen geringer ist und somit weniger Kosten verursacht. „(...) more concentrated borrowings are easier to renegotiate, and it is easier to negotiate with fewer groups.” (Wruck 1990, S. 428) Demnach sind bei einer hohen Wahrscheinlichkeit, dass Nachverhandlungen von Finanzierungsverträgen aufgrund finanzieller Schwierigkeiten (mit endogener oder exogener Ursache) notwendig werden, die konzentrierten Kapitalgeberstrukturen unabhängig vom Ergebnis der Nachverhandlung vorteilhaft.

Im Kontext der Projektfinanzierung ist die Reorganisation im Default-Fall aufgrund des häufig geringen Liquidationswerts[327] die primäre Verfahrensweise (siehe Abschnitt 4.4.2.3). Die häufig angestrebten Default-Prozeduren der Nachverhandlung und der Restrukturierung legen eine konzentrierte Fremdkapitalgeberstruktur nahe, da im Fall gestreuter (öffentlich platzierter) Fremdkapitaltitel ein Insolvenzverfahren kaum zu vermeiden ist.[328] Die Erwartung hinsichtlich der Häufigkeit von Default-Ereignissen in Verbindung mit der Reduktion von Kosten der Nachverhandlung und der Vermeidung von ineffizienten Projektliquidationen legen konzentrierte Kapitalgeberstrukturen in Bezug auf das Fremdkapital nahe.

Besitzen die Fremdkapitalgeber in eventuell notwendigen Nachverhandlungen eine schlechte Verhandlungsposition[329], so kann eine zu starke Konzentration der Kapitalgeber die Verhandlungskosten derart stark reduzieren, dass die Nachverhandlungssituation im Sinne eines „strategisch – vorsätzlich“ herbeigeführten Default-Ereignisses (Voluntary/Strategic Default) durch den Kreditnehmer opportunistisch ausgenutzt wird (Hold up). Zwar besitzt der Kapitalgeber grundsätzlich die Möglichkeit der Liquidation, die Vorteilhaftigkeit der Liquidation im Vergleich zur Reorganisation ist jedoch vom Liquidationswert, d.h. von der Drittverwendungsfähigkeit abhängig. Im Fall eines sehr geringen Liquidationswerts besitzt der Kreditnehmer daher eine für ihn vorteilhafte Verhandlungsposition, in der er die Fortführung des Projekts erlangen kann. (Vgl. Bolton/Scharfstein 1996, S. 15) Um dem vorzubeugen, können Kreditgeber ex ante die Verhandlungskosten durch Syndizierung des Kredits glaubwürdig erhöhen.[330] (Vgl. Esty/Megginson 2003, S. 38) Im Fall der Syndizierung sind

---

[327] Ein geringer Liquidationswert reduziert die Glaubwürdigkeit der Drohung einer Liquidation als Sanktionsmechanismus. Umgekehrt ist im Fall eines hohen Liquidationswerts die Anreizwirkung einer drohenden Liquidation sehr groß, wie auch Repullo/Suarez (1998, S. 163f.) analysieren: „When liquidation values are large enough, a credible threat of liquidation leads the entrepreneur to choose first-best effort.“

[328] Die Schwierigkeit der Nachverhandlung und die damit verbundenen höheren Kosten von „public debt“ wird auch bei Betrachtung der Konsequenzen des Default-Ereignisses deutlich: „Default on public debt will require the use of bankruptcy court, but default on bank debt need not.“ (Diamond 1994, S. 18)

[329] Die schlechte Verhandlungsposition kann wie in Abschnitt 4.4.2.3 dargestellt auch durch spezielle Vorkehrungen in der Projektfinanzierung verbessert werden.

[330] Eine weitere Möglichkeit, die Verhandlungsposition durch Stärkung der Glaubwürdigkeit einer Liquidation zu verbessern, besteht in der Kombination aus Bankkredit und öffentlich platzierten Anleihen. „(...) adding a passive uninformed lender allows a reduction in the funds contributed by the informed lender and hence restores the credibility of the threat.“ (Repullo/Suarez 1998, S. 164)

arrangierende Banken (Arrangeur, auch Konsortialführer) und Mittel bereitstellende Banken zu unterscheiden. Die zahlenmäßige Zunahme involvierter Fremdkapitalgeber im Fall notwendiger Nachverhandlungen erhöht die damit verbundenen Kosten und verringert das Verhaltensrisiko, dass Projektbeteiligte das Default-Ereignis vorsätzlich oder grob fahrlässig herbeiführen.

Bei Betrachtung der Fremdkapitalgeberkonzentration wurde deutlich, dass in Abhängigkeit von der **Verhandlungsposition** bei notwendigen Nachverhandlungen die zahlenmäßige Erhöhung der Kapitalgeber vorteilhaft sein kann. Sollte sich aufgrund der ex ante getroffenen Vorkehrungen, die letztlich den Liquidationswert erhöhen (z.B. Andienungsrechte im Fall vorzeitigen Projektabbruchs an den Abnehmer; siehe Abschnitt 4.4.2.3), ein gute Verhandlungsposition der Fremdkapitalgeber ableiten lassen, so ist eine hohe Konzentration (im Extrem lediglich ein Kapitalgeber) aufgrund geringerer Nachverhandlungskosten bei Technical Defaults vorteilhaft.

4.4.3.2.3 Eigentümerstruktur

Die Bedeutung der Eigentümerstruktur wurde in den bisherigen Ausführungen primär im Hinblick auf die **Risiko tragende Funktion des Eigenkapitals** und dem damit verbundenen **Anreiz** für Eigentümer, **aktives Monitoring** durchzuführen, betrachtet (siehe Abschnitt 4.4.3.2.2). Dabei wurde keine dezidierte Analyse der Rolle und der Interessen der Eigentümer in Bezug auf das zu finanzierende Projekt und der daraus existierenden Einflussmöglichkeiten auf das Projekt vorgenommen. Es wurde lediglich auf die expliziten, vertraglich geregelten Eigentumsrechte abgestellt und die Möglichkeit der korrektiven Einflussnahme als gegeben betrachtet. Im Nachfolgenden soll die **Eigentümerstruktur** in Verbindung zu den **leistungswirtschaftlich operativen Strukturen** (siehe Abschnitt 4.1.2) analysiert werden. Aufgrund der Komplexität der Beziehung wird lediglich ein Ausschnitt aus dem Projektnetzwerk betrachtet. Die Abbildung (Abb. 26) verdeutlicht den ausgewählten Abschnitt. Die Auswahl des OEM als strategischen Eigenkapitalgeber (Sponsor) ist zunächst beispielhaft und kann auch auf den LDL als Sponsor übertragen werden. Von der Möglichkeit, bereits in den leistungswirtschaftlichen Strukturen Anreizstrukturen zu etablieren, wird in diesem Kontext abstrahiert.

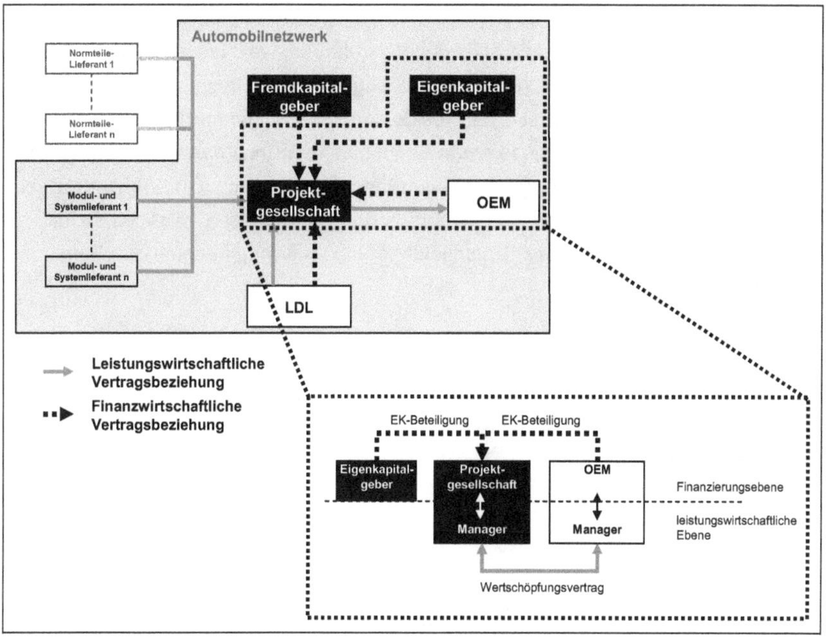

Abb. 26: Analyseauschnitt im Projektnetzwerk

Zur Analyse der Wirkungsweise von Eigentumsstrukturen ist eine Unterscheidung der mit Eigenkapitaltitel verbundenen Eigenschaften sinnvoll. Zwei Eigenschaften sind dabei von zentraler Bedeutung. Zum einen die **Risiko tragende Eigenschaft**, die sich aus den lediglich residualen Anspruchsrechten auf den erwirtschafteten finanziellen Überschuss ableitet, d.h., alle anderen Anspruchsgruppen werden zuvor bedient. Zum anderen sind mit den Eigenkapitaltiteln wie bereits zuvor in der Betrachtung unterstellt Eigentumsrechte, d.h. residuale **Entscheidungs- und Kontrollrechte** („Residual Rights of Control") verbunden. (Vgl. Grossman/Hart 1986, S. 692; Tirole 1999, S. 743)

Wie im Zusammenhang der Diskussion von Anreizen, Monitoring durchzuführen, bereits dargestellt (siehe Abschnitt 4.4.2.2) stehen die beiden Eigenschaften in Relation zueinander. Aus der Risiko tragenden Eigenschaft[331] begründet sich der Anreiz, aktives Monitoring der Geschäftstätigkeit durchzuführen, welches wiederum die Möglichkeit der Einflussnahme, sprich Entscheidungs- und Kontrollrechte, bedingt. Aufgrund der Risikoträgerschaft sind die residualen Entscheidungs- und Kontrollrechte der Eigentümer wertvoll, da diese einen Schutzmechanismus darstellen. Die **Allokation von konzentrierten Eigenkapitalanteilen** ist demnach ein **Instrument zur Anreizbildung** im Hinblick auf die **Überwachungsaktivitäten**, verbunden mit der Übertragung von schützenden Entscheidungs- und Kontrollrechten im Sinne der „Corporate Governance“.

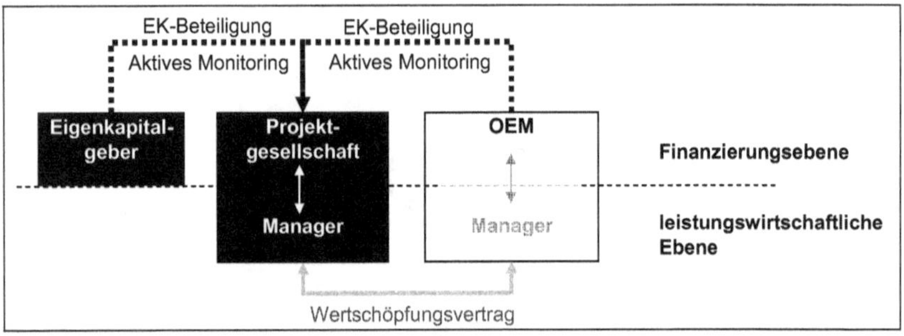

Abb. 27: Eigenkapitalbeteiligung als Anreiz zur Überwachung[332]

Abb. 27 visualisiert den beschriebenen Anreizmechanismus, welcher unabhängig von den leistungswirtschaftlichen Strukturen auch für Finanzinvestoren existiert. Dabei wird auch der Unterschied zu Finanzinvestoren, bei denen keine leistungswirtschaftliche Verbindung besteht, deutlich. Überwachungsobjekt sind einflussreiche Shareholder (Controlling Shareholder) und das Management, die in besonderem Maße über Möglichkeiten opportunistischen Verhaltens verfügen. Im skizzierten Projektnetzwerk ist wechselseitige Überwachung der Eigenkapitalgeber, die Control-

[331] Der Anreiz, aktives Monitoring durchzuführen, wird durch die Illiquidität der Eigenkapitaltitel verstärkt und beruht auch auf der impliziten Annahme, dass der Investor aufgrund des großvolumigen Anteils nicht perfekt diversifiziert ist.

[332] Die Überwachung der Projektgesellschaft und deren Management stehen hier im Vordergrund. Von dem naheliegenden Konflikt, dass der OEM die Überwachungsaufgabe möglicherweise an das Management delegiert und auch bei Finanzinvestoren aufgrund der Arbeitsteilung interne Delegationskonflikte entstehen, wird hier abstrahiert. Die Konflikte innerhalb von Finanzinvestoren, sofern diese selbst eine „Institution“ darstellen, d.h. nicht aus einer Einzelperson bestehen, identifiziert auch Hart (1995, S. 683f.).

ling Shareholder aufgrund der Anteilsgröße darstellen, weniger ausgeprägt, da im Projektdesign die mit dem Eigenkapital verbundenen Einwirkungsmöglichkeiten durch die Fremdkapitalgeber beschränkt werden.[333] Der Anreiz, Überwachung durchzuführen, ist jedoch in Bezug auf die leistungswirtschaftlichen Strukturen stärker ausgeprägt. Sieht sich der OEM potenziell opportunistischem Verhalten (Moral Hazard) der Projektgesellschaft und der leistungswirtschaftlichen Projektbeteiligten mit besonderem Einfluss auf die Projektleistung (LDL als Betreiber, Projektlieferanten) ausgesetzt, so resultiert ein zusätzlicher Anreiz, Kontrollrechte der Eigenkapitalbeteiligung wahrzunehmen. Eine Kontrolle wird durch die Kapitalbeteiligung in dieser Situation erleichtert.

Ein weiterer Wirkungsmechanismus, welcher sich mit der Risiko tragenden Eigenschaft des Eigenkapitals begründet, wird durch die Analyse der Risiken deutlich. Eigenkapital trägt in Anlehnung an die in dieser Ausarbeitung fokussierte Risikounterscheidung sowohl endogene Risiken (Verhaltensrisiken) als auch exogen stochastische Risiken (Zustandsrisiken). Durch die **Allokation von mit dem Eigenkapital verbundenen Risiken** besitzt der jeweilige **Eigenkapitalgeber** den **Anreiz, Risiken zu steuern,** die in seinem Einflussbereich liegen. Verhaltensrisiken, die von dem Eigenkapitalgeber selbst über die leistungswirtschaftlichen Beziehungen ausgehen, würden unterlassen, da dieser sich indirekt selbst schädigt.

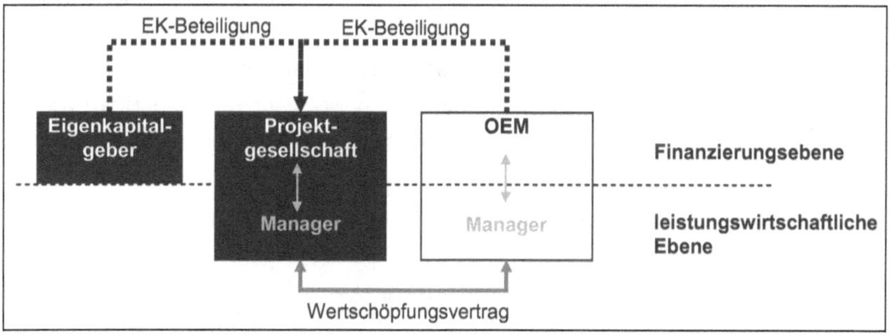

Abb. 28: Eigenkapitalbeteiligung bei Existenz leistungswirtschaftlicher Interdependenz[334]

[333] Die Ausgestaltung restriktiver Vertragsklauseln im Kreditvertrag wird im nachfolgenden Kapitel 4.4.3.2.4 ausführlich diskutiert.

[334] Von unternehmensinternen Konflikten zwischen den Eigentümern und Managern wird in dieser Argumentation abstrahiert.

In Abb. 28 werden die relevanten Strukturen deutlich. Insbesondere vor dem Hintergrund der **finanziellen Vernetzung** resultiert für den OEM ein Anreiz, das eigene Verhalten an den Interessen der Projektgesellschaft auszurichten oder auch netzwerkexogen begründete Risiken (z.B. Marktrisiken) durch Risikomanagement zu bewältigen, um dem Wertverlust des Eigenkapitalanteils vorzubeugen. Die Argumentation scheint intuitiv, ist jedoch nicht ganz vollständig, wenn man die Existenz weiterer Kapitalgeber berücksichtigt. Eine genauere Betrachtung der Situation des OEM ist notwendig. Diese wird zunächst im Hinblick auf **wertmindernde Aktivitäten** untersucht und anschließend unter Bezugnahme auf **wertsteigernde Aktivitäten** im Netzwerkinteresse diskutiert.

Wertmindernde Handlungen

Es wird angenommen, dass der OEM durch verdeckte Handlungen über die leistungswirtschaftlichen Beziehungen einen privaten Vorteil generieren kann. Die Möglichkeit, opportunistisches Verhalten auszuüben wird sogar durch die mit dem Eigenkapital verbunden Einwirkungsrechte vereinfacht.[335] Der generierte private Vorteil einzelner Shareholder ist mit dem Wertverlust ihres Eigenkapitalanteils zu vergleichen. Erst wenn der Wertverlust des Eigenkapitalanteils des OEMs größer als der über leistungswirtschaftliche Strukturen generierte Vorteil ist, besitzt dieser tatsächlich einen Anreiz, im Interesse des Projektgesellschaft – den institutionalisierten Netzwerkinteressen – zu handeln und opportunistisches Verhalten zu unterlassen. Ist der Eigenkapitalanteil des OEM kleiner als 100 Prozent, so sind unter den getroffenen Annahmen opportunistische Handlungen aus seiner Sicht vorteilhaft.[336] Selbst unter der Annahme, dass er zu 100 Prozent (d.h. vollständige Integration) an der Projektgesellschaft beteiligt ist, würde der Wertverlust der Eigenkapitaltitel lediglich

[335] Implizit wird dabei auf sogenannte „Controlling Shareholder“ abgestellt, die einen bedeutenden Einfluss auf das Management nehmen können. (Vgl. La Porta *u.a.* 2002, S. 1148; Maury/Pajuste 2005, S. 2) Diese Annahme ist nicht zwingend notwendig, da auch Minderheiten („Management-Affiliated Blockholders“) ihren besonderen Einfluss geltend machen und opportunistisches Verhalten des Managements in ihrem Sinne induzieren können. (Vgl. Bolton/von Thadden 1998, S. 3; Wruck 1989, S. 11)

[336] Die Bedeutung des Interessenkonflikts zwischen mehreren Eigentümern und möglichen opportunistischen Handlungen wird auch von Hart (1995, S. 683) charakterisiert: „(...) a large shareholder may use his (voting) power to improve his own position at the expense of other shareholders. For example, the large shareholder might persuade management to divert profit to himself, e.g. by selling goods to a company the shareholder owns at a low price or by buying goods from a company the shareholder owns at a high price.“

dem privaten Vorteil entsprechen.[337] Vor diesem Hintergrund wären sogenannte **„Joint Ownership“**-Strukturen zur Bewältigung des Moral Harzard Problems nicht zweckmäßig, sondern würden das Problem sogar verstärken. Durch die Risikoteilung internalisieren einzelne Eigentümer nicht mehr vollständig ihr mögliches opportunistisches Verhalten gegenüber dem Unternehmen, da diese am Wertverlust des Eigenkapitals nur ihrem Anteil entsprechend partizipieren. (Vgl. Wruck 1989, S. 24)

Diese Darstellung steht jedoch im Widerspruch zu den empirisch beobachtbaren Eigentümerstrukturen von Unternehmen und lässt daher eine Anpassung der Argumentation notwendig erscheinen. Die getroffenen Annahmen werden realitätsnah dahingehend erweitert, dass mit dem opportunistischen Verhalten auch Kosten verbunden sind (vgl. La Porta *u.a.* 2002, S. 1148; Maury/Pajuste 2005, S. 1816), die einen Wohlfahrtsverlust darstellen und damit opportunistisches Verhalten ineffizient werden lassen. Die Argumentation ist in sofern realistisch, als dass der verdeckte Transfer von Vermögenswerten, der in verschiedenen Formen[338] stattfinden kann, Kosten verursacht wie zum Beispiel die Errichtung von Scheinfirmen. Somit wird der private Vorteil unter den erweiterten Annahmen, den der OEM im Fall opportunistischer Handlungen erzielt, um die Kosten der verdeckten Handlungen verringert. Stellt man nun wiederum den um die Kosten opportunistischer Handlungen reduzierten privaten Vorteil dem anteiligen Wertverlust des Eigenkapitals gegenüber, so lässt sich ein Eigenkapitalanteil für den OEM bestimmen, ab dem der anteilige Wertverlust des Eigenkapitals größer als der private Vorteil abzüglich der Kosten der opportunistischen Handlungen ist. In dieser Situation existiert für den OEM folglich ein Anreiz, opportunistische Handlungen zu unterlassen, da diese durch die hohen Kosten aufgezehrt werden und den Wertverlust der Eigenkapitalbeteiligung nicht kompensieren. Der Schwellenwert, ab dem opportunistisches Verhalten unterlassen wird, in Bezug auf den Anteil des Eigenkapitals ist folglich von der Höhe der Kosten für opportunistisches Handeln abhängig. **Je höher die Kosten opportunistischen Handelns, desto geringer der kritische Eigenkapitalanteil.**[339] Äquivalent dazu gilt, je geringer

---

337 Die Argumentation ist hier vergleichbar dem Anreizeffekt von Jensen/Meckling (1976) für den Eigentümer-Manager.

338 Der Entzug von Vermögenswerten kann dabei unterschiedlichste Formen annehmen: „This diversion or tunneling can take the form of salary, transfer pricing, subsidized personal loans, non-armslength asset transactions, and, in some cases, outright theft.“ (La Porta *u.a.* 2002, S. 1150)

339 Die mathematisch formale Darstellung findet sich bei La Porta *u.a.* (2002, S. 1150f.).

der Eigenkapitalanteil einzelner Shareholder, desto höher müssen die Kosten opportunistischen Handelns sein, damit dieses unterlassen wird. Es ist folglich bei „Joint Ownership“-Strukturen sicherzustellen, dass die Kosten für opportunistisches Handeln hinreichend groß sind, damit die einzelnen Eigentümer keinen Anreiz besitzen, die leistungswirtschaftlichen Beziehungen opportunistisch auszunutzen. Die **Kosten opportunistischer Handlungen** sind von der **Intensität der Vorkehrungen** gegen derartiges Verhalten abhängig, zum Beispiel durch allgemein verbindliche aufsichtsrechtliche Regelungen oder auch individuelle Vorkehrungen und Monitoring. Während bisher der Anreiz, wertmindernde Aktivitäten (opportunistisches Verhalten) zu unterlassen, betrachtet wurde, soll im Folgenden die unterstellte Situation auch im Hinblick auf die Anreize von Eigentümern, **wertsteigernde Aktivitäten** zu unternehmen, analysiert werden.

Wertsteigernde Handlungen

Die nachfolgende Betrachtung ist analog zu den zuvor ausgeführten Argumentationslinien und knüpft an die Überlegungen zu konzentrierten Eigentümerstrukturen (siehe Abschnitt 4.4.3.2.2) an, welchen ein Free-Rider-Problem zugrunde liegt. Die zuvor skizzierte Situation wird dahingehend abgeändert, dass das über leistungswirtschaftliche Verträge in Verbindung stehende Unternehmen (der OEM) durch Wahl des Anstrengungsniveaus den Wert der Projektgesellschaft und damit den Eigenkapitalwert beeinflussen kann (z.B. durch eine aktive Absatzmarktbearbeitung). Ein Anreiz für den OEM, sich kooperativ zu verhalten, besteht dann, wenn mit der Steigerung des Anstrengungsniveaus die anteilige Wertsteigerung des Eigenkapitals (Grenzertrag) die damit einhergehenden Kosten übersteigt. Vor diesem Hintergrund wird der Anreiz des OEM, im Sinne der Projektgesellschaft sein Anstrengungsniveau zu erhöhen, mit steigendem Eigenkapitalanteil größer. D.h., dass das optimale Anstrengungsniveau des OEM mit steigendem Eigenkapitalanteil zunimmt, da der Rückfluss über den Eigenkapitalwert (Grenzertrag) größer wird und somit höhere Kosten der zusätzlichen Anstrengung (Grenzkosten) rechtfertigt. Die unterstellte Ertrags- und Kostenfunktion stellt die zentrale Einflussgröße auf das optimale Anstrengungsniveau dar und lässt sich in dieser Situation interpretieren. Die Ertragsfunktion spiegelt dabei den Einfluss des OEM auf den Eigenkapitalwert der Projektgesellschaft wieder. Je intensiver die Rückkopplung ist (z.B. aufgrund der Komplementarität der Leistungen oder im Dienstleistungskontext aufgrund des externen Faktors), desto besser kann die Eigenkapitalbeteiligung als Anreiz zur Erhöhung des Anstrengungsniveaus fungieren. Die Kostenfunktion hingegen ist Ausdruck der unternehmensindividuellen Kosten, die mit dem kooperativen Verhalten induziert werden. Existieren beispielsweise beim OEM sehr einfache Maßnahmen, die zu einer Wertsteigerung der Projektgesellschaft führen, so ließen sich diese mit einem flachen Kostenverlauf assoziieren. In dieser Konstellation besitzt die Eigenkapitalbeteiligung ebenfalls einen starken Anreiz für kooperatives Verhalten.

Die Ausführungen in Bezug auf den Eigenkapitalanteil des OEM an der Projektgesellschaft sind übertragbar. Die Anreizwirkungen bei leistungswirtschaftlich vernetzten Unternehmen (Lieferanten, LDL, OEM), die der Projektgesellschaft als zentrale Netzwerkinstitution Eigenkapital potenziell zur Verfügung stellen können, sind dabei individuell zu prüfen. Im Hinblick auf den Problembereich wertmindernder Aktivitäten sind aufgrund des Projektdesigns etablierte Kosten opportunistischer Handlungen zu betrachten. Der Anreiz zu wertsteigernden Aktivitäten wird maßgeblich durch den Kostenverlauf der Aktivitäten im Verhältnis zum Rückfluss über den Eigenkapitalanteil determiniert.

Die zuvor dargestellte Wirkungsweise fokussiert primär die Wirkung der Eigenkapitalbeteiligung im Hinblick auf „verdeckte Handlungen" und „Shirking". Dieses Problem resultiert durch Informationsasymmetrie aufgrund mangelnder Beobachtbarkeit der Handlungen in den Wertschöpfungsbeziehungen. Ein weiteres Problem, welches in Supply Chain Netzwerken immanent ist und durch unvollständige Verträge und damit notwendig werdende Nachverhandlungen entsteht, ist das Risiko des Hold up.[340] Die Fragestellung, inwiefern Eigenkapital, genauer die damit verbundenen Eigentumsrechte (Property-Rights), dieses Problem eliminiert, steht in enger Verbindung mit theoretischen Ansätzen zur vertikalen Integration, die sich der Theorie unvollständiger Verträge bedienen. (Vgl. Grossman/Hart 1986; Hart/Moore 1990; Aghion/Tirole 1994) Bemerkenswert ist, dass in diesen theoretischen Ansätzen entweder die vollständige vertikale Integration als optimale Eigentumsstruktur oder die Nichtintegration resultiert. Hintergrund ist der größere Anreiz für ein Unternehmen, spezifische Investitionen vor Vertragsbeginn zu tätigen, wenn dieses die Eigentumsrechte und die damit verbundenen residualen Entscheidungsrechte in notwendigen Nachver-

---

[340] Zur Minderung des Hold up-Problems sind einerseits die Verwendung langfristiger Verträge und die vertikale Integration mögliche Lösungsansätze. (Vgl. Joskow 1985, S. 33) Die vertikale Integration als Lösungsweg stellt auf die mit dem Eigentum verbundenen Entscheidungs- und Kontrollrechte ab. Die Bedeutung langfristiger Verträge ist in der Projektfinanzierung unbestritten. Im Kontext von dynamischen Wertschöpfungsbeziehungen ist jedoch eine häufige Adaption an neue Umweltzustände notwendig, die in Bezug auf ein extrem unflexibles Kontraktdesign mit Wertschöpfungspartnern höhere Kosten durch Anpassungen erzeugen und somit Anreizbildung durch Eigentumsstrukturen u.U. vorteilhaft werden lassen. (Vgl. Joskow 2005, S. 326)

handlungen ex post besitzt. In der Wertschöpfungsbeziehung ist daher die Eigentumsstruktur derart zu gestalten, dass die Partei die Eigentumsrechte erhält, deren spezifische Investitionen ex ante von größerer Bedeutung für die Leistungsbeziehung sind und damit zu einer höheren zu verteilenden Rente führen. Für den Fall, dass die spezifischen Investitionen zweier Unternehmen ähnlich bedeutsam sind, ist Nichtintegration vorteilhaft. (Vgl. Schmitz 2001, S. 11; Grossman/Hart 1986, S. 708; Bolton/Dewatripont 2005, S. 500) Über die Wirkungsweise von Eigentumsstrukturen, die eine Zwischenform darstellen, d.h. in Form der Kapitalbeteiligung, die einer teilweisen Integration gleichkommt, lassen sich aus diesem Ansatz kaum Rückschlüsse ziehen. Vielmehr werden diese in dem Property-Rights-Ansatz stets als ineffizient (vgl. Aghion/Bolton 1992, S. 486; Bolton/Dewatripont 2005, S. 515) oder irrelevant charakterisiert, da sie keine Auswirkungen auf die Verhandlungssituation ex post besitzen und somit keine Änderungen des Anreizes für spezifische Investitionen bewirken (vgl. Aghion/Tirole 1994, S. 1193). Insgesamt gelten Eigenkapitalbeteiligungen als kaum theoretisch erforscht.[341] (Vgl. Fee *u.a.* 2006, S. 1217; Allen/Phillips 2000, S. 2794) Nur wenige theoretische Beiträge betrachten Kapitalbeteiligungen (als Form einer partiellen Integration) und „Joint Ownership"-Strukturen vor dem Hintergrund potenzieller Hold up-Probleme in Wertschöpfungsbeziehungen. Empirische Untersuchungen[342] von in Wertschöpfungsbeziehung stehenden Unternehmen lassen jedoch gerade die Vermutung zu, dass Eigenkapitalbeteiligungen in einem Zusammenhang mit dem Hold up-Problem stehen, dieses mildern und folglich Anreize für spezifische Investitionen induzieren. (Vgl. Morita 2001, S. 346) Deutlich wird dies z.B. an japanischen Keiretsu Strukturen auch in der Automobilindustrie, die sich regelmäßig durch Kapitalbeteiligungen der Endprodukthersteller an den Netzwerkunternehmen kennzeichnen und ein hohes Maß an herstellerspezifischen Investitionen durch die Zulieferunternehmen erkennen lassen. (Vgl. Gedajlovic *u.a.* 2005, S. 9; Berglöf/Perotti 1994, S. 259) Wenn auch verallgemeinerbare dezidierte Erklärungs-

---

[341] Diese Forschungslücke erkennen auch Dasgupta/Tao (2000, S. 609): „Despite the prevalence of 'partial ownership' (or partial integration), there is surprisingly little theoretical work on this phenomenon."

[342] Eine sehr aktuelle Untersuchung von Fee *u.a.* (2006) analysiert über 10.000 Zulieferbeziehungen im Hinblick auf Kapitalbeteiligungen. Dabei wurde aufgrund der Größenunterschiede zwischen Zulieferer und Abnehmer nahezu keine Beteiligung der Lieferanten an den Kunden identifiziert. Auf den gesamten Stichprobenumfang bezogen lag jedoch auch der Anteil von EK-Beteiligungen durch Kunden an ihren Lieferanten nur bei 3,31%. Die Häufigkeit variierte jedoch in Subsamples, dabei wurde insbesondere in F&E-Beziehungen die Kapitalverflechtung beobachtet.

modelle für Eigenkapitalbeteiligung bisher nicht existieren, so soll im Folgenden die mehrfach vertretene These herangezogen werden, dass partielle Integration in Form der Eigenkapitalbeteiligung spezifische Investitionen induziert, indem die Gefahr des Hold up reduziert wird. (Vgl. Picot *u.a.* 2005, S. 183; Dietl 1995, S. 581; Dasgupta/Tao 2000, S. 609; Theurl 2005) Die Kapitalbeteiligung kann in diesem Kontext als glaubhafte Zusage interpretiert werden, ex post existierende Verhandlungsspielräume nicht opportunistisch auszunutzen. Die Vorteilhaftigkeit der Kapitalbeteiligung steht folglich in einem Zusammenhang einerseits mit der Bedeutung der spezifischen Investition für die Austauschbeziehung und andererseits mit dem Mangel, vertragliche Vorkehrungen zu treffen, die Nachverhandlungen unnötig werden lassen.

Im Untersuchungsfall stellt sich nachfolgend die Frage, welche Projektparteien, d.h. über leistungswirtschaftliche Verträge involvierte Unternehmen, als Eigenkapitalgeber (Sponsoren) auftreten. Unter Bezugnahme auf die zuvor analysierten Konflikte und Wirkungsmechanismen von Eigenkapitalbeteiligungen würde ein idealisierter **Ausgangspunkt** einer Betrachtung der Situation gleichkommen, in der der **Betreiber** (als Manager) der Projektgesellschaft mit dem **Sponsor** (Eigentümer) der Projektgesellschaft identisch ist und zugleich einziger Eigenkapitalgeber.[343] Diese Konstellation ist naheliegend, da der Betreiber durch die Gewährleistung des operativen Betriebs den Erfolg respektive den Wert der Projektgesellschaft in sehr hohem Maße durch sein Verhalten beeinflusst. Unter der Annahme, dass das Unternehmen ausschließlich in marktmäßig unspezifischen leistungswirtschaftlichen Strukturen eingebettet ist und somit innerhalb seiner Unternehmensgrenzen als autonome Einheit fungiert, resultieren keine weiteren Konflikte – weder Hold up noch Moral Hazard. Absatz- wie beschaffungsseitig existierende Risiken können als stochastisch interpretiert und durch finanzwirtschaftliches Risikomanagement bewältigt werden.[344] Diese stilisierte Konstellation lässt sich im Anwendungsgebiet der Projektfinanzie-

---

[343] Die Konstellation ist vergleichbar dem Eigentümer-Unternehmer („Owner-Manager“) in Bezug auf den Konfliktbereich zwischen Eigentum und Kontrolle, der seine Handlungen vollständig internalisiert. (Vgl. Barnea *u.a.* 1981, S. 10f.; Ang *u.a.* 2000, S. 81f.)

[344] Die Ausgangskonstellation ist mit den impliziten Annahmen der klassischen Unternehmensfinanzierung, wie in Abschnitt 4.1.1 dargestellt, vergleichbar.

rung sicherlich nur selten beobachten[345], da sich Projektfinanzierungen i.d.R. durch eine hohe Komplexität und Komplementarität der leistungswirtschaftlichen Projektbeteiligten kennzeichnen und auch im konkreten Anwendungsfall, der Finanzierung von Umlaufvermögen im Supply Chain Netzwerk, die Autonomie einer eventuellen Projektgesellschaft, die in einem Wertschöpfungsnetzwerk eingebettet ist, nicht gegeben ist.

Die leistungswirtschaftlichen Strukturen kennzeichnen sich durch Verhaltensrisiken in verschiedenster Form. Daher soll nachfolgend die Möglichkeit gezielt untersucht werden, welche Parteien als Eigentümer für Kapitalbeteiligungen in Frage kommen, um die Verhaltensrisiken zu reduzieren. Dabei werden Motivationen aus Sicht der Projektgesellschaft und aus Sicht der Netzwerkakteure betrachtet. Im Kontext der Projektfinanzierung sind zuvor insbesondere die Vorkehrungen in Bezug auf die Eigentumsstrukturen hervorzuheben. Die Eigentümerstruktur, die sich wie zuvor dargelegt in der Projektfinanzierung als konzentriert beschreiben lässt, ist nicht selten in Form des Joint Ventures[346] anzutreffen, bei der der Eigenkapitalanteil von mehreren Sponsoren bereitgestellt wird. Durch die Beteiligung mehrerer Sponsoren entstehen die bereits erläuterten grundsätzlichen Moral Hazard-Probleme des „Shared Ownership". Ein besonderer Problembereich hinsichtlich der Interessenkonflikte zwischen den Kapitalgebern (Eigen- und Fremdkapitalgeber) und zwischen den Eigentümern tritt zu Tage, wenn Sponsoren neben der Kapitalbeteiligung ebenfalls über leistungswirtschaftliche Verträge in einer Beziehung zur Projektgesellschaft stehen. Dabei wird aus Sicht der anderen Kapitalgeber bereits in der Strukturierung darauf zu achten sein, dass die leistungswirtschaftlichen Verträge marktüblichen Bedingungen (bezüglich Preisen und Lieferbedingungen) entsprechen. (Vgl. Yescombe 2002, S. 35) Sponsoren, die Einfluss auf das Management der Projektgesell-

---

[345] Ein dieser Konstellation entsprechender Anwendungsfall würde sich durch stark marktliche Strukturen sowohl auf Beschaffungsseite wie auch Absatzseite der Projektgesellschaft kennzeichnen. Projektfinanzierungen im typischen Anwendungsgebiet im Bereich von Infrastruktur-, Anlagenbau oder Ressourcenerschließung kennzeichnen sich jedoch häufig, wenn überhaupt, nur durch marktliche Strukturen auf der Absatzseite, z. B. im Fall von Energieerzeugung oder Rohstoffexplorationen. Zudem ist im Projektfinanzierungsbereich die Vergabe von Konzessionen durch öffentliche Institutionen ein weiterer Faktor, der mit Verhaltensrisiken verbunden sein kann. Esty (2004a) liefert eine Sammlung von Fallstudien, die verdeutlichen, wie wenig marktliche Strukturen im Sinne eines „Spot Contracting" in Projektfinanzierungsstrukturen zu identifizieren sind.

[346] Im Falle von zwei Sponsoren ist im Kontext der Projektfinanzierung nicht selten eine 50/50-Aufteilung der Anteile anzutreffen. (Vgl. Yescombe 2002, S. 41)

schaft besitzen, verfolgen das Eigeninteresse, den Wert der ihnen zufließenden Finanz- und Güterströme zu maximieren. Dabei kann der **Transfer von Realgütern** zu nicht marktüblichen Preisen für den einzelnen Sponsor vorteilhaft sein, da die Auswirkungen in der Projektgesellschaft aufgrund des Shared Ownership nur unvollständig internalisiert sind. Laux (1997, S. 853) konstatiert, dass insbesondere bei den typischen Anwendungsfeldern der Projektfinanzierung die Überprüfbarkeit leicht gegeben ist, da es sich häufig um homogene Güter (z.B. Commodities) handelt, deren Marktpreise leicht verifizierbar sind. Diese Tatsache mag in Bezug auf den Zahlungsmittelzufluss im Kontext von Rohstofferschließungsprojekten durchaus gegeben sein, bei heterogenen Leistungen, die durch die Projektgesellschaft erbracht oder bezogen werden, fällt diese Prüfung weit schwerer. Insbesondere im Untersuchungsfall der Umlaufvermögensfinanzierung fällt die Beurteilung marktüblicher Vertragsbedingungen sowohl in Bezug auf die Beschaffung wie auch die Absatzseite schwer, da es sich um hoch spezifische Dienstleistungsbündel, Vorprodukte und Leistungen handelt.[347] In den Strukturierungsprozessen wird deutlich, dass in der Projektfinanzierung durch intensive vorvertragliche Analysen und die Einschränkung der Handlungsspielräume – letztlich der residualen Entscheidungsrechte – der Eigentümer die Probleme des „Shared Ownership“ in sofern gemildert werden, als dass die Kosten für opportunistische Handlungen den privaten Vorteil der Projektbeteiligten übersteigen. Dadurch wird der Anreiz, opportunistisch zu handeln, reduziert. Ein weiterer Schutzmechanismus stellt die aufgrund der separierten Projektgesellschaft erhöhte Transparenz dar, die sich durch wesentlich leichter zu überwachende Accounting Systeme kennzeichnet. Opportunistisches Handeln mehrerer Eigentümer zu ihren Gunsten wird somit kostenintensiver. In Projektfinanzierungsstrukturen kann folglich die positive Anreizwirkung der Eigenkapitalbeteiligung genutzt werden, ohne die Nachteile in Kauf zu nehmen.

Aus **Sicht der Projektgesellschaft** wird die Bedeutung der Eigenkapitalbeteiligung durch die **Risiko tragende Eigenschaft** und dem daraus resultierenden Anreiz für den Eigentümer relevant. Potenzielle Eigentümer stellen im Kontext der Projektfinan-

---

[347] Yescombe (2002, S. 35) fordert, dass die leistungswirtschaftlichen Beziehungen der Projektgesellschaft auf „Arm's-Length“ Basis erfolgen sollten. Aufgrund der i.d.R. intensiven Zusammenarbeit ist diese Forderung jedoch primär auf die Preisgestaltung zu beziehen.

zierung alle auf leistungswirtschaftlicher Ebene involvierten Projektbeteiligten dar.[348] Entscheidend ist dabei die Bedeutung der Leistungen und der zur Verfügung gestellten Ressourcen einzelner Projektbeteiligter im Hinblick auf den Projekterfolg.[349] Auch die Anfälligkeit der Leistungsbeziehung für opportunistische Handlungen des **Moral Hazard** stellt einen wichtigen Einflussfaktor dar. Das Ausmaß dieses Verhaltensrisikos wird durch

- die Existenz exogener Störgrößen (siehe Kapitel 3.2.3.1),
- die Divergenz der Interessen (siehe Kapitel 3.2.3.2),
- die Plastizität (siehe Kapitel 3.2.3.3),
- die Beobachtbarkeit (siehe Kapitel 3.2.3.4),
- die Interdependenz (siehe Kapitel 3.2.3.5) und
- dem Ausmaß der Wissensasymmetrie (Kapitel 3.2.3.6)

determiniert.[350] Ist die Gefahr des Moral Hazard aufgrund der Leistungsbeziehung sehr groß, so ist die Kapitalbeteiligung des jeweiligen Netzwerkakteurs ein adäquates Mittel, „kooperatives Verhalten" zu induzieren. Wird zum Beispiel der Erfolg (das Ergebnis) der Projektgesellschaft in bedeutendem Maße vom Verhalten eines Akteurs, z.B. von dem Leistung abnehmenden Unternehmen (OEM), beeinflusst, dann kann eine Beteiligung an der Projektgesellschaft durch Eigenkapital für den Abnehmer einen Anreiz darstellen, sich in Bezug auf die leistungswirtschaftlichen Beziehungen kooperativ zu verhalten, d.h. sein Anstrengungsniveau zu erhöhen und opportunistisches Verhalten in Bezug auf die Projektgesellschaft zu unterlassen.

---

348 Die Betrachtung von Eigenkapitalinvestoren, welche ausschließlich finanziell und nicht auf der Wertschöpfungsebene in das Projekt involviert sind, wird hier abgegrenzt.

349 Die Projektgesellschaft stellt nach Gründung selbst einen Netzwerk-Stakeholder dar. Der Erfolg der Projektgesellschaft ist in hohem Maße von dem Fortbestehen und dem Verhalten des Netzwerks abhängig.

350 Eine zusammenfassende Übersicht im Untersuchungskontext „logistischer Dienstleistungen im Supply Chain Netzwerk der Automobilindustrie" enthält Kapitel 3.2.4.

Ein weiteres Motiv aus Sicht der Projektgesellschaft begründet sich aus der Analyse potenzieller **Hold up**-Probleme aufgrund unvollständiger Verträge. Das Hold up-Risiko wird dabei durch Kontextfaktoren wie

- die Spezifität der Investitionen (siehe Kapitel 3.2.3.7),
- die netzwerkimmanenten Machtasymmetrien (siehe Kapitel 3.2.3.8) beinflusst und
- durch mangelnde Reputation (siehe Kapitel 3.2.3.9) als vertrauenstiftendes Element verstärkt.

Sieht sich die Projektgesellschaft beispielsweise einem Hold up durch den Abnehmer ausgesetzt, so kann diese ex ante eine Kapitalbeteiligung fordern und somit diese Gefahr reduzieren. Mit der Vermeidung der Hold up-Risiken wird das daraus folgende Unterinvestitionsproblem gemildert. Die Auswirkungen sind dabei nicht nur in Bezug auf die Projektgesellschaft an sich zu analysieren, sondern auch andere Leistung erbringende Parteien (Betreiber und Lieferanten) sehen sich aufgrund der Zwischenschaltung der Projektgesellschaft einem geringeren Hold up-Risiko ausgesetzt und besitzen einen höheren Anreiz, (netzwerk-)spezifische Investitionen zu tätigen.

Dem gegenüber steht die **Perspektive der Netzwerkakteure (als potenzielle Eigentümer)**. Der Abnehmer, der sich hinsichtlich der leistungswirtschaftlichen Beziehungen im Untersuchungsfall zur Projektgesellschaft beispielsweise einem Versorgungsrisiko ausgesetzt sieht, kann selbst Geschädigter opportunistischer Handlungen durch die Projektgesellschaft und durch andere Netzwerkakteure (Projektlieferanten und -betreiber) werden. In diesem Kontext gewinnen die mit Eigentumsrechten assoziierten Kontrollrechte an Bedeutung. Einzelne Netzwerkakteure (z.B. der Abnehmer) können aufgrund der Wichtigkeit der Projektleistung für das eigene Unternehmen ein Interesse besitzen, die mit Eigenkapital verbundenen Mitsprache- und Kontrollrechte zu erwerben. Dadurch besitzen diese weitreichendere Rechte, die eine aktive Überwachung der Netzwerkakteure und bei Auftreten von Störereignissen eine bessere Ursachenanalyse ermöglichen. Bezüglich der in der Praxis anzutreffenden Eigentumsstrukturen ist die Motivation im Sinne einer freiwilligen Eigenkapitalbeteiligung von Projektbeteiligten durch eigene finanzielle Beschränkungen und bilanzielle Aspekte jedoch eher gering.

Die hier betrachtete Wirkungsweise der Eigenkapitalbeteiligung ist stets vor dem Hintergrund der leistungswirtschaftlichen Strukturen und der dort etablierten expliziten Verträge zu betrachten. Die Anreiz- und Bindungswirkung von Kapitalbeteiligungen ist dabei als Reaktion auf eine unvollkommene Anreizstruktur in den Wertschöpfungsstrukturen zu sehen, die auf verschiedenste Friktionen (siehe Abschnitt 3.2.3) zurückzuführen sind. In diesem Sinne ergänzen Eigentumsstrukturen die leistungswirtschaftlichen Vertragsstrukturen.[351] Diese komplementäre Wirkung von Eigentumsstrukturen beschreibt auch Sorge (2004b, S. 94): „In project finance, several long-term contracts such as construction, supply, off-take and concession agreements, along with a variety of joint-ownership structures, are used to align incentives and deter opportunistic behaviour by any party involved in the project."

4.4.3.2.4 Covenants

Covenants stellen vertragliche Regelungen in Bezug auf die Fremdkapitalaufnahme dar, die als Vorkehrungen gegen Handlungen der Kreditnehmer ex post fungieren, indem diese Eventualitäten beschreiben, die einen Vertragsbruch (Default) darstellen. (Vgl. Smith/Warner 1979, S. 117; Diamond 1984, S. 394) Die Regelungen sind von zentraler Bedeutung sowohl bei der Vergabe von Anleihen („Public Debt"), privaten Kreditverträgen (z.B. mit institutionellen Investoren) als auch dem Bankkredit. Die Ausgestaltung bezüglich Umfang und Spezifität der Covenants ist außer von den Kreditnehmereigenschaften auch von der Fristigkeit der Kapitalüberlassung abhängig. (Vgl. Tirole 2006, S. 84; Smith/Warner 1979, S. 122) Von besonderer Bedeutung sind Covenants in Verbindung mit der langfristigen Kapitalüberlassung, da der Kreditgeber im Fall der Verletzung der vertraglichen Regelungen die Möglichkeit besitzt, den Kredit vorzeitig zurückzufordern. (Vgl. Rajan/Winton 1995, S. 1122f.) Im Kontext von kurzfristigen Kapitalüberlassungen verlieren diese gleichzeitig an Bedeutung, da der Kreditgeber mit der Verweigerung der Kreditprolongation ein Instrument hat, welches für den Kreditnehmer in besonderem Maße Anreiz liefert, sich im Interesse der Kreditgeber zu verhalten.[352]

---

[351] Die Auffassung wird auch durch die empirische Untersuchung von Fee *u.a.* (2006, S. 1250) gestützt. Diese identifizieren eine starke Korrelation zwischen den Kontextfaktoren, die Probleme in Bezug auf die vertraglichen Strukturen nahelegen, und Kapitalbeteiligungen.

[352] Durch die kurzfristige Laufzeit bietet sich dem Intermediär eine einfache Exit-Möglichkeit, indem die Prolongation versagt wird. Die Laufzeit kann daher als Schutzmechanismus der Fremdkapitalgeber und als Anreiz für den Kreditnehmer interpretiert werden. (Vgl. Tirole 2001, S. 19) Mit kurzfristigem Fremdkapital sind jedoch auch mögliche Nachteile einer inneffizienten vorzeitigen Liquidation verbunden. (Vgl. Von Thadden 1995, S. 558)

In der Literatur finden sich unterschiedliche Systematisierungsansätze von Covenants. Eine geläufige Systematisierung unterscheidet zwischen positiven (affirmativen) und negativen Covenants im Sinne von Geboten und Verboten. (Vgl. Nevitt/Fabozzi 2004, S. 112ff.; Tytko 1999, S. 78) Diese Unterscheidung ist jedoch wenig brauchbar, da sie nicht eindeutig ist und die Zuordnung letztlich von der Formulierungsweise, ob positiv oder negativ, abhängt und zudem keinen zusätzlichen Interpretationswert besitzt. (Vgl. Tirole 2006, S. 48) Smith und Warner (1979, S. 125ff.) unterscheiden verschiedenste Covenants nach inhaltlichem Themenbezug in vier Kategorien:

- „Production/Investment Covenants": Diese Klauseln betreffen die Investitionspolitik und den operativen Bereich des Kreditnehmers. Im Allgemeinen wird häufig eine Beschränkung von möglichen Finanzinvestitionen (z.B. Beteiligungen und Übernahmen) vorgenommen und die Veräußerung von Vermögensgegenständen (z.B. von Produktionsanlagen), die für den operativen Betrieb notwendig sind, eingeschränkt. Außerdem sind positive Regelungen vorhanden, die das Vorhalten bestimmter Vermögensgegenstände fordern. Beispielsweise ist die Aufrechthaltung des Working Capital über einem vorgegebenen Mindestbestand eine Bedingung, die den operativen Betrieb gewährleisten soll.

- „Dividend Covenants": Covenants, die den Zahlungsmittelabfluss in Form von Dividendenzahlungen oder durch Aktienrückkauf limitieren, sind häufig anzutreffende Regelungen. Bei der Ausgestaltung dieser Covenants sind durchaus dynamische Regelungen möglich, die einen zur Ausschüttung zur Verfügung stehenden Zahlungsmittelbestand in Abhängigkeit von dem periodischen Überschuss und den bereits in der Vergangenheit getätigten Dividendenzahlungen ermitteln.

- „Financing Covenants": Diese kreditvertraglichen Regelungen limitieren den Finanzierungsspielraum des Kreditnehmers. So wird die Ausgabe von Fremdkapitaltiteln, die vorrangig zu den bestehenden Fremdkapitalansprüchen sind, untersagt. Auch wird die Verwendung von Leasingkonstruktionen (Sale-and-Lease-back) beschränkt, da diese einen vorrangigen Zahlungsanspruch begründen.

- „Bonding Covenants": Diese Covenants stellen sicher, dass ein regelmäßiger Informationsfluss an den Kreditgeber erfolgt. Die Erstellung und Überlassung von Jahresabschlüssen und aufsichtsrechtlich geforderten unterjährigen Berichterstattungen durch den Kreditnehmer an den Kreditgeber sollen dem Informationsasymmetrieabbau dienen. Dabei können auch Auflagen in Bezug auf die anzuwendenden Rechnungslegungsstandards vereinbart werden.[353] Des Weiteren sind Regelungen, die den branchenüblichen Einsatz von Versicherungen auferlegen, dieser Kategorie von Covenants zuzuordnen. Diese stellen in gewissem Maße eine Selbstverpflichtung (Selbstbindung) der Kreditnehmer dar.

Die Kategorisierung nach inhaltlichen Aspekten lässt nur beschränkt Rückschlüsse auf die Wirkungsweise und die Motivation derartiger vertraglicher Klauseln zu. Tirole (2006, S. 84ff.) schlägt daher eine Systematisierung nach der Motivation respektive der intendierten Wirkungsmechanismen dieser Regelungen vor. Die Unterscheidung in

1. „**Covenants Meant to Prevent Value Reduction**" und
2. „**Covenants Defining Control Rights**"

ist zwar sicherlich nicht überschneidungsfrei, verdeutlicht jedoch die unterstellte Wirkungsweise dieser Regelungen, auf die in dieser Arbeit an verschiedenen Stellen bereits abgestellt wurde.

Kategorie 1 stellt primär auf die Wirkung von Covenants im Konfliktbereich zwischen Eigen- und Fremdkapitalgeber ab. (Vgl. Leland 1998, S. 1215) Zielsetzung ist der Werterhalt der Fremdkapitaltitel, die durch verschiedenste Aktivitäten der Shareholder gefährdet sein können. Einerseits durch den direkten Kapitalentzug über Dividendenzahlung oder indirekt in Form des Risk-Shiftings (Asset Substitution). Tirole (2006, S. 84f.) unterscheidet daher zwischen Covenants, die darauf abzielen, den **direkten Zahlungsmittelabfluss zu beschränken** (Dividendenbeschränkung und Limitierungen des Aktienrückkaufs), und Covenants, die die **Möglichkeit der Risikoerhöhung verringern.**[354] Derartige Covenants wirken beispielsweise auf die Geschäftstätigkeit, indem sie das Unternehmenswachstum beschränken, die Investiti-

---

[353] Die Auflagen bezüglich anzuwendender Rechnungslegungsstandards sind insbesondere bei öffentlich emittierten Anleihen von Bedeutung.

[354] Eine ausführliche Analyse der Wirkung von „Net-Worth Covenants" in Bezug auf das Asset Substitution-Problem nimmt Leland (1994, S. 1243ff.) vor.

onstätigkeit limitieren oder auch gewisse Standards im Hinblick auf Risikomanagement durch Versicherung und finanzwirtschaftliche Instrumente einfordern.

Kategorie 2 thematisiert den **Kontrollverlust** bei mittelmäßiger Leistung des Kreditnehmers. Dazu werden Covenants etabliert, die grundsätzlich den langfristigen Bestand des Unternehmens (Projekts) sicherstellen sollen. Letztlich bilden diese Performancemaße mit der Bedingung, einen Grenzwert nicht zu unter- bzw. überschreiten. Dabei kommen relative wie absolute Performancemaße zum Einsatz. „Financial Covenants“ wie die Beschränkung eines maximalen Verschuldungsgrades, minimale Liquiditätsanforderungen und Working Capital-Anforderungen stellen Beispiele dar. Der Transfer der Kontrollrechte ist in diesem Zusammenhang nicht zwingend derart gegeben, dass bei Vertragsverletzung unmittelbar durch Fälligstellung der Kredite im Extremfall ein Insolvenzverfahren droht. (Vgl. Wolf *u.a.* 2003, S. 93) Wie in Abschnitt 4.4.2.3 dargestellt existieren unterschiedliche Eskalationsstufen im Default-Prozess. Dabei kann auch der Möglichkeit exogener Störeinflüsse Rechnung getragen werden, indem dem Kreditnehmer eine Frist („Cure Period“[355]) eingeräumt wird, in der dieser die Erfüllung der Vertragsbedingung herstellen kann. Dadurch werden vorschnelle Reaktionsmechanismen im Fall von stochastischen Schwankungen unterbunden. Die Anreizwirkung dieser Covenants resultiert zunächst in der Nachverhandlungssituation. In dieser kann der Kreditgeber durch Androhen der Nicht-Weiterfinanzierung neue Auflagen respektive Covenants im Kreditvertrag etablieren, die Kreditkonditionen der möglicherweise veränderten Bonität anpassen und indirekt Einfluss auf die Geschäftspolitik nehmen. (Vgl. Chen/Wei 1993, S. 218; Diamond 1984, S. 395) Die Wirksamkeit dieses Wirkungsmechanismus ist von der Informationslage des Kreditgebers abhängig, der dazu die Performancemaße überwachen muss (vgl. Esty/Megginson 2003, S. 40; Rajan/Winton 1995, S. 1114). Gleichzeitig dürfen die gewählten Performancemaße nicht durch den Kreditnehmer oder andere in Beziehung stehende Parteien manipulierbar sein. Die Informationsfluss gewährleistenden Covenants nehmen in diesem Kontext eine besondere Stellung ein. Aber auch Manipulationsspielraum unterbindende Reglementierungen von Bilanzierungsspielräumen sind in diesem Zusammenhang von Bedeutung.

[355] Die Einräumung einer solchen Frist ist auch im Projektfinanzierungsbereich üblich. Yescombe (2002, S. 133f.) beziffert die durchschnittliche Dauer im Fall eines „Payment Default“ auf 1-2 Wochen. In Bezug auf „Technical Defaults“ sind diese deutlich länger, bis zu 6 Monaten, die dem Management der Projektgesellschaft zur Verfügung stehen, um die Vertragsverletzung zu mildern.

Die Wirksamkeit der Covenants ist stets an die Überwachung der Einhaltung der vertraglichen Vereinbarungen geknüpft. Im Allgemeinen wird angenommen, dass zusätzliche Regelungen im Bankkredit (Private Debt) detaillierter und restriktiver sind als die standardisierten Covenants bei einer öffentlichen Platzierung von Anleihen (Public debt), was mit einem stärkeren Interesse der Fremdkapitalgeber im Hinblick auf aktives Monitoring begründet wird. (Vgl. Rajan/Winton 1995, S. 1134; Smith/Warner 1979, S. 150; Gilson *u.a.* 1990, S. 324) In Bezug auf die informationsgenerierende Wirkung der Covenants im Kontext der Kreditvergabe bemerkt Gilson (1990, S. 324): „(...) even when firms are fully in compliance with these covenants, more information is implicitly revealed about firms' financial and operating characteristics."

Die idealisierte Funktionsfähigkeit von Covenants ist jedoch durchaus kritisch zu betrachten. Die Häufigkeit der Fälle, in denen Kreditgeber im Fall der Verletzung von Covenants auf ihre Rechtsansprüche verzichten (Waiver)[356], lässt die Vermutung zu, dass die mit den Covenants verknüpfte Performance-Messung die Informationsasymmetrie nur teilweise beseitigt. Nach wie vor besteht das Problem der Bestimmung der verhaltensbedingten und exogen bedingten Störungen. Erst durch die im Default-Ereignis zusätzlich generierten Informationen lassen sich begründete Entscheidungen bezüglich der Ahndung der Vertragsverletzung treffen. Ein weiteres Argument sind auch häufig zu restriktiv verwendete Covenants, insbesondere in Bezug auf Financial Covenants. Des Weiteren ist gleichermaßen empirisch zu beobachten,[357] dass auch die Frühwarnfunktion von Covenants unter Umständen nicht gegeben ist, wenn diese zu wenig beschränkend sind. (Vgl. Beneish/Press 1995, S. 79)

---

[356] Chen/Wei (1993, S. 221) zeigten in einer Untersuchung von 128 Covenants-Verstößen, dass in 44% der Fälle diese nicht geahndet wurden.

[357] In einer empirischen Untersuchung analysierten Beneish/Press (1995, S. 75) die Verbindungen zwischen Default-Ereignissen (Technical Default, Debt Service Default und Bankruptcy). Dabei wurde analysiert, dass Unternehmen auch ohne vorherige Covenants-Verletzung (Technical Default) in ernste finanzielle Schwierigkeiten (Debt Service Default) oder gar Insolvenz gerieten.

Im Bereich der Projektfinanzierung nehmen in der Strukturierung des Projekts wie dargestellt die Intermediäre eine zentrale Stellung ein. Um die Finanzierungsfähigkeit des Stand-Alone Projekts herzustellen, werden die mit den Eigentumsrechten verbundenen diskretionären Handlungsspielräume, die an das Management der Projektgesellschaft delegiert werden, stark eingeschränkt. Die Möglichkeit der Einflussnahme durch die Eigenkapitalgeber ist aufgrund der in den Kreditverträgen fixierten Covenants reduziert. Jedoch werden nicht nur die Handlungsspielräume innerhalb der Projektgesellschaft limitiert, sondern auch durch vertragliche Regelungen in den leistungswirtschaftlichen Beziehungen opportunistische Freiheitsgrade beschränkt. Im Kontext der Projektfinanzierung werden die extensiven Handlungsrestriktionen und -vorgaben und der damit vorprogrammierte Projektverlauf daher auch als „Autopilotenmechanismus" charakterisiert.

4.5 Zusammenfassende Darstellung der Verhaltensrisiken und Instrumentarien zu deren Steuerung im SCN

In den vorangegangenen Ausführungen wurde deutlich, dass ausgehend von den leistungswirtschaftlichen Vertragsbeziehungen, die sich durch Unvollständigkeit in den Verträgen und Informationsasymmetrien kennzeichnen, Projektfinanzierungsarrangements durch verschiedene Elemente auf die Projektbeteiligten Einfluss nehmen. In Bezug auf die immanenten Konflikte zwischen den Kapitalgebern und den Supply Chain Netzwerkakteuren und zwischen den Akteuren selbst können verschiedene Mechanismen komplementär ihre verhaltensstabilisierende Wirkung entfalten.

Bezogen auf die **Informationsasymmetrie ex ante**, d.h. vor Vertragsabschluss, die sowohl zwischen den Netzwerkakteuren auf leistungswirtschaftlicher Ebene wie auch zwischen dem Netzwerk als Ganzes und den Kapitalgebern existiert, wirken drei Prozesse, die Informationsasymmetrie abbauen und somit die Gefahr der Adversen Selektion mildern sollen.

1. **Abbau von Wissensasymmetrien**: Finanzintermediäre (besonders Fremdkapitalgeber) werden im Projektfinanzierungsgeschäft selbst aktiver Akteur im Netzwerk. Mehr als im klassischen Unternehmensfinanzierungsbereich ist Wissen auf Seiten der Finanzintermediäre notwendig, um bereits in der Strukturierungsphase aber auch in der nachfolgenden Betriebsphase und in Default-Situationen eine aktive Rolle zu übernehmen und gewonnene Informationen folgerichtig verarbeiten und interpretieren zu können.

2. **Direkte Informationsgewinnung**: Durch die intensiven Projektanalysen in der Planungs- und Strukturierungsphase werden Informationsasymmetrien primär zwischen den leistungswirtschaftlichen Akteuren und den Kapitalgebern abgebaut.

3. **Selbstselektion**: Im Hinblick auf die leistungswirtschaftlichen Vertragsstrukturen wirkt der Einfluss der Intermediäre vergleichbar einem Screening-Mechanismus und führt zur Separierung eines gepoolten Marktes. Die Fremdkapitalgeber knüpfen ihre Kapitalvergabe und die Finanzierungskonditionen an bestimmte Bedingungen („conditions precedent"), die eine Risikoteilung im Netzwerk auf die einzelnen Akteure bedingen. Die Übernahme von Risiken des jeweiligen Verantwortungsbereichs in Liefer-, Betreiber- und Abnahmeverträgen wird vertraglich geregelt, z.B. durch die Forderungen von Leistungsgarantien und Andienungsrechten, wodurch Risiken in Bezug auf die Leistungserbringung unter quantitativen und qualitativen Aspekten und auch abnehmerseitige Risiken verteilt werden. Diese Verbindung der Finanzierungskonditionen durch die Kapitalgeber an bestimmte leistungswirtschaftliche Vertragsstrukturen bildet ein zur Auswahl stehendes Set von verschiedenen Verträgen, zwischen denen das Netzwerk gewissermaßen wählen kann. Die Wirkung ist einem Screening-Mechanismus vergleichbar. Die Projektbeteiligten werden nur die Risiken übernehmen, wenn diese die Fähigkeit (Eigenschaft) besitzen, diese zu managen, oder diese aufgrund einer besseren Informationslage[358] als geringer einschätzen. Durch das Herbeiführen von Risikoträgerschaften werden Informationen über die Fähigkeiten der Projektbeteiligten und/oder die Risiken in ihrem Ausmaß offenbar.

Der **Verhaltensunsicherheit ex post**, d.h. nach Vertragsabschluss, wirken in dem Projektfinanzierungsarrangement prozessuale und strukturelle Elemente im Zusammenspiel entgegen. Die Ausprägung der Verhaltensunsicherheit des Moral Hazards, der auf einer Informationsasymmetrie vor dem Hintergrund von Interessenkonflikten beruht, kann durch nachfolgende Elemente gesteuert werden.

---

[358] Unterschiede in der Beurteilung der leistungswirtschaftlichen Risiken und in den Fähigkeiten, diese zu managen, und die daraus folgende Bereitschaft einzelner Akteure, diese zu übernehmen, lässt sich mit den unterschiedlichen Kosten der Risikoübernahme (Risikoprämie) der Akteure im Anreizvertrag begründen.

1. **Aktives Monitoring:** Fremd- und Eigenkapitalgeber übernehmen in der Projektfinanzierung die Rolle eines „aktiven Monitors“. Aufgrund der zentralen Position der Projektgesellschaft im Netzwerk, die eine Bündelung der Güter- und Finanzflüsse umfasst, werden auftretende endogene und exogene Risiken, die sich auf die Finanzflussebene auswirken, schnell offensichtlich. Der Anreiz, aktives Monitoring zu übernehmen, resultiert aus der nicht risikolosen Eigenschaft der Kapitaltitel in Verbindung mit der Illiquidität. Die Liquidität ist im Bereich der Projektfinanzierung durch nicht (bzw. eingeschränkt) vorhandene Sekundärmärkte und eine hohe Kapitalgeberkonzentration gering. Außerdem besteht durch die nicht vollständige Besicherung bzw. die Verhaltensabhängigkeit des Wertes der Sicherheiten weiterhin ein Anreiz, diese aktiv zu überwachen.

2. **Einflussnahme und Sanktionsmöglichkeiten:** Die Übernahme einer „aktiven“ Rolle der Überwachung ist an die Möglichkeit der Einflussnahme geknüpft, die im Fall der Eigenkapitalgeber aufgrund der residualen Entscheidungsrechte gegeben ist, jedoch häufig zur Milderung des Konflikts zwischen Eigen- und Fremdkapitalgeber einer Einschränkung unterliegen. Die Fremdkapitalgeber sichern sich durch spezielle, im Kreditvertrag etablierte Regelungen (Covenants) Einwirkungsrechte, die bereits bei geringen Abweichungen die Möglichkeit der Einflussnahme begründen. Insbesondere in Bezug auf die Glaubwürdigkeit der Sanktionsmechanismen sind aus Sicht der Fremdkapitalgeber Vorkehrungen für den Default-Fall zu treffen. Dabei werden Elemente, die in einer Erhöhung der Default-Kosten für das Netzwerk resultieren und eine (verlustfreie) Liquidation ggfs. ermöglichen, etabliert. Beispiele sind die Forderung von Kompensationszahlungen, Garantien und Andienungsrechten im Fall vorzeitiger Projektbeendigung durch Default. Der Default in kreditvertraglichen Regelungen ist stets auch Quelle von Informationen und fördert damit den Abbau von Informationsasymmetrien ex post, da eine Ursachenanalyse in jedem Fall notwendig ist, um die optimale Entscheidung hinsichtlich der Fortführung (mit oder ohne Reorganisation) oder Liquidation zu treffen.

3. **Hoher Verschuldungsgrad:** Ein hoher Verschuldungsgrad entzieht dem Netzwerk „Free Cash Flow“ und reduziert somit auch den Verhaltensspielraum der Projektbeteiligten im Hinblick auf die Projektgesellschaft. Resultierende negative Effekte (Unterinvestitionsanreiz, Asset Substitution, Kosten finanzieller Anspannung) eines hohen Verschuldungsgrades werden aufgrund des „Stand-Alone“-Charakters und den Handlungsspielraum beschränkenden Vorkehrungen im Projektdesign gemildert.

4. **Konzentrierte Kapitalgeber:** Vor dem Hintergrund wahrscheinlicher Nachverhandlungen mit den Projektbeteiligten ist die Wahl einer hohen Kapitalgeberkonzentration im Hinblick auf die Fremdkapitalgeber vorteilhaft, um die Kosten der Nachverhandlung zu verringern. Diese resultieren zudem in einem besonderen Anreiz, die Rolle des aktiven Monitors zu übernehmen. Außerdem werden Free-Rider-Probleme bei Überwachungsaktivitäten reduziert. Bei der Eigenkapitalgeberkonzentration wird bewusst die Bildung von konzentrierten Kapitalgebern durch die Fremdkapitalgeber gefördert, wobei einerseits das Eigenkapital als Pfand fungiert, andererseits auch der Anreiz, Monitoring durchzuführen, erhöht wird.

5. **Eigentümer:** Unter Berücksichtigung der leistungswirtschaftlichen Strukturen kann die Beteiligung von Netzwerkakteuren eine Interessensangleichung herbeiführen, indem durch die höhere Kapitalbeteiligung eine höhere Internalisierung des jeweiligen Verhaltens im Netzwerk erreicht wird. Dem möglichen Konfliktpotenzial zwischen den Shareholdern in „Joint Ownership"-Strukturen wird durch eine erhöhte Transparenz, Instrumente der Überwachung und Einschränkung der Handlungsspielräume entgegengewirkt. Insbesondere wenn einzelne Netzwerkakteure in besonderem Maße Einflusspotenzial auf die Projektgesellschaft besitzen, ist die Eigenkapitalbeteiligung zur Interessensangleichung ein adäquates Instrument.

6. **Covenants:** Die Institutionalisierung von Performancemaßen in Form von kreditvertraglichen Covenants ist ein Frühwarnsystem in Bezug auf das Zusammenspiel der Akteure im Netzwerk. Des Weiteren werden bedingte Eingriffsrechte der Fremdkapitalgeber bei Nichteinhaltung von Mindestanforderungen juristisch begründet, die im Sinne der aktiven Überwachung die Sanktionsmöglichkeit und Einflussnahme der Fremdkapitalgeber ermöglichen. Zudem beschränken die Covenants den Handlungsspielraum direkt durch Festschreibung der Investitions- und Produktionspolitik innerhalb der Projektgesellschaft, indem Sie grundlegende Veränderungen ohne die Rücksprache mit den Fremdkapitalgebern untersagen und auch Sorgfaltspflichten bei der Geschäftstätigkeit auferlegen (z.B. der Abschluss branchenüblicher Versicherungen).

Im Rahmen des dritten Konfliktbereichs, dem **Hold up**, der sich in einer potenziellen Nachverhandlung zwischen den Fremdkapitalgebern und dem Netzwerk und zwischen einzelnen Akteuren des Netzwerks manifestiert, sind folgende Elemente von Bedeutung.

1. **Event of Default:** Der „Überfall", d.h. die offensichtliche Nichteinhaltung expliziter oder impliziter Absprachen im Netzwerk führt unweigerlich zum Default des Projekts (z.B. Peisreduktion/-erhöhung, Liefer-/Abnahmeverweigerung) durch die Verletzung von Covenants oder durch Zahlungsunfähigkeit aufgrund des hohen Verschuldungsgrades. Durch die Vorkehrungen der Fremdkapitalgeber, die eine Projektbeendigung im Default-Fall ermöglichen, ohne dass diese hohe Ausfälle erleiden, wird der Sanktionsmechanismus glaubhaft.

2. **Eigentümerstruktur**: Eigenkapitalbeteiligungen können als glaubhaftes Signal interpretiert werden, dass die jeweilige Partei eine bessere Verhandlungsposition ex post nicht ausnutzt.

In den zusammenfassenden Ausführungen, die sich auf die wesentlichsten Wirkungen beschränkt, wurde deutlich, wie komplementär die einzelnen Strukturelemente wirken. Jedoch existieren nicht nur gleichgerichtete Wirkungen in Projektfinanzierungsstrukturen. Neben resultierenden administrativen Kosten der Institutionalisierung des Netzwerks steht insbesondere die Besicherung der Fremdkapitalgeberansprüche in einem Spannungsverhältnis:

1. Die vollständige Besicherung führt zu einer besseren Verhandlungsposition im Netzwerk, da die Fremdkapitalgeber im Fall von Unregelmäßigkeiten die Möglichkeit besitzen, die vorzeitige Liquidation herbeizuführen.

2. Durch die vollständige Besicherung wird jedoch auch der Anreiz, intensive Überwachungsaktivitäten durchzuführen, im Extremfall vollständig reduziert.

Welcher Effekt erstrebenswerter ist, kann nicht eindeutig bestimmt werden. In der Praxis wird das Problem insofern weniger bedeutsam, da eine vollständige Besicherung i.d.R. nicht möglich ist und ausgehend von der gegebenen Besicherungsgrundlage in einem zweiten Schritt Vorkehrungen zur Überwachung etabliert werden. Dabei sind kreditvertragliche Regelungen (Covenants) von Bedeutung, da durch diese auch Informationspflichten (der Projektbeteiligten) und Informationsrechte (der Kreditgeber) vereinbart werden können (siehe Kapitel 4.4.3.2.4).

Die Risikostrukturen in dem stilisierten Untersuchungsfall, in der die Übertragung der Bestandsverantwortung und das Eigentum an den Logistikdienstleister forciert wurde (siehe Kapitel 3.2.4), ließen eine Finanzierung in klassischer Form über die Bilanz des Logistikdienstleisters aus Sicht des Netzwerks aufgrund von Fehlanreizen und opportunistischem Handlungsspielraum nicht optimal erscheinen. Aufgrund der Risiken kann die Finanzierbarkeit aus Sicht des Logistikdienstleisters als nahezu unmöglich eingeschätzt werden. Der Dienstleistungscharakter, welcher die Integration externer Faktoren, bereitgestellt durch die Netzwerkakteure, impliziert, verdeutlicht die Überschneidung ökonomischer Einflussbereiche in Supply Chain Netzwerken. Die Etablierung von Projektfinanzierungsstrukturen mit dem Zweck, das Umlaufvermögen für den relevanten Teilabschnitt des Supply Chain Netzwerks zu finanzieren, wurde als geeignetes Mittel identifiziert, um einen Interessensausgleich zwischen den Lieferanten, dem Abnehmer und dem Logistikdienstleister zu schaffen und kooperatives Verhalten zu fördern.

Die aktive Rolle des involvierten Finanzintermediärs (Fremdkapitalgeber), der in der frühen Projektphase „**Netzwerk-Designer**" und im späteren Verlauf gewissermaßen „**Netzwerk-Supervisor**" ist, wurde in den Ausführungen deutlich. Aufgrund der Zielsetzung der Finanzierbarkeit als „Stand-Alone"-Unternehmen und der dazu notwendigen wirtschaftlichen Tragfähigkeit fordert der Fremdkapitalgeber ein leistungswirtschaftliches Vertragswerk als Vorbedingung, welches Risiken (endogener und exogener Natur) zwischen den Netzwerkakteuren adäquat verteilt. Die Aufrechterhaltung des Projektnetzwerks über den Zeitraum der Kreditlaufzeit zwecks planmäßiger Kreditrückführung reflektiert das Interesse der Fremdkapitalgeber, welches mit dem übergeordneten Netzwerkinteresse konform ist. Über die Ausgestaltung der Finanzierungsstrukturen werden Verhaltensspielräume im Netzwerk reduziert und Interessensangleichungen vorgenommen. Die gezielte Integration einzelner Netzwerkakteure als Risikoträger, entweder direkt durch die Eigenkapitalbeteiligung oder durch Bereitstellung von Sicherheiten, stellt ein zentrales Element dar, das eine ungleichgewichtige Ausgangssituation im Supply Chain Netzwerk ausbalancieren kann. In der Betriebsphase bildet die Überwachungsfunktion in Verbindung mit umfangreichen Eingriffsrechten und Sanktionsmöglichkeiten eine Netzwerk-Governance, die vorbeugend Anreize zu kooperativem Verhalten liefert und auch auftretende Verhaltensrisiken im Netzwerk bewältigen kann.

4.6 Kritische Reflektion von Annahmen und Methodenkritik

Im bisherigen Untersuchungsverlauf war es zur stringenten Analyse notwendig, explizit oder zum Teil implizit Annahmen zugrunde zu legen. Diese wurden einerseits direkt im Hinblick auf das gewählte Untersuchungsobjekt getroffen und andererseits durch die Instrumentalisierung des Theoriegebäudes der Neo-Institutionenökonomik als grundlegendes Forschungsparadigma übernommen.[359] Die getroffenen Annahmen bilden gleichzeitig Limitationen theoretisch-deduktiver Aussagen und Gestaltungsempfehlungen über das untersuchte Phänomen, da diese idealisieren und abstrahieren und somit dem realen Forschungsobjekt nur als Modell (Abbild) entsprechen, d.h., die Realität nur noch teilweise abbilden. Nachfolgend werden im Sinne einer kritischen Reflektion getroffene Annahmen analysiert, die als Grundlage zur Ableitung der Ergebnisse dienten.

4.6.1 Abstraktionen und Abgrenzungen in Bezug auf das Forschungsobjekt

In der vorliegenden Ausarbeitung wurden zur Reduktion der Komplexität verschiedene Aspekte des Forschungsobjekts abgegrenzt bzw. vereinfacht, um eine Identifikation und Isolierung der als wesentlich erachteten Kausalitäten vorzunehmen.

- **Abgrenzung bilanzieller Fragestellungen**: Rechnungslegungsnormen, nationale und internationale, stellen selbst eine Institution auf der Makroebene dar.[360] Im Rahmen der hier vorgenommen Analyse wurde eine dezidierte Betrachtung der Bilanzierungsregelungen, genauer der Konsolidierungspflicht von Zweckgesellschaften (SPVs oder SPEs), als Untersuchungsparameter abgegrenzt. Insbesondere bei der Integration von Eigenkapitalbeteiligungen und im Hinblick auf die Gewährung von Sicherheiten, Abnahmegarantien und die Einräumung von Andienungsrechten treten Rechnungslegungsnormen als Entscheidungsparameter bei einzelnen Netzwerkakteuren in den Vordergrund und beschränken die Instrumentalisierung im Projekt- und Netzwerkdesign. Ein einzelner Netzwerkakteur (OEM, Systemlieferant oder LDL) wird weniger bereit sein, Sicherheiten oder Eigenkapital der Projektgesellschaft zur Verfü-

[359] Auf eine sehr ausführliche Diskussion neo-institutionenökonomischer Annahmen wurde im Kontext dieser Arbeit verzichtet, da diese bereits in großem Umfang in der wissenschaftlichen Literatur vorhanden ist (siehe stellvertretend Erlei 1998; Horsch 2005; Richter/Furubotn 2003; Terberger 1993). Stattdessen wurden in der Ausarbeitung an gegebener Stelle die notwendigen Annahmen kurz erläutert (siehe z.B. Kapitel 3.2.1.2).

[360] Siehe die Ausführungen zum Institutionenbegriff und zur Institutionenhierarchie im Kapitel 2.2.2.2.

gung zu stellen, wenn dies eine unverhältnismäßige[361] Auswirkung auf die eigene Unternehmensbilanz nach sich ziehen würde. Im Rahmen dieser Ausarbeitung wurden Bilanzierungsaspekte unter der Annahme abgegrenzt, dass Rechnungslegungsnormen die Darstellung der tatsächlichen Vermögens-, Finanz- und Ertragslage eines Unternehmens als Zielsetzung verfolgen und somit die Abbildung existierender Risikoträgerschaften auferlegen (siehe auch Kapitel 3.1.2). Ob aufgrund von diskreten Schwellenwerten in Bilanzierungsrichtlinien ein limitierender Faktor in der Umsetzung und Wirksamkeit des Projektfinanzierungsarrangements auf das Verhalten von Unternehmen im Projektnetzwerk besteht, wurde nicht thematisiert. Dies kann und sollte jedoch in auf dieser Arbeit aufbauenden Forschungsbeiträgen Untersuchungsgegenstand werden. Ansätze dazu liefern bereits die Arbeiten von Schäfer/Kuhnle (2006) sowie Reuter (2004). Eine Berücksichtigung von Schwellenwerten der relevanten Bilanzierungsrichtlinien als Nebenbedingung in der Strukturierung von Projektfinanzierungen erscheint dabei in weiterführenden Analysen angebracht.

- **Abgrenzung bankaufsichtsrechtlicher Regelungen**: Einen weiteren institutionellen Rahmen, der mittelbar auf die Realisierbarkeit und Ausgestaltung von Projektfinanzierungsstrukturen Auswirkungen besitzt und in der Betrachtung abgegrenzt wurde, stellen aufsichtsrechtliche Regelungen, denen Finanzdienstleister (insbesondere Banken) unterliegen, dar. Durch die Umsetzung internationaler Kreditvergaberichtlinien (Basel II) in nationales Recht existiert ein verändertes institutionelles Reglement im Kreditvergabeprozess von Banken, welches eine risikosensitivere Kreditvergabe auch im Projektfinanzierungsgeschäft bedingt (vgl. Becker/Ossang 2003, S. 619). In Bezug auf die Rolle von Finanzintermediären im Projektfinanzierungsdesign wurde dieser Einfluss

[361] Die Unverhältnismäßigkeit kann aus der Existenz von diskreten Schwellenwerten und den daraus resultierenden Konsolidierungs-/Bilanzierungspflichten folgen. So beschreibt Reuter (2004, S. 615) das Problem in Bezug auf Bilanzierungsregeln wie folgt: „Projekt- und Leasing-Finanzierungsmodelle beruhen auf dem Grundsatz der Verteilung von Risiken und Lasten auf mehrere („burden sharing"). Die Bilanzierungsregeln (sowohl für Leasing als auch für Konsolidierung) sehen aber grundsätzlich ein „alles oder nichts" vor, müssen also die sorgfältige, zwischen den Parteien verhandelte Lasten- und Nutzenverteilung auf Mehrheitspositionen analysieren, um dann zu einer einheitlichen bilanziellen Behandlung zu gelangen. Solche bilanzielle Einheitsbehandlung bildet die Gestaltungen, um die es vorliegend geht, notwendig falsch ab, weil die Gestaltungen gerade burden/benefit sharing vorsehen."

nicht berücksichtigt, da vereinfachend angenommen wurde, dass derartige Veränderungen sich auf die Gesamtheit der Kreditvergabeprozesse auswirkt, d.h. auf alle Finanzintermediäre und unabhängig von der jeweiligen Vergabeform (Projekt- oder Unternehmenskredit) eine Wirkung entfaltet. Die Realität charakterisiert sich jedoch sehr wohl durch eine differenzierte Betrachtung der unterschiedlichsten Finanzierungsobjekte (sogenannte Spezialfinanzierungen). (Vgl. Schöning/Weber 2005, S. 47) Bei Vorliegen differenzierter Regelungen hinsichtlich der finanzierten Vermögensgegenstände sind folglich auch unterschiedliche Auswirkungen in der Umsetzbarkeit solcher Spezialfinanzierungen zu erwarten.

- **Abstraktion auf Unternehmen als fiktive Einheit**: Im Verlauf dieser Arbeit wurde zur Komplexitätsreduktion eine aggregierte Betrachtung von Unternehmen als Akteure vorgenommen. Diese Kollektivbetrachtung steht damit zunächst scheinbar im Widerspruch zur Annahme der Neo-Institutionenökonomik im Hinblick auf den „methodologischen Individualismus". Demnach sind Menschen hinsichtlich ihrer Ziele, Präferenzen, Zwecke und Ideen verschieden (vgl. Neus 2003, S. 534). Woraus implizit folgt: „(...) dass ‚die Gesellschaft', ‚der Staat', ‚das Unternehmen', ‚politische Parteien' usw. *nicht* als Kollektive zu verstehen sind, die sich so verhalten, als ob sie Einzelpersonen wären." (Richter/Furubotn 2003, S. 3) Dieser Widerspruch wurde in der Ausarbeitung durch die Annahme gemildert, dass der das Unternehmen repräsentierende Entscheidungsberechtigte (das Management oder der Eigentümerunternehmer) innerhalb der Hierarchie über funktionsfähige Durchsetzungsmechanismen verfügt (Unternehmenshierarchie als Institution), wodurch die Individuen innerhalb der Organisation nach dessen Interessen handeln. Diese Annahme ist sicherlich idealisiert und wird der Realität innerhalb und zwischen Unternehmen nur teilweise gerecht. Die Relevanz von Beziehungen auf der Ebene von einzelnen Individuen (Arbeitnehmern) innerhalb des Unternehmens, die in dem operativen Wertschöpfungsprozess im Netzwerk selbst in Interaktion zu Individuen (Arbeitnehmern) andere Unternehmen stehen, ist für den Erfolg von Kooperationsbeziehungen offensichtlich. Persönliche Beziehungen zwischen Arbeitnehmern verschiedener Unternehmen im Wertschöpfungsprozess können dabei gleichsam kooperationsstabilisierend wie auch -gefährdend sein. (Vgl. Friedberg/Neuville 1999, S. 74) Die Beschränkung im Rahmen dieser Arbeit auf Individuen, die Entscheidungskompetenzen in oberster Instanz im Unternehmen besitzen, kann als Top-Down-Ansatz interpretiert werden. Die Bildung anreizkompatibler institutioneller Arrangements innerhalb von Organisationen stellt ein weiteres organisationstheoretisches Problem dar, welches zudem eng mit Personal- und Mitarbeiterführungsaspekten verbunden ist.

4.6.2 Kritische Annahmen im Forschungsparadigma der Neo-Institutionenökonomik

Mehrere zentrale Annahmen, die dem neo-institutionenökonomischen Theoriegebäude zugrunde liegen, können unter dem Verhaltensmodell des „homo oeconomicus"[362] zusammenfassend dargestellt und vor dem Hintergrund ökonomischer Realität kritisch betrachtet werden. Mit der Weiterentwicklung der neo-klassischen Theorie in die Neo-Institutionenökonomik unterliegt der „homo oeconomicus" einer Veränderung. Es kann zwischen einem modernen (neo-institutionenökonomischen) und traditionellen (neo-klassischen) „homo oeconomicus" unterschieden werden (vgl. Kirchgässner 1991, S. 66; Erlei *u.a.* 1999, S. 5). Nachfolgend werden die zentralen Charakteristika des Verhaltensmodells kritisch analysiert.

- **Begrenzt rationales Handeln**: Rationales Handeln bedeutet, dass ein Idividuum in einer Entscheidungssituation mit mehreren Handlungsalternativen in der Lage ist diejenige auszuwählen, die relativ von Vorteil ist. Dazu orientiert sich das Individuum an seinen Präferenzen und maximiert seinen individuellen Nutzen unter Berücksichtigung von Restriktionen (Nebenbedingungen). (Vgl. Erlei *u.a.* 1999, S. 4; Kirchgässner 1991, S. 16) In einer erweiterten Entscheidungssituation unter Unsicherheit resultiert Rationalität in einer Maximierung des Erwartungswertes des Nutzen (Erwartungsnutzens). (Vgl. Bofinger/Schmidt 2003, S. 108; Jansen 2004, S. 409) Als Annäherung an die ökonomische Realität ist die Aufgabe der Annahme vollkommener Rationalität (bei vollkommener Information) in der neo-institutionenökonomischen Modellwelt zu interpretieren. Stattdessen wird lediglich begrenzte Rationalität angenommen. Vor dem Hintergrund nicht allwissender Individuen und Beschränkungen in der Informationsverarbeitung besitzen die Akteure dennoch die Intention gemäß ihren Präferenzen, rational zu handeln. (Vgl. Dequech 2001, S. 913; Richter/Furubotn 2003, S. 4; Kirchgässner 1991, S. 28) Die Annahme

[362] Eine ausführliche grundlegende wissenschaftstheoretische Betrachtung und Diskussion der Anwendung des Verhaltensmodells „homo oeconomicus" in den Wirtschafts- und Sozialwissenschaften liefert Kirchgässner (1991).

von (begrenzter) Rationalität im Verhaltensmodell des homo oeconomicus sieht sich einer Vielzahl von empirisch beobachtbaren Verhaltensanomalien ausgesetzt, die eine Kritik nahe legen (vgl. Kirchgässner 1991, S. 144). Wissenschaftliche Untersuchungen zu der Existenz von Verhaltensanomalien wurden von Kahneman und Tversky vorgenommen, die zeigen konnten, dass durch Rückgriff auf Urteilsheuristiken systematische Fehler (Bias) in Entscheidungen entstehen. (Vgl. Bofinger/Schmidt 2003, S. 108; Kirchgässner 1991, S. 146ff.) Auch Erkenntnisse der Prospect Theory (Kahneman/Tversky 1979), dass beispielsweise Individuen Verluste stärker gewichten als gleich hohe Gewinne, stellen die Annahme rationalen Handelns in Frage. Im Untersuchungskontext des hier betrachteten Projektfinanzierungsdesign ist diese Bewertung von Verlusten im Vergleich zu Gewinnen durchaus relevant, wenn man die Entscheidungssituation im Hinblick auf den Anreiz zu opportunistischen Handlungen analysiert (siehe z.B. Kapitel 4.4.3.2.3). Gewichtet ein einzelner Netzwerkakteur Verluste durch die Sanktionierung und Projektbeendigung höher als den kurzfristig erzielbaren ökonomischen Vorteil opportunistischer Handlungen, so würde der Anreiz zu kooperativem Verhalten (durch Unterlassen opportunistischer Handlungen) stärker. Neuere theoretische Ansätze der Verhaltensökonomik (Behavioral Economics) berücksichtigen in der Realität beobachtbare scheinbar irrationale Effekte.

- **Stabile Präferenzen:** In der Präferenzordnung von Individuen können grundsätzlich auch Interessen in Bezug auf andere Individuen Berücksichtigung finden. Eine zentrale Annahme des homo oeconomicus besteht jedoch darin, dass lediglich eigene Interessen verfolgt werden (Eigennutzenaxiom).[363] (Vgl. Erlei *u.a.* 1999, S. 3; Kirchgässner 1991, S. 16) Auch im Hinblick auf die aus den Präferenzen abgeleitete Zielfunktion (Nutzenfunktion) unterliegt der moderne homo oeconomicus einer Veränderung im Vergleich zur traditionellen Auffassung, indem dieser nicht nur Präferenzen hinsichtlich materieller Größen wie das individuelle Einkommen besitzt, sondern Präferenzen für andere Güter und Eigenschaften zulässt. So bilden das Streben nach der Ausdeh-

[363] Dieser egoistische Charakter kann und wird häufig als negativ interpretiert. Kirchgässner begegnet dieser Auffassung: „(...), dass der homo oeconomicus so unsympathisch vielleicht gar nicht ist. Schließlich verhält er sich seinen Mitmenschen gegenüber neutral." (Kirchgässner 1991, S. 46)

nung des individuellen Einflussbereichs (Empire Building), Freizeit oder angenehme Arbeitsbedingungen eines Managers mögliche zusätzliche Präferenzen, die eine Verhaltensänderung unter Beibehaltung (beschränkt) rationalen Handelns bedingen. (Vgl. Kirchgässner 1991, S. 79) Die Berücksichtigung solcher Präferenzen wurde in der Arbeit beispielsweise im Zusammenhang der Wahl der Kapitalstruktur aufgegriffen (siehe Kapitel 4.4.3.2.1). In der Analyse wird in der Regel unterstellt, dass sich die Präferenzen langsamer ändern als die Restriktionen und sie daher zweckmäßig in der statischen Betrachtung als konstant unterstellt werden können. (Vgl. Kirchgässner 1991, S. 38ff.; Richter/Furubotn 2003, S. 569) Die Annahme konstanter Präferenzen ist jedoch kritisch zu betrachten, da Individuen durch die zusätzliche Informationsgewinnung hinsichtlich existierender Handlungsalternativen eine Änderung der Präferenzen vornehmen beziehungsweise diese überhaupt erst bilden können. (Vgl. Kirchgässner 1991, S. 38ff.; Richter/Furubotn 2003, S. 569) Die Annahme sich verändernder Präferenzen ist jedoch auch mit erheblichen Problemen behaftet, da Verhaltensänderungen damit sehr leicht auf die Änderung von Präferenzen zurückgeführt werden können und somit das darauf aufbauende Modell an Erklärungsgehalt verliert. Kirchgässner fordert daher: „Im allgemeinen scheint es daher sinnvoller zu sein, zur Erklärung von Veränderungen im menschlichen Verhalten mit Veränderungen in den (unabhängig erfassbaren) Restriktionen zu arbeiten als mit Veränderungen in den (nicht unabhängig erfassbaren) Präferenzen.“ (Kirchgässner 1991, S. 39) Die Annahme stabiler Präferenzen ist folglich methodisch sinnvoll, auch wenn diese nicht der ökonomischen Realität entspricht.

4.6.3 Methodische Grenzen des Institutionenvergleichs

Mit dem neo-institutionenökonomischen Forschungsparadigma ist zugleich auch ein methodischer Ansatz verknüpft. Die Limitationen, die sich im Institutionenvergleich aufgrund methodischer Probleme ergeben, sollen nachfolgend analysiert werden.

- **Effizienz institutioneller Arrangements:** Die unterschiedlichen Forschungsstränge im Theoriegebäude der Neo-Institutionenökonomik bedienen sich unterschiedlicher Effizienzkriterien zur Beurteilung alternativer institutioneller Arrangements (vgl. Picot *u.a.* 2005, S. 45ff.). Im Kontext dieser Ausarbeitung wurden aufgrund der primären Orientierung an der Prinzipal-Agenten-Theorie als Effizienzkriterium die Agency-Kosten herangezogen. Grundsätzliche Probleme mit der Wahl eines Effizienzkriteriums bestehen in der genauen und systematischen Messung der Effizienz und somit in der Beurteilbarkeit einer Alternative hinsichtlich dieses Kriteriums. Auch die vergleichende Analyse von institutionellen Arrangements liefert nur beschränkte Ergebnisse, da einzelne Eigenschaften schwer quantifizierbar sind und allenfalls ihrer Ausprägung nach geschätzt werden können. (Vgl. Richter/Furubotn 2003, S. 571) In Bezug auf die einzelnen Komponenten der Agency-Kosten (Kosten der Überwachung, des Signalisieren und der Residualverlust) kann folglich hinsichtlich zwei Alternativen nur eine subjektive Schätzung erfolgen. Die Effizienz der Projektfinanzierungsstruktur im Netzwerk der Automobilindustrie lässt sich wie in der Ausarbeitung vorgenommen lediglich plausibilisieren. Der quantitative Nachweis der Effizienz bleibt folglich offen. Zudem resultiert im Institutionenvergleich das Problem, dass, auch wenn nachvollziehbar die Vorteilhaftigkeit einer Alternative A gegenüber B gefolgert werden kann, die mögliche Existenz einer effizienteren Alternative C letztendlich die Beurteilung erschwert (vgl. Richter/Furubotn 2003, S. 571).

- **Statische Betrachtung von einmaligen Entscheidungssituationen**: In der verbalen Analyse der Strukturierungselemente im Projekfinanzierungsdesign, wurde eine statische Betrachtung vorgenommen. Die Ausprägung eines Gestaltungsparameters (z.B. Kapitalgeberkonzentration oder Kapitalstruktur) wurde implizit in einem einzelnen Zeitpunkt betrachtet und im Sinne einer komparativ statischen Analyse wurden Aussagen über die Wirkungsweise in der einmaligen Transaktionsbeziehung getroffen. Dies gilt auch für die im Zuge der Hold up-Risiken betrachtete Nachverhandlungssituation zwischen den Fremdkapitalgebern und dem Netzwerk, in der sich durch die Forderung von Sicherheiten und Eigenkapital ex ante lediglich die Verhandlungspositionen der Netzwerkakteure ex post bestimmen (siehe Kapitel 4.4.3.2.1 und Kapitel 4.4.3.2.3). Diese statische Betrachtung wurde ebenfalls zur Komplexitätsreduktion vorgenommen und hat im Sinne wissenschaftlicher Abstraktion ihre Berechtigung, bildet jedoch gleichzeitig eine limitierende Annahme im Hinblick auf die Übertragbarkeit in die Realität (vgl. Richter/Furubotn 2003, S. 571). Diese kennzeichnet sich vielmehr durch wiederholte Transaktionsbeziehungen von Akteuren. Im Untersuchungskontext der Automobilindustrie ist die repetitive Zusammenarbeit von Systemlieferanten, Logistikdienstleistern und OEMs offensichtlich. Akteure im Netzwerk, die wiederholt in Interaktion treten, können im Vergleich zur einmaligen Transaktion andere Verhaltensanreize besitzen. In der Arbeit wurden zwei Elemente, die eine dynamische Komponente im Entscheidungsproblem abbilden, aufgenommen, jedoch in einen statischen Parameter überführt. Zum einen wurde die Reputation als vertrauensstiftendes Element betrachtet (siehe Kapitel 3.2.3.9), welche letztlich zurückliegendes Verhalten einzelner Akteure widerspiegelt, und zum anderen der Aspekt der Wissensasymmetrie aufgegriffen (siehe Kapitel 3.2.3.6). Der Aufbau von Wissen reflektiert die Verbesserung von impliziten oder expliziten Entscheidungsmodellen und -heuristiken durch Lernprozesse im Zeitverlauf. In der ökonomischen Theorie finden diese realitätsnahen Erweiterungen in dynamischen Ansätzen („Repeated Contracting") Berücksichtigung, lassen die Betrachtung jedoch erheblich komplexer werden, da spieltheoretische Modellierungsansätze als Hilfsmittel notwendig werden. (Vgl. Bolton/Dewatripont 2005, S. 365ff.) Diese intertemporalen, dynamischen Effekte wurden in der vorliegenden Arbeit nicht explizit berücksichtigt und stellen eine Einschränkung in der Übertragbarkeit auf reale Strukturen dar.

In der kritischen Betrachtung impliziter Annahmen und methodischer Grenzen wurde deutlich, dass die Aussagen über die Wirkungsweise von Projektfinanzierungsstruktur unter Verwendung idealisierter Annahmen und Problemabgrenzungen erarbeitet wurden. Die Kenntnis darüber bietet den auf dieser Arbeit aufbauenden Forschungsbeiträgen die Möglichkeit, durch ein verändertes Annahmeset neue Erkenntnisse zu erzielen. Die wissenschaftliche Konvention der Abstraktion, die zur Deskription und Erklärung komplexer realer Zusammenhänge notwendig ist, begrenzt aber stets auch das technologisch pragmatische Wissenschaftsziel in der Abgabe von Gestaltungsempfehlungen aufgrund immanenter Unterschiede zwischen theoretischen Modellen und empirischen Gegebenheiten.

5 Zusammenfassung und weiterer Forschungsbedarf

In der vorliegenden Ausarbeitung wurde ausgehend von der Dynamik in den Wertschöpfungsstrukturen und der damit erfolgenden Verlagerung von Verantwortungsbereichen in den arbeitsteiligen Prozessen die Existenz netzwerkartiger Wertschöpfungsbeziehungen analysiert. Die Automobilindustrie bildete dabei den untersuchungsrelevanten Forschungskontext, wobei sich insbesondere in den europäischen Strukturen, die sich durch enge Zusammenarbeit bei gleichzeitiger Autonomie rechtlich eigenständiger Unternehmen charakterisieren, die offensichtlichen Verhaltensspielräume und Interdependenzen im Supply Chain Netzwerk real verdeutlichen ließen. Speziell die Fokussierung auf Formen der Zusammenarbeit, die ein höheres Maß an Spezialisierung bei den Akteuren aufweisen und stärker die Einbindung von Logistikdienstleistern vornehmen, bildeten Ausgangspunkt und Anstoß des Forschungsvorhabens. Im Verlauf der Arbeit stellten diese Wertschöpfungsstrukturen als stilisierter Untersuchungsfall den praktischen Bezugspunkt dar.

Das finanzwirtschaftliche Äquivalent zum physischen Güterfluss bildet der Finanzfluss im Supply Chain Netzwerk. Im Zuge dieser Ausarbeitung wurde dabei eine Fokussierung auf das im Wertschöpfungsnetzwerk gebundene Umlaufvermögen vorgenommen, da dieses verbindendes Element zwischen der finanz- und leistungswirtschaftlichen Netzwerkebene ist. In der Ebene des Güterflusses bilden die physischen Lagerbestände als Bestandteil des Umlaufvermögens Risikopuffer gegen Schwankungen im Güterfluss. Aus finanzieller Sicht determiniert das im Umlaufvermögen gebundene Vermögen den Finanzierungsbedarf. Die Höhe des Finanzierungsbedarfs ist dabei korrespondierend zum Güterfluss und -bestand im Netzwerk schwankend. Die Finanzierung netzwerkspezifischer Lagerbestände ist aber auch von der Werthaltigkeit dieser abhängig. Im interdependenten Netzwerkkontext mit komplementären Leistungen verschiedener Netzwerkakteure existieren Risiken im Hinblick auf die qualitativen Eigenschaften der Vorprodukte und deren Liquidierbarkeit. Das physische Umlaufvermögen ist daher Risikopuffer und Risikoquelle zugleich.

Finanzierungsvorgänge sind untrennbar mit der Analyse zugrunde liegender Risikostrukturen verbunden. Die neo-klassische Betrachtung von Risiken als stochastische Störgröße, welche exogen gegeben und durch ökonomische Akteure per Definition unbeeinflussbar sind, wurde als unzureichend charakterisiert und stattdessen um ein neueres Risikoverständnis, welches in der Neo-Institutionenökonomik Anwendung findet, erweitert. In der Interaktion entstehende endogene Verhaltensrisiken erweiterten den Analyserahmen. Mit Hilfe dieses Risikoverständnisses wurden insbesondere die in Zulieferbeziehungen im Supply Chain Netzwerk existenten Verhaltensrisiken erschlossen. Dabei wurden unterschiedliche Faktoren, die das Potenzial dieser Risiken determinieren, vor dem Hintergrund des Netzwerkcharakters im Allgemeinen und auch mit Fokus auf die verstärkte Integration von Logistikdienstleistern im Untersuchungsfall identifiziert und evaluiert. Im Vergleich zu marktlich kompetitiven Wertschöpfungsbeziehungen kennzeichnet sich die intensive Form der Zusammenarbeit dabei in hohem Maß durch Verhaltensrisiken, die sich im Umlaufvermögen niederschlagen.

Unter Rückgriff auf den stilisierten Untersuchungsfall, die Finanzierung von Umlaufvermögen durch den Logistikdienstleister, konnte in diesem Forschungsbeitrag gezeigt werden, dass der Finanzierungsbedarf, welcher durch Übernahme der Bestände in das Eigentum entsteht, mit erheblichen Risiken verbunden ist. Diesen Risiken müssen sich die Kapitalgeber im Netzwerkkontext bewusst werden. Der traditionelle unternehmensbezogene Finanzierungsansatz vernachlässigt dabei die Interdependenzen von Unternehmen, die primär in Netzwerkstrukturen eingebettet sind. Verhaltensrisiken sind in der modernen Finanzierungstheorie nur im Innenverhältnis der finanzierten Unternehmen Untersuchungsgegenstand. Die Existenz von Verhaltensrisiken im Außenverhältnis wird dabei durch die idealtypische Annahme klarer Unternehmensgrenzen aufgrund vollkommener Marktstrukturen, in denen die Unternehmen als autonome Einheit agieren, abgegrenzt. Der klassische Unternehmensfinanzierungsansatz wird folglich nicht dem Netzwerkcharakter moderner Zusammenarbeitsformen in unterschiedlichsten Branchen gerecht, sondern verstärkt die einzelunternehmensbezogenen finanzwirtschaftlichen Zielsetzungen und induziert nicht kooperatives Verhalten im Wertschöpfungsnetzwerk.

Eine erweiterte Betrachtung der Finanzierung und Kapitalüberlassung ist vor dem Hintergrund der gegebenen Wertschöpfungsstrukturen notwendig. Finanzierung von Wertschöpfungsnetzwerken sollte sich daher nicht als Kapitalüberlassung gegenüber einem einzelnen Unternehmen verstehen, sondern den Netzwerkbereich als Einheit betrachten. Ein Finanzierungsansatz, welcher der Interdependenz mehrere komplementärer Akteure in der Leistungserbringung besser gerecht wird, ist die Projektfinanzierung. Die traditionellen Anwendungsgebiete der Projektfinanzierung ähneln aufgrund der Existenz autonomer Unternehmen, welche komplementäre spezifische Teilleistungen erbringen, den (Supply Chain-)Netzwerkstrukturen in der Automobilindustrie.

Der Wechsel im Bezugsobjekt – vom einzelnen Unternehmen zur Wertschöpfungsbeziehung – ermöglicht es, ein Kooperationsdesign für das Netzwerk zu etablieren, welches durch Verminderung von potenziellen Verhaltensrisiken auch die Finanzierbarkeit gewährleistet. Dabei lassen sich in einem Projektfinanzierungsdesign Mechanismen identifizieren, die eine Ausstrahlung auf das gesamte Netzwerk besitzen. Bereits in der Strukturierung nimmt dabei das arrangierende Kreditinstitut eine zentrale Rolle ein. Dieses moderiert den Institutionalisierungsprozess und macht es dem Netzwerk zur Auflage, bereits ex ante vertragliche Regelungen auf leistungswirtschaftlicher Ebene zu treffen, in denen Risiken adäquat verteilt und Anreize gebildet werden. Die Finanzierbarkeit und die Finanzierungskonditionen werden an die Ausgestaltung des leistungswirtschaftlichen Vertragsgeflechts zwischen den Supply Chain Akteuren gekoppelt. Dennoch kennzeichnen sich die leistungswirtschaftlichen Strukturen durch Verhaltensunsicherheit vor dem Hintergrund von Informationsasymmetrien und unvollständigen Verträgen. Jedoch besitzt die Projektfinanzierung durch die Finanzierungselemente die Möglichkeit, zusätzliche Anreizstrukturen durch die gesellschaftsrechtlich separierte Projektdurchführung individualisiert zu bilden.

Aufgrund der zentralen Positionierung der Projektgesellschaft im Untersuchungsfall, einerseits auf Güterflussebene durch das logistische Leistungsspektrum und andererseits als zentrale Vertragspartei, ist der Einflussbereich der Fremdkapitalgeber auf die in Beziehung stehenden Netzwerkakteure gegeben. Die Überwachung durch die Fremdkapitalgeber im Projektverlauf, mit der Möglichkeit der Einflussnahme im Fall von Unregelmäßigkeiten, induziert kooperatives Verhalten bei den Projektbeteiligten, wovon letztlich die wechselseitig involvierten Parteien im Sinne positiver externer Effekte profitieren.

Durch den hohen Fremdkapitalanteil in der Projektgesellschaft und die restriktiven Vertragsklauseln (Covenants) wird der Verhaltensspielraum der Eigenkapitalgeber und der operativen Betreiber beschränkt. Die extrem geringe Kompensationsfähigkeit der Projektgesellschaft in Bezug auf exogen wie endogen durch Netzwerkakteure ausgelöste Störungen lassen diese schnell offensichtlich werden. Dadurch können die Fremdkapitalgeber frühzeitig ggfs. Restrukturierungsmaßnahmen und bei fundamentaler Änderung der ökonomischen Rahmenfaktoren oder bei Auftreten von Verhaltensrisiken im extremen Ausmaß die Liquidation und vorzeitige Projektbeendigung der Projektgesellschaft als Folge herbeiführen. Die Wirksamkeit dieses Mechanismus ist besonders von der Verhandlungssituation im Default-Fall abhängig. Dabei ist es aus Sicht der Fremdkapitalgeber essenziell, nicht selbst einem Hold up durch das Netzwerk ausgesetzt zu sein. Entscheidend ist dabei die Glaubwürdigkeit der Sanktion durch Liquidation der Projektgesellschaft, die in hohem Maße von der Rückgewinnungsrate („Recovery Rate“) der ausstehenden Kreditsumme abhängt. Bei gegebenem geringen Liquidationswert der finanzierten Vermögensgegenstände ist die

Besicherung durch verschiedene Elemente dabei zentrales Instrument, um die Glaubwürdigkeit von Sanktionen und somit die Nachverhandlungsposition zugunsten der Fremdkapitalgeber zu verbessern.

Weiteres Gestaltungsfeld bilden die Eigenkapitalstrukturen der Projektgesellschaft hinsichtlich der Konzentration sowie auch im Hinblick auf die gezielte Einbeziehung „strategischer Eigentümer". Der hohe Konzentrationsgrad induziert bei beiden Kapitalgebergruppen einen höheren Anreiz, Überwachungsaktivitäten durchzuführen, wodurch das Free-Rider-Problem gemildert wird. Zudem wird eine vollständige Diversifikation bei den Anteilseignern erschwert und somit für diese der Anreiz gebildet, Risiken in ihrem Einflussbereich ursächlich zu bewältigen. Vorteilhaft ist die hohe Fremdkapitalgeberkonzentration insbesondere wegen der häufiger auftretenden Nachverhandlungssituationen im „Default". Dabei kann durch die geringe Anzahl an Kapitalgebern leichter ein Konsens im Hinblick auf die notwendigen Maßnahmen gebildet werden, wodurch Nachverhandlungskosten gesenkt werden. Die gezielte Integration von Netzwerkakteuren, von denen der Erfolg des Projektes in besonderem Maße abhängt oder die einen besonders hohen Verhaltensspielraum in Bezug auf die Wertschöpfungsbeziehung besitzen, ermöglicht es, zusätzliche Anreize für die Netzwerkakteure zu bilden. Insbesondere Parteien, die kritische Ressourcen im Netzwerk kontrollieren (z.B. besitzt der OEM den Marktzugang als intangible kritische Ressource) und damit eine besondere Machtposition im Netzwerk innehaben, können durch die Beteiligung an der Projektgesellschaft glaubhaft signalisieren, machtbasierte Verhaltensspielräume nicht opportunistisch auszunutzen.

In dem Projektfinanzierungsarrangement im Untersuchungsfall wurde deutlich, dass der Finanzintermediär eine zentrale Rolle im Netzwerk übernimmt. Neben der klassischen Auffassung im Unternehmensfinanzierungsbereich als „Delegated Monitor" nimmt dieser im Netzwerk in der frühen Projektphase die Rolle des Moderators und des Strukturierers ein („Netzwerk-Designer"). Durch die intensive Finanzierungsbeziehung wird der Intermediär selbst Teil des Netzwerks und tätigt im Aufbau spezifischen Wissens über das zugrunde liegende Wertschöpfungsnetzwerk spezifische Investitionen. Außerordentlich ist dabei die (idealisierte) Neutralität im Vergleich zu den auf leistungswirtschaftlicher Ebene existierenden Interessenkonflikten. Die planmäßige Rückführung des ausstehenden Kreditvolumens ist dabei komplementär mit dem übergeordneten Netzwerkinteresse, das in der Fortführung der Zusammenarbeit besteht. Diese neutrale Position resultiert auch in Nachverhandlungssituationen, die häufig die Restrukturierung anstelle der Liquidation als Ergebnis aufweisen, in der Wahrung des übergeordneten Interesses.

Durch den Einsatz von Projektfinanzierungsstrukturen im Supply Chain Netzwerk kann mehr als im Unternehmensfinanzierungsansatz ein Interessensausgleich zwischen den Netzwerkakteuren herbeigeführt werden und somit sowohl für die Netzwerkakteure als auch die Kapitalgeber nachteiliges opportunistisches Verhalten reduziert werden. Durch die Institutionalisierung des Netzwerkes in dieser formalen Weise kann insbesondere in neuartigen Formen der Zusammenarbeit und bei gegebenen verhaltensrisikoreichen leistungswirtschaftlichen Strukturen die Erwartung kooperativen Verhaltens geschaffen und ein höheres Ausmaß an spezifischen Investitionen im Netzwerk erreicht werden. Offen bleibt eine quantitative Analyse, unter welchen Bedingungen die positiven Effekte der Projektfinanzierung die ungleich höheren Kosten der Institutionalisierung übersteigen und eine Strukturierung in dieser Weise vorteilhaft werden lassen.

In der Ausarbeitung wurden Forschungslücken an verschiedenen Stellen offensichtlich und auch direkt Bereiche tangiert, die einen weiteren Forschungsbedarf in Bezug auf finanzwirtschaftliche Fragestellungen vor dem Hintergrund neuer Formen der Zusammenarbeit auf Wertschöpfungsebene begründen. Die wichtigsten Ideen und Fragestellungen, die im Laufe der Arbeit entstanden sind, sollen nachfolgend skizziert werden:

1. In der vorgenommen Analyse wurde die Anreizwirkung von Finanzierungsstrukturen teilweise in Analogie zu der Wirkung im Innenverhältnis des Unternehmens auf das Außenverhältnis, d.h. auf leistungswirtschaftlich tangierte Unternehmen, übertragen. Die Bedeutung von Finanzierungsstrukturen im Hinblick auf deren Anreizwirkung im Außenverhältnis der Unternehmung wird teilweise von neueren Stakeholderansätzen der Kapitalstruktur fokussiert (vgl. Perotti/Spier 1993; Spiegel 1996; Banerjee *u.a.* 2007), jedoch existieren nur wenige theoretische Beiträge wie auch empirisch fundierte Untersuchungen mit dieser Themenstellung. Gerade vor dem Hintergrund der in der vorliegenden Arbeit untersuchten hybriden Wertschöpfungsbeziehungen, die in unterschiedlichsten Branchen anzutreffen sind, ist dieses Forschungsgebiet sowohl im Sinne der klassischen Unternehmensfinanzierung als auch aus Projektfinanzierungssicht von besonderer Bedeutung. Die Theoriebildung auf Basis empirischer Studien, die Finanzierungsverhalten von Unternehmen in Netzwerkbeziehungen thematisieren, können in einem zweiten Schritt Empfehlungen und Anhaltspunkte im Hinblick auf die strategische Gestaltung von Finanzierungsstrukturen liefern.

2. Ein aus theoretischer Perspektive kaum betrachteter Aspekt sind „Joint Ownership"-Strukturen respektive Kapitalbeteiligungen als Form der partiellen Integration. Theoretische Modelle, die den Property-Rights-Ansatz in Verbindung mit der Theorie unvollständiger Verträgen verwenden (vgl. Schmitz 2001; Grossman/Hart 1986; Aghion/Tirole 1994; Aghion/Bolton 1992; Bolton/Dewatripont 2005, S. 515), liefern keine Erklärungen für Formen der partiellen Integration, die jedoch in der Realität als Hybridform zu beobachten sind. Die verhaltensstabilisierende Wirkung wird häufig angenommen, ohne ein dezidiertes Erklärungsmodell dafür zu besitzen. Dabei liefern gerade die Keiretsu-Strukturen, die sich durch eine Vernetzung auf Kapitalebene kennzeichnen, die empirische Evidenz. Die vorliegende Ausarbeitung liefert vor dem Hintergrund der leistungswirtschaftlichen Verflechtung bereits Argumentationslinien, die eine strategische Eigenkapitalbeteiligung im Projektfinanzierungsbereich rechtfertigen. Eine Ausdehnung dieser Analyse in den allgemeinen Unternehmenskontext lässt Erklärungsansätze erwarten, die eine einseitige und/oder wechselseitige Kapitalbeteiligung in Zulieferbeziehungen in Abhängigkeit von den Industriestrukturen und den Transaktionscharakteristika modelltheoretisch begründen.

3. In der Ausarbeitung wurde primär das Thema der Verhaltensunsicherheit im Netzwerk fokussiert. Eine stärkere Fokussierung von exogenen Risiken im Netzwerkkontext und insbesondere deren Risikomanagement würde in einer vergleichenden Analyse von unternehmensindividuell dezentralem Risikomanagement und projektfinanzierungsspezifisch zentralem Risikomanagement im Netzwerk neue Erkenntnisse erwarten lassen. In Bezug auf die Risikomanagementaktivitäten im Netzwerk kann von einer Unabgestimmtheit im Fall dezentralen Risikomanagements ausgegangen werden. Die Institutionalisierung von Projektfinanzierungen im Netzwerk würde eine gezielte Bündelung exogener Risiken (z.B. Preisrisiken, die auf Absatz- wie auf Rohstoffmärkten entstehen) in der Projektgesellschaft zulassen und ein zentral durch den Intermediär überwachtes Risikomanagement ermöglichen. Die Analyse der Vor- und Nachteile zentralisierten Risikomanagements im Supply Chain Netzwerk unter Fokussierung eines Endprodukts sowie dessen physische Bestandteile bilden einen innovativen Forschungsbedarf vor dem Hintergrund moderner Formen der Zusammenarbeit in verschiedensten Branchen.

4. Die vorliegende Arbeit lässt sich als Querschnittsarbeit beschreiben, die eine Vielzahl von Parametern und Einflussgrößen des Untersuchungsphänomens Projektfinanzierung in Netzwerken betrachtet. In der kritischen Reflektion (sie-

he Kapitel 4.6) wurden die Limitationen aufgrund der statischen Betrachtungsweise eines Entscheidungsproblems erörtert. Zudem bildet die ausschließlich verbale Analyse eine Beschränkung in der Verlässlichkeit und inneren Logik der gewonnenen Aussagen.[364] Aufbauend auf dieser Arbeit kann als Weiterentwicklung die Verwendung spieltheoretischer Modelle im Rahmen der Institutionenanalyse einen höheren Formalisierungsgrad ermöglichen und die dynamisch wiederkehrende Netzwerkbeziehung realitätsnah abbilden.[365] Die Spieltheorie ermöglicht es, durch das Spieldesign realistische Gegebenheiten und die Interaktionen von Akteuren zu berücksichtigen. Eine Zielsetzung für die spieltheoretische Forschung im Untersuchungskontext wäre die vergleichende Analyse der Netzwerkinteraktion auf leistungswirtschaftlicher Ebene ohne und mit Etablierung von Projektfinanzierungsstrukturen. Aufgrund des Mangels glaubhafter Bindung an Absprachen würde die Ausgangssituation (ohne Projektfinanzierung) einer nicht-kooperativen Spielsituation entsprechen (vgl. Holler/Illing 2006, S. 6). Die Vergleichssituation des Netzwerkdesigns mit Projektfinanzierungsstrukturen kann demgegenüber als kooperatives Spiel betrachtet werden, da der Finanzintermediär als sanktionierende übergeordnete Instanz durch Liquidation des Projekts Fehlverhalten der Netzwerkakteure ahnden kann. Somit können ex ante getroffene Absprachen, die durch eine Dritte Partei (der Finanzintermediär) durchgesetzt werden können, bindend werden, wodurch eine kooperative Spielsituation entsteht (vgl. Holler/Illing 2006, S. 6). Ein weiterer Ansatz könnte die Integration des Finanzintermediärs im Netzwerk nicht nur als „Spielregel“ wie zuvor dargestellt verfolgen, sondern diesen selbst als zusätzlichen Spieler integrieren. Eine Modellierung könnte mittels der Spielklasse kooperativer Verhandlungsspiele unter Berücksichtigung von Drohstrategien erfolgen (vgl. Holler/Illing 2006, S. 233ff.).

[364] Der gewählte Forschungsansatz im Sinne einer nichtformalen verbalen analytisch-deduktiven Analyse besitzt in der Gesamtentwicklung eines Forschungsprogramms durchaus seine Berechtigung. Erlei *u.a.* (1999, S. 21f.) charakterisieren eine zu frühe Verwendung formaler Darstellungen als wenig hilfreich: „Mathematisch-formale Darstellungstechniken erweisen sich dabei im allgemeinen als noch nicht sehr hilfreich, da sie eine geringere Anpassungsflexibilität aufweisen als nichtformale, verbale Ausführungen.“ (Erlei *u.a.* 1999, S. 21) In dem hier betrachteten Untersuchungskontext und der Verbindung von Netzwerk- mit Finanzierungstheorien war der verbale Ansatz eine erste Möglichkeit, Kausalitäten zu identifizieren, die in weitergehenden Forschungsarbeiten eine Formalisierung ermöglichen.

[365] Eine Einführung in spieltheoretische Grundlagen und deren Anwendung im Forschungsprogramm der Neo-Institutionenökonomik liefert Neus (2003, S. 467ff.).

Die Übertragung spieltheoretischer Modelle in den Untersuchungskontext stellt eine vielversprechende Weiterführung der Analyse von Interaktionen zwischen Finanzierungsparteien und den leistungswirtschaftlichen Netzwerkspielern dar.

In dem stilisierten Untersuchungsfall wurde die Gestaltungsmöglichkeit und die positive Wirkung der Projektfinanzierungsstruktur im Hinblick auf den relevanten Netzwerkausschnitt (Systemlieferanten – LDL – OEM) analysiert. Die Ausgliederung des für Verhaltensrisiken anfälligen physischen Umlaufvermögens – rechtliche Separation des Güterflusses von den Netzwerkakteuren – aus diesem Netzwerkausschnitt durch Übertragung des Eigentums in eine Projektgesellschaft (SPV) in Verbindung mit den prozessualen und strukturellen Merkmalen erscheint im Untersuchungskontext vorteilhaft und liefert ökonomische Gründe für die Etablierung. Die Rolle des „Netzwerk-Designer" und „Netzwerk-Supervisor" übernimmt in diesem Kooperationsdesign der Finanzintermediär, i.d.R. das arrangierende Kreditinstitut.

Vor dem Hintergrund der skizzierten Wirkungsmechanismen im Supply Chain Netzwerk eröffnet sich letztlich die Fragestellung, ob nicht eine Ausdehnung des relevanten Netzwerkabschnitts vorteilhaft ist. Die Ausdehnung könnte in einem leistungswirtschaftlichen Vertragsnetzwerk resultieren, das sich auch im Hinblick auf die Beziehungen zwischen der Projektgesellschaft, dem OEM und dem Systemlieferanten durch einen Dienstleistungscharakter kennzeichnet. Die Systemlieferanten würden dann Produktionsdienstleistungen bezüglich der Fertigung einzelner Module erbringen, der LDL die logistische Integration und der OEM als „Vehicle Brand Owner" die Vermarktung der jeweiligen Baureihe als Dienstleistung übernehmen. Die Separierung des Güterflusses in einem Special Purpose Vehicle würde dann mit dem Kauf von Normteilen und Vorprodukten für die Fertigung der Systeme und Module beginnen und mit dem Übergang des Eigentums des fertigen Automobils beispielsweise an den Händler enden. Das skizzierte Projekt würde somit die Institutionalisierung und Finanzierung des Güterflusses einer gesamten Baureihe im Supply Chain Netzwerk der Automobilindustrie für die Dauer der Serienproduktion umfassen und die positiven Effekte der Projektfinanzierung auf einen größeren Netzwerkbereich ausdehnen. Wobei die Projektgesellschaft als rechtlicher Träger der Baureihe im Netzwerk fungiert.

Die Entwicklung flexibler, adaptiver und modularer Wertschöpfungsstrukturen in produzierenden Industrien, die sich temporär formieren und bei Änderungen der Umwelt notwendiger Weise rekonfigurieren, stellt eine Herausforderung zum Erhalt der Wettbewerbsfähigkeit im Zuge der Globalisierung dar. Die auch auf politischer

Ebene erkannte Wichtigkeit des Wandels von Wertschöpfungsmodellen kommt auch in der MANU*FUTURE*-Initiative[366] auf europäischer Ebene zum Ausdruck. Neue netzwerkartige Wertschöpfungsstrukturen werden als Notwendigkeit betrachtet: „Supply chains take the form of flexible collaborations, networks of specialised small and medium-sized enterprises (SMEs) and 'virtual enterprises'". (Europäische Kommission 2004, S. 8) Bei der Umsetzung stärker modularer statt sequenzieller Produktionsnetzwerke zwischen rechtlich autonomen Unternehmen, die mit den in dieser Arbeit untersuchten Wertschöpfungsmodellen vergleichbar sind, sind Kooperationprobleme und Finanzierungsrestriktionen zu erwarten. Die Umsetzbarkeit wird maßgeblich davon abhängen, kooperative Netzwerkdesigns zu etablieren und Kapital für diese Strukturen bereitzustellen. Projektfinanzierungsstrukturen bilden eine mögliche Finanzierungs- und Kooperationslösung, die branchenübergreifend den Wandel von Wertschöpfungsstrukturen unterstützen und teilweise neue Formen der Zusammenarbeit überhaupt erst ermöglichen.

[366] MANU*FUTURE* ist eine auf europäischer Ebene angesiedelte Initiative, die zum Erhalt der Wettbewerbsfähigkeit einen strategischen Transformationsprozess in produzierenden Industrien in Europa begleitet und fördert. Im Vorfeld des 7. EU-Forschungsrahmenprogramm (2007-2013) soll über die Technologie-Plattform MANU*FUTURE* die Abstimmung strategischer Forschungsfelder auf europäischer und nationaler Ebene erfolgen. Im Rahmen dieser Plattform, die einen Multi-Perspektiven-Ansatz verfolgt, wurde eine „Strategic Research Agenda" erarbeitet, die neben innovativen Produkten, neuen Produktionstechnologien, Aus- und Weiterbildung auch die Entwicklung neuer „Business Models" als Schwerpunkt identifiziert. (Vgl. Europäische Kommission 2004, S. 8; Europäische Kommission 2006, S. 8f.)

Literaturverzeichnis

Abo, T., 1998, Hybridization of the Japanese Production System in North America, Newly Industrializing Economies, South-East Asia, and Europe: Contrasted Configurations, in: Boyer, R./Charron, E./Jürgens, U./Tolliday, S. (Hrsg.), 1998, Between Imitation and Innovation: The Transfer and Hybridization of Productive Models in the International Automobile Industry, Oxford [u.a.], S. 216-230

Ackermann, I., 2004, Supply Chain Management in der Automobilindustrie, Lohmar Köln (zugl. Diss., Univ. der Bundeswehr Hamburg, 2003)

Adler, P. S., 2001, Market, Hierarchy, and Trust: The Knowledge Economy and the Future of Capitalism, in: Organization Science, 12. Jg., Nr. 2, S. 215-234

Aghion, P./Bolton, P., 1992, An Incomplete Contracts Approach to Financial Contracting, in: Review of Economic Studies, 59. Jg., Nr. 200, S. 473-494

Aghion, P./Bolton, P./Tirole, J., 2004, Exit Options in Corporate Finance: Liquidity versus Incentives, in: Review of Finance, 8. Jg., Nr. 3, S. 327-353

Aghion, P./Tirole, J., 1994, The Management of Innovation, in: Quarterly Journal of Economics, 109. Jg., Nr. 4, S. 1185

Aghion, P./Tirole, J., 1997, Formal and Real Authority in Organizations, in: Journal of Political Economy, 105. Jg., Nr. 1, S. 1-29

Agrawal, P., 2002, Double Moral Hazard, Monitoring, and the Nature of Contracts, in: Journal of Economics, 75. Jg., Nr. 1, S. 33-61

Ahmadjian, C. L./Lincoln, J. R., 2001, Keiretsu, Governance, and Learning: Case Studies in Change from the Japanese Automotive Industry, in: Organization Science, 12. Jg., Nr. 6, S. 683-701

Akerlof, G. A., 1970, The Market for "Lemons": Quality Uncertainty and the Market Mechanism, in: Quarterly Journal of Economics, 84. Jg., Nr. 3, S. 488-500

Alchian, A. A./Demsetz, H., 1972, Production, Information Costs, and Economic Organization, in: American Economic Review, 62. Jg., Nr. 5, S. 777-795

Alchian, A. A./Woodward, S., 1988, The Firm Is Dead; Long Live The Firm a Review of Oliver E. Williamson's The Economic Institutions of Capitalism, in: Journal of Economic Literature, 26. Jg., Nr. 1, S. 65-79

Allen, J. W./Phillips, G. M., 2000, Corporate Equity Ownership, Strategic Alliances, and Product Market Relationships, in: Journal of Finance, 55. Jg., Nr. 6, S. 2791-2815

Alston, L. J./Gillespie, W., 1989, Resource Coordination and Transaction Costs: A Framework for Analyzing the Firm/Market Boundary, in: Journal of Economic Behavior & Organization, 11. Jg., Nr. 2, S. 191-212

Ammon, N., 1998, Why Hedge? - A Critical Review of Theory and Empirical Evidence, ZEW Discussion Paper No. 98-18, Mannheim

Anderson, E./Jap, S. D., 2005, The Dark Side of Close Relationships, in: MIT Sloan Management Review, 46. Jg., Nr. 3, S. 75-82

Andersson, D./Norrman, A., 2002, Procurement of Logistics Services - A Minutes Work or a Multi-Year Project? in: European Journal of Purchasing & Supply Management, 8. Jg., Nr. 1, S. 3-14

Andrade, G./Kaplan, S. N., 1998, How Costly is Financial (Not Economic) Distress? Evidence from Highly Leveraged Transactions, in: Journal of Finance, 53. Jg., Nr. 5, S. 1443-1493

Ang, J. S./Cole, R. A./Lin, J. W., 2000, Agency Costs and Ownership Structure, in: Journal of Finance, 55. Jg., Nr. 1, S. 81-106

Arnold, U., 2004, Beschaffungskooperationen und Netzwerke, in: Backhaus, K./Voeth, M. (Hrsg.), 2004, Handbuch Industriegütermarketing: Strategien, Instrumente, Anwendungen, Wiesbaden, S. 287-322

Artz, K. W./Norman, P. M., 2002, Buyer-Supplier Contracting: Contract Choice and Ex Post Negotiation Costs, in: Journal of Managerial Issues, 14. Jg., Nr. 4, S. 399-417

AutoBusiness Ltd., 2004a, Modules & Systems, Report, Stamford

AutoBusiness Ltd., 2004b, The New Production Chain, Report, Stamford

Baker, G. P./Gibbons, R. S./Murphy, K. J., 2001, Relational Contracts and the Theory of the Firm, in: Quarterly Journal of Economics, 117. Jg., Nr. 1, S. 39-84

Banerjee, S./Dasgupta, S./Kim, Y., 2007, Buyer-Supplier Relationships and the Stakeholder Theory of Capital Structure, Working Paper, Hong Kong University of Science and Technology, URL: http://ssrn.com/paper=607582, Zugriff am: 21.09.2006

Bannier, C. E., 2005, Vertragstheorie - Eine Einführung mit finanzökonomischen Beispielen und Anwendungen, Heidelberg

Barnea, A./Haugen, R. A./Senbet, L. W., 1981, Market Imperfections, Agency Problems, and Capital Structure: A Review, in: Financial Management, 10. Jg., Nr. 3, S. 7-22

Barney, J. B., 1994, Commentary: Brumagim, Alan L.: A Hierarchy of Corporate Ressources, in: Shrivatava, P./Huff, A. S./Dutton, J. E. (Hrsg.), 1994, Advances in Strategic Management, 10A. Aufl.,113-125

Baule, R./Ammann, K./Tallau, C., 2006, Zum Wertbeitrag des finanziellen Risikomanagements, in: Wirtschaftswissenschaftliches Studium, Nr. 2, S. 62-65

Baumgarten, H., 2004, Trends in der Logistik, in: Baumgarten, H./Darkow, I.-L./Zadek, H. (Hrsg.), 2004, Supply Chain Steuerung und Services. Logistik-Dienstleister managen globale Netzwerke - best practices, Berlin [u.a.], S. 1-12

Beale, C./Chatain, M./Fox, N./Bell, S./Berner, J./Preminger, R./Prins, J., 2002, Credit Attributes of Project Finance, in: Journal of Structured & Project Finance, S. 5-9

Becht, M./Bolton, P./Röell, A., 2003, Corporate Governance and Control, in: Constantinides, G. M./Harris, M./Stulz, R. M. (Hrsg.), 2003, Handbook of the Economics of Finance, Amsterdam u.a., S. 1-109

Bechtel, C./Jayaram, J., 1997, Supply Chain Management: A Strategic Perspective, in: The International Journal of Logistics Management, 8. Jg., Nr. 1, S. 15-34

Becker, A./Ossang, S., 2003, Auswirkungen der neuen MaK auf Projektfinanzierungen, in: Zeitschrift für das gesamte Kreditwesen, Nr. 5, S. 12-16

Becker, H., 2006, Phänomen Toyota - Erfolgsfaktor Ethik, Berlin [u.a.]

Becker, H., 2007, Auf Crashkurs - Automobilindustrie im globalen Verdrängungswettbewerb, 2., aktual. Aufl., Berlin [u.a.]

Becker, R., 2003, Zielplanung und -kontrolle von Public Private Partnership in der Forschung Konzeption und praxisorientierte Gestaltungsempfehlungen für Forschungskooperationen zwischen Wissenschaft und Wirtschaft, Wiesbaden (zugl. Diss., Univ. Stuttgart, 2003)

Becker, T., 2005, Konzeption von Entwicklungspfaden für Zulieferparks in der Automobilindustrie, Kassel (zugl. Diss., Univ. Kassel, 2005)

Beneish, M. D./Press, E., 1995, Interrelation Among Events of Default, in: Contemporary Accounting Research, 12. Jg., Nr. 1, S. 57-84

Bensaou, M./Anderson, E., 1999, Buyer-Supplier Relations in Industrial Markets: When do Buyers Risk Making Idiosyncratic Investments? in: Organization Science, 10. Jg., Nr. 4, S. 460-481

Berglöf, E./Perotti, E., 1994, The Governance Structure of the Japanese Financial Keiretsu, in: Journal of Financial Economics, 36. Jg., Nr. 2, S. 259-284

Berkovitch, E./Kim, E. H., 1990, Financial Contracting and Leverage Induced Over-and-Under-Investment Incentives, in: Journal of Finance, 45. Jg., Nr. 3, S. 765-794

Berle, A. A./Means, G. C., 1932, The Modern Corporation and Private Property, New York

Bester, H., 1994, The Role of Collateral in a Model of Debt Renegotiation, in: Journal of Money, Credit & Banking, 26. Jg., Nr. 1, S. 72-86

Bhattacharyya, S./Lafontaine, F., 1995, Double-Sided Hazard and the Nature of Share Contracts, in: RAND Journal of Economics, 26. Jg., Nr. 4, S. 761-781

Bhide, A., 1993, The Hidden Costs of Stock Market Liquidity, in: Journal of Financial Economics, 34. Jg., Nr. 1, S. 31-51

Bieta, V./Broll, U./Milde, H./Siebe, W., 2006, Zustandsrisiken und Verhaltensrisiken sind nicht dasselbe, in: Risiko Manager, Nr. 11, S. 16-19

Bitz, M., 2002, Finanzdienstleistungen, 6. Aufl., München, Wien

Black, F./Scholes, M., 1973, The Pricing of Options and Corporate Liabilities, in: Journal of Political Economy, 81. Jg., Nr. 3, S. 637-654

Blum, U./Dudley, L./Leibbrand, F./Weiske, A., 2005, Angewandte Institutionenökonomik, Theorien, Modelle, Evidenz, Wiesbaden

Böckem, S./Schiller, U., 2004, Transfer Pricing and Hold-Ups in Supply Chains, in: German Economic Review, 5. Jg., Nr. 2, S. 211-230

Bofinger, P./Schmidt, R., 2003, Nobelpreis für Wirtschaftswissenschaften 2002 an Daniel Kahneman und Vernon L. Smith, in: Wirtschaftswissenschaftliches Studium, 32. Jg., Nr. 2, S. 107-111

Bolton, P./Dewatripont, M., 2005, Contract Theory, Cambridge, Massachusetts [u.a.]

Bolton, P./Freixas, X., 2000, Equity, Bonds, and Bank Debt: Capital Structure and Financial Market Equilibrium Under Asymmetric Information, in: Journal of Political Economy, 108. Jg., Nr. 2, S. 324-351

Bolton, P./Scharfstein, D. S., 1996, Optimal Debt Structure and the Number of Creditors, in: Journal of Political Economy, 104. Jg., Nr. 1, S. 1-25

Bolton, P./Scharfstein, D. S., 1998, Corporate Finance, the Theory of the Firm, and Organizations, in: Journal of Economic Perspectives, 12. Jg., Nr. 4, S. 95-114

Bolton, P./von Thadden, E.-L., 1998, Blocks, Liquidity, and Corporate Control, in: Journal of Finance, 53. Jg., Nr. 1, S. 1-25

Borrus, M./Zysman, J., 1997, Wintelism and the Changing Terms of Global Competition: Prototype of the Future? BRIE Working Paper, Berkeley

Bot, B. L./Neumann, C.-S., 2003, Growing Pains for Logistics Outsourcers, in: The McKinsey Quarterly, Nr. 2, S. 68-77

Boyer, R., 1998, Hybridization and Models of Production: Geography, History, and Theory, in: Boyer, R./Charron, E./Jürgens, U./Tolliday, S. (Hrsg.), 1998, Between Imitation and Innovation: The Transfer and Hybridization of Productive Models in the International Automobile Industry, Oxford [u.a.], S. 23-56

Boyer, R./Charron, E./Jürgens, U./Tolliday, S. (Hrsg.), 1998, Between Imitation and Innovation: The Transfer and Hybridization of Productive Models in the International Automobile Industry, Oxford [u.a.]

Breuer, W./Hartmann, N./Kleefisch, A., 2002a, Finanzinnovationen der Beteiligungsfinanzierung - Überblick und Würdigung, Working Paper, RWTH Aachen

Breuer, W./Hartmann, N./Kleefisch, A., 2002b, Finanzinnovationen der Fremdfinanzierung - Überblick und Würdigung, Working Paper, RWTH Aachen

Brigham, E. F./Houston, J. F., 2004, Fundamentals of Financial Management, 4. Aufl., Mason

Brindley, C./Ritchie, B., 2004, Introduction, in: Brindley, C. (Hrsg.), 2004, Supply Chain Risk, Aldershot Burlington, S. 3-13

Bruner, R./Spekman, R., 1998, The Dark Side of Alliances: Lessons from Volvo-Renault, in: European Management Journal, 16. Jg., Nr. 2, S. 136-150

Bühler, W./Korn, O., 2000, Absicherung langfristiger Lieferverpflichtungen mit kurzfristigen Futures: Möglich oder unmöglich? in: Zeitschrift für betriebswirtschaftliche Forschung, 52. Jg., Nr. 6, S. 315-347

Burkart, M./Gromb, D./Panunzi, F., 1997, Large Shareholder, Monitoring, and the Value of the Firm, in: Quarterly Journal of Economics, 112. Jg., Nr. 3, S. 693-728

Burr, W., 2003, Fundierung von Leistungstiefenentscheidungen auf der Basis modifizierter Transaktionskostenansätze, in: Zeitschrift für betriebswirtschaftliche Forschung, 55. Jg., Nr. 3, S. 112-134

Cachon, G. P., 2004, The Allocation of Inventory Risk in a Supply Chain: Push, Pull, and Advance-Purchase Discount Contracts, in: Management Science, 50. Jg., Nr. 2, S. 222-238

Calomiris, C. W./Kahn, C. M., 1991, The Role of Demandable Debt in Structuring Optimal Banking Arrangements, in: American Economic Review, 81. Jg., Nr. 3, S. 497-513

Chanaron, J.-J./Lung, Y., 1999, Product Variety, Productive Organisation, and Industrial Models, in: Lung, Y./Chanaron, J.-J./Fujimoto, T./Raff, D. (Hrsg.), 1999, Coping with Variety: Flexible Productive Systems for Product Variety in the Auto Industry, Aldershot [u.a.], S. 3-31

Chandler, A. D., 1990, The Enduring Logic of Industrial Success, in: Harvard Business Review, 68. Jg., Nr. 2, S. 130-140

Chandra, C./Kumar, S., 2000, Supply Chain Management in Theory and Practice: a Passing Fad or a Fundamental Change? in: Industrial Management & Data Systems, 100. Jg., Nr. 3/4, S. 100-113

Chemmanur, T. J./John, K., 1996, Optimal Incorporation, Structure of Debt Contracts, and Limited-Recourse Project Financing, in: Journal of Financial Intermediation, 5. Jg., Nr. 4, S. 372-408

Chen, I. J./Paulraj, A., 2004, Understanding Supply Chain Management: Critical Research and a Theoretical Framework, in: International Journal of Production Research, 42. Jg., Nr. 1, S. 131-163

Chen, K. C. W./Wei, K. C. J., 1993, Creditors' Decisions to Waive Violations of Accounting-Based Debt Covenants, in: Accounting Review, 68. Jg., Nr. 2, S. 218-232

Child, J./Faulkner, D., 1998, Strategies of Cooperation: Managing Alliances, Networks, and Joint Ventures, Oxford [u.a.]

Child, J./Rodrigues, S. B., 2004, Corporate Governance in International Joint Ventures: Toward a Theory of Partner Preferences, in: Grandori, A. (Hrsg.), 2004, Corporate Governance and Firm Organization: Microfoundations and Structural Forms, New York, S. 89-112

Chmielewicz, K., 1994, Forschungskonzeptionen der Wirtschaftswissenschaft, 3., unver. Aufl., Stuttgart

Chopra, S./Sodhi, M. S., 2004, Managing Risk To Avoid Supply-Chain Breakdown, in: MIT Sloan Management Review, 46. Jg., Nr. 1, S. 53-61

Christopher, M., 1998, Logistics and Supply Chain Management, 2. Aufl., London

Christopher, M./Lee, H., 2004, Mitigating Supply Chain Risk Through Improved Confidence, in: International Journal of Physical Distribution & Logistics Management, 34. Jg., Nr. 5, S. 388-396

Clark, K. B./Fujimoto, T., 1991, Product Developement Performance: Strategy, Organization, and Management in the World Auto Industry, Boston, Massachusetts

Coase, R. H., 1937, The Nature of the Firm, in: Economica, 4. Jg., Nr. 16, S. 386-405

Coffee, J. C., 1991, Liquidity versus Control: The Institutional Investor as Corporate Monitor, in: Columbia Law Review, 91. Jg., Nr. 6, S. 1277-1368

Collin-Dufresne, P./Goldstein, R. S./Martin, J. S., 2001, The Determinants of Credit Spread Changes, in: Journal of Finance, 56. Jg., Nr. 6, S. 2177-2207

Cooper, M. C./Lambert, D. M./Pagh, J. D., 1997, Supply Chain Management: More than a New Name for Logistics, in: International Journal of Logistics Management, 8. Jg., Nr. 1, S. 1-14

Corbett, C. J., 2001, Stochastic Inventory Systems in a Supply Chain with Asymmetric Information: Cylce Stocks, Safety Stocks, and Consignment Stock, in: Operations Research, 49. Jg., Nr. 4, S. 487-500

Cornell, B./Shapiro, A. C., 1987, Corporate Stakeholders and Corporate Finance, in: Financial Management, 16. Jg., Nr. 1, S. 5-14

Corsten, H., 1997, Dienstleistungsmanagement, München

Corsten, H./Gössinger, R., 2001, Einführung in das Supply Chain Management, München

Cox, A./Ireland, P./Lonsdale, C./Sanderson, J./Watson, G., 2002, Supply Chains, Markets and Power: Mapping Buyer and Supplier Power Regimes, London [u.a.]

Dailami, M./Hauswald, R., 2000, Risk Shifting and Long-Term Contracts - Evidence from the Ras Gas Project, Policy Research Working Paper 2469, World Bank Institute

Danielsson, J./Shin, H. S., 2003, Endogenous Risk, in: Field, P. (Hrsg.), 2003, Modern Risk Management: A History, London, S. 297-313

Darby, M. R./Karni, E., 1973, Free Competition and the Optimal Amount of Fraud, in: Journal of Law & Economics, 16. Jg., Nr. 1, S. 67-88

Dasgupta, S./Tao, Z., 2000, Bargaining, Bonding, and Partial Ownership, in: International Economic Review, 41. Jg., Nr. 3, S. 609-639

Davis, L./North, D. C., 1971, Institutional Change and American Economic Growth, Cambridge, Massachusetts

de Banville, E./Chanaron, J.-J., 1999, Inter-Firm Relationships and Industrial Models, in: Lung, Y./Chanaron, J.-J./Fujimoto, T./Raff, D. (Hrsg.), 1999, Coping with Variety: Flexible Productive Systems for Product Variety in the Auto Industry, Aldershot [u.a.], S. 364-390

DeMarzo, P. M./Sannikov, Y., 2006, Optimal Security Design and Dynamic Capital Structure in a Continuous-Time Agency Model, in: Journal of Finance, 61. Jg., Nr. 6, S. 2681-2724

Denis, D. K./McConnell, J. J., 2003, International Corporate Governance, in: Journal of Financial & Quantitative Analysis, 38. Jg., Nr. 1, S. 1-36

Dequech, D., 2001, Bounded Rationality, Institutions, and Uncertainty, in: Journal of Economic Issues, 35. Jg., Nr. 4, S. 911-929

Dequech, D., 2006, The New Institutional Economics and the Theory of Behaviour Under Uncertainty, in: Journal of Economic Behavior & Organization, 59. Jg., Nr. 1, S. 109-131

Devine, I./Halpern, P., 2001, Implicit Claims: The Role of Corporate Reputation in Value Creation, in: Corporate Reputation Review, 4. Jg., Nr. 1, S. 42-49

Diamond, D. W., 1984, Financial Intermediation and Delegated Monitoring, in: Review of Economic Studies, 51. Jg., Nr. 166, S. 393-414

Diamond, D. W., 1989, Reputation Acquisition in Debt Markets, in: Journal of Political Economy, 97. Jg., Nr. 4, S. 828-862

Diamond, D. W., 1991, Monitoring and Reputation: The Choice between Bank Loans and Directly Placed Debt, in: Journal of Political Economy, 99. Jg., Nr. 4, S. 689-721

Diamond, D. W., 1994, Corporate Capital Structure: The Control Roles of Bank and Public Debt with Taxes and Costly Bankruptcy, in: Economic Quarterly (Federal Reserve Bank of Richmond), 80. Jg., Nr. 2, S. 11-37

Diamond, D. W./Rajan, R. G., 2001, Liquidity Risk, Liquidity Creation, and Financial Fragility: A Theory of Banking, in: Journal of Political Economy, 109. Jg., Nr. 2, S. 287-327

Diestel, R., 2006, Graphentheorie, 3. Aufl., Heidelberg

Dietl, H., 1995, Institutionelle Koordination spezialisierungsbedingter wirtschaftlicher Abhängigkeit, in: Zeitschrift für betriebswirtschaftliche Forschung, 65. Jg., Nr. 6, S. 569-585

Doran, D., 2004, Rethinking the Supply Chain: An Automotive Perspective, in: Supply Chain Management, 9. Jg., Nr. 1, S. 102-109

Doz, Y. L./Olk, P. M./Ring, P. S., 2000, Formation Processes of R&D Consortia: Which Path to take? Where does it lead? in: Strategic Management Journal, 21. Jg., Nr. 3, S. 239-266

Drukarczyk, J., 2003, Finanzierung, 9., neu bearb. Aufl., Stuttgart

Dubois, A./Hulthen, K./Pedersen, A.-C., 2004, Supply Chains and Interdependence: A Theoretical Analysis, in: Journal of Purchasing & Supply Management, 10. Jg., Nr. 1, S. 3-9

Dyer, J. H., 2000, Collaborative Advantage: Winning Through Extended Enterprise Supplier Networks, Oxford, New York [u.a.]

Eckert, S., 2004, Grounded Teory als methodische Konzeption für wirtschaftswissenschaftliche Forschungsprojekte, in: Wirtschaftswissenschaftliches Studium, 33. Jg., Nr. 12, S. 694-699

Eggers, T./Engelbrecht, A., 2005, Kooperation – Gründe und Typologisierung, in: Wiendahl, H.-P./Dreher, C./Engelbrecht, A. (Hrsg.), 2005, Erfolgreich kooperieren - Best-Practice-Beispiele ausgezeichneter Zusammenarbeit, Heidelberg, S. 1-12

Eisenhardt, K. M., 1985, Control: Organizational and Economic Approaches, in: Management Science, 31. Jg., Nr. 2, S. 134-149

Eisenhardt, K. M., 1989, Agency Theory: An Assessment and Review, in: Academy of Management Review, 14. Jg., Nr. 1, S. 57-74

Eisenkopf, A., 2005, Wachstumsmarkt Kontraktlogistik - eine Analyse von Logistikkooperationen aus institutionenökonomischer Sicht, in: Lasch, R./Janker, C. G. (Hrsg.), 2005, Logistik Management - Innovative Logistikkonzepte, Wiesbaden, S. 395-406

Ellram, L. M., 1991, Supply Chain Management: The Industrial Organisation Perspective, in: International Journal of Physical Distribution & Logistics Management, 21. Jg., Nr. 1, S. 13-22

Elsner, W., 1987, Institutionen und ökonomische Institutionentheorie: Begriffe, Fragestellungen, theoriegeschichtliche Ansätze, in: Wirtschaftswissenschaftliches Studium, 16. Jg., Nr. 1, S. 5-14

Engardio, P., 2001, Why the Supply Chain Broke Down, in: Business Week, 19.03.2001, S. 41

Enslow, B., 2007, How to Create a More Competitive End-to-End Supply Chain, in: Business Finance, 13. Jg., Nr. 4, S. 48-54

Erlei, M., 1998, Institutionen, Märkte und Marktphasen - Allgemeine Transaktionskostentheorie unter spezieller Berücksichtigung der Entwicklungsphasen von Märkten, Tübingen

Erlei, M./Leschke, M./Sauerland, D., 1999, Neue Institutionenökonomik, Stuttgart

Eßig, M., 2004, Preispolitik in Netzwerken - Ein institutionenökonomisch und spieltheoretisch fundierter Integrationsansatz für das Supply Chain Management, Wiesbaden (zugl. Habil.-Schr., Univ. Stuttgart, 2002)

Esty, B. C., 1999, Petrozuata: A Case Study of the Effective Use of Project Finance, in: Journal of Applied Corporate Finance, 12. Jg., Nr. 3, S. 26-42

Esty, B. C., 2002, Capital Structure - Returns On Project-financed Investments: Evolution And Managerial Implications, in: Journal of Applied Corporate Finance, 15. Jg., Nr. 1, S. 71-86

Esty, B. C., 2003, The Economic Motivations for Using Project Finance, Mimeo, Harvard Business School, Cambridge, Massachusetts

Esty, B. C., 2004a, Modern Project Finance: A Casebook, New York

Esty, B. C., 2004b, Why Study Large Projects? An Introduction to Research on Project Finance, in: European Financial Management, 10. Jg., Nr. 2, S. 213-224

Esty, B. C./Christov, I., 2002, Overview of Project Finance - 2001 Update, Harvard Business School Cases, N9-202-105, Boston, Massachusetts

Esty, B. C./Megginson, W. L., 2003, Creditor Rights, Enforcement, and Debt Ownership Structure: Evidence from the Global Syndicated Loan Market, in: Journal of Financial & Quantitative Analysis, 38. Jg., Nr. 1, S. 37-59

Europäische Kommission (Hrsg.), 2004, Manufuture - A Vision for 2020, Brüssel

Europäische Kommission (Hrsg.), 2006, Manufuture - Strategic Research Agenda, Brüssel

Fama, E. F., 1980, Agency Problems and the Theory of the Firm, in: Journal of Political Economy, 88. Jg., Nr. 2, S. 288-307

Fama, E. F., 1990, Contract Costs and Financing Decisions, in: Journal of Business, 63. Jg., Nr. 1, S. S71-S91

Fama, E. F./Jensen, M. C., 1983, Separation of Ownership and Control, in: Journal of Law & Economics, 26. Jg., Nr. 2, S. 301-326

Faust, M./Voskamp, U./Wittke, V. (Hrsg.), 2004, European Industrial Restructuring in a Global Economy: Fragmentation and Relocation of Value Chains, Göttingen

Fee, C. E./Hadlock, C. J./Thomas, S., 2006, Corporate Equity Ownership and the Governance of Product Market Relationships, in: Journal of Finance, 61. Jg., Nr. 3, S. 1217-1251

Finnerty, J. D./Emery, D. R., 2002, Corporate Securities Innovation: An Update, in: Journal of Applied Finance, 12. Jg., Nr. 1, S. 21-31

Flannery, M. J./Houston, J. F./Venkataraman, S., 1993, Financing Multiple Investment Projects, in: Financial Management, 22. Jg., Nr. 2, S. 161-172

Forrester, J. W., 1958, Industrial Dynamics, in: Harvard Business Review, 36. Jg., Nr. 4, S. 37-66

Frank, M. Z./Goyal, V. K., 2003, Capital Structure Decisions, AFA 2004 San Diego Meetings, URL: http://ssrn.com/abstract=396020, Zugriff am: 23.01.2007

Franke, G./Hax, H., 2004, Finanzwirtschaft des Unternehmens und Kapitalmarkt, 5. überarb. Aufl., Berlin [u.a.]

Franke, J./Pfaff, D./Elbert, R./Gomm, M./Hofmann, E., 2005, Die Financial Chain im Supply Chain Management: Konzeptionelle Einordnung und Identifikation von Werttreibern, in: Ferstel, O. K./Sinz, E. J./Eckert, S./Isselhorst, T. (Hrsg.), 2005, Wirtschaftsinformatik 2005, eEconomy, eGovernment, eSociety, Heidelberg, S. 567-584

Fredriksson, P., 2002, Modular Assembly in the Car Industry - An Analysis of Organizational Forms' Influence on Performance, in: European Journal of Purchasing & Supply Management, 8. Jg., Nr. 4, S. 221-233

Freyssenet, M., 1998a, Intersecting Trajectories and Model Changes, in: Freyssenet, M./Mair, A./Shimizu, K./Volpato, G. (Hrsg.), 1998a, One Best Way? Oxford [u.a.], S. 8-48

Freyssenet, M., 1998b, Introduction, in: Freyssenet, M./Mair, A./Shimizu, K./Volpato, G. (Hrsg.), 1998b, One Best Way? Oxford [u.a.], S. 1-7

Freyssenet, M./Mair, A./Shimizu, K./Volpato, G. (Hrsg.), 1998, One Best Way? - Trajectores and Industrial Models of the World's Automobile Producers, Oxford [u.a.]

Friedberg, E./Neuville, J.-P., 1999, Inside Partnership - Trust, Opportunism and Cooperation in the European Automobile Industry, in: Grandori, A. (Hrsg.), 1999, Interfirm Networks, Organization and Industrial Competitiveness, London, S. 67-88

Frohn, J., 2006, Mehrwertleistungen in der Kontraktlogistik, Aachen (zugl. Diss., Univ. St. Gallen, 2006)

Froot, K. A./Scharfstein, D. S./Stein, J. C., 1993, Risk Management: Coordinating Corporate Investment and Financing Policies, in: Journal of Finance, 48. Jg., Nr. 5, S. 1629-1658

Froot, K. A./Scharfstein, D. S./Stein, J. C., 1994, A Framework for Risk Management, in: Harvard Business Review, 72. Jg., Nr. 6, S. 91-102

Fülbier, R. U., 2004, Wissenschaftstheorie und Betriebswirtschaftslehre, in: Wirtschaftswissenschaftliches Studium, 33. Jg., Nr. 5, S. 266-271

Gatti, S., 2005, Project Finance, in: Caselli, S./Gatti, S. (Hrsg.), 2005, Structured Finance - Techniques, Products and Market, Heidelberg, S. 37-94

Gavish, B./Kalay, A., 1983, On the Asset Substitution Problem, in: Journal of Financial & Quantitative Analysis, 18. Jg., Nr. 1, S. 21-30

Gaynor, M./Gertler, P., 1995, Moral Hazard and Risk Spreading in Partnerships, in: RAND Journal of Economics, 26. Jg., Nr. 4, S. 591-613

Gedajlovic, E./Yoshikawa, T./Hashimoto, M., 2005, Ownership Structure, Investment Behaviour and Firm Performance in Japanese Manufacturing Industries, in: Organization Studies, 26. Jg., Nr. 1, S. 7-35

Ghosh, M./John, G., 2005, Strategic Fit in Industrial Alliances: An Empirical Test of Governance Value Analysis, in: Journal of Marketing Research, 42. Jg., Nr. 3, S. 346-357

Gibbons, R. S./Murphy, K. J., 1992, Optimal Incentive Contracts in the Presence of Career Concerns: Theory and Evidence, in: Journal of Political Economy, 100. Jg., Nr. 3, S. 468-505

Gierl, H./Bambauer, S., 2002, Information Networks as a Safeguard from Opportunism in Industrial Supplier-Buyer Relationships, in: Schmalenbach Business Review, 54. Jg., Nr. 4, S. 335-350

Giesa, F./Kopfer, H., 2000, Management logistischer Dienstleistungen der Kontraktlogistik, in: Logistik Management, 2. Jg., Nr. 1, S. 43-53

Gilson, S. C./John, K./Lang, L. H. P., 1990, Troubled Debt Restructurings: An empirical Study of Private Reorganization of Firms in Default, in: Journal of Financial Economics, 27. Jg., Nr. 2, S. 315-353

Godes, D., 2004, Contracting Under Endogenous Risk, in: Quantitative Marketing & Economics, 2. Jg., Nr. 4, S. 321-345

Gorton, G./Winton, A., 2003, Financial Intermediation, in: Constantinides, G. M./Harris, M./Stulz, R. M. (Hrsg.), 2003, Handbook of the Economics of Finance, Amsterdam [u.a.], S. 431-552

Graham, J. R., 2000, How Big Are the Tax Benefits of Debt? in: Journal of Finance, 55. Jg., Nr. 5, S. 1901-1941

Graham, J. R., 2003, Taxes and Corporate Finance: A Review, in: Review of Financial Studies, 16. Jg., Nr. 4, S. 1075-1128

Graham, J. R./Harvey, C. R., 2001, The Theory and Practice of Corporate Finance: Evidence from the Field, in: Journal of Financial Economics, 60. Jg., Nr. 2/3, S. 187-243

Grandori, A., 2001, Organization and Economic Behavior, London [u.a.]

Grandori, A./Soda, G., 1995, Inter-firm Networks: Antecedents, Mechanisms and Forms, in: Organization Studies, 16. Jg., Nr. 2, S. 183-214

Granovetter, M., 1985, Economic Action and Social Structure: The Problem of Embeddedness, in: The American Journal of Sociology, 91. Jg., Nr. 3, S. 481-510

Grossman, S. J./Hart, O. D., 1980, Takeover Bids, the Free-Rider Problem, and the Theory of the Corporation, in: Bell Journal of Economics, 11. Jg., Nr. 1, S. 42-64

Grossman, S. J./Hart, O. D., 1986, The Costs and Benefits of Ownership: A Theory of Vertical and Lateral Integration, in: Journal of Political Economy, 94. Jg., Nr. 4, S. 691-719

Gulati, R., 1995, Does Familiarity Breed Trust? The Implications of Repeated Ties for Contractual Choice in Alliances., in: Academy of Management Journal, 38. Jg., Nr. 1, S. 85-112

Gulati, R./Nohria, N./Zaheer, A., 2000, Strategic Networks, in: Strategic Management Journal, 21. Jg., Nr. 3, S. 203-215

Hallikas, J./Puumalainen, K./Vesterinen, T./Virolainen, V.-M., 2005, Risk-based Classification of Supplier Relationships, in: Journal of Purchasing & Supply Management, 11. Jg., Nr. 2/3, S. 72-82

Hallikas, J./Virolainen, V.-M., 2004, Risk Management in Supplier Relationships and Networks, in: Brindley, C. (Hrsg.), 2004, Supply chain risk, Aldershot Burlington, S. 43-65

Handfield, R. B./Nichols, E. L., 1999, Introduction to Supply Chain Management, Upper Saddle River, New Jersey

Harland, C./Johnsen, T./Zheng, J./Lamming, R./Wynstra, F., 2005, Networking Activities in Supply Networks, in: Eßig, M. (Hrsg.), 2005, Perspektiven des Supply Management - Konzepte und Anwendungen, Berlin [u.a.], S. 151-183

Harland, C./Jurong, Z./Johnsen, T./Lamming, R., 2004, A Conceptual Model for Researching the Creation and Operation of Supply Networks, in: British Journal of Management, 15. Jg., Nr. 1, S. 1-21

Harland, C. M., 1996, Supply Chain Management: Relationships, Chains and Networks, in: British Journal of Management, 7. Jg., Nr. 1, S. 63-80

Harris, M./Raviv, A., 1990, Capital Structure and the Informational Role of Debt, in: Journal of Finance, 45. Jg., Nr. 2, S. 321-349

Harris, M./Raviv, A., 1991, The Theory of Capital Structure, in: Journal of Finance, 46. Jg., Nr. 1, S. 297-355

Hart, O., 1995, Corporate Governance: Some Theory and Implications, in: The Economic Journal, 105. Jg., Nr. 430, S. 678-689

Hart, O., 2001, Financial Contracting, in: Journal of Economic Literature, 39. Jg., Nr. 4, S. 1079-1100

Hart, O./Moore, J., 1990, Property Rights and the Nature of the Firm, in: Journal of Political Economy, 98. Jg., Nr. 6, S. 1119-1158

Harvey, C. R./Lins, K. V./Roper, A. H., 2004, The Effect of Capital Structure when Expected Agency Costs Are Extreme, in: Journal of Financial Economics, 74. Jg., Nr. 1, S. 3-30

Hedrick, T. E./Bickman, L./Rog, D. J., 1994, Applied Research Design a Practical Guide, 3. Aufl., Thousand Oaks [u.a.]

Heide, J. B./John, G., 1988, The Role of Dependence Balancing in Safeguarding Transaction-Specific Assets in Conventional Channels, in: Journal of Marketing, 52. Jg., Nr. 1, S. 20-35

Heinrich, R. P., 2002, Complementarities in Corporate Governance, Berlin [u.a.]

Hellwig, M. F., 2000, Financial Intermediation with Risk Aversion, in: Review of Economic Studies, 67. Jg., Nr. 234, S. 719-742

Heno, R., 2006, Jahresabschluss nach Handelsrecht, Steuerrecht und internationalen Standards (IFRS), 5. Aufl., Heidelberg

Hewitt, F., 2001, After Supply Chains, THINK DEMAND PIPELINES, in: Supply Chain Management Review, 5. Jg., Nr. 3, S. 28-38

Hirschman, A. O., 1970, Exit, Voice, and Loyalty: Responses to Decline in Firms, Organizations, and States, Cambridge, Massachusetts [u.a.]

Hirshleifer, J./Riley, J. G., 1992, The Analytics of Uncertainty and Information, Cambridge, Massachusetts

Hofmann, E., 2005, Supply Chain Finance - Some Conceptual Insights, in: Lasch, R./Janker, C. G. (Hrsg.), 2005, Logistik Management - Innovative Logistikkonzepte, Wiesbaden, S. 203-214

Holler, M. J./Illing, G., 2006, Einführung in die Spieltheorie, 6., überarb. Aufl., Berlin [u.a.]

Holmstrom, B., 1979, Moral Hazard and Observability, in: The Bell Journal of Economics, 10. Jg., Nr. 1, S. 74-91

Holmstrom, B./Milgrom, P., 1991, Multitask Principal - Agent Analyses: Incentive Contracts, Asset Ownership, and Job Design, in: Journal of Law, Economics & Organization, 7. Jg., Nr. 2, S. 24-52

Holmstrom, B./Roberts, J., 1998, The Boundaries of the Firm Revisited, in: Journal of Economic Perspectives, 12. Jg., Nr. 4, S. 73-94

Holmstrom, B./Tirole, J., 1993, Market Liquidity and Performance Monitoring, in: Journal of Political Economy, 101. Jg., Nr. 4, S. 678-709

Holweg, M., 2005, An Investigation into Supplier Responsiveness, in: International Journal of Logistics Management, 16. Jg., Nr. 1, S. 96-119

Holweg, M./Miemczyk, J., 2002, Logistics in the 'Three-day Car' Age, in: International Journal of Physical Distribution & Logistics Management, 32. Jg., Nr. 10, S. 829-850

Holweg, M./Miemczyk, J., 2003, Delivering the `3-day Car' - The Strategic Implications for Automotive Logistics Operations, in: Journal of Purchasing & Supply Management, 9. Jg., Nr. 2, S. 63-71

Horsch, A., 2005, Institutionenökonomie und Betriebswirtschaftslehre, München

Horváth, P., 2004, Unternehmensnetzwerke: Vorschlag eines begrifflichen Ordnungssystems, Controlling-Forschungsbericht Nr.78, Stuttgart

Houston, M. B./Johnson, S. A., 2000, Buyer-Supplier Contracts Versus Joint Ventures: Determinants and Consequences of Transaction Structure, in: Journal of Marketing Research, 37. Jg., Nr. 1, S. 1-15

Howard, M./Miemczyk, J./Graves, A., 2006, Automotive Supplier Parks: An Imperative for Build-to-Order? in: Journal of Purchasing & Supply Management, 12. Jg., Nr. 2, S. 91-104

Hoyt, J./Huq, F., 2000, From Arm's-Length to Collaborative Relationships in the Supply Chain, in: International Journal of Physical Distribution & Logistics Management, 30. Jg., Nr. 9, S. 750-764

Hsieh, L.-H./Schmahls, T./Seliger, G., 1997, Assembly Automation in Europe - Past Experience and Future Trends, in: Shimokawa, K./Jürgens, U./Fujimoto, T. (Hrsg.), 1997, Transforming Automobile Assembly, Berlin [u.a.], S. 19-37

Hubert, F., 1998, Kapitalstruktur und Wettbewerbsstrategie, in: Zeitschrift für Betriebswirtschaft, Nr. 2 (Ergänzungsheft), S. 167-185

Huchzermeier, A., 2000, The Real Option Value of Operational and Managerial Flexibility in Global Supply Chain Networks, in: Frenkel, M./Hommel, U./Rudolf, M. (Hrsg.), 2000, Risk Management - Challange and Opportunity, Berlin [u.a.], S. 181-201

Ikeda, M./Nakagawa, Y., 2002, Globalization of the Japanes Automobile Industry and Reorganization of Keiretsu-Suppliers, in: Actes du GERPISA n°33, Vertical Relations and Modularisation in the Automotive Industry, Evry, S. 29-40

Jansen, H., 2004, Neoklassische Theorie und Betriebswirtschaftslehre, in: Wirtschaftswissenschaftliches Studium, Nr. 7, S. 406-411

Jap, S. D./Anderson, E., 2003, Safeguarding Interorganizational Performance and Continuity Under Ex Post Opportunism, in: Management Science, 49. Jg., Nr. 12, S. 1684-1701

Jap, S. D./Ganesan, S., 2000, Control Mechanisms and the Relationship Life Cycle: Implications for Safeguarding Specific Investments and Developing Commitment, in: Journal of Marketing Research (JMR), 37. Jg., Nr. 2, S. 227-245

Jensen, M. C., 1983, Organization Theory and Methodology, in: Accounting Review, 58. Jg., Nr. 2, S. 319-339

Jensen, M. C., 1986, Agency Costs of Free Cash Flow, Corporate Finance, and Takeovers, in: American Economic Review, 76. Jg., Nr. 2, S. 323-329

Jensen, M. C./Meckling, W. H., 1976, Theory of the Firm: Managerial Behavior, Agency Costs and Ownership Structure, in: Journal of Financial Economics, 3. Jg., Nr. 4, S. 305-360

John, T. A./John, K., 1991, Optimality of Project Financing: Theory and Empirical Implications in Finance and Accounting, in: Review of Quantitative Finance & Accounting, 1. Jg., Nr. 1, S. 51-74

Johnsen, T./Wynstra, F./Zheng, J./Harland, C./Lamming, R., 2000, Networking Activities in Supply Networks, in: Journal of Strategic Marketing, 8. Jg., Nr. 2, S. 161-181

Johnson, M. E., 2001, Learning From Toys: Lessons in Managing Supply Chain Risk from the Toy Industry, in: California Management Review, 43. Jg., Nr. 3, S. 106-124

Joskow, P. L., 1985, Vertical Integration and Long-term Contracts: The Case of Coal-burning Electric Generating Plants, in: Journal of Law, Economics & Organization, 1. Jg., Nr. 1, S. 33-80

Joskow, P. L., 2005, Vertical Integration, in: Ménard, C./Shirley, M. M. (Hrsg.), 2005, Handbook of New Institutional Economics, Dordrecht [u.a.], S. 319-348

Jürgens, U., 1998, Implanting Change: The Role of "Indigenous Transplants" in Transforming the German Productive Model, in: Boyer, R./Charron, E./Jürgens, U./Tolliday, S. (Hrsg.), 1998, Between Imitation and Innovation: The Transfer and Hybridization of Productive Models in the International Automobile Industry, Oxford [u.a.], S. 319-341

Jürgens, U., 2004a, Characteristics of the European Automotive System: Is There a Distinctive European Approach? in: International Journal of Automotive Technology & Management, 4. Jg., Nr. 2/3, S. 112-136

Jürgens, U., 2004b, Gibt es einen europaspezifischen Entwicklungsweg in der Automobilindustrie? Disscussion Paper SP III 2004-301, Berlin

Jürgens, U./Meissner, H.-R./Renneke, L./Sablowski, T./Teipen, C., 2003, Paradigmenkonkurrenz der Industriegovernance zwischen neuer und alter Ökonomie, in: Industrielle Beziehungen, 10. Jg., Nr. 3, S. 393-417

Jürgens, W. H., 1994, Projektfinanzierung: Neue Institutionenlehre und ökonomische Rationalität, Wiesbaden

Jüttner, U./Peck, H./Christopher, M., 2003, Supply Chain Risk Management: Outlining an Agenda for Future Research, in: International Journal of Logistics: Research & Applications, 6. Jg., Nr. 4, S. 197-210

Kaas, K. P., 1992, Kontraktgütermarketing als Kooperation zwischen Prinzipal und Agenten, in: Zeitschrift für betriebswirtschaftliche Forschung, 44. Jg., Nr. 10, S. 884-901

Kahn, C. M./Winton, A., 1998, Ownership Structure, Speculation, and Shareholder Intervention, in: Journal of Finance, 53. Jg., Nr. 1, S. 99-129

Kahneman, D./Tversky, A., 1979, Prospect Theory: An Analysis of Decision under Risk, in: Econometrica, 47. Jg., Nr. 2, S. 263-291

Kajüter, P., 2003, Risk Management in Supply Chains, in: Seuring, S./Müller, M./Goldbach, M./Schneidewind, U. (Hrsg.), 2003, Strategy and Organization in Supply Chains, Heidelberg, S. 321-336

Kaluza, B./Dullnig, H./Malle, F., 2003, Principal-Agent-Probleme in der Supply Chain Problemanalyse und Diskussion von Lösungsvorschlägen, Diskussionsbeiträge des Instituts für Wirtschaftswissenschaften der Universität Klagenfurt, Klagenfurt

Kimberly, W., 2001, Skoda: An Eastern European Success, in: Automotive Manufacturing & Production, 113. Jg., Nr. 6, S. 26-28

Kirchgässner, G., 1991, Homo oeconomicus - Das ökonomische Modell individuellen Verhaltens und seine Anwendung in den Wirtschafts- und Sozialwissenschaften, Tübingen

Klaus, P., 2003, Die "Top 100" der Logistik, 3. Aufl., Hamburg

Kleimeier, S./Megginson, W. L., 2001, An Empirical Analysis of Limited Recourse Project Finance, Michel F. Price College of Business Working Paper Series, University of Oklahoma, URL: http://ssrn.com/abstract=283969, Zugriff am: 07.01.2005

Klein, B./Crawford, R. G./Alchian, A. A., 1978, Vertical Integration, Appropriable Rents, and the Competitive Contracting Process, in: Journal of Law & Economics, 21. Jg., Nr. 2, S. 297-326

Knight, F., 1921, Risk, Uncertainty and Profit, Boston, Massachusetts

La Porta, R./Lopez-De-Silanes, F./Shleifer, A./Vishny, R. W., 2002, Investor Protection and Corporate Valuation, in: Journal of Finance, 57. Jg., Nr. 3, S. 1147-1170

Lai, G. M.-H., 1999, Knowing Who You Are Doing Business with in Japan: A Managerial View of Keiretsu and Keiretsu Business Groups, in: Journal of World Business, 34. Jg., Nr. 4, S. 423-448

Lambert, D. M./Cooper, M. C., 2000, Issues in Supply Chain Management, in: Industrial Marketing Management, 29. Jg., Nr. 1, S. 65-83

Lamming, R./Johnsen, T./Jurong, Z./Harland, C., 2000, An Initial Classification of Supply Networks, in: International Journal of Operations & Production Management, 20. Jg., Nr. 6, S. 675-691

Langley, C. J./van Dort, E./Ang, A./Sykes, S. R., 2005, 2005 THIRD-PARTY LOGISTICS - Results and Findings of the 10th Annual Study, URL: http://www.tli.gatech.edu/research/supply-chain/20053PLReport.pdf, Zugriff am: 24.06.2006

Laux, C., 1996, Kapitalstruktur und Verhaltenssteuerung Finanzierungsverträge als Bindungs- u. Anreizinstrumente, Wiesbaden (zugl. Diss., Univ. Frankfurt a.M., 1995)

Laux, C., 1997, Projektfinanzierung - Vorteile auch für kapitalkräftige Unternehmen? in: Der Betriebswirt, 57. Jg., Nr. 6, S. 840-856

Laux, H., 2005, Entscheidungstheorie, 6. Aufl., Berlin [u.a.]

Laux, H., 2006, Wertorientierte Unternehmenssteuerung und Kapitalmarkt - Fundierung finanzwirtschaftlicher Entscheidungskriterien und (Anreize für) deren Umsetzung, 2., vollst. neu bearb. Aufl., Berlin [u.a.]

Lazzarini, S. G./Chaddad, F. R./Cook, M. L., 2001, Integrating Supply Chain and Network Analyses: The Study of Netchains, in: Journal on Chain and Network Science, 1. Jg., Nr. 1, S. 7-22

Lee, H. L./Padmanabhan, V./Whang, S., 1997, Information Distortion in a Supply Chain: The Bullwhip Effect, in: Management Science, 43. Jg., Nr. 4, S. 546-558

Lee, R. M., 1995, Doing Research on Sensitive Topics, London [u.a.]

Leland, H. E., 1994, Corporate Debt Value, Bond Covenants, and Optimal Capital Structure, in: Journal of Finance, 49. Jg., Nr. 4, S. 1213-1252

Leland, H. E., 1998, Agency Costs, Risk Management, and Capital Structure, in: Journal of Finance, 53. Jg., Nr. 4, S. 1213-1243

Leland, H. E., 2007, Financial Synergies and the Optimal Scope of the Firm: Implications for Mergers, Spinoffs, and Structured Finance, in: Journal of Finance, 62. Jg., Nr. 2, S. 765-807

Leland, H. E./Pyle, D. H., 1977, Informational Asymmetries, Financial Structure, and Financial Intermediation, in: Journal of Finance, 32. Jg., Nr. 2, S. 371-387

Lung, Y./Chanaron, J.-J./Fujimoto, T./Raff, D. (Hrsg.), 1999, Coping with Variety: Flexible Productive Systems for Product Variety in the Auto Industry, Aldershot [u.a.]

MacMinn, R. D., 1987, Forward Markets, Stock Markets, and the Theory of the Firm, in: Journal of Finance, 42. Jg., Nr. 5, S. 1167-1185

Macneil, I. R., 1974, The Many Futures of Contracts, in: Southern California Law Review, 47. Jg., S. 691-816

Macneil, I. R., 1978, Contracts: Adjustment of Long-Term Economic Relations under Classical, Neoclassical and Relational Contract Law, in: Northwestern University Law Review, Nr. 72, S. 854-905

MacNeill, S./Chanaron, J.-J., 2005, Trends and Drivers of Change in the European Automotive Industry: (I) Mapping the Current Situation, in: International Journal of Automotive Technology & Management, 5. Jg., Nr. 1, S. 83-106

Madhok, A./Tallman, S. B., 1998, Resources, Transactions and Rents: Managing Value Through Interfirm Collaborative Relationships, in: Organization Science, 9. Jg., Nr. 3 (Special Issue: Managing Partnerships and Strategic Alliances), S. 326-339

Malone, T. W./Crowston, K., 1994, The Interdisciplinary Study of Coordination, in: ACM Computing Surveys, 26. Jg., Nr. 1, S. 87-119

Maloni, M./Benton, W. C., 2000, Power Influences in the Supply Chain, in: Journal of Business Logistics, 21. Jg., Nr. 1, S. 49-73

Maug, E., 1998, Large Shareholders as Monitors: Is There a Trade-off between Liquidity and Control? in: Journal of Finance, 53. Jg., Nr. 1, S. 65-98

Maury, B./Pajuste, A., 2005, Multiple Large Shareholders and Firm Value, in: Journal of Banking & Finance, 29. Jg., Nr. 7, S. 1813-1834

McMenamin, J., 1999, Financial Management: An Introduction, London [u.a.]

Megginson, W. L., 1997, Corporate Finance Theory, Reading, Massachusetts [u.a.]

Ménard, C., 2004, The Economics of Hybrid Organizations, in: Journal of Institutional and Theoretical Economics, 160. Jg., S. 345-376

Mentzer, J. T./DeWitt, W./Keebler, J. S./Soonhoong, M./Nix, N. W./Smith, C. D./Zacharia, Z. G., 2001, Defining Supply Chain Management, in: Journal of Business Logistics, 22. Jg., Nr. 2, S. 1-25

Milde, H., 1992, Über Risiko und Risikotheorie, in: Österreichisches Bankarchiv, Nr. 4, S. 315-319

Milgrom, P./Roberts, J., 1992, Economics, Organization and Management, Upper Saddle River, New Jersey

Miltenburg, P., 2003, Effects of Modular Sourcing on Manufacturing Flexibility in the Automotive Industry, Rotterdam (zugl. Diss., Erasmus Univ. Rotterdam, 2003)

Minkler, A. P., 1993, The Problem with Dispersed Knowledge: Firms in Theory and Practice, in: Kyklos, 46. Jg., Nr. 4, S. 569-587

Miroschedji, S. A., 2002, Globale Unternehmens- und Wertschöpfungsnetzwerke Grundlagen - Organisation - Gestaltung, Wiesbaden (zugl. Diss., Europ. Business School Oestrich-Winkel, 2002)

Modigliani, F./Miller, M. H., 1958, The Cost of Capital, Corporation Finance and the Theory of Investment, in: American Economic Review, 48. Jg., Nr. 3, S. 261-297

Modigliani, F./Miller, M. H., 1963, Corporate Income Taxes and the Cost of Capital: A Correction, in: American Economic Review, 53. Jg., Nr. 3, S. 433-443

Monteverde, K./Teece, D. J., 1982, Supplier Switching Costs and Vertical Integration in the Automobile Industry, in: Bell Journal of Economics, 13. Jg., Nr. 1, S. 206-213

Morita, H., 2001, Partial Ownership Induces Customised Investments Under Repeated Interaction: An Explanation of Japanese Manufacturer-Suppliers Relationships, in: Scottish Journal of Political Economy, 48. Jg., Nr. 3, S. 345-359

Morris, D./Donnelly, T./Donnelly, T., 2004, Supplier Parks in the Automotive Industry, in: Supply Chain Management, 9. Jg., Nr. 2, S. 129-133

Müller, M., 2005a, Die Koordination von Supply Chains - eine transaktionskostentheoretische Untersuchung, in: Zeitschrift für betriebswirtschaftliche Forschung, 57. Jg., Nr. 12, S. 717-739

Müller, M., 2005b, Informationstransfer im Supply Chain Management, Analyse aus Sicht der Neuen Institutionenökonomie, Wiesbaden (zugl. Habil.-Schr., Univ. Oldenburg, 2004)

Myers, S. C., 1977, Determinants of Corporate Borrowing, in: Journal of Financial Economics, 5. Jg., Nr. 2, S. 147-175

Myers, S. C., 1984, The Capital Structure Puzzle, in: Journal of Finance, 39. Jg., Nr. 3, S. 575-592

Myers, S. C., 2000, Outside Equity, in: Journal of Finance, 55. Jg., Nr. 3, S. 1005-1037

Myers, S. C., 2001, Capital Structure, in: Journal of Economic Perspectives, 15. Jg., Nr. 2, S. 81-102

Myers, S. C./Majluf, N. S., 1984, Corporate Financing Decisions when Firms Have Investment Information that Investors Do Not Have, in: Journal of Financial Economics, 13. Jg., Nr. 2, S. 187-221

Nayabi, K./Mandel, J./Berger, M., 2006, Build-to-Order: Durchlaufzeiten reduzieren, in: IT & Production, Nr. 5-6, S. 20-22

Nelson, P., 1970, Information and Consumer Behavior, in: Journal of Political Economy, 78. Jg., Nr. 2, S. 311-329

Neus, W., 2003, Einführung in die Betriebswirtschaftslehre aus institutionenökonomischer Sicht, 3., überarb. Aufl., Tübingen

Nevitt, P. K./Fabozzi, F. J., 2004, Project Financing, 7. Aufl., London

Noe, T. H., 2002, Investor Activism and Financial Market Structure, in: Review of Financial Studies, 15. Jg., Nr. 1, S. 289-318

North, D. C., 1990, Institutions, Institutional Change and Economic Performance, Cambridge, Massachusetts

North, D. C., 1994, Economic Performance through Time, in: American Economic Review, 84. Jg., Nr. 3, S. 359-368

Notheis, D./Anselmino, T., 2005, Kapitalbeschaffung für Transportunternehmen, in: Eßig, M. (Hrsg.), 2005, Perspektiven des Supply Management - Konzepte und Anwendungen, Berlin [u.a.], S. 483-500

Novak, S./Eppinger, S. D., 2001, Sourcing By Design: Product Complexity and the Supply Chain, in: Management Science, 47. Jg., Nr. 1, S. 189-204

Oliver, A. L./Ebers, M., 1998, Networking Network Studies: An Analysis of Conceptual Configurations in the Study of Inter-organizational Relationships, in: Organization Studies, 19. Jg., Nr. 4, S. 549-583

Oliver, R. K./Webber, M. D., 1982, Supply-Chain Management: Logistics Catches up with Strategy, in: Christopher, M. (Hrsg.), 1982, Logistics: The Strategic Issues, London, S. 63-75

Opler, T. C./Titman, S., 1993, The Determinants of Leveraged Buyout Activity: Free Cash Flow vs. Financial Distress Costs, in: Journal of Finance, 48. Jg., Nr. 5, S. 1985-1999

Opler, T. C./Titman, S., 1994, Financial Distress and Corporate Performance, in: Journal of Finance, 49. Jg., Nr. 3, S. 1015-1040

Perotti, E. C./Spier, K. E., 1993, Capital Structure as a Bargaining Tool: The Role of Leverage in Contract Renegotiation, in: American Economic Review, 83. Jg., Nr. 5, S. 1131-1141

Perridon, L./Steiner, M., 2003, Finanzwirtschaft der Unternehmung, 12., überarb. Aufl., München

Petty, R./Guthrie, J., 2000, Intellectual Capital Literature Review, in: Journal of Intellectual Capital, 1. Jg., Nr. 2, S. 155-176

Pfohl, H.-C./Gareis, K., 2005, Supplier Parks in the German Automotive Industry: A Critical Comparison with Similar Concepts, in: International Journal of Physical Distribution & Logistics Management, 35. Jg., Nr. 5, S. 302-317

Picot, A./Dietl, H./Franck, E., 2005, Organisation eine ökonomische Perspektive, 4., überarb. und erw. Aufl., Stuttgart

Podolny, J. M./Page, K. L., 1998, Network Forms of Organizations, in: Annual Review of Sociology, 24. Jg., Nr. 1, S. 57-75

Poppo, L./Zenger, T., 2002, Do Formal Contracts and Relational Governance Function as Substitutes or Complements? in: Strategic Management Journal, 23. Jg., Nr. 8, S. 707-725

Porter, M. E./Wayland, R./Wayland, R., 1992, Capital Disadvantage: America's Failing Capital Investment System, in: Harvard Business Review, 70. Jg., Nr. 5, S. 65-82

Powell, W. W., 1990, Neither Market nor Hierarchy: Network Forms of Organization, in: Research in Organizational Behavior, 12. Jg., S. 295-336

Pratt, J. W./Zeckhauser, R. J., 1985, Principals and Agents: An Overview, in: Pratt, J. W./Zeckhauser, R. J. (Hrsg.), 1985, Principals and Agents: The Structure of Business, Boston, Massachusetts, S. 1-35

Priermeier, T., 2002, Steuerung von Finanzrisiken in der Projektfinanzierung, in: Die Bank, Nr. 6, S. 392-396

Pries, L., 2004, Renaissance of the German Carmakers during the 1990s: Successful Japanization or the Developement of a Genuine Business Model? in: Faust, M./Voskamp, U./Wittke, V. (Hrsg.), 2004, European Industrial Restructuring in a Global Economy: Fragmentation and Relocation of Value Chains, Göttingen, S. 131-156

Raff, D. M. G., 1999, G.M. and the Evolving Industrial Organisation of American Automobile Manufacturing in the Interwar Years, in: Lung, Y./Chanaron, J.-J./Fujimoto, T./Raff, D. (Hrsg.), 1999, Coping with Variety: Flexible Productive Systems for Product Variety in the Auto Industry, Aldershot [u.a.], S. 35-57

Rajan, R. G., 1992, Insiders and Outsiders: The Choice between Informed and Arm's-Length Debt, in: Journal of Finance, 47. Jg., Nr. 4, S. 1367-1400

Rajan, R. G./Winton, A., 1995, Covenants and Collateral as Incentives to Monitor, in: Journal of Finance, 50. Jg., Nr. 4, S. 1113-1146

Rajan, R. G./Zingales, L., 1995, What Do We Know about Capital Structure? Some Evidence from International Data, in: Journal of Finance, 50. Jg., Nr. 5, S. 1421-1460

Rajan, R. G./Zingales, L., 1998, Power in a Theory of the Firm, in: Quarterly Journal of Economics, 113. Jg., Nr. 2, S. 387-432

Rajan, R. G./Zingales, L., 2000, The Governance of the New Enterprise, in: Vives, X. (Hrsg.), 2000, Corporate Governance, Theoretical & Empirical Perspectives, Cambridge, Massachusetts, S. 201-226

Rappaport, A., 1999, Shareholder Value, 2., vollst. überarb. Aufl., Stuttgart

Reichmann, T./Form, S., 2000, Balanced Chance- and Risk-Management, in: Controlling, Nr. 4/5, S. 189-198

Reichwald, R./Piller, F. T., 2000, Produktionsnetzwerke für Mass Customization - Potentiale, Arten und Implementation, in: Kaluza, B./Blecker, T. (Hrsg.), 2000, Produktions -und Logistikmanagement in Virtuellen Unternehmen und Unternehmensnetzwerken, Berlin [u.a.], S. 599-628

Reiss, M., 2000, Koordination in Unternehmensnetzwerken, in: Kaluza, B./Blecker, T. (Hrsg.), 2000, Produktions- und Logistikmanagement in Virtuellen Unternehmen und Unternehmensnetzwerken, Berlin [u.a.], S. 217-248

Reiss, M., 2006, Unternehmensorganisation im Zeichen der Hybridisierung, in: Wirtschaftswissenschaftliches Studium, Nr. 8/9, S. 1060-1064

Repullo, R./Suarez, J., 1998, Monitoring, Liquidation, and Security Design, in: Review of Financial Studies, 11. Jg., Nr. 1, S. 163-187

Reuter, A., 2004, Die Bilanzneutralität von Betreibermodellen, Projekt- und Leasing-Finanzierungen nach HGB, IFRS und US-GAAP: Voraussetzungen, Vertragsgestaltung und Rating-Folgen nach Basel II, in: WERTPAPIER-MITTEILUNGEN - Zeitschrift für Wirtschafts- und Bankrecht, Nr. 13, S. 610-620

Rice, J. J. B./Hoppe, R. M., 2001, Supply Chain vs. Supply Chain, in: Supply Chain Management Review, 5. Jg., Nr. 5, S. 46-54

Rice, J. J. B./Hoppe, R. M., 2002, Network Master & Three Dimensions of Supply Network Coordination: An introductory Essay, Working Paper MIT, Cambridge, Massachusetts

Richter, R./Furubotn, E. G., 2003, Neue Institutionenökonomik - Eine Einführung und kritische Würdigung, 3., überarb. und erw. Aufl., Tübingen

Riley, J. C., 2001, Silver Signals: Twenty-Five Years of Screening and Signaling, in: Journal of Economic Literature, 39. Jg., Nr. 2, S. 432-478

Ring, P. S./Van De Ven, A. H., 1992, Structuring Cooperative Relationships between Organizations, in: Strategic Management Journal, 13. Jg., Nr. 7, S. 483-498

Ro, Y. K./Liker, J. K./Fixson, S. K., 2007, Modularity as a Strategy for Supply Chain Coordination: The Case of U.S. Auto, in: IEEE Transactions on Engineering Management, 54. Jg., Nr. 1, S. 172-189

Romano, P., 2003, Co-ordination and Integration Mechanisms to Manage Logistics Processes across Supply Networks, in: Journal of Purchasing & Supply Management, 9. Jg., Nr. 3, S. 119-134

Ross, S. A., 1977, The Determination of Financial Structure: The Incentive-Signalling Approach, in: Bell Journal of Economics, 8. Jg., Nr. 1, S. 23-40

Sako, M./Helper, S. R., 1999, Supplier Relations and Performance in Europe, Japan and the US: The Effect of the Voice/Exit Choice, in: Lung, Y./Chanaron, J.-J./Fujimoto, T./Raff, D. (Hrsg.), 1999, Coping with Variety: Flexible Productive Systems for Product Variety in the Auto Industry, Aldershot [u.a.], S. 287-313

Schäfer, H., 1994, Strategische Allianzen - Erklärung, Motivation und Erfolgskriterien, in: Wirtschaftswissenschaftliches Studium, Nr. 8/9, S. 687-692

Schäfer, H., 1995, Information und Kooperation im Absatz von Bankdienstleistungen, in: Zeitschrift für betriebswirtschaftliche Forschung, 47. Jg., Nr. 6, S. 531-544

Schäfer, H., 1999, Vertrauen und Loyalität im Marketing von Finanzdienstleistungen mit Kontraktguteigenschaften, in: Zeitschrift für Betriebswirtschaft, 67. Jg., Nr. 1 (Ergänzungsheft), S. 1-23

Schäfer, H., 2002, Unternehmensfinanzen - Grundzüge in Theorie und Management, 2., überarb. und erw. Aufl., Heidelberg

Schäfer, H., 2004a, Projektbezogene Finanzierungsformen im Supply Chain Management der Automobil- und Zulieferindustrie, in: Dangelmaier, W./Kaschula, D./Neumann, J. (Hrsg.), 2004a, Supply Chain Management in der Automobil- und Zulieferindustrie, Paderborn, S. 263-271

Schäfer, H., 2004b, Unternehmensnachhaltigkeit und Ausfallrisiko im Kontext von Basel II, in: Forum Wirtschaftsethik, Nr. 2, S. 4-9

Schäfer, H., 2005, Unternehmensinvestitionen - Grundzüge in Theorie und Management, 2., überarb. Aufl., Heidelberg

Schäfer, H./Frank, B., 2006, Einbindung von Derivaten in das finanzwirtschaftliche Risikomanagement, in: Controlling, Nr. 8/9, S. 447-453

Schäfer, H./Kuhnle, O., 2006, Die bilanzielle Behandlung von Zweckgesellschaften und ihre Bedeutung im Rahmen der Corporate Governance, Düsseldorf

Schepp, F., 1996, Praxis der Projektfinanzierung, in: Die Bank, Nr. 9, S. 526-529

Schmidt, R. H., 1991, Zum Praxisbezug der Finanzwirtschaftslehre, in: Ordelheide, D./Rudolph, B./Büsselmann, E. (Hrsg.), 1991, Betriebswirtschaftslehre und ökonomische Theorie, Stuttgart, S. 197-224

Schmidt, R. H./Weiß, M., 2003, Shareholder vs. Stakeholder: Ökonomische Fragestellungen, Working Paper Series: Finance & Accounting, Goethe-Universität Frankfurt, Frankfurt

Schmitz, P. W., 2001, The Hold-Up Problem and Incomplete Contracts: A Survey of Recent Topics in Contract Theory, in: Bulletin of Economic Research, 53. Jg., Nr. 1, S. 1-17

Schneider, D., 1997, Betriebswirtschaftslehre, Bd. 3: Theorie der Unternehmung, München, Wien

Schniewind, H. J., 2002, Projektfinanzierung: ein Instrument auch für mittelständische Firmen? in: Juncker, K./Priewasser, E. (Hrsg.), 2002, Handbuch Firmenkundengeschäft, 2. Aufl., Frankfurt am Main, S. 311-321

Schöning, S./Weber, M., 2005, Die Risiken der Projektfinanzierung, in: Die Bank, Nr. 1, S. 47-51

Schotter, A., 1981, The Economic Theory of Social Institutions, Cambridge, Massachusetts

Schusser, O., 1999, Die Wertschöpfungskette als strategisches Planungsinstrument, in: Der Betriebswirt, Nr. 2, S. 9-16

Sester, P., 2004, Projektfinanzierungsvereinbarung als Gestaltungs- und Regulierungsaufgabe, Köln

Seward, J. K., 1990, Corporate Financial Policy and the Theory of Financial Intermediation, in: Journal of Finance, 45. Jg., Nr. 2, S. 351-377

Shah, S./Thakor, A. V., 1987, Optimal Capital Structure and Project Financing, in: Journal of Economic Theory, 42. Jg., Nr. 2, S. 209-243

Shimizu, K., 1998, A New Toyotaism? in: Freyssenet, M./Mair, A./Shimizu, K./Volpato, G. (Hrsg.), 1998, One Best Way? Oxford [u.a.], S. 63-90

Shin, H.-H./Soenen, L., 1998, Efficiency of Working Capital Management and Corporate Profitability, in: Financial Practice and Education, 8. Jg., Nr. 2, S. 37-45

Shleifer, A./Vishny, R. W., 1986, Large Shareholders and Corporate Control, in: The Journal of Political Economy, 94. Jg., Nr. 3, Part 1, S. 461-488

Shleifer, A./Vishny, R. W., 1997, A Survey of Corporate Governance, in: Journal of Finance, 52. Jg., Nr. 2, S. 737-783

Skiera, B./Pfaff, D., 2003, Financial Supply Chain Management: Wie Sie Ihren Cash-flow Cycle in den Griff bekommen! in: Der Controlling-Berater, Nr. 6, S. 47-68

Smith, C. W./Stulz, R. M., 1985, The Determinants of Firms' Hedging Policies, in: Journal of Financial & Quantitative Analysis, 20. Jg., Nr. 4, S. 391-405

Smith, C. W./Warner, J. B., 1979, On Financial Contracting: An Analysis of Bond Covenants, in: Journal of Financial Economics, 7. Jg., Nr. 2, S. 117-161

Soda, G./Usai, A., 1999, The Dark Side of Dense Networks: From Embeddedness to Indebtedness, in: Grandori, A. (Hrsg.), 1999, Interfirm Networks, Organization and Industrial Competitiveness, London, S. 276-302

Sorge, M., 2004a, Das Bonitätsrisiko bei der Projektfinanzierung, in: BIZ Quartalsbericht, Nr. Dezember 2004, S. S. 103-115

Sorge, M., 2004b, The Nature of Credit Risk in Project Finance, in: BIS Quarterly Review, Nr. 12, S. 91-101

Spence, M., 1976, Informational Aspects of Market Structure: An Introduction, in: Quarterly Journal of Economics, 90. Jg., Nr. 4, S. 591-597

Spiegel, Y., 1996, The Role of Debt in Procurement Contracts, in: Journal of Economics & Management Strategy, 5. Jg., Nr. 3, S. 379-407

Spremann, K., 1990, Asymmetrische Information, in: Zeitschrift für Betriebswirtschaft, 60. Jg., Nr. 5/6, S. 561-586

Spremann, K., 1996, Wirschaft, Investition und Finanzierung, 5. vollst. überarb. Aufl., München [u.a.]

Standard & Poor's, 2002, Project & Infrastructure Finance Review, New York

Stein, J. C., 2003, Agency, Information and Corporate Investment, in: Constantinides, G. M./Harris, M./Stulz, R. M. (Hrsg.), 2003, Handbook of the Economics of Finance, Amsterdam [u.a.], S. 110-163

Steinhardt, T., 2006, Working Capital Management, in: Controlling, Nr. 8/9, S. 479-480

Stemmler, L./Seuring, S., 2003, Finanzwirtschaftliche Element in der Lieferkettensteuerung: Erste Überlegungen zu einem Kozept des Supply Chain Finance, in: Logistik Management, 5. Jg., Nr. 4, S. 27-37

Stenzel, J., 2003, Finanzierung als Dienstleistungskomponente, in: Bundesvereinigung Logistik (BVL) e. V. (Hrsg.), 2003, Finanzierung - eine neue Dimension der Logistik, Berlin, S. 139-150

Stevens, G. C., 1989, Integrating the Supply Chain, in: International Journal of Physical Distribution & Logistics Management, 19. Jg., Nr. 8, S. 3-8

Stigler, G. J., 1968, Competition, in: International Encyclopedia of Social Sciences, 3. Aufl., S. 181-182

Stiglitz, J. E., 2000, The Contributions of the Economics of Information to Twentieth Century Economics, in: Quarterly Journal of Economics, 115. Jg., Nr. 4, S. 1441-1478

Stommel, H./Zadek, H., 2004, Collaboration Management, in: Baumgarten, H./Darkow, I.-L./Zadek, H. (Hrsg.), 2004, Supply Chain Steuerung und Services. Logistik-Dienstleister managen globale Netzwerke - best practices, Berlin [u.a.], S. 123-133

Straubhaar, T./Theurl, T., 2005, Globalization and Cooperative Business Strategies, in: Theurl, T. (Hrsg.), 2005, Economics of Interfirm Networks, Tübingen, S. 29-52

Stulz, R. M., 1990, Managerial Discretion and Optimal Financing Policies, in: Journal of Financial Economics, 26. Jg., Nr. 1, S. 3-27

Stulz, R. M., 1996, Rethinking Risk Management, in: Journal of Applied Corporate Finance, 9. Jg., S. 8-24

Stulz, R. M., 2000, Why Risk Management is Not Rocket Science, in: Financial Times, Mastering Risk Supplement, 27.06.2000, S. 21-24

Stulz, R. M./Johnson, H., 1985, An Analysis of Secured Debt, in: Journal of Financial Economics, 14. Jg., Nr. 4, S. 501-521

Sturgeon, T. J., 2000, How Do We Define Value Chains and Production Networks? MIT IPC Globalization Working Paper 00-010, Cambrige, Massachusetts

Subramani, M. R./Venkatraman, N., 2003, Safeguarding Investments in Asymmetric Interorganizational Relationships: Theory and Evidence, in: Academy of Management Journal, 46. Jg., Nr. 1, S. 46-62

Svensson, G., 2000, A Conceptual Framework for the Analysis of Vulnerability in Supply Chains, in: International Journal of Physical Distribution & Logistics Management, 30. Jg., Nr. 9, S. 731-749

Svensson, G., 2004, Vulnerability in Business Relationships: The Gap between Dependence and Trust, in: Journal of Business & Industrial Marketing, 19. Jg., Nr. 7, S. 469-483

Sydow, J., 1999, Strategische Netzwerke Evolution und Organisation, Wiesbaden (zugl. Habil.-Schr., Freie Univ. Berlin, 1991/1992)

Sydow, J., 2000, Management von Dienstleistungsbeziehungen – Kundenintegration in organisations- und netzwerktheoretischer Perspektive, in: Witt, F. (Hrsg.), 2000, Unternehmung und Informationsgesellschaft, Wiesbaden, S. 21-33

Sydow, J., 2005, Managing Interfirm Networks - Towards More Reflexive Network Development? in: Theurl, T. (Hrsg.), 2005, Economics of Interfirm Networks, Tübingen, S. 217-236

Sydow, J./Möllering, G., 2006, Logistik in Netzwerkorganisationen, in: Logistik Management, 8. Jg., Nr. 2, S. 7-14

Sydow, J./Wirth, C./Manning, S., 2002, Autonomie und Bindung in Projektnetzwerken aus betriebswirtschaftlicher Perspektive: Literaturüberblick und erste konzeptionelle Überlegungen, Arbeitspapier, Göttingen

Tan, K. C., 2001, A Framework of Supply Chain Management Literature, in: European Journal of Purchasing & Supply Management, 7. Jg., S. 39-48

Teece, D. J., 1996, Firm Organization, Industrial Structure, and Technological Innovation, in: Journal of Economic Behavior & Organization, 31. Jg., Nr. 2, S. 193-224

Terberger, E., 1993, Neo-institutionalistische Ansätze - Entstehung und Wandel - Anspruch und Wirklichkeit, Wiesbaden (zugl. Habil.-Schr., Univ. Frankfurt a.M., 1993)

Theurl, T., 2005, From Corporate to Cooperative Governance, in: Theurl, T. (Hrsg.), 2005, Economics of Interfirm Networks, Tübingen, S. 149-192

Thompson, J. D., 1967, Organizations in Action: Social Science Bases of Administrative Theory, New York

Thorelli, H. B., 1986, Networks: Between Markets and Hierarchies, in: Strategic Management Journal, 7. Jg., Nr. 1, S. 37-51

Timme, S. G./Williams-Timme, C., 2000, The Financial-SCM Connection, in: Supply Chain Management Review, 4. Jg., Nr. 2, S. 33-40

Tirole, J., 1999, Incomplete Contracts: Where Do We Stand? in: Econometrica, 67. Jg., Nr. 4, S. 741-781

Tirole, J., 2001, Corporate Governance, in: Econometrica, 69. Jg., Nr. 1, S. 1-35

Tirole, J., 2006, The Theory of Corporate Finance, Princeton

Titman, S., 1984, The Effect of Capital Structure on a Firm's Liquidation Decision, in: Journal of Financial Economics, 13. Jg., Nr. 1, S. 137-151

Tolliday, S./Boyer, R./Charron, E./Jürgens, U., 1998, Introduction: Between Imitation and Innovation: The Transfer and Hybridization of Productive Models in the International Automobile Industry, in: Boyer, R./Charron, E./Jürgens, U./Tolliday, S. (Hrsg.), 1998, Between Imitation and Innovation: The Transfer and Hybridization of Productive Models in the International Automobile Industry, Oxford [u.a.], S. 1-19

Tytko, D., 1999, Grundlagen der Projektfinanzierung, Stuttgart

van Lier, O., 2003, Off Balance Sheet Finanzierung von Entwicklungs- und Lieferaufträgen, in: Schäfer, H. (Hrsg.), 2003, Finanzmanagement im Wandel - Innovative Praxiskonzepte für die Herausforderungen von morgen, Bonn, S. 73-85

Verband der Automobilindustrie (Hrsg.), 2001, Gemeinsam zum Erfolg - Grundsätze zur Partnerschaft zwischen den Automobilherstellern und ihren Zulieferern, Frankfurt am Main

Verband der Automobilindustrie (Hrsg.), 2003, HAWK 2015 – Herausforderung Automobile Wertschöpfungs-Kette, Frankfurt

Voegele, A. R., 2005, Supply Network Management, in: Lasch, R./Janker, C. G. (Hrsg.), 2005, Logistik Management - Innovative Logistikkonzepte, Wiesbaden, S. 185-199

Volpato, G., 2003, The OEM-FTS Relationship, in: Actes du GERPISA n°35, The Challanges of the European Automotive Industry at the Beginning of the 21st Century, Evry, S. 19-43

von Eisenhart-Rothe, F./Jütte, S., 2003, Innovative Logistikfinanzierung rund um die Supply Chain, in: Bundesvereinigung Logistik (BVL) e. V. (Hrsg.), 2003, Finanzierung - eine neue Dimension der Logistik, Berlin, S. 151-170

Von Thadden, E.-L., 1995, Long-Term Contracts, Short-Term Investment and Monitoring, in: Review of Economic Studies, 62. Jg., Nr. 213, S. 557-575

Walton, M., 1997, When Your Partner Fails You, in: Fortune, 135. Jg., Nr. 10, S. 87-89

Wathne, K. H./Heide, J. B., 2000, Opportunism in Interfirm Relationships: Forms, Outcomes, and Solutions, in: Journal of Marketing, 64. Jg., Nr. 4, S. 36-51

Werners, B./Slaghuis, B., 2004, Contract Management, in: Wirtschaftswissenschaftliches Studium, Nr. 6, S. 352-358

Werners, B./Thorn, J., 2002, Unternehmensübergreifende Koordination durch Vendor Managed Inventory, in: Wirtschaftswissenschaftliches Studium, Nr. 12, S. 699-704

Werthschulte, H., 2005, Kreditrisikomessung bei Projektfinanzierungen durch Risikosimulation, Wiesbaden (zugl. Diss., Univ. Münster, 2004)

Wihofski, O., 2007, Schefenacker entgeht Insolvenz - Umschuldung sichert Überleben des Automobilzulieferes, in: Financial Times Deutschland, Nr. 85, 03.05.2007, S. 8

Wihofski, O./Maier, A., 2006, Kunden reden bei Schefenacker mit - Autokonzerne entscheiden indirekt über Umschuldung des angeschlagenen Zulieferers, in: Financial Times Deutschland, Nr. 237, 06.06.2006, S. 8

Wildemann, H., 2004, Rating leistungswirtschaftlicher Unternehmensrisiken, in: AssCompact, Nr. 9, S. 98-101

Wilding, R., 1998, The Supply Chain Complexity Triangle, in: International Journal of Physical Distribution & Logistics Management, 28. Jg., Nr. 8, S. 599-616

Williamson, O. E., 1975, Markets and Hierarchies: Analysis and Antitrust Implications a Study in the Economics of Internal Organization, New York

Williamson, O. E., 1979, Transaction-Cost Economics: The Governance of Contractual Relations, in: Journal of Law & Economics, 22. Jg., Nr. 2, S. 233-261

Williamson, O. E., 1985, The Economic Institutions of Capitalism: Firms, Markets, Relational Contracting, New York [u.a.]

Williamson, O. E., 1991, Comparative Economic Organization: The Analysis of Discrete Structural Alternatives, in: Administrative Science Quarterly, 36. Jg., Nr. 2, S. 269-296

Williamson, O. E., 1999, The Mechanisms of Governance, New York [u.a.]

Williamson, O. E., 2000, The New Institutional Economics: Taking Stock, Looking Ahead, in: Journal of Economic Literature, 38. Jg., Nr. 3, S. 595-613

Williamson, O. E., 2005, Networks - Organizational Solutions to Future Challenges, in: Theurl, T. (Hrsg.), 2005, Economics of Interfirm Networks, Tübingen, S. 3-27

Winton, A., 1993, Limitation of Liability and the Ownership Structure of the Firm, in: Journal of Finance, 48. Jg., Nr. 2, S. 487-512

Wolf, B./Ditt, T./Hill, M., 2003, Strukturierte Finanzierungen: Projektfinanzierung - Buy-out-Finanzierung - Asset-Backed-Strukturen, Stuttgart

Womack, J. P./Jones, D. T., 1994, From Lean Production to the Lean Enterprise, in: Harvard Business Review, 72. Jg., Nr. 2, S. 93-103

Womack, J. P./Jones, D. T./Ross, D., 1990, The Machine That Changed the World, New York

Wruck, K. H., 1989, Equity Ownership Concentration and Firm Value: Evidence from Private Equity Financings, in: Journal of Financial Economics, 23. Jg., Nr. 1, S. 3-28

Wruck, K. H., 1990, Financial Distress, Reorganization, and Organizational Efficiency, in: Journal of Financial Economics, 27. Jg., Nr. 2, S. 419-444

Xu, L./Beamon, B. M., 2006, Supply Chain Coordination and Cooperation Mechanisms: An Attribute-Based Approach, in: Journal of Supply Chain Management, 42. Jg., Nr. 1, S. 4-12

Yescombe, E. R., 2002, Principles of Project Finance, Amsterdam [u.a.]

Zadek, H., 2004, Struktur des Logistik-Dienstleistungsmarktes, in: Baumgarten, H./Darkow, I.-L./Zadek, H. (Hrsg.), 2004, Supply Chain Steuerung und Services. Logistik-Dienstleister managen globale Netzwerke - best practices, Berlin [u.a.], S. 15-28

Zeithaml, V. A./Parasuraman, A./Berry, L. L., 1985, Problems and Strategies in Services Marketing, in: Journal of Marketing, 49. Jg., Nr. 2, S. 33-46

Zingales, L., 2000, In Search of New Foundations, in: Journal of Finance, 55. Jg., Nr. 4, S. 1623-1653

Zsidisin, G. A./Ellram, L. M., 2003, An Agency Theory Investigation of Supply Risk Management, in: Journal of Supply Chain Management, 39. Jg., Nr. 3, S. 15-27

Zsidisin, G. A./Ragatz, G. L./Melnyk, S. A., 2005, The DARK SIDE of Supply Chain Management, in: Supply Chain Management Review, 9. Jg., Nr. 2, S. 46-52

FSC
www.fsc.org
MIX
Papier | Fördert gute Waldnutzung
FSC® C083411

Kolibri 360 GmbH
Ferdinand-Jühlke-Straße 7
99095 Erfurt, Deutschland
produktsicherheit@kolibri360.de